Cambridge
Fotoatlas
der
Planeten

Geoffrey Briggs
Fredric Taylor

Cambridge Fotoatlas der Planeten

Das neue Bild des Sonnensystems

Merkur, Venus, Erde und Mond,
Mars, Jupiter, Saturn
im Licht der Weltraumforschung

Kosmos
Gesellschaft der Naturfreunde
Franckh'sche Verlagshandlung
Stuttgart

Aus dem Englischen übersetzt von
Rhea Lüst
Titel der Originalausgabe „The Cambridge
Photographic Atlas of the Planets",
erschienen bei Cambridge University Press,
Cambridge, Großbritannien unter der
ISBN 0 521 23976 1
© 1982, Cambridge University Press,
Cambridge
237 Abbildungen und Karten, davon 101
vierfarbig, sowie 2 Zeichnungen

Schutzumschlag und Einband von
Edgar Dambacher

CIP-Kurztitelaufnahme der Deutschen Bibliothek

Cambridge-Fotoatlas der Planeten : d. neue Bild
d. Sonnensystems ; Merkur, Venus, Erde u. Mond,
Mars, Jupiter, Saturn im Licht d. Weltraumfor-
schung / Geoffrey Briggs u. Fredric Taylor. [Aus
d. Engl. übers. von Rhea Lüst]. – 2. Aufl. –
Stuttgart : Franckh, 1985.
  Einheitssacht.: The Cambridge photographic
  atlas of the planets
  ISBN 3-440-05306-7
NE: Briggs, Geoffrey [Mitverf.]; Fotoatlas der
Planeten; EST

2. Auflage / 6.–8. Tausend
Franckh'sche Verlagshandlung, W. Keller & Co.,
Stuttgart / 1985
Alle Rechte an der deutschsprachigen Aus-
gabe, insbesondere das Recht der Vervielfäl-
tigung und Verbreitung, vorbehalten. Kein
Teil des Werkes darf in irgendeiner Form
(durch Fotokopie, Mikrofilm oder ein ande-
res Verfahren) ohne schriftliche Genehmi-
gung des Verlages reproduziert oder unter
Verwendung elektronischer Systeme verar-
beitet, vervielfältigt oder verbreitet werden.
Für die deutschsprachige Ausgabe:
© 1984, Franckh'sche Verlagshandlung,
W. Keller & Co., Stuttgart
Printed in Singapore / Imprimé en
Singapore
L 10 JN H ro / ISBN 3-440-05306-7
Satz: G. Müller, Heilbronn
Herstellung: Toppan International, Singapur

Cambridge-Fotoatlas der Planeten

Vorwort

Obwohl die Erforschung des Sonnensystems eigentlich erst begonnen hat, konnte man vor kurzem mit den erfolgreichen Vorbeiflügen der beiden Voyager-Sonden an Jupiter und Saturn schon ein besonderes Ereignis feiern. Zum ersten Mal wurde uns ein Blick auf alle seit der Antike bekannten Planeten aus der Nähe gestattet. In den letzten 20 Jahren haben wir ganz neue Welten kennengelernt, unter ihnen die großen Satelliten der äußeren Planeten und unseren Mond; diese Welten sind über alle Erwartungen faszinierend und bizarr. Innerhalb weniger Jahre betraten Menschen den Mond (und übermittelten uns von unterwegs einen ganz neuen Anblick unseres Heimatplaneten Erde), wurden Sonden auf Mars und Venus abgesetzt, umrundeten Raumfahrzeuge alle Planeten bis hinaus zu Saturn oder flogen nahe an ihnen vorbei. Fast immer gehörten Kameras zu den wichtigsten Instrumenten der wissenschaftlichen Ausrüstung. Mit ihnen stand nicht nur den Wissenschaftlern ein vielseitiges Instrumentarium zur Verfügung; auch eine breite Öffentlichkeit konnte direkt an den spektakulären Abenteuern teilhaben, die man ohne weiteres mit den großen Entdeckungsreisen im 15. und 16. Jahrhundert vergleichen kann.

Zehntausende von Bildern wurden aus dem Weltraum zur Erde übermittelt und standen Planetologen und Atmosphärenforschern für ihre Untersuchungen zur Verfügung. Da – im Gegensatz zur Erde – bei den meisten Planeten aus festem Gestein noch die wesentlichen Phasen ihrer Entwicklung an ihrer Oberfläche dokumentiert sind, konnte man ihre Geschichte direkt ablesen und die verschiedenen Etappen in eine relative Zeitskala einordnen. Wichtige Hilfsmittel sind dabei die Karten, die Grafiker in Spritztechnik auf der Basis des Fotomaterials mit großer Sorgfalt angefertigt haben. Für den vorliegenden Atlas wurden knapp 240 der besten Fotos ausgewählt. Die entsprechenden Karten geben in den meisten Fällen eine Übersicht über den gesamten Planeten. (Die Wissenschaftler des US Geological Survey in Flagstaff, Arizona, haben auch eine große Anzahl von Karten in größerem Maßstab hergestellt, die aber in diesen Atlas nicht aufgenommen werden konnten.)

Nicht alle Bilder und Karten stammen von normalen Kameras, auch Radar-Registrierungen und Infrarotaufnahmen sind dabei. Allen Abbildungen ist ein ausführlicher Text beigegeben, der die neuesten Ergebnisse zusammenfaßt und erläutert. In diesem Buch, das sich an einen breiten Leserkreis wendet, wird nicht versucht, den historischen Verlauf der Planetenforschung oder der einzelnen Raumfahrtmissionen im einzelnen zu schildern. Aus demselben Grund wurde auch auf Literaturangaben verzichtet. Deshalb sei an dieser Stelle allen Kollegen gedankt, deren Forschungsergebnisse hier dargestellt werden. Einige Kollegen haben uns sehr mit ihrer kritischen Durchsicht einzelner Teile des Buches geholfen. Dank schulden wir vor allem William Quaide, Michael Carr, Laurel Wilkening und Joseph Boyce. Fast alle Bilder wurden von Raumfahrzeugen der National Aeronautics and Space Administration der USA (NASA) aus gemacht. Viele haben dabei geholfen, die Bilder in den NASA-Archiven ausfindig zu machen. Hierfür und auch für ihre Hilfe in vielem anderen bei der Zusammenstellung dieses Buchs danken wir Dave Diner, Ken Carroll, Andy Collins, Tom Duxbury, Nancy Evans, Les Gaver, Elizabeth Newhouse, Larry Soderblom, Dick Underwood, Kay Voglewede und Jeff Warner. Die Infrarotaufnahme des Jupiter stammt von Richard Terrile. Die Bilder von Io auf S. 198, die am US Geological Survey in Flagstaff durch Computeraufbereitung hergestellt wurden, stellte uns Larry Soderblom zur Verfügung. Bei der sowjetischen Presseagentur Novosti bedanken wir uns für die Überlassung der Venera-Bilder. Soweit nicht anders vermerkt, kommen alle Karten von der astrogeologischen Abteilung des US Geological Survey. Wir möchten Ray Batson für seine Hilfe bei der Beschaffung dieser Karten danken. Die Karte der Erde (S. 90/91) wurde von Marie Tharp angefertigt.

Einführung

Himmelsobjekte sind von bezwingender Schönheit, ob man sie nun mit eigenen Augen am Himmel sieht oder mit einem Fernrohr beobachtet oder ob man ihre von Raumfahrzeugen zur Erde übermittelten Bilder betrachtet. Dem Wissenschaftler stellen sich grundlegende Probleme, die er nach und nach zu beantworten versucht. Die Erforschung des Sonnensystems mit seinen neun Planeten, zahlreichen Satelliten, Asteroiden und Kometen und seinem Zentralgestirn, der Sonne, ist ein Gebiet, an dem Stellarastronomie wie Planetenastronomie beteiligt sind. Durch die Raumfahrtprogramme der großen Nationen und den Ansporn, den diese den Astronomen und Theoretikern in der ganzen Welt gaben, konnten in den letzten Jahren im Studium des Sonnensystems große Fortschritte gemacht werden. Einige der näheren Planeten kommen uns heute schon fast wie gute Nachbarn vor. Bemerkenswert sind die in einem weiten Bereich variierenden, individuellen Eigenschaften der neun Planeten. Doch jeweils einige von ihnen sind sich in mancher Hinsicht ähnlich, und man kann sie in mehrere Gruppen einteilen. Die Planeten des inneren Sonnensystems – Merkur, Venus, Erde mit Mond und Mars – sind feste Körper, die als gesteinsartige Objekte zu bezeichnen sind. Das trifft auch auf die Asteroiden zu, deren Bahnen zwischen Mars und Jupiter verlaufen. Jenseits von Mars bewegen sich die Planeten des äußeren Sonnensystems – Jupiter, Saturn, Uranus und Neptun. Die beiden ersten haben anscheinend in ihrer Zusammensetzung Ähnlichkeit mit der Sonne, und man bezeichnet sie als gasförmige Planeten, obwohl die Materie in ihrem Zentrum nicht mehr gasförmig ist. Die höheren Dichten von Uranus und Neptun lassen vermuten, daß diese Planeten nicht eng mit Jupiter und Saturn verwandt sind, obwohl sie in dieselbe große Gruppe passen. Der am weitesten von der Sonne entfernte Pluto umrundet die Sonne nur viermal in einem Jahrtausend. Er wurde erst 1930 entdeckt und läßt sich selbst mit den größten Teleskopen nicht im Detail beobachten. Deshalb hat er bislang seine Geheimnisse noch bewahren können.

Den größten Teil ihres Lebens verbringen die Kometen, kleine Objekte aus Eis und Staub, in einem ewigen Kühlschrank weit jenseits der Plutobahn. Gelegentlich kann die Bahn eines Kometen durch die Schwerkraft eines nahe vorbeiziehenden Sterns gestört werden, so daß dieser Komet in eine Bahn gezwungen wird, die ihn in das innere Sonnensystem führt. In der Hitze der Sonnenstrahlen verdunsten die äußeren Schichten des eisigen Kometen-„kerns" und entwickeln eine dünne „Atmosphäre" von Gasen und Staub, aus denen sich lange Schweife aus Staub und ionisierten Gasen bilden. Dann – aber auch nur dann – können Kometen zu den großartigsten Himmelsobjekten zählen.

Bis vor kurzem beschäftigten sich die Wissenschaftler fast ausschließlich mit den Planeten, den Asteroiden und den Kometen, während die Satelliten der Planeten – mit Ausnahme unseres Erdmondes – sehr stiefmütterlich behandelt wurden, da man sie mit den existierenden Techniken kaum näher untersuchen konnte. Inzwischen hat sich diese Situation durch die Benutzung großer Teleskope und die Möglichkeiten der Raumfahrt völlig geändert. Die vier großen Galileischen Jupitermonde und der größte Saturnmond, Titan, werden heute genauso intensiv wie die Planeten selbst untersucht. Diese Monde sind in ihrer Größe mit unserem Mond und dem Planeten Merkur vergleichbar; in vielen Eigenschaften gleicht keiner dem anderen, so daß sie bei den Astronomen mit gutem Grund großes Interesse geweckt haben.

Wenn Mitte der 80er Jahre das Space Telescope der NASA eingesetzt wird und wenn Planetensonden in Gebiete jenseits des Saturn vordringen, können wir erwarten, daß nicht nur Uranus, Neptun und Pluto selbst uns ihre Geheimnisse enthüllen, sondern auch ihre Monde.

Die Entstehung des Sonnensystems

Die Messung der Isotopenhäufigkeiten, die sich beim Zerfall radioaktiver Elemente einstellen, kann für eine Altersbestimmung der in der Natur vorhandenen Substanzen genutzt werden. Die Datierung von Meteoriten und Mondgestein mit diesem Verfahren läßt auf ein Alter des Sonnensystems von etwa 4,6 Milliarden Jahren schließen. Das Alter des gesamten Universums wird heute auf zwischen 10 bis 20 Milliarden Jahre geschätzt, und man nimmt an, daß es sich seit seiner Entstehung in einem „Urknall" ständig ausgedehnt hat. In der auf diesen unvorstellbar gewaltigen, „explosiven" Beginn folgenden Zeit sind viele Sterne entstanden und wieder vergangen, so daß das Universum einen beständigen Wandel erfuhr. Aus der beschränkten Sicht eines Erdenbürgers war die Entstehung von Elementen schwerer als Wasserstoff und Helium (sie sind die einfachsten und leichtesten Elemente und waren als einzige von Anbeginn vorhanden) von besonderer Bedeutung. Ohne diese schwereren Elemente hätte ein Planet wie die Erde, dessen häufigste Elemente u. a. Eisen, Magnesium, Silizium und Sauerstoff sind, nicht entstehen können. Man nimmt an, daß die schwereren Elemente sich im Inneren von massereichen Sternen durch Fusion aus den leichteren oder auch bei Supernova-Ausbrüchen (dem explosiven Todeskampf solcher massereichen Sterne) durch kompliziertere Kernprozesse gebildet haben.

Während der Entwicklung des Universums entstanden durch die Supernova-Explosionen immer mehr schwere Elemente, die sich über die Galaxien verteilten. Den größten Teil der Masse einer Galaxie stellen immer noch die beiden leichtesten Elemente Wasserstoff und Helium, in den Sternen und in der interstellaren Materie als Gas enthalten. Die schwereren Elemente machen nur einen verschwindend kleinen Teil der interstellaren Materie aus, wahrscheinlich als winzige Staubkörner von einem millionstel bis zu einem zehntausendstel Zentimeter Größe. Spektroskopische Untersuchungen deuten darauf hin, daß die Teilchen zum größten Teil aus Kohlenstoff in Form von Graphit sowie aus Wassereis und Magnesium- und Eisensilikaten bestehen. Gas und Staub scheinen hauptsächlich in den Armen von Spiralgalaxien konzentriert zu sein. Fast alle Sterne entstehen dort, und auch unsere Sonne befindet sich in einem solchen.

Sterne bilden sich meistens zu mehreren, wenn ein Gebiet mit genügend verdichteter Materie entstanden ist, so daß die Anziehungskraft zwischen den Partikeln größer wird als der innere Druck des Gases. Solche Verdichtungen bilden sich zufällig oder als Folge eines besonderen Ereignisses wie z. B. eines Supernova-Ausbruchs. Die Materie beginnt zusammenzustürzen; bei diesem Kollaps können einzelne Fragmente entstehen, die die Vorstufen von Einzelsternen oder häufig auch Mehrfachsystemen sind, vielleicht auch mit einem System von Planeten, einem weniger bedeutenden Nebenprodukt der Sternentstehung. Wegen der dabei immer auftretenden Turbulenz erhält jedes Fragment einen gewissen Drehimpuls, und es wird rotieren. Je mehr es sich dabei zusammenzieht, um so rascher wird die Rotation, so daß schließlich eine flache Scheibe entsteht, die man als „Sonnennebel" bezeichnet und in deren heißem und dichten Zentrum sich die „Protosonne" befindet. Vermutlich formierten sich die Sonne und alle anderen Objekte unseres Sonnensystems aus einem solchen Sonnennebel. Die Einzelheiten dieses Formierungsprozesses sind ein zentrales Problem der Planetenwissenschaft und ein wesentliches Motiv für unsere gegenwärtigen Anstrengungen in der Erforschung der Planeten. Diese Untersuchungen haben schon wichtige, systematische Unterschiede in der Zusammensetzung der Planeten aufgedeckt, die für jede Theorie über Formation und Entwicklung des Sonnensystems fundamentale Rahmenbedingungen schaffen.

Ein großer Teil unseres Wissens über das Sonnensystem kommt nicht aus Beobachtungsdaten, die uns Raumfahrzeuge geliefert haben, sondern von Meteoriten, die auf der Erde gefunden wurden und mit all den ausgefeilten Techniken untersucht werden, über die ein modernes Labor verfügt. Meteorite sind Bruchstücke von recht unterschiedlichen größeren Objekten, und ihre chemische Zusammensetzung reicht von fast reinem Nickel und Eisen bis zu Mischungen von einfachen Mineralien. Diese Meteorite bezeichnet man als „kohlige Chondrite"; sie bestehen meist aus winzigen Partikeln von bei großer Hitze entstandenem Schmelzmaterial, eingebettet in eine Matrix von Silikaten, die sich bei tiefen Temperaturen bildeten. Man nimmt an, daß solche Meteorite aus dem fast unveränderten Material des ursprünglichen

Sonnennebels bestehen. Aus dem Studium ihrer Zusammensetzung und Mineralogie erhalten wir deshalb wertvolle Aufschlüsse über die Frühgeschichte des Sonnensystems. Einige Analysen von kleinen Einschlüssen in kohligen Chondriten, die in den letzten Jahren durchgeführt wurden, lassen auf das anomale Vorhandensein von zwei relativ kurzlebigen radioaktiven Elementen (Isotopen von Aluminium und Palladium) schließen, die heute sonst nicht mehr vorkommen. Diese beiden Substanzen haben eine Halbwertszeit (das ist die Zeit, nach der 50% der Atome zerfallen sind) von nur etwa einer Million Jahren. Ihr Vorkommen in den Meteoriten kann nur bedeuten, daß sie entstanden sind, kurz bevor das Sonnensystem sich bildete. Eine Erklärung wäre, daß damals eine Supernova diese Elemente erzeugte, die sich in der relativ kurzen Zeitspanne bis zur Formierung des Sonnensystems nicht mehr mit dem gesamten Material des Sonnennebels vermischen konnten. Bei einer völligen Durchmischung hätte der ganze Nebel eine einheitliche Zusammensetzung erhalten, und man könnte heute keine Anomalien entdecken. Wenn damals tatsächlich solch ein Supernova-Ausbruch in der Nähe des Sonnennebels stattgefunden hat, könnte es gut sein, daß er den Kollaps der präsolaren Staub- und Gasverdichtung ausgelöst hat.

Die Entstehung der Planeten

Wie entwickelte sich der Sonnennebel zu unserer Sonne und ihren Planeten? Das ist nach wie vor die große Frage, und man hat die Wahl zwischen einer ganzen Reihe von Theorien. Keine gibt bisher eine völlig befriedigende Antwort, da jede nur einen Teil der aus Meteoritenuntersuchungen, in der Planetenastronomie und mittels Raumsonden gewonnenen Daten erklären kann. Die theoretischen Modelle sollen hier nur skizziert werden, da sie rasch weiterentwickelt werden und daher schnell veralten können.

Zunächst sei auf eine wichtige Aufgabe hingewiesen, die alle Modelle zu lösen haben: Sie müssen die unterschiedliche Zusammensetzung der verschiedenen Objekte im Sonnensystem berücksichtigen. Die globalen Unterschiede zwischen den inneren gesteinsartigen und den äußeren gasförmigen Planeten wurden bereits erwähnt. Außerdem gibt es weitere systematische Unterschiede von großer Bedeutung zwischen den inneren und äußeren Planeten, die wir aus ihren Dichten (bekannt aus Messungen ihrer Massen und Durchmesser) erschließen. Wenn man diese Dichten miteinander vergleicht und versucht, sie mit der Zusammensetzung des Materials in eine Beziehung zu bringen, muß man berücksichtigen, daß das Innere eines Planeten um so stärker komprimiert wird, je größer er ist. Unter dieser Voraussetzung erhält man einen ausgeprägten Dichteabfall von Merkur („unkomprimierte" Dichte 5,4 g/cm³ bis hin zu Mars 3,35 g/cm³); Erde und Venus haben fast den gleichen Wert von rund 4,2 g/cm³. Man hat daraus geschlossen, daß dieser Dichtegradient der Ausdruck einer systematischen Variation in der Menge Eisen ist (einem im Kosmos häufigen Element, das sehr viel schwerer ist als die anderen in größeren Mengen vorkommenden Elemente), das die inneren Planeten enthalten. Jedes Modell der Entstehung des Sonnensystems muß diesen Tatbestand erklären können.

Bei den vier äußeren Planeten ist der Verlauf der mittleren Dichte gerade umgekehrt, und man schloß daraus, daß der Gehalt an Wasserstoff und Helium, den beiden leichtesten Elementen, nach außen hin abnimmt. Während Jupiter vermutlich zu 80% aus Wasserstoff und Helium besteht, sind es bei Saturn nur 70%, bei Uranus 15% und bei Neptun 10%. Die beiden letzten Planeten scheinen hauptsächlich Wasser, Ammoniak und Methan zu enthalten. Auch damit müssen Modelle des Sonnensystems vereinbar sein.

Alle Theorien, die heute ernst genommen werden, basieren auf der Annahme eines rotierenden, scheibenförmigen Nebels als Ausgangsstufe. Ein solches Konzept führt naturgemäß zu einer systematischen Variation von Temperatur und Druck im Nebel, mit den höchsten Werten in der Nähe des Zentrums, wo die Sonne entstand. Beträchtliche Unsicherheit herrscht jedoch darüber, wie hoch die Temperaturen und Drücke in den Gebieten waren, wo sich die neun Planeten bildeten. Einige Berechnungen führen zu Temperaturdifferenzen von 1000 °C zwischen den Bahnen des Proto-Merkur und des Proto-Mars. Der Staubanteil des Sonnennebels könnte in den inneren Gebieten verdampft gewesen sein. Die Rekondensation dieses Dampfes oder einfach das Gleichgewicht zwischen gasförmigem und unverdampftem Nebelmaterial würde einer wohldefinierten Mineralreihe in Abhängigkeit von der Temperatur folgen, wenn eine bestimmte Zusammensetzung des Ausgangsmaterials vorliegt (eine Zusammensetzung, wie wir sie z. B. in den kohligen Chondriten vor uns haben). Sicher wird Materie, die bei hohen Temperaturen einen Gleichgewichtszustand erreicht und sich anschließend zu größeren Gebilden zusammenballt, relativ mehr Eisen enthalten als kühlere Materie. Wir können deshalb die Unterschiede im Eisengehalt der inneren Planeten als das Resultat einer radialen Temperaturabnahme im Sonnennebel deuten. Diese allgemeine Aussage begegnet allerdings zahlreichen Problemen, sobald man ins Detail geht. In ihren Einzelheiten unterscheiden sich deshalb auch die verschiedenen Theorien über die Entstehung des Sonnensystems. Die einzelnen Phasen der Kondensation des Sonnennebels und die Entstehung einiger weniger Objekte von Planetengröße aus einer riesigen Menge kleiner Kondensate (im wesentlichen von Silikaten im inneren Sonnensystem und von einer Mischung aus Silikaten und gefrorenen Substanzen im äußeren Sonnensystem) erwiesen sich als ein ungeheuer schwierig zu verstehender, sowohl physikalische als auch chemische Prozesse einschließender Vorgang. Die Prozesse, durch die kleine Körnchen kondensierten Materials miteinander zusammenstoßen und zu immer größeren Gebilden anwachsen, sind durch die Physik zu erklären; solche Prozesse sind komplex und heute noch keineswegs in allen Einzelheiten verstanden. Im Augenblick diskutierte Modelle gehen davon aus, daß diese Akkumulation der kleinen Teilchen zu Objekten von Asteroidengröße sehr schnell erfolgte – die Zeitskala rechnet hier in Einheiten von 1000 Jahren. Diese „Planetesimale" (mit Größen bis zu einigen 10 Kilometern) werden als Bausteine für die inneren Planeten angesehen. Obwohl eine riesige Anzahl solcher Planetesimale entstanden sein muß und viele von ihnen heute noch im Asteroidengürtel existieren, wo die Schwerkraft des Jupiter ihr Zusammenwachsen zu einem größeren Planeten verhindert, liegt es doch auf der Hand, daß die zur Planetenentstehung führenden Kollisionen in hohem Maße begünstigt waren, so daß sich schließlich die vielen Planetesimale zu nur vier Planeten des inneren Sonnensystems vereinigten. Die Vorteile eines starken Gravitationsfeldes beim Aufsammeln von Materie sind klar: Zusammenstöße lassen größere Trümmer entstehen, die sich mit hohen Geschwindigkeiten bewegen und durch ein größe-

res Objekt wieder eingefangen werden, während ein kleines Objekt sie an den umgebenden Raum verliert.

Beim Aufprall der Planetesimale auf den sich bildenden Planeten muß eine große Wärmemenge freigeworden sein, und je größer ein Planet wurde, um so mehr Wärme wurde erzeugt, da das stärkere Gravitationsfeld die Aufprallgeschwindigkeiten erhöhte. Wir wissen nicht, welcher Anteil dieser Wärmeenergie von dem wachsenden Planeten wieder abgestrahlt und wieviel von ihm unter Erhöhung seiner eigenen Temperatur absorbiert wurde. Wenn der Akkretionsprozeß einigermaßen rasch ablief, könnten die inneren Planeten genug Wärme behalten haben, um ihre Materie zu einem großen Teil zu schmelzen. Aus den Untersuchungen von Mondgestein haben wir Anzeichen dafür, daß die Oberfläche des Mondes ursprünglich bis zu einer Tiefe von einigen 100 Kilometern geschmolzen war, wahrscheinlich aufgrund dieser frühen, durch Gravitation bewirkten Erwärmung. Größere Objekte wie die Erde könnten noch weit tiefer aufgeschmolzen worden sein.

Im äußeren Sonnensystem, wo wahrscheinlich sowohl Silikatkörner als auch Körner von Wasser-, Methan- und Ammoniakeis vorhanden waren, könnte sich das Anwachsen der beiden Körper, aus denen schließlich Jupiter und Saturn wurden, so schnell vollzogen haben, daß diese massereichen Objekte große Mengen der im Nebel vorhandenen Gase Wasserstoff und Helium an sich binden konnten. Hieraus würde sich ihre Zusammensetzung erklären, und es würde bedeuten, daß sie Kerne aus Silikaten besitzen. Noch weiter außen, in der Gegend von Neptun und Uranus, wuchsen die Protoplaneten wahrscheinlich langsamer und konnten daher die Nebelgase weniger leicht festhalten.

Man nimmt an, daß der Sonnennebel die mehrfache Masse der heutigen Sonne enthielt, die jetzt fast die gesamte Masse des Sonnensystems in sich vereinigt. Ein großer Teil der ursprünglichen Masse muß deshalb verlorengegangen sein. Aus Beobachtungen des Verhaltens junger Sterne an anderen Stellen der Milchstraße kann man schließen, daß die frühe Sonne einst sehr viel massereicher war, daß sie aber durch eine Phase heftiger Aktivität ging, wo ein kräftiger „Sonnenwind" von ihr weg blies und einen großen Teil ihrer Masse mitnahm. Dabei fegte er auch die noch vorhandene gasförmige Materie, die bei der Planetenentstehung übriggeblieben war, aus dem Sonnensystem hinaus. Dieser Vorgang, den man als *T-Tauri-Phase* der Sonne bezeichnet, fiel wahrscheinlich mit der letzten Phase der Planetenentstehung zusammen, nach der das Sonnensystem etwa so aussah, wie wir es heute kennen. Von da ab hat jeder Planet seine eigene Entwicklung durchgemacht, eine Entwicklung, deren Ergebnis wir heute mit den „Augen" und den anderen „Sinnen", mit denen die Raumsonden ausgestattet sind, untersuchen können.

Die Entwicklung der Planeten

Wie zu erwarten, hängt der Entwicklungsweg eines Planeten von seiner wesentlichen Eigenschaft – gesteinsartig oder gasförmig – ab. Bei Jupiter und Saturn muß die ursprüngliche Ansammlung von Staub und Gasen ein sehr viel größeres Volumen eingenommen haben als der heutige Planet, weil diese Objekte früher sehr viel heißer waren und der Druck in ihrem Inneren entsprechend höher. Theoretische Modelle behandeln diese Planeten als kleine Sterne und folgen ihrer Entwicklung mit Verfahren, die für das Studium der Sternentwicklung ausgearbeitet wurden. Natürlich gibt es einen grundlegenden Unterschied, der die Modelle vereinfacht – in planetenartigen Objekten können niemals Temperaturen erreicht werden, die die Fusion von Wasserstoff in Gang setzen. Die frühen Kontraktionsstadien der gasförmigen Planeten verliefen verhältnismäßig rasch, so daß ein Objekt, das zehnmal so groß war, wie es heute ist, innerhalb von 100 000 bis 1 Million Jahren bis auf das Doppelte der heutigen Größe zusammenschrumpfte. Von diesem Punkt an wurde die Kontraktion langsamer, da sich im Inneren ein höherer Druck aufbaute, so daß die heutige Größe erst in einigen Milliarden Jahren erreicht wurde. Die Helligkeit der Planeten stieg dabei kräftig an, da die freigesetzte Gravitationsenergie zum Teil abgestrahlt wurde. Ein anderer Teil dieser Energie führte zu einer Erhöhung der Temperatur im Planeteninneren. Im Endstadium dieser Entwicklung übertrifft der Wärmeverlust die durch Kontraktion erzeugte Wärme, so daß der Planet sich allmählich abkühlt – in dieser Phase scheinen Jupiter und Saturn augenblicklich zu sein. Messungen mit erdgebundenen Teleskopen und von Raumfahrzeugen aus zeigen, daß beide Planeten sehr viel mehr Hitze abstrahlen, als sie von der Sonne erhalten – der Überschuß

scheint in der frühen Kontraktionsphase gespeichert worden zu sein. Bei Saturn ist die durch Gravitation bewirkte Wanderung des Heliums zum Zentrum des Planeten ein weiterer Schlüsselprozeß. Theoretische Modelle lassen vermuten, daß die Temperaturen im Inneren von Jupiter und Saturn zu hoch sind für die Existenz von fester Materie, wobei aber der im Zentrum befindliche Wasserstoff unter den extremen Druck- und Dichteverhältnissen wahrscheinlich die Leitfähigkeit von Metallen angenommen hat. Nach dieser heißen Kontraktionsphase haben sich die beiden Planeten wohl nur wenig weiter entwickelt und könnten zu den am wenigsten veränderten Objekten im Sonnensystem gehören.

Die Entwicklung der inneren Gesteinsplaneten verlief völlig anders, obwohl auch hier die ersten Phasen wohl dramatischer waren als die späteren Perioden. Die Oberflächen von Merkur, Mars und unserem Mond geben noch heute davon ein eindringliches Zeugnis, und sicher wurden auch Venus und die Erde von einem ständigen Hagel einfallender meteoritenartiger Körper nicht verschont. Anders als auf der Erde blieb auf dem Mond Krustenmaterial aus dieser frühen Periode erhalten, und das untersuchte Mondgestein läßt vermuten, daß die Oberfläche bis zu einer beträchtlichen Tiefe geschmolzen war. Sowohl die beim Aufprall entstehende Wärme als auch Wärme, die durch den Zerfall kurzlebiger radioaktiver Substanzen frei wird, waren Ursache dieser aktiven Phase. Wir können nicht erwarten, auf der völlig veränderten Erdoberfläche heute noch Anzeichen dieser Frühgeschichte unseres Planeten zu finden, aber die Beobachtung anderer Planeten und die untersuchten Proben von anderen Himmelskörpern lassen genügend Rückschlüsse auf die Bedingungen zu, die auf unserer Erde in der Morgendämmerung ihrer Existenz herrschten.

Wahrscheinlich wurde in der Frühgeschichte der inneren Planeten eine beträchtliche Menge von Gasen aus ihrem Inneren abgeblasen, so daß sich Atmosphären bildeten. Denn während dieser frühen Perioden der Erhitzung könnten durch die Dissoziation von Mineralien flüchtige Substanzen wie Wasser und Kohlendioxid freigesetzt worden sein. Solche frühen Atmosphären konnte der heftige Sonnenwind während der T-Tauri-Phase wegfegen, falls diese Perioden aufeinander folgten. Die heutige Zusammensetzung der Atmosphären von Mars und Venus erlaubt einen solchen Schluß.

Flüchtige Substanzen, die nicht während der Akkretionsphase der Planetenentstehung freigesetzt wurden, können später ausgegast sein, nachdem sich das Planeteninnere durch radioaktive Prozesse aufgeheizt hatte. Der zeitliche Verlauf dieser Freisetzung von Gasen ist eng mit der thermischen Entwicklung eines jeden Planeten verknüpft, und da diese von grundlegender Bedeutung ist, hat die Untersuchung der planetaren Gase sowie der kondensierten und chemisch gebundenen flüchtigen Substanzen bei der Planung von Raumfahrtmissionen hohe Priorität.

Die Entstehung einer durch Gravitation an den Planeten gebundenen Gashülle durch Verdampfung flüchtiger Substanzen ist vielleicht eine der frühesten Trennungen von Material im Leben eines Planeten. Ähnliche Separationen von Material verschiedener Dichte können auch im Inneren der Planeten ablaufen und dort zur Ausbildung verschiedener Zonen führen. Ein *erdähnlicher* Planet, in dem eine intensive Materialtrennung stattgefunden hat, wird dann in seinem Zentrum einen sehr dichten, zum größten Teil metallischen *Kern* haben, umgeben von einem *Mantel* aus metallischen Silikaten und einer *Kruste* aus den leichtesten Mineralien (großenteils auch Silikaten) als Oberfläche. Die äußerste Zone, die Atmosphäre, kann im Laufe der Zeit verlorengehen oder – wie später näher erläutert wird – verschiedene Veränderungen erfahren.

Bei einigen Modellen der Planetenentstehung wird das Planeteninnere sofort durch die allmähliche Ansammlung von mineralischem Material unterschiedlicher Zusammensetzung und Dichte in verschiedene Zonen aufgespalten. In anderen Modellen ist der zusammengewachsene Planet zunächst ziemlich homogen, und die innere Aufteilung wird später durch die thermische Entwicklung hervorgerufen. Für diese Separation braucht der Planet außer dem Gravitationsfeld, das die Trennung von Material verschiedener Dichte bewirkt, eine Wärmequelle, die die festen Gesteine zum Schmelzen bringt. Wahrscheinlich gab es zwei wichtige Energiequellen: durch Gravitation erzeugte Wärme (einschließlich der Akkretionswärme) und eine radioaktive (die über alle möglichen Zeiträume, bis hin zu Milliarden von Jahren, wirksam sein kann). Jeder Planet wird auf diese Weise aufgeheizt worden sein, und man kann sowohl von der Beobachtung als auch von den theoretischen Analysen her annehmen, daß bei allen erdähnlichen Planeten eine mehr oder weniger starke Materialtrennung stattgefunden hat.

Die erste größere Differentiation war sicher die Bildung eines Kerns. Die schwerste in größeren Mengen in den Planeten vorkommende Substanz ist Eisen. Sobald die innere Temperatur aufgrund der verschiedenen Aufheizungsprozesse den Schmelzpunkt erreicht hatte, sank das meiste Eisen ins Zentrum. Eisen geht sehr leicht chemische Verbindungen mit Sauerstoff und Schwefel ein, so daß es vielleicht kein freies Eisen in einem Planeten gibt, falls genügende Mengen dieser Elemente vorhanden waren. In diesem Fall würde sich statt eines metallischen Kerns ein Kern aus Eisensulfid formieren. Die Bildung eines Kerns ist selbst wieder eine wichtige Quelle für Gravitationswärme, weil dabei das schwerste Material zum Zentrum sinkt. Da dieser Vorgang sich im Inneren abspielt und die entstehende Wärme nicht entweichen kann, ist er eine sehr effektive Wärmequelle.

Außer durch seismische Messungen können wir das Innere eines festen, erdähnlichen Planeten nicht erreichen. Deswegen stammt das Wissen über die Entwicklung der Planeten fast ausschließlich aus dem Studium ihrer Oberflächen. Hierbei sind Bilder der gesamten Planetenoberfläche, die Einzelheiten bis hinunter zu etwa 1 Kilometer Größe zeigen und uns heute für alle inneren Planeten außer Venus vorliegen, besonders wertvoll, da sie es uns ermöglichen, die wesentlichen Ereignisse in der Geschichte eines Planeten aus vielen einzelnen Strukturen abzulesen. In den später folgenden Kapiteln werden die individuellen Merkmale der Planeten und ihre Geschichte, wie sie sich heute für uns darstellen, näher beschrieben. Vorher wird eine allgemeine Beschreibung der Oberfläche der festen Planeten als Basis für die anschließende Diskussion gegeben.

Die Oberfläche der festen Planeten

Wir haben bereits festgestellt, daß die Entwicklungswege der planetaren Objekte, die man bis heute kennt, sehr verschieden waren. Diese Entwicklungswege haben zu Landschaften geführt, die unserer vertrauten irdischen Umgebung sehr wenig ähnlich sind. Wenn man einmal von den nicht vorhandenen Meeren und der fehlenden Vegetation absieht, lassen sich allerdings auch gewisse Gemeinsamkeiten finden. Das sind vor allem die

Einführung

folgenden vier: Kraterbildung durch auftreffende Objekte, tektonische Aktivität (Aufbrechen der Oberflächenkruste), Vulkanismus und eine gewisse Einebnung der Landschaft durch Verwitterung und Auffüllung. Die ersten drei Prozesse erzeugen unterschiedliche Oberflächenstrukturen, während der vierte versucht, Unterschiede wieder zu verwischen. Jeder dieser Prozesse soll kurz dargestellt und die einzelnen Planeten miteinander verglichen werden.

Einfallskrater

Für alle Planeten bis hinaus zum Saturn haben wir deutliche Beweise, daß sie um die Zeit ihrer Entwicklung einer heftigen Bombardierung durch meteoritisches Material ausgesetzt waren; dieses Bombardement hat eine Menge von Kratern hinterlassen. Auf einigen Planeten und Monden sind die Krater das bestimmende Merkmal ihrer Oberfläche. Diese Objekte sind sehr rasch gealtert, so daß die ursprüngliche Oberfläche nicht wie bei der Erde durch spätere globale Ereignisse völlig verändert werden konnte. Doch auch auf der Erde gibt es viele Hinweise auf frühere und jüngere Meteoritenkrater; die älteren Krater sind heute allerdings wegen der ständigen Veränderung der Erdoberfläche kaum mehr ohne weiteres erkennbar. Einfallskrater gibt es in vielen Größen, bis zu Hunderten von Kilometern Durchmesser. Die meisten wurden durch Objekte erzeugt, deren Relativgeschwindigkeiten viele Kilometer pro Sekunde betrugen. Bei so hohen Geschwindigkeiten ist die Kratergröße ein Vielfaches der Größe des einfallenden Körpers. So kann z. B. ein Krater von 1 km Durchmesser und 100 m Tiefe durch den Einfall eines Meteoriten von einigen 10 m Größe entstehen. Diese Kraterbildung in Gesteinen (im Gegensatz zu dem Eis, aus dem die Krusten fast aller Satelliten der äußeren Planeten bestehen) kann man heute recht gut erklären: Die größte Wirkung geht von dem hohen Druck einer Stoßwelle aus, die im Augenblick des Aufpralls entsteht. Das Material schmilzt zwar auch und verdampft teilweise, aber dies trägt nicht wesentlich zur Kraterbildung bei. Im typischen Fall fließt einige Sekunden lang Material aus dem entstehenden Krater heraus und bildet eine Art Decke um den Rand, die sich mehrere Kraterradien weit erstreckt. Material, das unter dem richtigen Winkel und mit großer Geschwindigkeit aufgeworfen wird, kann sich über sehr große Distanzen ausbreiten.

Außer der Größe und Geschwindigkeit des einfallenden Körpers bestimmen die Festigkeit des Oberflächenmaterials (bei Ozeanen entsteht überhaupt kein Krater) und die Schwerkraft an der Planetenoberfläche die Größe und Form des Kraters. Meßbare Unterschiede der Krater auf Mond und Merkur können der größeren Schwerkraft auf dem Merkur zugeschrieben werden, die verhindert, daß das Material so weit fortgeschleudert wird wie auf dem Mond.

Krater, die kleiner sind als einige Kilometer, haben häufig die charakteristische Form einer Schale. Größere Krater sind flacher, haben terrassenförmige Wände und eine Erhebung in ihrem Zentrum. Solche Zentralberge fehlen in den größten Kratern mit Durchmessern von mehreren hundert Kilometern. Man nennt sie *Becken*, und sie sind durch viele konzentrische Ringe von Bergen gekennzeichnet, die sich bildeten, als das eingefallene Material zur Ruhe kam.

Die Oberflächengestaltung durch Meteoriteneinfall war in der Zeit unmittelbar nach den Endphasen der Planetenentstehung besonders intensiv. In diesem Stadium war die Oberfläche, sofern sie vorher geschmolzen war, so weit abgekühlt, daß die Einfälle bleibende Spuren hinterlassen konnten. Damals waren die Meteoritenfälle so zahlreich, daß sie die gesamte Oberfläche überdeckten und weitere Einfälle die früheren Krater völlig oder teilweise zerstörten. Allmählich klang diese Aktivität ab, und heute ist sie sehr gering – aber immer noch vorhanden. Der berühmte Barringer-Krater in Arizona mit etwa 1 km Durchmesser ist vor 20 000 Jahren entstanden. Wahrscheinlich gibt es Tausende von Meteoriten von ähnlicher Größe wie der Arizona-Meteorit (einige 10 m Durchmesser), die sich auf Bahnen bewegen, welche die Erdbahn kreuzen. Solche Zusammenstöße sind selten, dafür aber von großer Wirkung. Falls die Erde mit einem einige Kilometer großen Asteroiden zusammenprallen würde, wäre das eine globale Katastrophe. Kürzlich tauchten Hypothesen auf, daß das Aussterben der Dinosaurier und anderer Tiergruppen vor etwa 65 Millionen Jahren während des Übergangs von der Kreidezeit zum Tertiär durch Sekundäreffekte eines Asteroideneinfalls hervorgerufen wurde.

Manche größeren Objekte, die auf die Erde stürzen, haben möglicherweise eine zu geringe Dichte, um den Sturz durch die Atmosphäre zu überstehen, und produzieren deshalb keine Krater. Das sogenannte Tunguska-Ereignis in Sibirien im Jahre 1908 zeichnete sich dadurch aus, daß es keinen Krater hinterlassen hat, obwohl dabei in weitem Umkreis die Wälder völlig zerstört wurden. Vielleicht war das einfallende Objekt ein kleiner Komet.

Außer ihrer Bedeutung als Zeugen für die Bedingungen im frühen Sonnensystem sind Einfallskrater für die Datierung der die Oberflächen formenden Prozesse auf einem Planeten interessant. Der ständige Einfall von meteoritenartigen Objekten hat seit der Entstehung der Planeten angedauert, und das Vorkommen von Kratern ist nicht auf die frühestentstandenen Oberflächenstrukturen begrenzt. Ein starker vulkanischer Materialausstoß, z.B. 1 Milliarde Jahre nach der Planetenentstehung, wird zwar alle vorher entstandenen Krater zugeschüttet haben, aber darauf wird eine Kraterbildung von geringerer Dichte gefolgt sein. Deshalb können Messungen der Flächendichte von Einfallskratern eine relative Chronologie dieser Ereignisse ermöglichen.

Tektonische Aktivität

Mit dem Ausdruck „Tektonik" bezeichnet man u.a. Vorgänge, die ein Aufbrechen der festen Planetenkruste bewirken. Solche Vorgänge sind natürlich das Resultat gewaltiger Kräfte, die man mit irgendwelchen Vorgängen unserer Alltagserfahrung nicht vergleichen kann. Das großräumige Aufbrechen der Kruste hat man bei vielen Objekten beobachtet. Es hat bei Mars und Merkur stattgefunden wie auch auf den Jupitermonden Ganymed und Europa, wahrscheinlich werden wir es auch auf der Venus finden. Globale tektonische Aktivität bildete ebenfalls die Grundlage für die geologischen Verhältnisse auf unserer Erde. Als einfachste Möglichkeit für eine Kraft, die eine solche umfassende Verformung der Kruste erzeugt, könnte man sich die Expansion oder Kontraktion des gesamten Planeten aufgrund von Erhitzung oder Abkühlung im Inneren vorstellen. Solche Prozesse müßten, um möglichst effektiv zu sein, in geologischen Zeiträumen gerechnet sehr rasch ablaufen. Die Bildung eines zentralen Kerns oder ein Wechsel in den Mineralphasen könnten eine solche relativ rasche Expansion oder Kontraktion hervorrufen. Gezeitenkräfte, die durch gravitative Wechselwirkungen zwischen zwei oder mehreren Objekten entstehen, können ebenfalls enorme Spannungen in der Kruste erzeugen.

Die gegenwärtige tektonische Aktivität auf der Erde beruht offensichtlich auf anderen als den oben genannten Kräften. Wir wissen, daß das Erdinnere immer noch sehr heiß ist, und man glaubt, daß eine sehr langsame, aber unerbittlich fortschreitende konvektive Umwälzung in den oberen Schichten stattfindet, auf denen die eigentliche Kruste schwimmt. Infolgedessen ist diese in mehrere Stücke zerbrochen, die man als *Platten* bezeichnet. Die Kontinente sind in einige dieser Platten eingebettet, und deshalb ändert sich die Geographie der Erde ständig. Völlig anerkannt ist die Realität einer *Plattentektonik* erst seit einigen Jahrzehnten, obwohl dieses Konzept schon viel früher aufgetaucht war – und diese neue Erkenntnis hat unser geologisches Verständnis der Erde vollkommen umgekrempelt.

Bis vor kurzem war die Erde der einzige bekannte Planet mit einer aus mehreren Platten zusammengesetzten Kruste. Die Fotos, die die Voyager-Sonden vom Jupitermond Ganymed machten, lassen vermuten, daß dieser ebenfalls eine in mehrere Teile zerbrochene Kruste besitzt. Man nimmt an, daß sie dort aus Eis besteht, das auf einer Schicht von flüssigem Wasser schwimmt. Das Aufbrechen könnte durch Konvektion im Mantel hervorgerufen worden sein, die die aus dem festen Inneren aufsteigende Wärme erzeugt.

Ein zweiter Planet ist ein Hauptkandidat für den Nachweis globaler Tektonik: unser nächster Nachbar, die Venus. Sie ist etwa so groß wie die Erde und hat anscheinend dieselbe Zusammensetzung; deshalb dürfte sie auch ein Stadium mit Plattentektonik erlebt haben. Sowohl Radarmessungen von der Erde aus als auch Messungen der Pioneer-Raumsonde gaben Hinweise darauf, daß die Oberflächenstruktur der Venus sich von der irdischen deutlich unterscheidet. Ihr Entwicklungszustand bleibt vorerst eine der interessantesten und wichtigsten offenen Fragen in der Planetenforschung.

Vulkanismus

Vulkanismus und Tektonik hängen eng miteinander zusammen, da beide eine Folge der Wärmeerzeugung im Planeteninneren sind. Während aber Tektonik sich global auswirkt, ist Vulkanismus eine mehr örtlich begrenzte Erscheinung von großer Formenvielfalt.

Die einfachste Art ist wohl auf Mond und Merkur zu beobachten, wo es riesige Ebenen von erstarrter Lava gibt. Diese Lava – flüssiges Gestein, das in der Tiefe durch Schmelzprozesse entsteht – wurde offenbar durch Spalten in der Kruste ausgestoßen. Die Lava konnte frei über große Flächen strömen und bildete daher Ebenen anstelle von Erhebungen, wie es der Fall gewesen wäre, wenn sie durch eine enge Öffnung ausgetreten wäre. Auf dem Mond füllen diese vulkanischen Ebenen viele der dort vorkommenden Becken. Man hat ihnen deshalb den lateinischen Namen *Mare* (Plural *Maria*), zu deutsch „Meer", gegeben. Die Öffnungen an der Oberfläche sind nicht mehr zu lokalisieren, da sie durch die Lava zugedeckt wurden. Chemische Analysen bestimmen das Mare-Material als *Basalte*; es stammt also aus einer Tiefe, in der Eisen- und Magnesiumsilikate lagern. Basaltische Lavaströme haben eine hohe Viskosität, sind also leichtflüssig; das macht eine Überflutung der Oberfläche plausibel. (Die steile Kegelform der terrestrischen Stratovulkane ist das Ergebnis einer zentralen Quelle von Lava aus *andesitischen* Bestandteilen – weniger Eisen und Magnesium und mehr leichte Metalle wie Aluminium – von großer Zähigkeit.) Das geschmolzene Gestein stammt mehr aus der kontinentalen Kruste als aus dem Mantelmaterial.

Auch auf dem Mars hat man vulkanische Ströme beobachtet; aber die auffallendsten, spektakulären Vulkane dort sind riesige kuppelförmige Berge mit sanft abfallenden Abhängen, die man *Schildvulkane* nennt. Auf der Erde gibt es ähnliche Gebiete, z. B. die Hawaii-Inselgruppe. Die Schildform ist an Basaltlava geknüpft, und man kann auf dem Mars einzelne Lavaströme an den Flanken der Schildvulkane einige hundert Kilometer weit verfolgen. Es ist wohl ziemlich sicher, daß die Schildvulkane auf dem Mars ebenfalls aus Basalt bestehen, dem Produkt von Schmelzprozessen in großen Tiefen. Sie können Durchmesser von mehreren 100 km erreichen, und vier von ihnen sind über 20 km hoch. Man könnte diese große Höhe damit erklären, daß jeder Vulkan über einem *Plume,* d. h. einer aufsteigenden Säule von aufgeschmolzenem Gestein liegt, durch die Lava über längere Zeit aus großer Tiefe an die Oberfläche gepumpt wurde. Bei einer ausreichenden Dicke und Härte der Kruste kann dieser kontinuierliche Lavaausbruch einen gewaltigen Berg aufbauen, dessen Höhe durch den hydrostatischen Druck begrenzt wird, der die Lava nach oben preßt. Dieser Druck wird durch die Tiefe des Magmas bestimmt. Derselbe Mechanismus ist wahrscheinlich auch für die Gebirgsformationen auf der Venus verantwortlich.

Auf der Erde, die ein geologisch extrem aktiver Planet ist, findet man alle Arten von Vulkanismus, auch Lavaseen, wie sie auf dem Mond vorkommen, und Schildvulkane wie auf dem Mars. Am bekanntesten sind allerdings die wunderbar geformten Kegel der Stratovulkane (z. B. Mt. Rainier in Washington/USA, der Vesuv und der Fudschijama). Die Stratovulkane entstanden gewöhnlich in kettenförmiger Anordnung an den Rändern von kontinentalen Platten als Folge tektonischer Aktivität. Paradoxerweise ist die häufigste Form des irdischen Vulkanismus die am wenigsten bekannte: Mitten in den Ozeanen quillt ständig flüssiges Material des Erdmantels aus riesigen, langen Spalten, die die Grenze zwischen zwei Platten markieren. Dieser Aufbau einer frischen Kruste aus Basalten ist eine Folge der großräumigen Umwälzung in den oberen Mantelschichten, die bewirkt, daß sich die Platten an einigen Fugen voneinander entfernen und an anderen aufeinanderstoßen. Der Basalt bildet sich aus teilweise geschmolzenem Mantelmaterial, das durch Konvektion an die Oberfläche transportiert wird. Eine andere, sehr außergewöhnliche Form von planetarem Vulkanismus, und zwar von globalen Ausmaßen, muß hier noch kurz erwähnt werden. Man hat sie auf dem Jupitermond Io entdeckt. Dieser innerste der vier großen Galileischen Satelliten besitzt sicherlich die stärkste vulkanische Aktivität im Sonnensystem: Hunderte von Ausbrüchen sind über die ganze Oberfläche verteilt beobachtet worden, und ständig scheinen mehr als ein halbes Dutzend Vulkane gleichzeitig aktiv zu sein. Die durch radioaktive Prozesse im Inneren erzeugte Hitze kann eine solche Aktivität nicht aufrechterhalten. Es ist dagegen sehr gut möglich, daß die durch innere Reibung produzierte Wärme, die durch Gezeitenkräfte zwischen Jupiter und den anderen Galileischen Satelliten entsteht, der Grund für diesen Vulkanismus ist.

Erosion und Sedimentation
Auf planetaren Objekten ohne eine nennenswerte Atmosphäre (Mond, Merkur und die Galileischen Jupitermonde) lassen sich die Oberflächenformationen als Ergebnis von Kraterbildung, Tektonik und Vulkanismus verstehen. Auf Objekten mit ausgeprägten Atmosphären (Erde, Mars, Venus, Saturnmond Titan) wird die Landschaft ständig durch Erosion und Ablagerung verändert. Die höheren Regionen werden allmählich abgetragen und die niedrigen aufgefüllt, so

daß die Strukturen fortlaufend geglättet und eingeebnet werden.

Dieser Prozeß verläuft in drei Stufen: Zunächst sorgt die Verwitterung für den Zerfall des Materials, dann wird das Material durch irgendein Transportmittel fortgeschafft, und schließlich lagert es sich ab, wenn das Transportmittel nicht mehr die nötige Energie zur Weiterbeförderung besitzt. Die Schwerkraft spielt hierbei eine fundamentale Rolle: Das Material wird von höheren zu tieferliegenden Regionen transportiert. Die Erosion von Gesteinen kann chemische und physikalische Prozesse einschließen und auch auf einem Körper ohne Atmosphäre sehr wirksam sein, wo sie durch Temperaturschwankungen, den Sonnenwind und den ständigen Einfall von Mikrometeoriten verursacht wird. Eine Verlagerung von Material kann auf einem solchen Körper allerdings nur durch die Schwerkraft unmittelbar bewirkt werden: Es gibt zwar Erdrutsche, sie verändern die Landschaft aber nur unwesentlich.

Auf einem Planeten mit einer Atmosphäre, ganz besonders, wenn diese einen kondensierbaren Bestandteil wie Wasser enthält, kann Material durch Winde, Flüsse oder Gletscher transportiert werden. Da die Erde reich an frei zirkulierendem Wasser ist, spielen Flüsse hier die größte Rolle bei der Gestaltung der Oberfläche. Von Umlaufbahnen aus aufgenommene Bilder der Marsoberfläche zeigen, daß es dort in der Vergangenheit auch Erosion durch Flüsse gegeben haben muß. Diese Erosion ist allerdings wohl eher die Folge katastrophaler Überschwemmungen als von fallendem Regen gewesen und muß nicht bedeuten, daß Mars jemals eine der unseren ähnliche Atmosphäre hatte. Heute ist die Marsatmosphäre mit Sicherheit so dünn, daß es auf seiner Oberfläche kein flüssiges Wasser geben kann und daß eine Erosion durch Flüsse nicht mehr wirksam ist.

Der wichtigste Erosionsprozeß auf dem Mars wird heute durch Winde verursacht. Wir können auf Bildern, die sowohl von umlaufenden Sonden als auch auf der Marsoberfläche gewonnen wurden, die Wirkung solcher *äolischer* Prozesse sehen: Von Zeit zu Zeit gibt es dort Staubstürme, die Material auf der gesamten Oberfläche umverteilen. Wir können erkennen, daß die Gebiete höherer Breite auf Kosten der mehr äquatornahen Zonen mit einem Mantel aus Staub und Trümmern überdeckt werden, und an beiden Polen gibt es ausgedehnte Gebiete von glattem, strukturlosem (und deshalb jungem) aufgeschüttetem Terrain, die augenscheinlich durch diesen von Winden in Gang gesetzten Materialtransport entstanden sind. Im Norden ist dieses sedimentäre Terrain von einem ausgedehnten Ring riesiger Dünen eingeschlossen, der die Materialbewegung durch Winde deutlich zeigt. An den Marspolen gibt es ewiges Gletschereis (Wassereis im Norden und wahrscheinlich gefrorenes Kohlendioxid im Süden), aber Spuren einer Erosion durch die Gletscher hat man bisher nicht gefunden.

Nur wenig wissen wir über die Verhältnisse auf der Venus, einem Planeten mit einer dicken Atmosphäre; Wind weht an der Oberfläche aber nur mit sehr geringer Geschwindigkeit. Man kann aus den Radarmessungen (die sowohl von der Erde als auch von den Pioneer-Raumsonden gemacht wurden) nicht viel über die Erosion auf der Venusoberfläche erfahren, obwohl sie zeigen, daß es dort beträchtliche Höhenunterschiede gibt. Die sowjetischen Venera-Raumsonden haben zwei Bilder zur Erde übermittelt, auf denen man eine große Anzahl auf dem Boden verstreuter scharfkantiger Steine sieht. Erosion und Ablagerungen haben dort sicher keine glatte Oberfläche geschaffen.

Die Planetenatmosphären

Alle Planeten außer Merkur und vielleicht auch Pluto haben Atmosphären. Die meisten Monde haben keine – sie sind zu klein, um über geologische Zeiträume eine Gashülle festzuhalten –, aber mindestens einer, nämlich Titan, der größte Saturnmond, ist von einer Atmosphäre umgeben. Da die Planeten schon seit ihrer Entstehung große Unterschiede in Zusammensetzung, Größe und Sonnenentfernung aufweisen, sind auch ihre Atmosphären sehr verschieden voneinander.

Die Planetenatmosphären sind mit verschiedenen Instrumenten sehr ausführlich untersucht worden, da atmosphärische Prozesse äußerst wichtig für die Bestimmung der Oberflächenverhältnisse sind; die Zusammensetzung der Atmosphäre läßt zudem Rückschlüsse auf die Planetenentwicklung zu. Außerdem lassen sich die Atmosphären gut aus großen Distanzen untersuchen: Viele häufig vorkommende atmosphärische Gase (z. B. Kohlendioxid und Wasserdampf) emittieren und absorbieren sowohl sichtbares Licht als auch Strahlung im ultravioletten Bereich (mit kürzeren Wellenlängen) sowie langwelligeres, infrarotes Licht, und das Spektrum gibt nicht nur Aufschluß über die chemische Zusammensetzung, sondern auch über die Temperatur und die Häufigkeiten der Bestandteile. Messungen der gesamten Atmosphäre können mit Instrumenten durchgeführt werden, die man im Brennpunkt großer Teleskope anbringt, während man mit Raumfahrzeugen eine sehr viel bessere räumliche Auflösung erreichen und „Landkarten" herstellen kann, aus denen sich Wetter und Klima auf dem Planeten mit den Verhältnissen auf der Erde vergleichen lassen.

In dieser kurzen Übersicht werden drei Aspekte der Planetenatmosphäre behandelt: Entwicklung, thermischer Zustand und Zirkulationen.

Entwicklung

Die Zusammensetzung der einzelnen Planetenatmosphären ist sehr unterschiedlich. Wie bereits angedeutet, scheinen die Atmosphären der großen Planeten seit ihrer Entstehung weitgehend gleich geblieben zu sein, obgleich sich der thermische Zustand wohl bei allen Planeten hauptsächlich in den ersten Jahrmillionen verändert hat. Nach dieser frühen Phase fand offenbar nur eine geringe Weiterentwicklung statt, und die Zusammensetzung hat sich seitdem kaum verändert. Der wesentliche Grund dafür ist die enorme Größe dieser Planeten sowie ihre große Entfernung von der Sonne. Das Zusammenspiel von niedrigen Temperaturen in der oberen Atmosphäre und der gewaltigen Schwerkraft verhindert einen nennenswerten Verlust selbst sehr leichter Gase. Bei den inneren Planeten ist die Situation völlig anders. Sie sind heißer, und ihre Schwerkraft ist sehr viel geringer; außerdem spielen sich in ihrem Inneren ständig Vorgänge ab, die zu einem Ausströmen von Gasen führen.

Die Atmosphären von Venus, Erde und Mars unterscheiden sich in ihrer Zusammensetzung erheblich von der Zusammensetzung der Sonne und des frühen Sonnennebels. Hier müssen wir an die Bildung von Sekundäratmosphären denken, die die zunächst gebildeten Primäratmosphären nach und nach ersetzt haben. Vielleicht hatten alle inneren Planeten zunächst reduzierende (d.h. wasserstoffreiche und sauerstoffarme) Primäratmosphären; wir haben wenig Anhaltspunkte, um das wirklich zu entscheiden. Die einzige verfügbare Information erhalten wir aus den gemessenen Häufigkeiten seltener Gase wie Argon, Krypton, Neon und Xenon, die sowohl schwer als auch wenig reaktionsfreudig sind und sich deshalb über geologische Zeiträume unverändert erhalten konnten. Solche Messungen, die man mit den Viking- und Pioneer-Venus-Sonden durchgeführt hat, zeigen große Unterschiede zwischen Mars, Erde und Venus, aber keinen einheitlichen Trend bei allen seltenen Gasen. Deshalb werfen diese Messungen eher neue Probleme auf.

Man muß annehmen, daß bei Venus, Erde und Mars kaum etwas von der ersten Atmosphäre übriggeblieben ist und daß sogar die danach durch Gase aus dem Planeteninneren entstandene Atmosphäre während der T-Tauri-Phase der Sonne weggefegt wurde. Allerdings gingen dabei wohl nicht alle Gase verloren. Außerdem dauerten die Ausgasungsprozesse wohl während der gesamten Fortentwicklung dieser Planeten an, so daß sich schließlich eine dichte Atmosphäre ansammelte, die sich fortlaufend veränderte. Sowohl bei Merkur als auch bei unserem Mond hat das schwache Gravitationsfeld eine Atmosphäre nicht festhalten können. Hinzu kommt, daß wegen ihrer relativ geringen Größe (und einer dadurch verursachten raschen Abkühlung auch ihres Inneren) und wegen des Mangels an flüchtigen Substanzen nur sehr wenig Gase nach außen drangen.

Sowohl Beobachtung als auch Theorie lassen vermuten, daß die häufigsten Gase, die von den Planeten in die Atmosphäre abströmten, Wasserdampf, Kohlendioxid und Stickstoff waren. Man muß annehmen, daß die relativen Häufigkeiten dieser Gase bei Venus, Erde und Mars wegen ihrer unterschiedlichen Zusammensetzung verschieden waren. Ihre absoluten Mengen hängen von der thermischen Entwicklungsgeschichte der einzelnen Planeten ab. Deshalb sollte man erwarten, daß diese drei Objekte etwas unterschiedliche Atmosphären besitzen. Die beobachteten Unterschiede sind allerdings so groß, daß man sie nicht erklären kann, ohne weitere komplizierte Prozesse in Betracht zu ziehen, die sich nach der Periode der Ausgasung abgespielt haben. Dazu gehören Freisetzung von Gasen bei der Kristallisation von geschmolzenem Gestein und aus radioaktiven Zerfallsprozessen, Aufspaltung von Molekülen (z.B. Dissoziation durch die Sonnenstrahlung), Gasverluste durch chemische Wechselwirkung mit Oberflächenmaterial und das Entweichen der leichtesten Gase in den Raum. Bei der Erde haben zusätzlich biologische Prozesse ausschlaggebende Bedeutung.

Die Entfernung von der Sonne ist ein weiterer wichtiger Faktor: In Erdentfernung ist Wasserdampf sowohl in flüssiger als auch in fester Form auf der Oberfläche kondensiert, Venus ist außergewöhnlich trocken, Mars hat wahrscheinlich große Reservoirs von flüssigem Wasser unter seiner Oberfläche, und auf Titan scheint Methan dieselbe Rolle zu spielen wie bei uns das Wasser, da es sowohl gasförmig als auch flüssig und als Eis vorkommt.

Thermischer Zustand
Der durchschnittliche vertikale Temperaturverlauf in einer Atmosphäre wird hauptsächlich durch das Gleichgewicht bestimmt, das in jeder Höhe zwischen der einfallenden Sonnenenergie und der emittierten infraroten (Wärme-)Strahlung besteht. Die solare Strahlung hat ihr Energiemaximum bei relativ kurzen Wellenlängen im optischen Spektralbereich, das bei kurzen Wellenlängen in das Ultraviolettgebiet und bei langen in das nahe Infrarotgebiet übergreift. In diesem Bereich absorbieren die meisten atmosphärischen Gase nur wenig Strahlung. Auf der anderen Seite wird die vom Planeten abströmende Wärme hauptsächlich in Form von Photonen niedrigerer Energie (mit größeren Wellenlängen) abgestrahlt, im mittleren oder entfernten Infrarotbereich. Diese Photonen werden stark durch die atmosphärischen Gase wie Kohlendioxid, Wasserdampf, Methan und Ammoniak absorbiert, da die Energiebeträge dieser Photonen den Übergangsenergien zwischen den Vibrations- und Rotationszuständen dieser Moleküle entsprechen. Die Infrarotabsorption in einer gewissen Schichtdicke wächst mit Zunahme des Drucks, da dann mehr absorbierende Moleküle verfügbar werden; die Absorption im sichtbaren Teil des Spektrums bleibt dagegen bei allen uns bekannten Drücken klein. Deshalb kann die Wärmestrahlung mit zunehmender Dicke der Atmosphäre immer schwerer in den kalten Raum entweichen, während das Sonnenlicht ungehindert eindringt. So entstehen von oben nach unten ansteigende Temperaturen, die die Abkühlungsrate bis zu einem Punkt erhöhen, wo Gleichgewicht erreicht ist. Im allgemeinen ist die Temperatur daher in einer bestimmten Höhe (z.B. an der Planetenoberfläche) um so höher, je größer der Druck in der Atmosphäre ist. Andere Faktoren, die noch eine Rolle spielen, sind die Intensität der Sonnenstrahlung an der oberen Grenze der Atmosphäre (d.h. die Entfernung Sonne – Planet), die Zusammensetzung der Atmosphäre (das Verhältnis von infrarot-aktiven Gasen wie Kohlendioxid und Wasserdampf zu relativ inaktiven Gasen wie Stickstoff, Sauerstoff, Helium) und Wolkenbildung.

Wolken reflektieren, absorbieren und lassen Strahlung in sehr komplizierter Weise passieren. Außerdem wird durch Konvektion und Strahlung in den verschiedenen Schichten ständig Wärme ausgetauscht. Schließlich muß auch die Strahlung aus dem Inneren des Planeten berücksichtigt werden. Diese ist bei den terrestrischen Planeten gering, bei den riesigen Gaskugeln aber sehr groß.

Der thermische Zustand der Atmosphären von Venus, Erde und Mars läßt interessante Vergleiche zu. Mars hat eine dünne Kohlendioxid-Atmosphäre, die kaum mit der einfallenden Strahlung in Wechselwirkung tritt und für die ausströmende Wärme im Mittel ziemlich durchlässig ist. Dadurch ist die Oberflächentemperatur, bei der sich ein Gleichgewicht einstellt, nur um 10 °C höher, als sie es ohne irgendeine Atmosphäre wäre. Als anderes Extrem hat Venus 10 000mal mehr Kohlendioxid-Moleküle in einer vertikalen Gassäule als Mars und auch mehr Wasserdampf. Bei derart viel absorbierendem Gas kann sich die Oberfläche nach außen hin nicht mehr abkühlen. Deshalb bestimmen hier weniger wirksame Konvektionsprozesse das Geschehen und transportieren Wärme weiter nach oben, wo sie dann abgestrahlt wird. Gleichzeitig wird die Oberfläche durch Sonnenlicht erwärmt, das diffus durch die Wolkenschicht dringt und von der durchsichtigen Atmosphäre nur wenig behindert wird. Auf diese Weise entsteht eine beträchtliche Oberflächentemperatur von nahezu 460 °C.

Die Erde steht dazwischen. Sie hat weniger Kohlendioxid als Mars, aber sehr viel mehr Wasserdampf, und sie hat eine ziemlich dicke Ozonschicht in der Stratosphäre, wie sie weder Mars noch Venus besitzen. Ozon absorbiert Infrarotlicht bei einigen Wellenlängen; außerdem absorbiert es die solare UV-Strahlung äußerst effektiv. Diese Eigenschaft hat zur Folge, daß die mittleren Atmosphärenschichten bei Drücken von etwa 1 Millibar recht warm sind, nämlich um 0 °C, verglichen mit −100 °C bei Venus und −90 °C bei Mars. Die mittlere Oberflächentemperatur der Erde ist rund +20 °C. Die Wolkenbedeckung der Erde bewegt sich ebenfalls etwa zwischen Venus (mit einer fast geschlossenen Wolkendecke) und Mars (so gut wie keine Wolken).

Die jeweils vorhandene Wolkenmenge ist von mehreren atmosphärischen, sich gegenseitig steuernden Mechanismen abhängig. Ein einfaches Beispiel: Sonnenlicht scheint direkt auf das Meer, dort verdampft so lange Wasser, bis die darüberliegende Atmosphäre gesättigt ist und sich Wolken bilden. Diese verhindern das weitere Eindringen von Sonnenlicht und bewirken einen Temperaturrückgang, so daß die Verdunstung und damit auch die Wolkenbildung nachläßt. Das ist eine negative Rückkopplung; Beispiel für eine positive Rückkopplung ist das Schmelzen von Schnee und Eis. Stellenweises Abschmelzen reduziert das Reflexionsvermögen der Oberfläche, indem Gestein oder Erdreich freigelegt wird. Damit wird mehr Strahlung absorbiert, die den Schnee rascher zum Schmelzen bringt. Die Erhaltung unseres augenblicklichen Klimas (oder des anderer Planeten) beruht auf einem Gleichgewicht zwischen zahlreichen solchen Mechanismen, die mit- oder gegeneinander arbeiten.

Zirkulation

Eine Planetenatmosphäre ist infolge uneinheitlicher Erwärmung durch die einstrahlende Sonnenenergie in ständiger Bewegung. Diese Uneinheitlichkeit der Einstrahlung hat zwei Hauptkomponenten, die unterschiedlichen Verhältnisse am Äquator und an den Polen sowie die aus dem Rhythmus von Tag und Nacht resultierenden Unterschiede. Die Größe der dynamischen Kräfte hängt von der Rotationsgeschwindigkeit des Planeten und von der Dichte der betreffenden Atmosphärenschicht ab. So hat z.B. die Venusatmosphäre direkt über der Planetenoberfläche überall nahezu die gleiche Temperatur, weil sie sehr dicht ist und daher einen guten Wärmespeicher abgibt. Darüber hinaus verteilt der Tagesrhythmus die Wärme gleichmäßig in Ost-West-Richtung, während die sehr trägen meridionalen Bewegungen die Luft zwischen dem Äquator und den Polen genügend vermischen, um jeden größeren Temperaturgradienten zu unterdrücken. Im Gegensatz dazu weist die obere Venusatmosphäre große Tagundnachtunterschiede in der Temperatur auf, und starke Winde wehen dort. Hier wird das verdünnte Gas durch die Sonnenstrahlung rasch aufgeheizt, und die damit verbundenen Druckdifferenzen haben Bewegungen zur Folge, die – allerdings in diesen Schichten mit wenig Erfolg – versuchen, die Temperaturunterschiede auszugleichen.

Zu diesem einfachen Bild kommen *Corioliskräfte,* die die Strömungen auf einem rotierenden Planeten beeinflussen, sowie eine Schrägstellung der Rotationsachse, die jahreszeitliche Effekte hervorruft. Oberflächenstrukturen erzeugen lokale Temperaturgradienten und können die Luftströmungen in den untersten Schichten unterbrechen. Manchmal werden dadurch Wellenbewegungen ausgelöst. In fast allen Atmosphären treten Wellen über lange Zeiträume und Distanzen auf, die die globale Zirkulation modifizieren können. Schließlich haben auch Unterschiede in der *Albedo,* dem Reflexionsvermögen, das auf der Erde etwa durch Vegetation und vereiste Flächen bestimmt wird, sowie ein Wärmetransport in den Meeren einen erheblichen Einfluß auf die Wärmeverteilung und damit auf die Zirkulation in unserer eigenen Atmosphäre.

Venus hat von allen Planeten, die man bisher im Detail untersuchen konnte, vielleicht das einfachste Zirkulationsmuster. Grund dafür ist ihre sehr langsame Rotation, die nahezu senkrecht auf der Bahnebene stehende Polachse und die fast kreisförmige Bahn, wodurch jahreszeitliche Schwankungen kaum auftreten. Die Bewegungen in der Atmosphäre scheinen durch konvektive Umschichtungen zwischen dem Äquator und den Polen hervorgerufen zu werden. Auf der Erde sind solche großen Konvektionszellen nicht dynamisch stabil, und die Zirkulation ist durch Jetströme in mittleren Breiten und durch kleinere Zellen (global verteilte Wirbel) charakterisiert. Mars ist auf seiner Winterseite der Erde ähnlich, aber auf der Sommerseite gleicht er mehr der Venus.

Die Zirkulation auf den äußeren großen Gasplaneten wird zusätzlich kompliziert durch Wärmequellen in ihrem Inneren. In einem solchen Fall muß man mit einer sehr ausgeprägten Konvektion rechnen, und sie erzeugt zusammen mit der raschen Rotation dieser Planeten das charakteristische Bandmuster in ihren Atmosphären.

Obwohl wir in den letzten 20 Jahren sehr viel über die Dynamik der Planetenatmosphären gelernt haben, besteht kein Zweifel daran, daß noch sehr viele Fragen ungelöst sind. Die Planeten werden inzwischen allgemein als „Laboratorien" für alle möglichen atmosphärischen und geologischen Untersuchungen angesehen. Die kurze Geschichte der Planetenforschung kann diesen Gesichtspunkt nur bestätigen.

Merkur

Merkur ist der innerste Planet und steht deshalb, von der Erde aus gesehen, immer nahe bei der Sonne. Infolgedessen ist er schwer zu beobachten, und bis vor wenigen Jahren wußte man noch sehr wenig von ihm. Das änderte sich, als im März 1974 die Raumsonde Mariner 10 zum ersten Mal (sie tat dies insgesamt dreimal) an diesem Planeten vorbeiflog. Seitdem wissen wir, daß Merkur ein relativ unentwickelter, unserem Mond ähnlicher Himmelskörper ist. In der folgenden Tabelle sind die wesentlichen physikalischen Daten, bestimmt durch optische und Radarmessungen, zusammengestellt.

Masse $3{,}28 \cdot 10^{23}$ kg	Umlaufzeit 88 Tage
Äquatorradius 2440 km	Neigung des Äquators gegen die Bahnebene $\sim 0°$
Mittlere Dichte 5,5 g/cm³	Bahnexzentrizität 0,206
Rotationsperiode 59 Tage	Mittlere Sonnenentfernung $57{,}9 \cdot 10^6$ km
Schwerkraft am Äquator 368 cm/sec²	

Die Radarmessungen waren besonders wichtig für die Festlegung der Rotationszeit (Tageslänge), die – in den Grenzen der erreichbaren Genauigkeit – $^2/_3$ der Umlaufszeit (Jahreslänge) beträgt. Vorher hatten optische Beobachtungen lange Zeit zu der falschen Annahme geführt, daß die Rotationszeit mit der Umlaufszeit übereinstimmt. Das hätte bedeutet, daß die Rotationsperiode von Merkur in einer 1:1-Resonanz an die Umlaufsperiode gebunden wäre, wie es bei unserem Mond der Fall ist. Eine interessante Konsequenz dieser 3:2-Resonanz zwischen den beiden Merkurperioden ist, daß der Merkurtag 176 Erdentage oder 2 Merkurjahre dauert. Außerdem ist die Merkurbahn exzentrischer als die aller übrigen Planeten außer Pluto, so daß sich die auf seine Oberfläche einstrahlende Sonnenenergie zwischen der größten Sonnennähe (dem Perihel) und der größten Sonnenferne (dem Aphel) etwa um den Faktor 2 ändert. Wenn die Rotations- und die Bahnumlaufszeit von Merkur gleich wären, hätte Merkur der Sonne im Perihel immer die gleiche Stelle zugekehrt, und ein „Wärmepol" wäre dort entstanden. Die beobachtete 3:2-Resonanz führt dazu, daß dieses heiße Gebiet zwischen zwei Regionen auf entgegengesetzten Seiten des Planeten, bei den Längen 0° und 180°, abwechselt, so daß es auf Merkur zwei Wärmepole gibt.
Eine fundamentale Eigenschaft eines Planeten ist seine Dichte; die Dichte wiederum gibt direkte Hinweise auf die Zusammensetzung, die ja nicht direkt bestimmbar ist. Die Dichte läßt sich aus der Masse und dem Durchmesser ableiten. Wenn man den so berechneten Wert interpretieren will, muß man berücksichtigen, inwieweit die Größe des Planeten durch das, was man als „Selbstkompression" bezeichnen kann, beeinflußt wird. Damit ist die Dichtezunahme gemeint, die im Inneren durch den Druck der darüberliegenden Schichten hervorgerufen wird. Obwohl Merkur viel kleiner ist als die Erde, hat er eine ähnliche Dichte, etwa

5,5 g/cm³. Normale Silikate haben eine Dichte von etwa 3 g/cm³, und eine Selbstkompression dieses Materials kann weder bei Merkur noch bei der Erde zu einem Wert von 5,5 g/cm³ führen. Eine sehr viel schwerere Substanz muß außerdem vorhanden sein. Aus dem, was wir über die kosmischen Häufigkeiten der Elemente wissen (abgeleitet aus Beobachtungen der Sonne und aus Analysen bestimmter Meteoriten), kommt als schwereres Element Eisen am ehesten in Frage. Aus seismischen Messungen wissen wir, daß der Erdkern typische Merkmale einer hauptsächlich Eisen enthaltenden Zusammensetzung aufweist. Bei der geringeren Größe des Merkur (die weniger Eigenkompression bewirkt) müßte das Innere dieses Planeten einen noch größeren Anteil an Eisen enthalten (65 bis 70 Gewichtsprozente) als die Erde, wahrscheinlich auch in einem zentralen Kern konzentriert.

Eine wichtige Entdeckung der Mariner-10-Sonde war, daß Merkur ein ziemlich starkes Magnetfeld besitzt, anscheinend ein (nordsüdlich gerichtetes) Dipolfeld wie die Erde. Man nimmt an, daß das Erdmagnetfeld durch elektrische Ströme erzeugt wird, die durch einen selbstinduzierten Dynamoeffekt im Eisenkern fließen. Die Beobachtungen des Magnetfelds von Merkur, dessen Existenz bei der langsamen Rotation des Planeten etwas überrascht, deuten darauf hin, daß auch Merkur einen Kern besitzt. Wenn das zutrifft, müßte der Radius dieses Kerns etwa 70–80% des Planetenradius betragen und sein Volumen ungefähr die Hälfte des Gesamtvolumens. Die äußere Zone müßte dann ähnlich wie bei der Erde aus Silikaten bestehen.

Den bisherigen Ergebnissen nach ist das Innere des Merkur dem Erdinneren ähnlich. Die Mariner-10-Daten zeigen andererseits, daß die Planetenoberfläche keinerlei Ähnlichkeit mit der Erdoberfläche hat, und die von der Fernsehkamera aufgenommenen Bilder lassen eine Oberflächenstruktur ähnlich der des Mondes erkennen. Deutlich sind zahlreiche Krater zu sehen; ihre Größe reicht von den kleinsten noch auflösbaren Ausmaßen (etwa 100 m) bis zu Objekten von einigen 100 km Durchmesser, die von mehreren Ringwällen umgeben sind. Nach der beim Mond üblichen Terminologie nennt man diese Gebilde „Becken". Das auffallendste Becken liegt in der Nähe des einen Wärmepols, und zwar bei 180° Länge, und wurde deshalb *Caloris* genannt. Die Merkurbecken unterscheiden sich erheblich von denen auf dem Mond, da sie keine ausgedehnten, flachen Gebiete wie auf dem Mond sind, wo sie durch eine Überflutung mit flüssigem Basalt entstanden. Infolgedessen fehlt in der Merkurlandschaft die typische Aufteilung in Maria und Hochländer, wie wir sie vom Mond her kennen. Mit dieser Ausnahme sind sich die beiden Himmelskörper jedoch zum Verwechseln ähnlich.

Merkur ist wie der Mond verhältnismäßig wenig entwickelt. Trotzdem bestehen, wie schon erwähnt, erhebliche Unterschiede. Sie sollen im einzelnen diskutiert werden, nachdem die wichtigsten auf dem Merkur vorkommenden Bodenformationen beschrieben worden sind.

Die Planetologen haben bei der Auswertung der Mariner-10-Bilder mehr als ein Dutzend verschiedener Typen von Bodenformationen kartographiert. Einem Laien und sogar noch jemandem, der es gewohnt ist, mit Aufnahmen von Mond und Mars umzugehen, mögen diese Unterschiede kaum auffallen. Deshalb sollen hier auch nur einige dieser Oberflächentypen diskutiert werden. Die folgende Aufzählung ist chronologisch geordnet und beginnt mit den ältesten Formationen:

1. stark mit Kratern überdeckte Gebiete,
2. Ebenen zwischen Kratern,
3. Topographie in Verbindung mit dem Caloris-Becken,
4. ebene Flächen und
5. junge Krater.

Die zuerst entstandenen Geländetypen auf Mond und Merkur sind diejenigen, die sich durch eine große Anzahl dicht beieinanderliegender Krater auszeichnen. Solche alten, stark verkraterten Regionen auf Merkur unterscheiden sich hauptsächlich dadurch von jenen auf dem Mond, daß es hier zwischen den Kratern größere Gebiete von alten Ebenen gibt. Diese Ebenen ähneln nicht den Maria auf dem Mond, sie verteilen sich zwischen den Kratern und bestehen nicht so sehr aus größeren Bekken; ferner sind sie von vielen Kratern bedeckt (wogegen die Mond-Maria nur die letzte Phase des Meteoriten-Bombardements widerspiegeln). Auf das relative Alter des stark verkraterten Terrains und der dazwischenliegenden Ebenen kann nicht unmittelbar aus der Überlagerung der Formationen geschlossen werden. Die Ebenen liegen nicht deutlich über den Kratern, und eine Bedeckung mit Auswurfmaterial aus den Kratern ist nicht zu beobachten. Die Ebenen sind übersät mit kleinen Kratern, wahrscheinlich Sekundärkratern, die durch den Aufprall von Trümmern erzeugt wurden, die aus den Primärkratern in den stark verkraterten Gebieten hochgeschleudert wurden. Wenn dies richtig ist, müssen die Ebenen schon existiert haben, als das stark verkraterte Gebiet entstand, oder sie müssen jedenfalls gleichzeitig mit diesem entstanden sein. Die Ebenen könnten sich während einer Epoche globalen Aufschmelzens der Planetenoberfläche (ähnlich wie auf dem Mond) gegen Ende des frühen Meteoriteneinfalls gebildet haben. Eine andere Möglichkeit wäre ein weit verbreiteter, mit dem Meteoriten-Bombardement gleichzeitiger Vulkanismus.

Die Bildung des großen Caloris-Beckens nimmt eine Schlüsselstellung in der Ausbildung der Oberflächentopographie des Merkur ein. Die Auswirkungen dieses Ereignisses sind nicht nur über ein großes äquatornahes Gebiet bei 180° Länge zu beobachten. Wahrscheinlich ist dabei auch das ungewöhnliche, buckelige Gelände im antipodischen Bereich durch eine Fokussierung der seismischen Energie entstanden. Das Caloris-Becken ist sehr komplex geformt. Das auffallendste Kennzeichen ist eine Reihe von Gebirgsringen, die aus abgerundeten Blöcken von etwa 1000 m Höhe bestehen. Diese bildeten sich wahrscheinlich während des Einschlags. Ebene Flächen zwischen diesen Bergen entstanden augenscheinlich etwas später durch Vulkanismus. In dieser Hinsicht haben die Ebenen Ähnlichkeit mit den Mond-Maria, obwohl sie stärker von Kratern bedeckt sind. Solche ebenen Flächen gibt es auch an anderen Stellen der Merkuroberfläche, einschließlich der Böden von Becken, die älter sind als das Caloris-Becken.

Verschiedene andere Oberflächenformationen, darunter solche, die man als „hügelige Ebenen" und „längsgefurchte Gebiete" bezeichnet hat, wurden in Verbindung mit dem Caloris-Becken kartographiert. Ihre Entstehung konnte mit keinem der wichtigen globalen Ereignisse in Verbindung gebracht werden, und sie sollen deshalb hier nicht weiter besprochen werden.

Wenden wir uns nun den jüngeren Kratern zu. Die Mariner-10-Bilder zeigen Krater, von denen Strahlensysteme ausgehen und die offenbar die jüngsten Formationen auf dem Planeten sind, da das ausgeworfene Material, aus dem die Strahlen bestehen, als oberste Schicht auf dem übrigen Terrain liegt. Diese Krater sind das Ergebnis von Meteoriteneinfällen, die seit der Bildung der wesentlichen Formationen in geringer Häufigkeit andauerten. Es sei daran erinnert, daß auf einem Planeten wie Merkur, wo sich in der letzten Zeit kaum noch etwas verändert hat, „junge" Krater über eine Milliarde Jahre alt sein können. Nicht alle jungen Krater weisen Strahlen auf, da die Oberfläche durch kleine Meteoriten weiter umgeformt wurde und die strahlenförmigen Ablagerungen abgetragen wurden. Einen gut erhaltenen Krater, den eine deutliche Schicht aus ausgeworfenem Material umgibt, kann man aber immer als „jung" einstufen.

Die Oberflächentopographie zeigt, daß Merkur wenig Veränderungen erfahren hat, abgesehen von Meteoriteneinschlägen und einem wenig ausgeprägten Vulkanismus. Etwas kommt allerdings noch dazu. Bei sorgfältiger Untersuchung der Oberfläche, wie sie die Bilder von Mariner 10 ermöglichen, sieht man überall fast gerade Linien (Lineamente), die keinem speziellen Terraintyp zuzuordnen sind. Diese Linien, die offensichtlich durch Risse in der Oberfläche (Tektonik) entstanden sind, bestehen aus Steilrändern (Kliffs) und langen Gräben. Die Kliffs (lateinisch *rupes*) sind zwischen 500 und 1000 m hoch, sie können mehrere 100 km lang sein. Die Gräben sind mehrere 100 m tief, etwa 10 km breit und ebenfalls über 100 km lang. Auf den Merkurkarten sind über 100 solcher Lineamente erfaßt, und daraus lassen sich statistische Aussagen über ihre Verteilung ableiten. Allerdings hängt die Erkennbarkeit der Strukturen stark von dem Winkel ab, unter dem das Sonnenlicht auf die Merkuroberfläche fällt. Wahrscheinlich wird man deshalb in Zukunft noch viele weitere entdecken.

Alle Versuche, den Ursprung dieser Formationen zu verstehen, hängen zunächst von deren globaler Verteilung ab. Weiter spielt der stratigraphische Zusammenhang mit den verschiedenen Terraintypen eine Rolle. Das bedeutet, daß man die relative Chronologie des Prozesses, der zur Entstehung der Lineamente geführt hat, und der Bildung der verschiedenen Terraintypen entschlüsseln muß.

Zunächst sei die Verteilung der Strukturen untersucht. Eine sorgfältige Analyse zeigt, daß die Wälle eine deutliche Tendenz zu einer nordwest-südöstlichen Ausrichtung haben und seltener von Nordosten nach Südwesten verlaufen. Zu den Polen hin nimmt ihre Richtung einen mehr nordsüdlichen Verlauf an. Welche tektonischen Prozesse könnten das bewirken? Vielleicht eine globale Kontraktion oder Ausdehnung oder auch beides; ein gleichmäßiges Schrumpfen der Kruste (vielleicht durch Abkühlung und Kontraktion im Inneren) würde Gebirge in der Kruste aufwerfen, während eine Ausdehnung grabenähnliche Spalten erzeugt. Allerdings würden solche inneren Störungen wahrscheinlich kugelsymmetrisch auftreten und keine Linienstrukturen in der beobachteten Ausrichtung erzeugen. Deshalb sind andere Prozesse zu untersuchen.

Tektonische Vorgänge, die den ganzen Planeten erfassen, könnten durch eine Gezeitenbremsung der Rotation ausgelöst werden. Dieser Prozeß hätte keine kugelsymmetrischen Effekte. Dieser Hypothese zufolge wäre Merkur, der zunächst rasch rotierte (wie auch die meisten anderen Planeten) durch Gezeitenkräfte langsamer geworden, die in seinem Inneren durch die Anziehung der Sonne auftraten. (Unser Mond hat offenbar eine solche Abbremsung seiner Rotation erfahren. Dabei hat er sich so weit von der Erde entfernt, bis sich eine 1:1-Resonanz zwischen der Bahn- und der Rotationsperiode mit einer Dauer von 28 Tagen eingestellt hatte.) Bei Merkur hat die Abbremsung zu einer 3:2-Resonanz geführt. Wenn das schnell genug erfolgte, könnten sich durch Verbiegungen Risse in der Kruste gebildet haben. Theoretische Abschätzungen deuten auf eine Dauer des Bremsvorganges von 0,2 bis 2 Milliarden Jahren hin. Analysen ergaben ferner, daß die ost-west-gerichteten Spannungen stärker waren als die in Nord-Süd-Richtung.

Bei plausiblen Werten für die Krustendicke hätten diese Spannungen ausgereicht, um erdähnliches Gestein aufzubrechen. Die dabei zu erwartende Ausrichtung der Krustenbrüche stimmt mit den Beobachtungen auf Merkur überein, bis auf hohe Breiten, wo die Linien mehr in nordsüdlicher Richtung auftreten.

Aus dieser Diskrepanz zwischen Theorie und Beobachtung für die Polumgebung muß man schließen, daß die Gezeitenbremsung allein zur Erklärung der Linienstrukturen nicht ausreicht. Man muß mit komplizierteren Vorgängen rechnen, bei denen eine Abnahme der Rotationsgeschwindigkeit von einer einheitlichen Kontraktion begleitet wird, so daß in hohen Breiten die ost-west-gerichteten Brüche unterdrückt werden. Wie schon erwähnt, könnte eine solche globale Kontraktion durch eine Abkühlung im Inneren hervorgerufen worden sein, die auf eine Phase der Erwärmung durch gravitative Kernbildung folgte. Allerdings sind diese Vorgänge bei weitem noch nicht in allen Einzelheiten bekannt. Die nächste Frage ist dann, wann diese Linien entstanden sind. Hier kann man eine relative Alterszuordnung aus der Art und Weise gewinnen, wie die Linien die verschiedenen Terraintypen durchsetzen. So muß ein Wall, der einen Krater kreuzt, später entstanden sein als der Krater. Andererseits entstand ein Wall, der teilweise durch den Krater zerstört wurde, früher als dieser. Die sorgfältige Untersuchung der Bodenformationen deutet einen Ablauf an, den man so zusammenfassen kann: Die postulierte Gezeitenbremsung der Rotation und die globale Kontraktion fanden zu Beginn der Phase häufiger Meteoriteneinfälle und der Entstehung der Ebenen statt. Der Caloris-Einfall ereignete sich nach der Bildung der verschiedenen flachen Gebiete durch Vulkanismus.

Im Vergleich mit anderen Planeten hat Merkur keine sehr stürmische Entwicklung durchgemacht. Aber er nimmt einen besonderen Platz an dem einen Ende der Reihe verschiedener Planetentypen ein. Obgleich wir wohl kaum Gründe haben werden, Astronauten zum Merkur zu senden, wird man sicher unbemannte Flüge dorthin unternehmen; schließlich kennen wir nur etwa eine Hälfte seiner Oberfläche, und auch da gibt es noch viele Lücken in unserem Wissen. Außerdem entbehren viele unserer Annahmen über die Entwicklung des Planeten noch einer soliden Grundlage.

Merkur

Dieses Bild sowie das am Anfang des Kapitels (S. 20) ist aus Einzelphotos zusammengesetzt. Sie wurden von Mariner 10 gewonnen, als die Sonde sich dem Merkur näherte bzw. sich von ihm entfernte. Bis Anfang 1974 war Merkur ein fast völlig unbekannter Planet. Der erste Vorbeiflug von Mariner 10 am 29. März vermittelte uns jedoch schon ein Bild in ersten Umrissen. An diesem historischen Tag (insgesamt gab es drei Vorbeiflüge, am 29. März und 21. September 1974 und am 16. März 1975) erreichte die Sonde ihre kürzeste Entfernung von Merkur auf dessen Nachtseite, um möglichst viele Informationen zu gewinnen, für die der Einsatz von Kameras nicht notwendig war. Obwohl die Fotos keine besonders große Auflösung hatten, konnten sowohl bei Annäherung als auch beim Wegflug sehr gute mosaikartig zusammengesetzte Übersichtsbilder gewonnen werden. Jedes dieser Bilder besteht aus 18 Einzelaufnahmen, die im Verlauf von 13 Minuten gemacht wurden, als die Sonde etwa 200 000 km vom Planeten entfernt war. Das erste Mosaik (beim Anflug) zeigt im wesentlichen die südliche Hemisphäre, während das zweite (beim Wegflug) entsprechend mehr von der nördlichen Halbkugel wiedergibt. Merkur sieht dem Mond in mancher Hinsicht auffallend ähnlich, in vielen Einzelheiten unterscheidet er sich allerdings.

Merkur

Nach den drei Mariner-Vorbeiflügen an Merkur war eine genaue topografische Kartierung etwa der halben Planetenoberfläche möglich. Dabei war vor allem der zweite Vorbeiflug wichtig, bei dem die kürzeste Entfernung zum Planeten an dessen beleuchteter Seite im Bereich der südlichen Hemisphäre erreicht wurde und die Fernsehkameras daher optimal eingesetzt werden konnten. Die nebenstehenden Abbildungen zeigen die erfaßten Flächen. Nachdem die Einzelaufnahmen zusammengesetzt waren, stellten erfahrene Zeichner in Spritztechnik Karten mit genauer Darstellung aller Details her. Diese Karten sollen nur die Topografie der Oberfläche deutlich machen; sie enthalten keine durch unterschiedliche Beleuchtung hervorgerufenen Effekte, z. B. sind keine strahlenförmigen Strukturen zu sehen. Zusammen mit den Originalfotos erlauben diese Karten eine detaillierte geologische Kartierung. Der Laie erhält einen ausgezeichneten Eindruck von der Oberfläche, einen besseren als nur aus den Mosaikfotos. Die folgenden Seiten zeigen alle 9 Karten zusammen mit ausgewählten Fernsehbildern. In dieser und den folgenden Karten entspricht 1 Grad einer Distanz von 43 km.

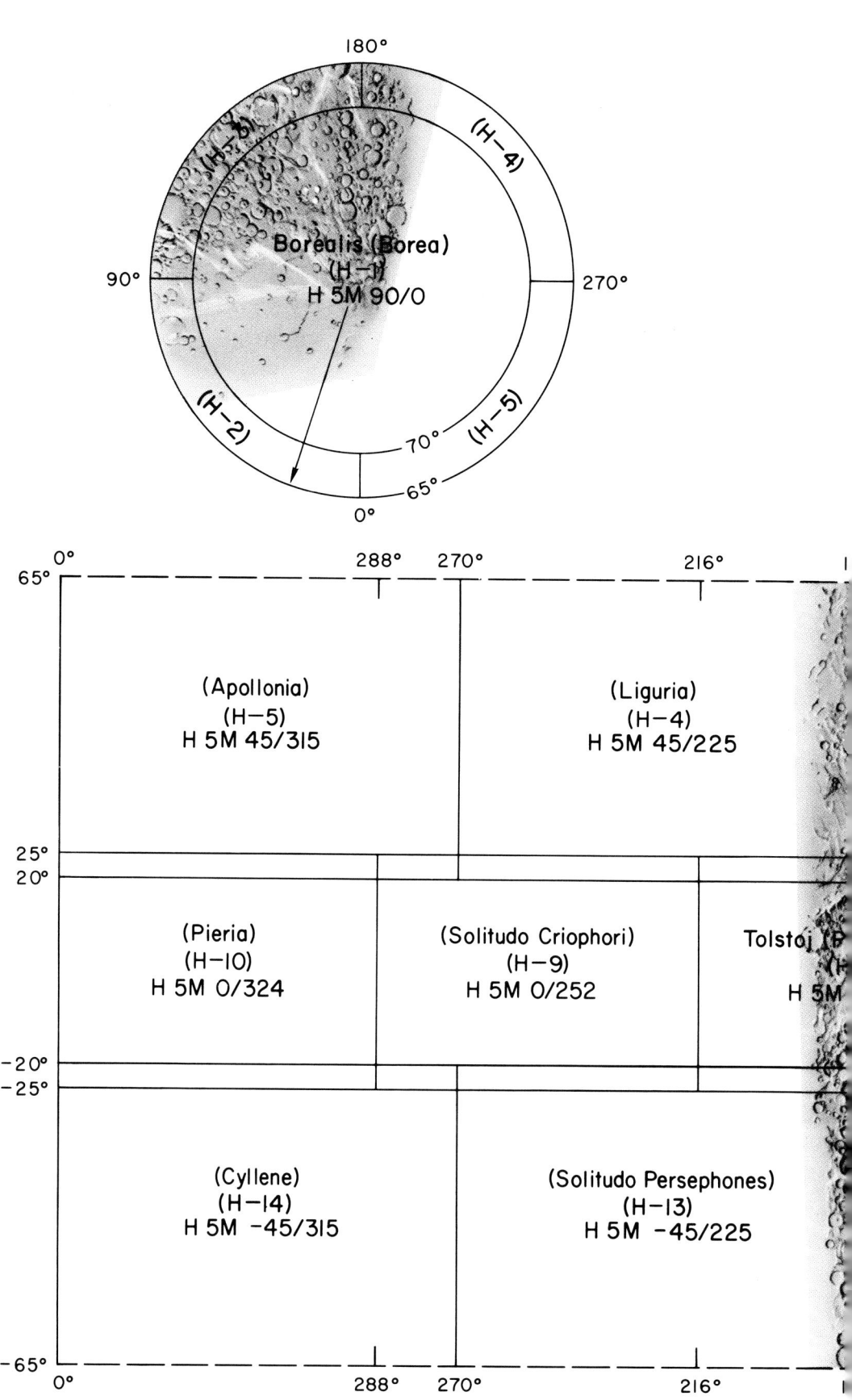

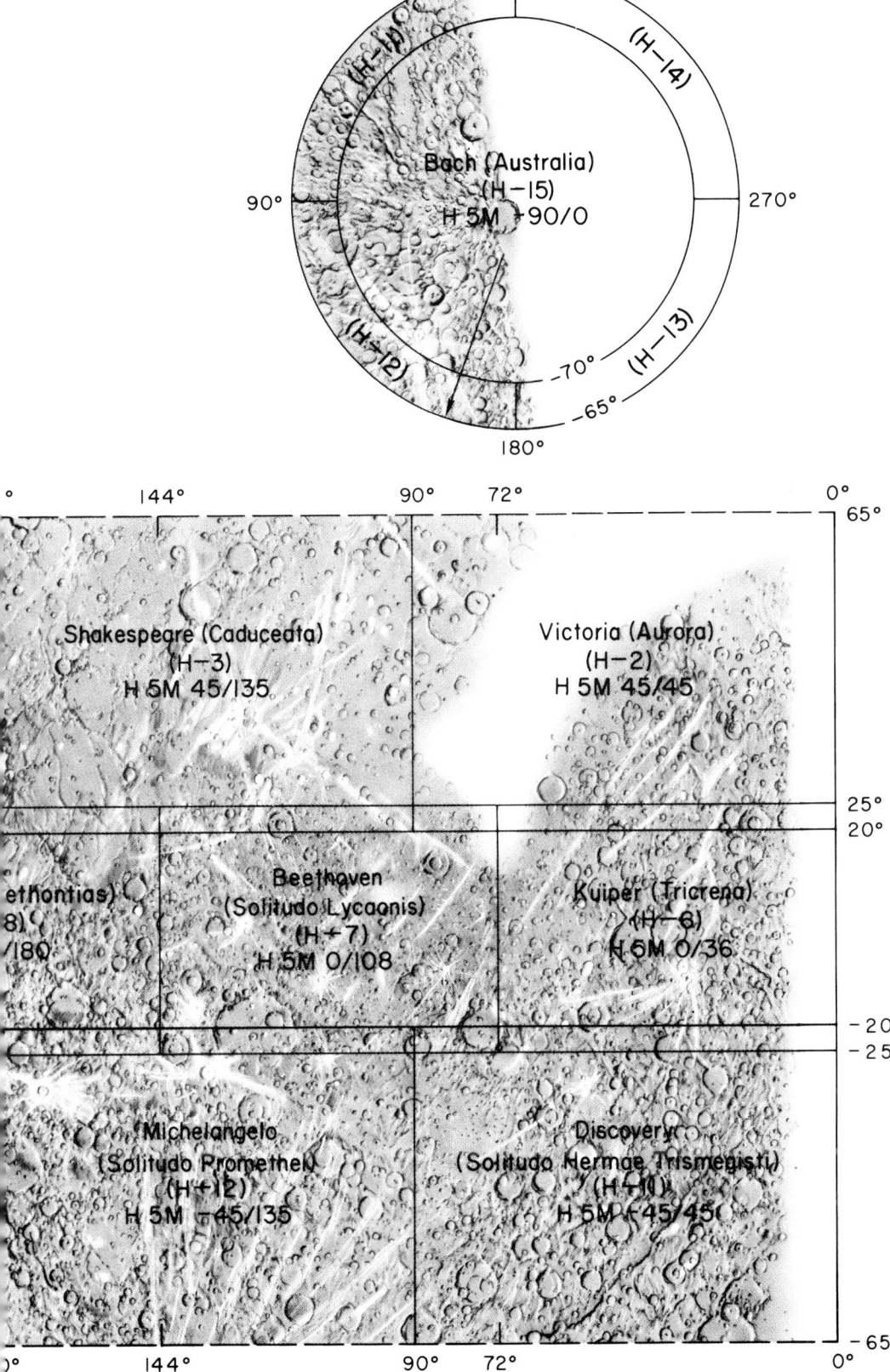

Merkur

Das Borealis-Gebiet überdeckt die nördliche Polarzone. Die auf der Karte gezeigte Fläche enthält etwa je zur Hälfte stark verkratertes Terrain und jüngeres, ebenmäßiges Flachland, in das der Krater Goethe eingebettet ist (Durchmesser etwa 300 km). Anders als auf dem Mond ist das Flachland nicht wesentlich dunkler als das Kratergebiet. Es besteht deshalb nicht unbedingt wie die Ebenen auf dem Mond aus basaltischer Vulkanlava. Eine andere Möglichkeit wäre eine Schicht aus Material, das bei Meteoriteneinfällen hochgeschleudert wurde. Allerdings haben einzelne Merkmale, die man überall auf der Merkuroberfläche findet, zu dem Schluß geführt, daß jedenfalls einige von ihnen vulkanischen Ursprungs sind.

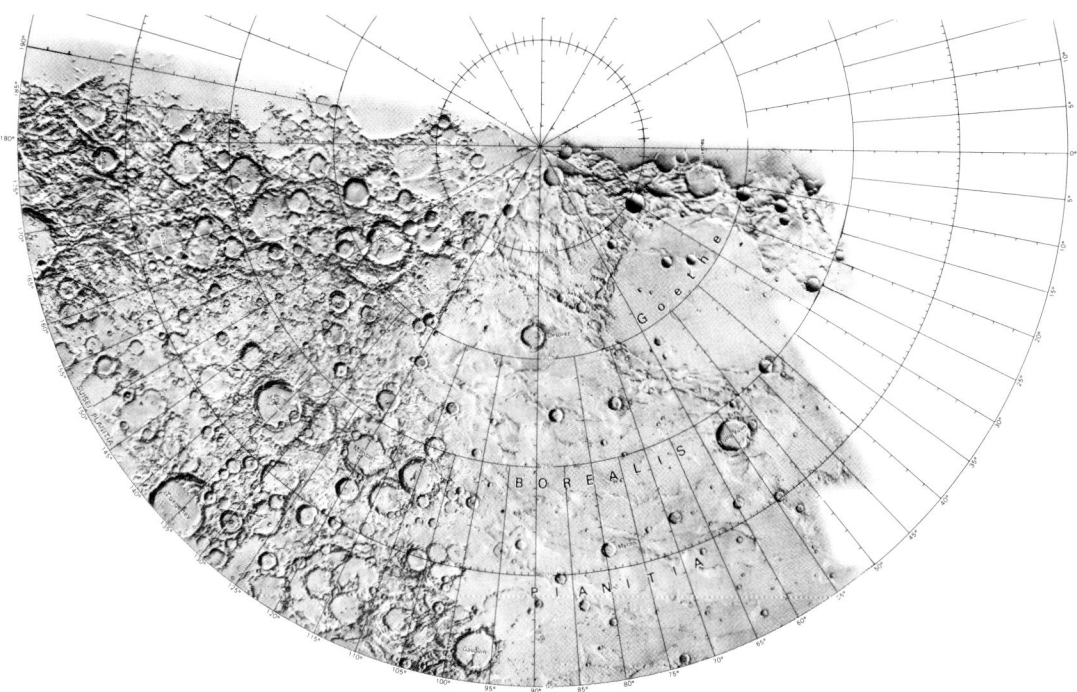

Der 75 km große Krater Saikaku (73° N, 177° W) ist rechts unten auf dieser Schrägansicht zu sehen, die nahe am Morgenterminator (Trennlinie zwischen Nacht und Tag) gemacht wurde, wo Schatten die Zerklüftung des stark verkraterten Terrains in der Borealis-Region deutlich hervorheben. Saikaku und die anderen großen Krater nördlich davon haben rauhe, flache Böden. Zwischen den Kratern sind viele kleinere Sekundärkrater zu sehen. Ein Vergleich mit der Karte zeigt, daß es sich hier um eine stark verkraterte Gegend handelt, wahrscheinlich die älteste Oberflächenstruktur auf Merkur, Überrest der ursprünglichen Kruste, die zur Zeit großer Meteoritenhäufigkeit gebildet wurde.

Die Bach-Region umgibt den Südpol des Merkur. Eine Hälfte wurde beim zweiten Mariner-10-Vorbeiflug aufgenommen. Ebenen fehlen hier völlig.

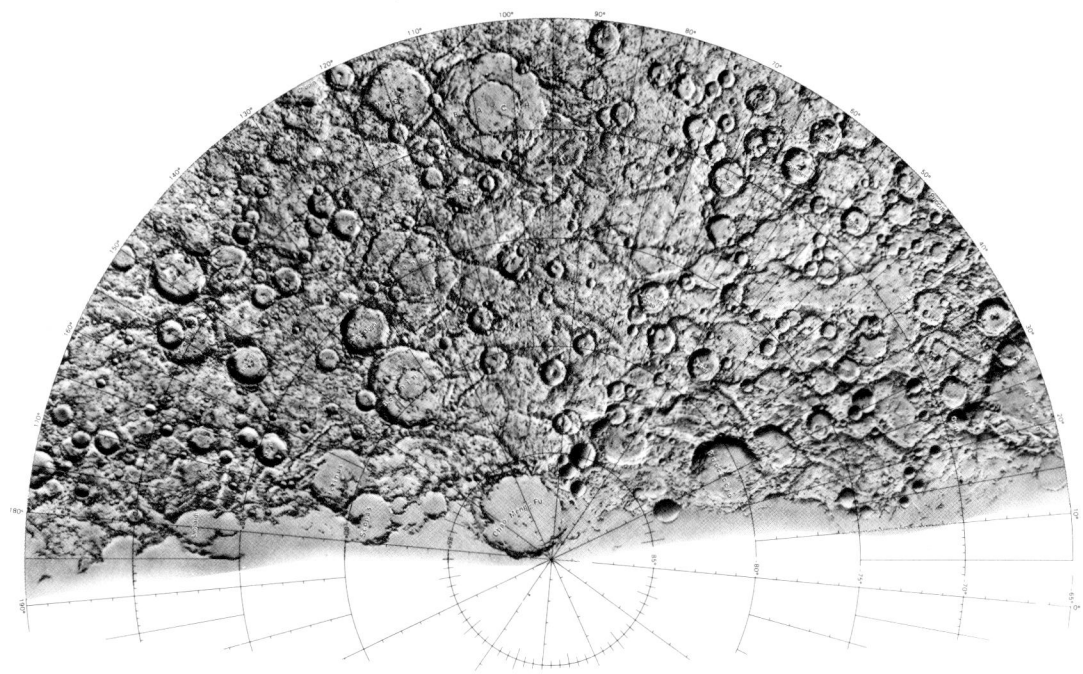

Dieses Mosaikfoto, das einen Teil der Bach-Region vergrößert zeigt, wurde durch Computer aufbereitet, wobei die unterschiedlichen Einfallsrichtungen des Lichts und die verschiedenen Projektionsverhältnisse der Einzelaufnahmen sorgfältig korrigiert wurden. Mit Hilfe der Karte der Bach-Region (am oberen Kartenrand) können die beiden Krater Bach und Wagner leicht identifiziert werden. Die von der Internationalen Astronomischen Union vereinbarte Nomenklatur hat zu einem unmittelbaren Nebeneinander dieser beiden berühmten Namen geführt, was nicht einer gewissen Ironie entbehrt, bedenkt man, welche Welten die beiden Komponisten trennen.

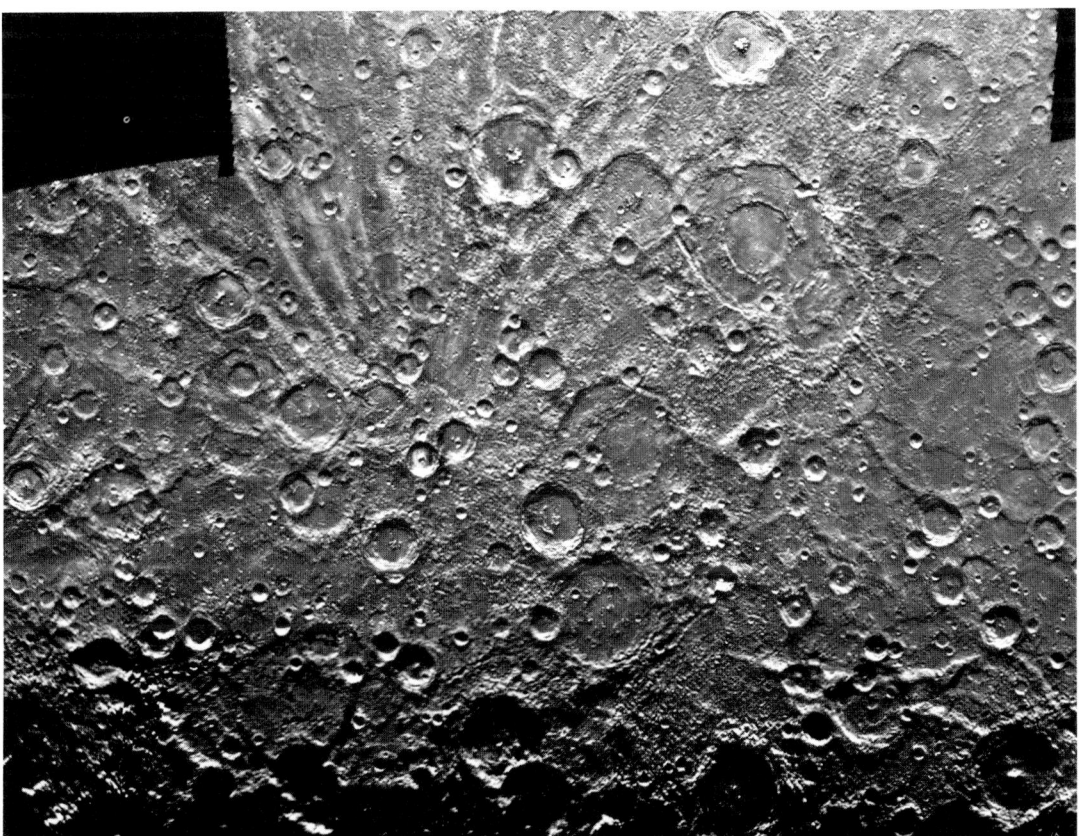

Merkur

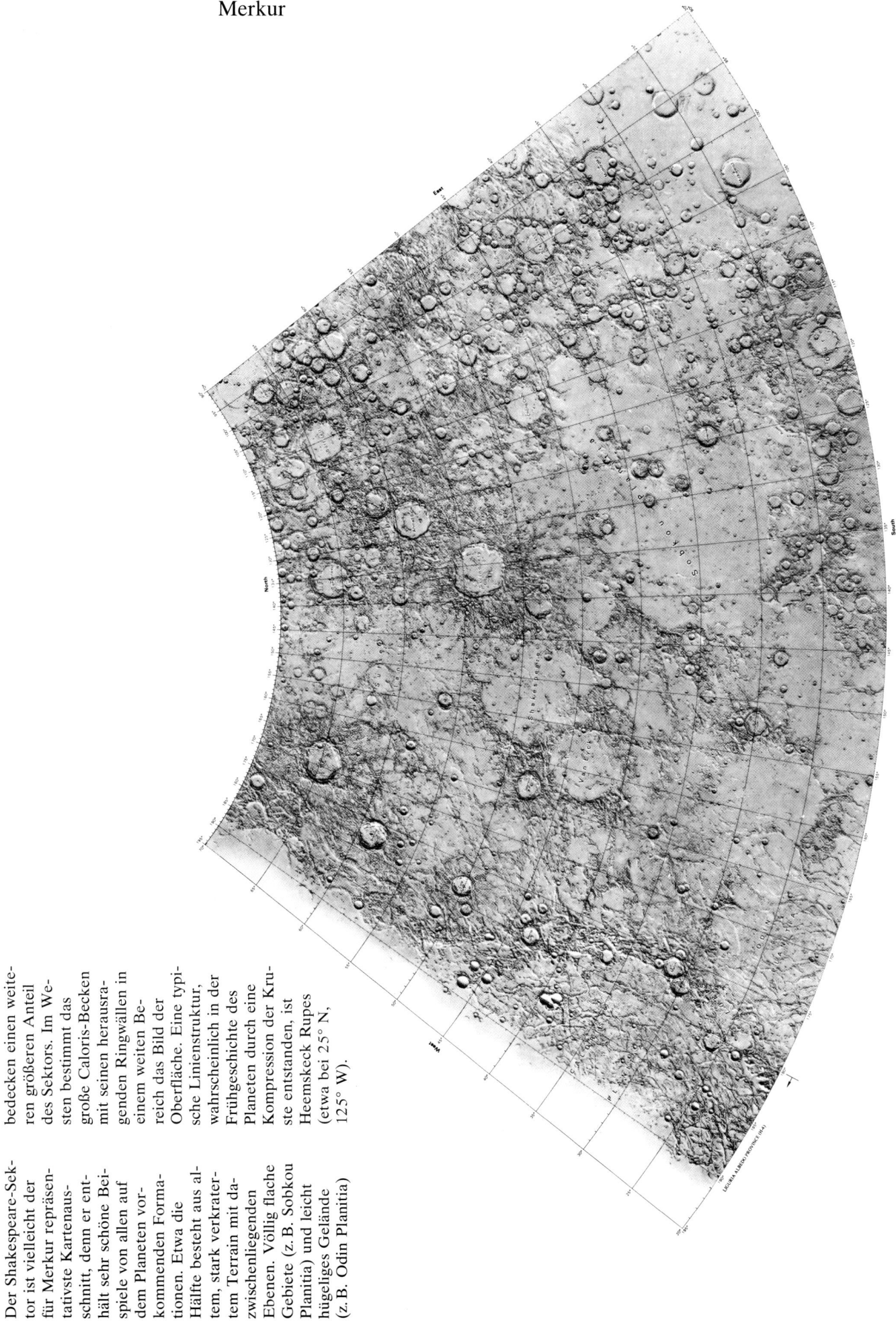

Der Shakespeare-Sektor ist vielleicht der für Merkur repräsentativste Kartenausschnitt, denn er enthält sehr schöne Beispiele von allen auf dem Planeten vorkommenden Formationen. Etwa die Hälfte besteht aus altem, stark verkratertem Terrain mit dazwischenliegenden Ebenen. Völlig flache Gebiete (z. B. Sobkou Planitia) und leicht hügeliges Gelände (z. B. Odin Planitia) bedecken einen weiteren größeren Anteil des Sektors. Im Westen bestimmt das große Caloris-Becken mit seinen herausragenden Ringwällen in einem weiten Bereich das Bild der Oberfläche. Eine typische Linienstruktur, wahrscheinlich in der Frühgeschichte des Planeten durch eine Kompression der Kruste entstanden, ist Heemskeck Rupes (etwa bei 25° N, 125° W).

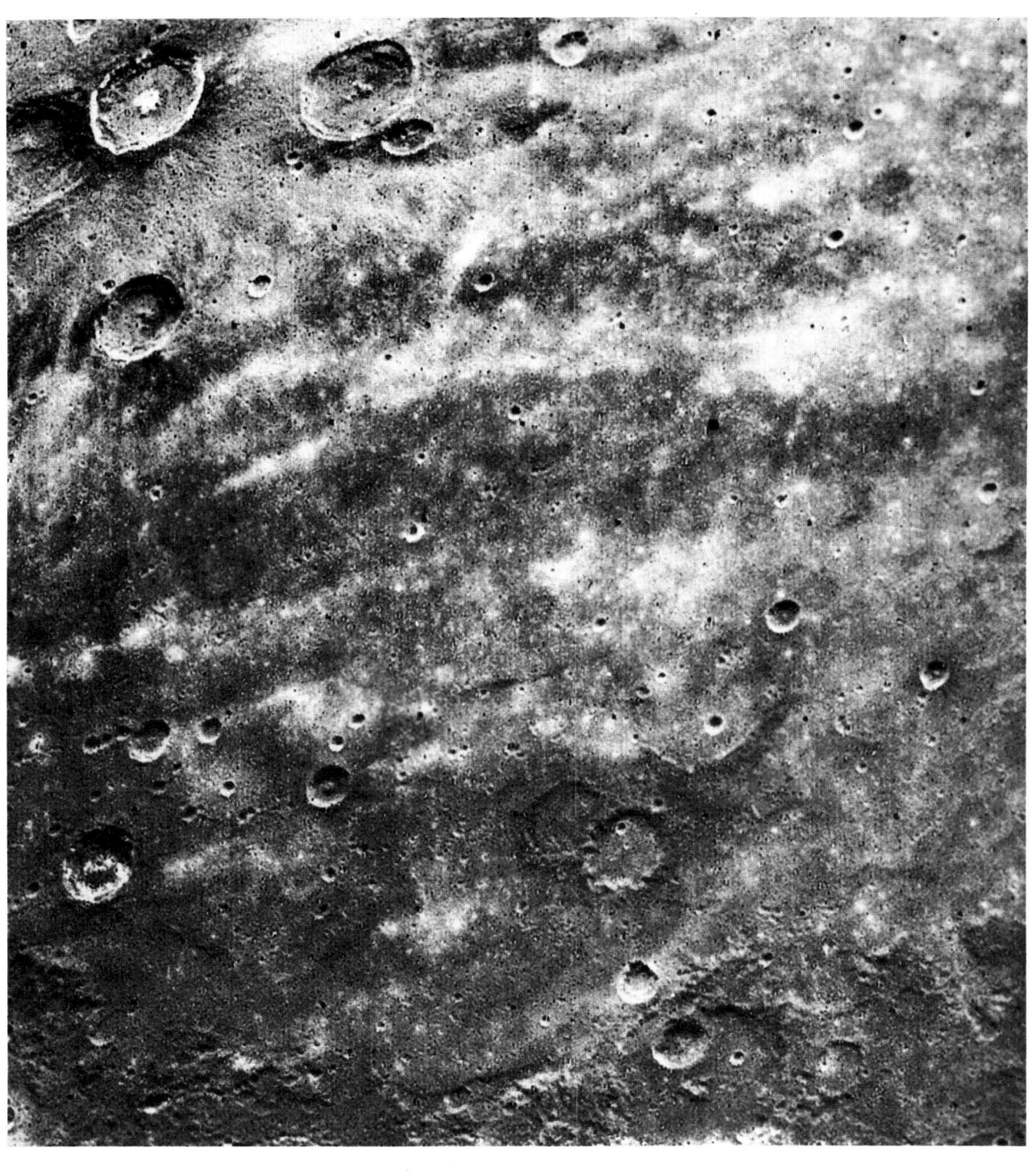

Dieses Bild der Sobkou-Ebene zeigt einen Geländeausschnitt von etwa 500 × 500 km. Links die nordwestliche Begrenzung der Ebene, rechts am Bildrand sieht man die großen Krater Bronte und Degas. Das Gebiet ist ein gutes Beispiel für die häufigen, örtlich begrenzten ebenen Flächen, über deren Entstehung es unterschiedliche Ansichten gibt. Eine Meinung geht dahin, daß diese Ebenen ein Analogon zu den hellen Flächen auf dem Mond bilden (im Gegensatz zu den dunklen Maria), die durch Auswürfe bei Meteoriteneinfällen entstanden sind. Nach der zweiten, weiter verbreiteten Ansicht sind diese Flächen – jedenfalls in vielen Fällen – vulkanischen Ursprungs. Begründet wird dies damit, daß die beobachtete Verteilung der ebenen Flächen und ihr häufiges Vorkommen in großen Kratern durch eine Entstehung aus dem Planeteninneren besser erklärt wird, zumal man kein Auswurfmaterial von Meteoriteneinfällen beobachtet.

Merkur

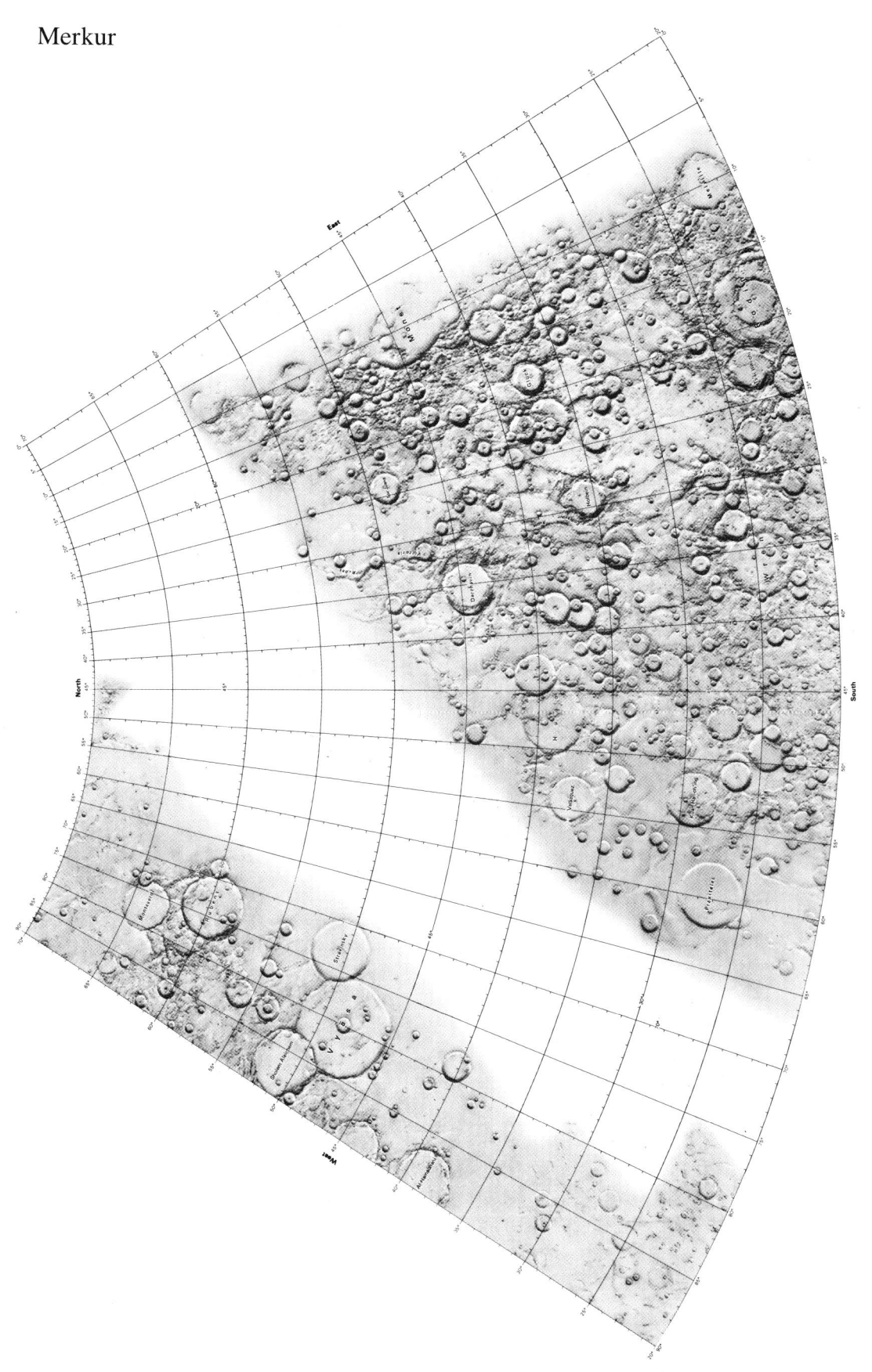

Der Victoria-Sektor ist bislang erst teilweise erfaßt. Er setzt sich im östlichen Teil aus stark verkratertem Terrain und ebenen Flächen zusammen. Nach Westen deutet sich ein Übergang in eine gleichmäßige Ebene an. Auffallende geradlinige Strukturen sind der Gebirgsrücken Antoniadi Dorsum, Endeavor Rupes und Victoria Rupes, alle nordsüdlich ausgerichtet (bei etwa 30° W).

34

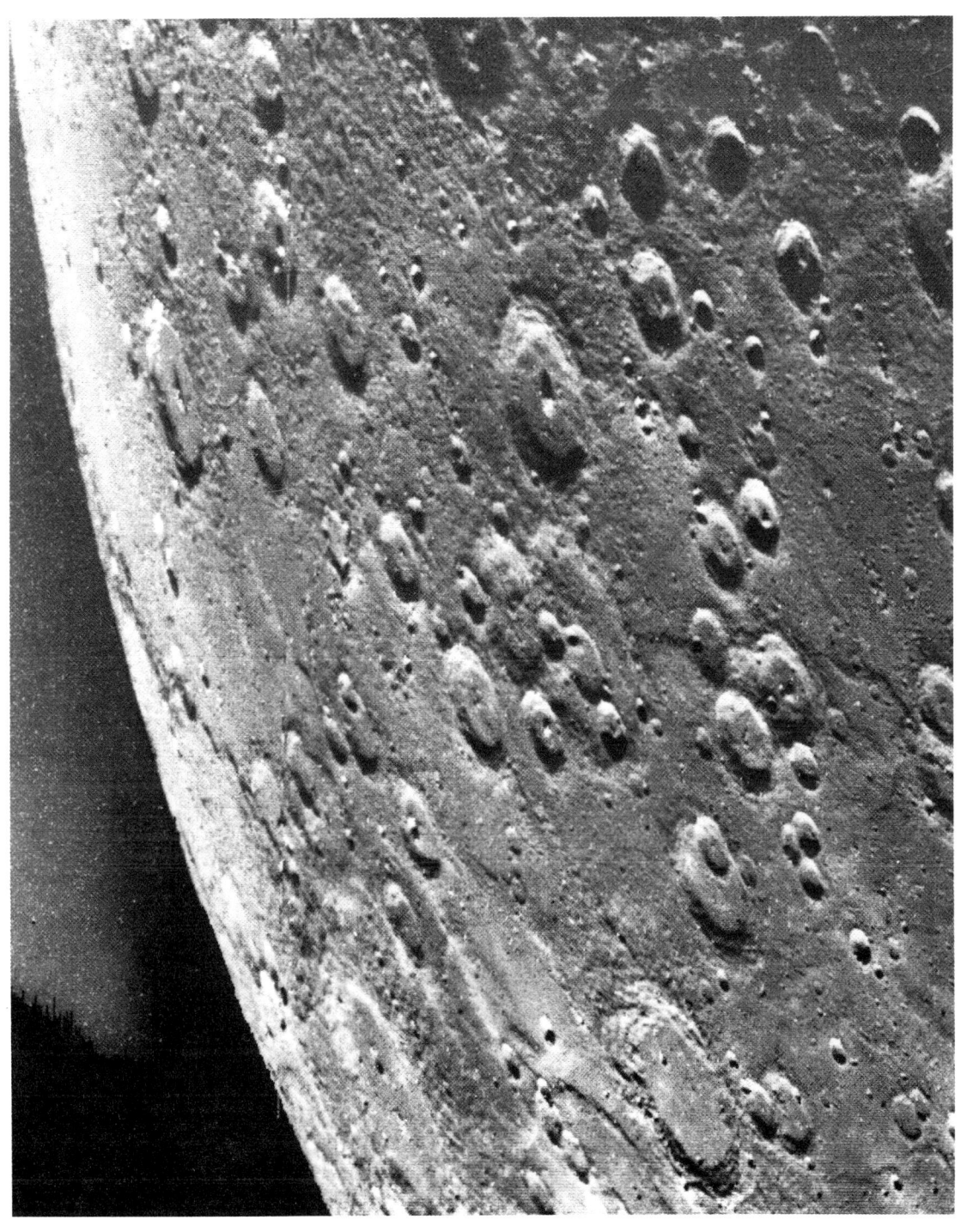

Diese Schrägansicht der zwischen Kratern eingebetteten Ebenen im Victoria-Sektor zeigt ein Gebiet von etwa 30° N (unterer Rand) bis 50° – 55° N (Horizont). Viele große Krater sind zu erkennen, viele mit Zentralbergen. Zwischen den großen Kratern liegen leicht gewellte Ebenen. Geologische Analysen ergeben für diese Gebiete dasselbe Alter wie für die Krater. Vielleicht entstanden sie dadurch, daß gegen Ende des frühen starken Meteoritenfalls die Oberfläche aufgeschmolzen war.

Merkur

Der Tolstoi-Sektor enthält die südliche Hälfte des großen Caloris-Beckens, das ganz oben in der Mitte zu erkennen ist. Zwar enthält das erfaßte Gebiet viel stark verkratertes Terrain, doch sind auch vier große Ebenen zu nennen: Caloris, Odin, Budh und Tir. Der Krater Tolstoi mit seinen 375 km Durchmesser wurde wahrscheinlich von Lava überflutet und enthält heute auch völlig ebene Flächen.

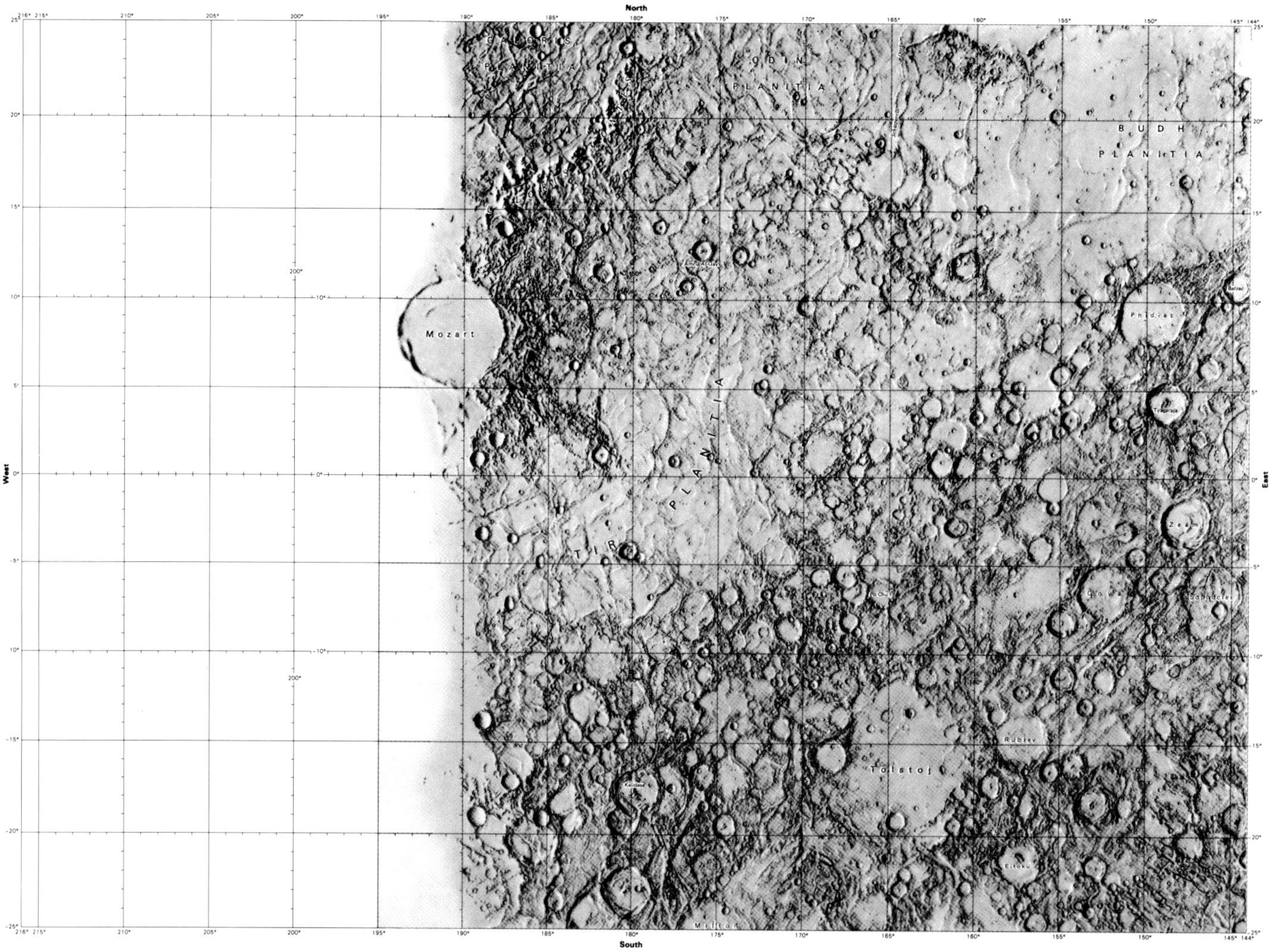

Die Ebenen zwischen den großen Kratern im Tolstoi-Sektor sind geradezu übersät mit relativ jungen, schalenförmigen Sekundärkratern. Das Bild zeigt eine ca. 300 × 250 km große Region nordöstlich des Kraters Mozart, gerade außerhalb des Ringes, den die Caloris-Berge bilden.

Diese Ansicht des Caloris-Beckens – so genannt, da es in Äquatornähe bei einem der Wärmepole (180°) liegt, die abwechselnd senkrecht vom Sonnenlicht bestrahlt werden, wenn Merkur gerade seine kürzeste Entfernung von der Sonne erreicht – erfaßt in Ost-West-Richtung etwa 1000 km. In der nordöstlichen Ecke liegen die Krater van Eyck und Mansur, im Südosten ist die hügelige Ebene Odin Planitia zu erkennen. Das Caloris-Becken (Durchmesser 1300 km) hat mit seinen konzentrischen Ringwällen in vieler Hinsicht Ähnlichkeit mit dem Mare Orientale auf dem Mond. Der Einfall, durch den Caloris entstand, war ein wichtiges Ereignis in der Geschichte des Planeten, da er die Oberfläche über einen riesigen Bereich formte. Durch die Fokussierung der seismischen Wellen entstand dabei wahrscheinlich auch das ungewöhnliche, buckelige Terrain auf der gegenüberliegenden Seite des Merkur.

Merkur

Der Beethoven-Sektor ist von zahlreichen Kratern und dazwischenliegenden Ebenen geprägt. Beethoven und Raphael sind beckenartige Einschlagsformationen, während Dürer, Vivaldi, Wang Meng und Boethius große Ringkrater sind.

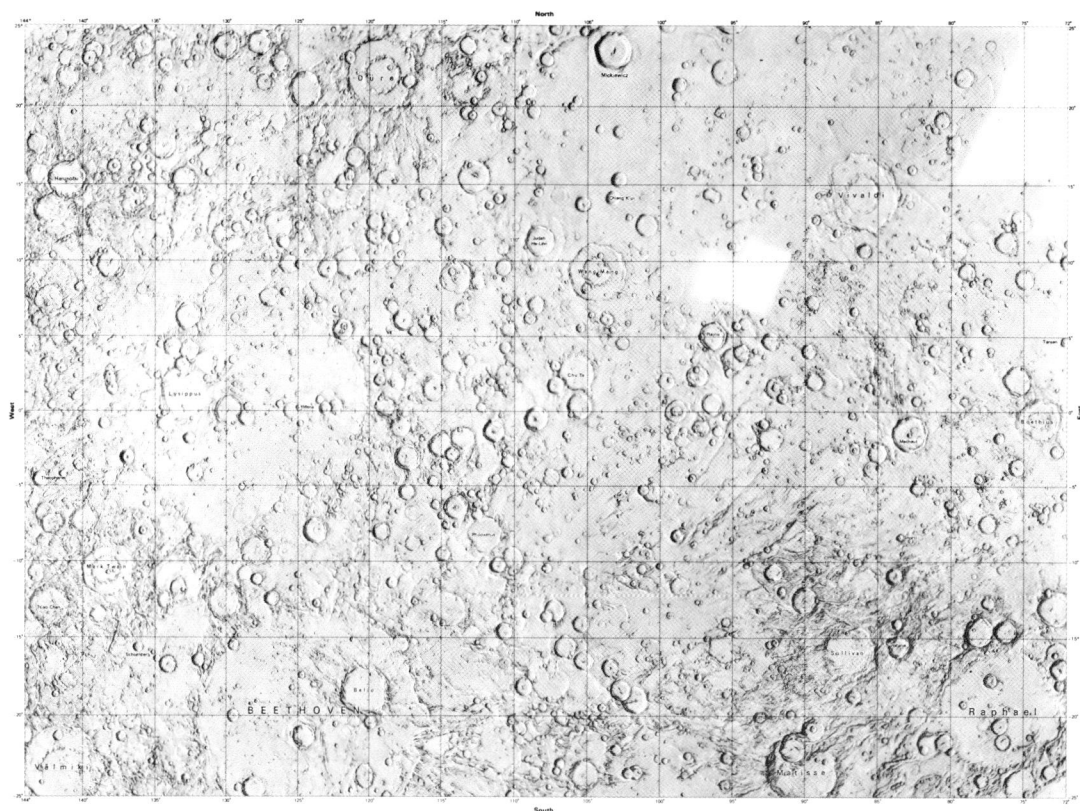

Dieses Mosaikfoto ist eine vergrößerte Ansicht von der südöstlichen Region der Karte oben. Die Effekte unterschiedlicher Reflexion der Oberfläche wurden in den Karten eliminiert, so daß nur die topographischen Einzelheiten zu sehen sind. Auf den Mosaiken, die bei Annäherung und Entfernung der Sonde gemacht wurden, fällt besonders bei den Strahlenkratern eine erhebliche Variation der Albedo auf. Dieses von einem Computer aufbereitete Foto eines Teils des Beethoven-Sektors zeigt einige jüngere Merkurkrater in Nahaufnahme. Die Strahlen entstanden durch Material, das bei Meteoriteneinschlägen weggeschleudert wurde. Die drei größten Strahlenkrater dieses Bildes liegen bei 8° S, 106° W; 13° S, 101° W; 7° S, 84° W.

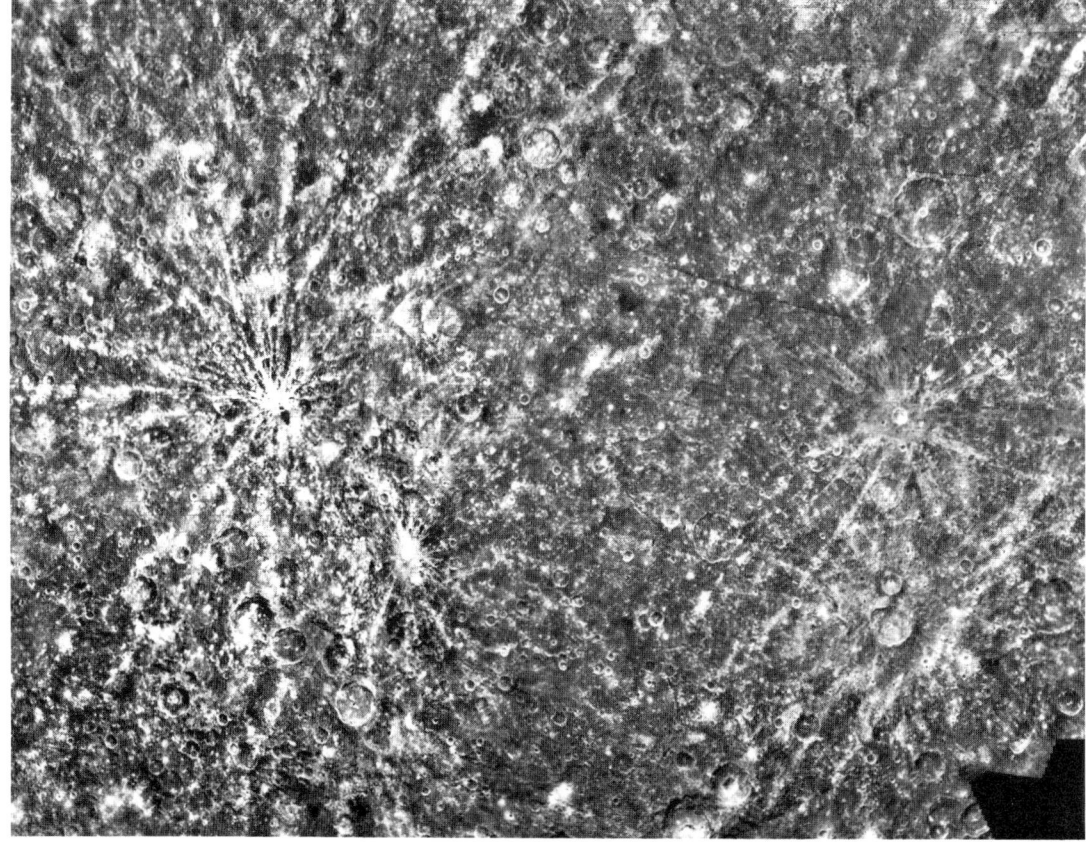

Der Kuiper-Sektor zeigt hauptsächlich stark verkratertes Terrain mit mehreren etwa 200 km großen, von Ringen umgebenen Becken wie z.B. Rodin, Homer und Renoir. Nach Westen geht dieses Terrain in ein Gebiet über, in dem die Ebenen zwischen den Kratern deutlicher hervortreten. Zwei der langen, gerade verlaufenden Täler tragen die Namen von großen, an der Planetenforschung beteiligten Radareinrichtungen in den USA. Das Goldstone-Tal (15° S, 33° W) ist nach der Station des Jet Propulsion Laboratory in Kalifornien benannt, Mitglied des großen Weltraum-Radarnetzes der NASA, das den Flug der Mariner-10- und anderer Planetensonden überwachte. Das Haystack-Tal bei 5° N, 47° W heißt so nach der Station des Massachusetts Institute of Technology bei Westford in Massachusetts.

Diese Gräben, die man überall auf der Planetenoberfläche findet, entstanden wahrscheinlich früh in der Geschichte des Planeten.

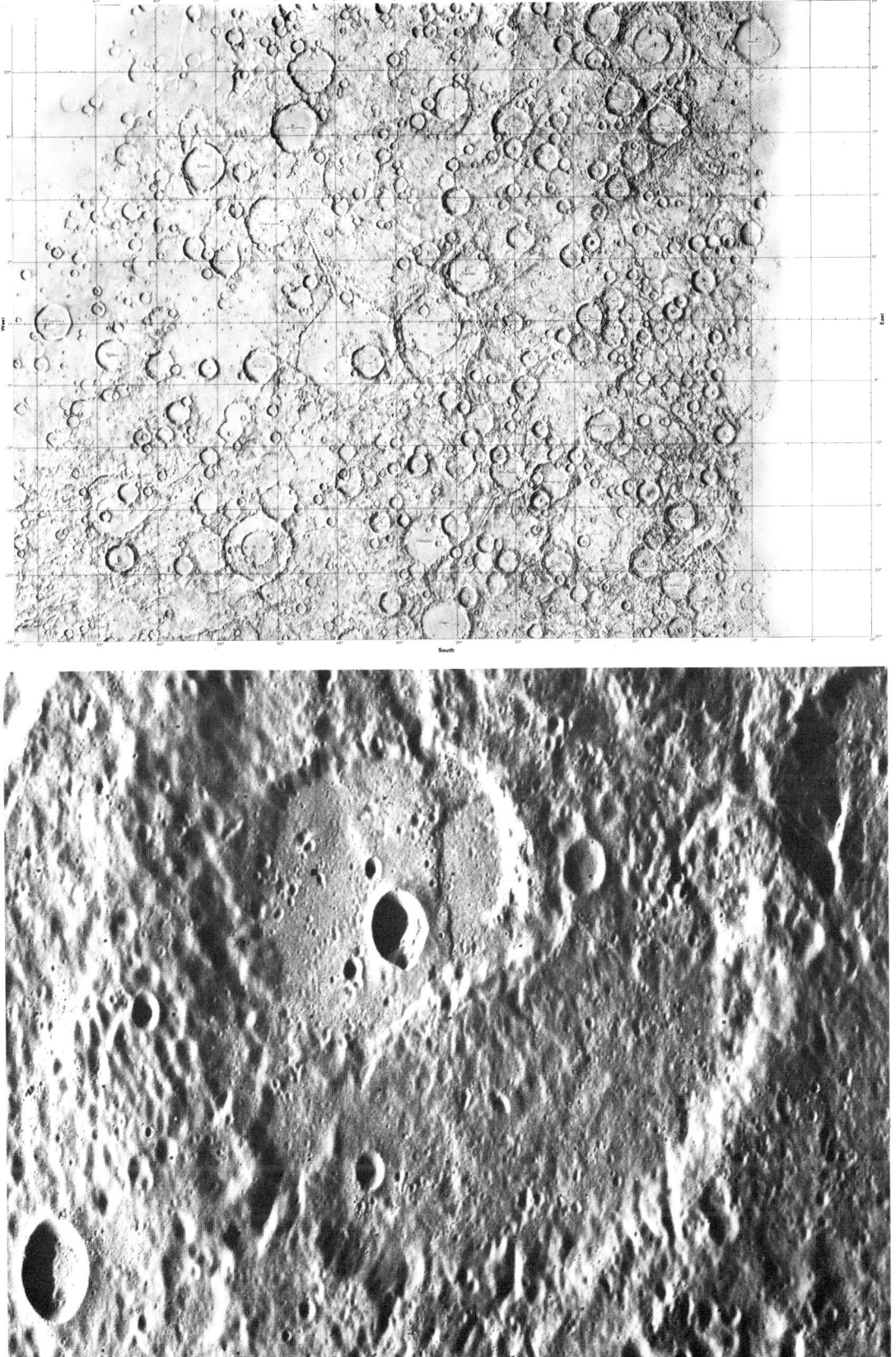

Das Zentrum dieses Mariner-10-Bildes, das ein Gebiet von etwa 200 × 110 km erfaßt, liegt bei 21° S, 28° W. Ein alter, weitestgehend abgetragener (und namenloser) Krater nimmt den größten Teil des Bildes ein. In seiner oberen linken Ecke ist ein kleinerer, etwa 35 km großer, ebenfalls abgetragener Krater zu erkennen, in dem ein frischer schalenförmiger, etwa 8 km großer Einschlag liegt. Der mittelgroße Krater wurde von tektonischen Kräften verformt; sie bildeten eine Klifflinie, die etwa 20 km am südlichen (unteren) Rand des Kraters entlangläuft, dann ihre Richtung ändert und quer durch den Krater zu dessen Nordrand weiterführt. Dann kreuzt sie den Kraterrand und verläuft sich allmählich. Solche Wälle und Gräben gibt es überall auf dem Planeten; sie sind Zeugen von frühen Veränderungen der Kruste, die es auf dem Mond nicht gibt.

Merkur

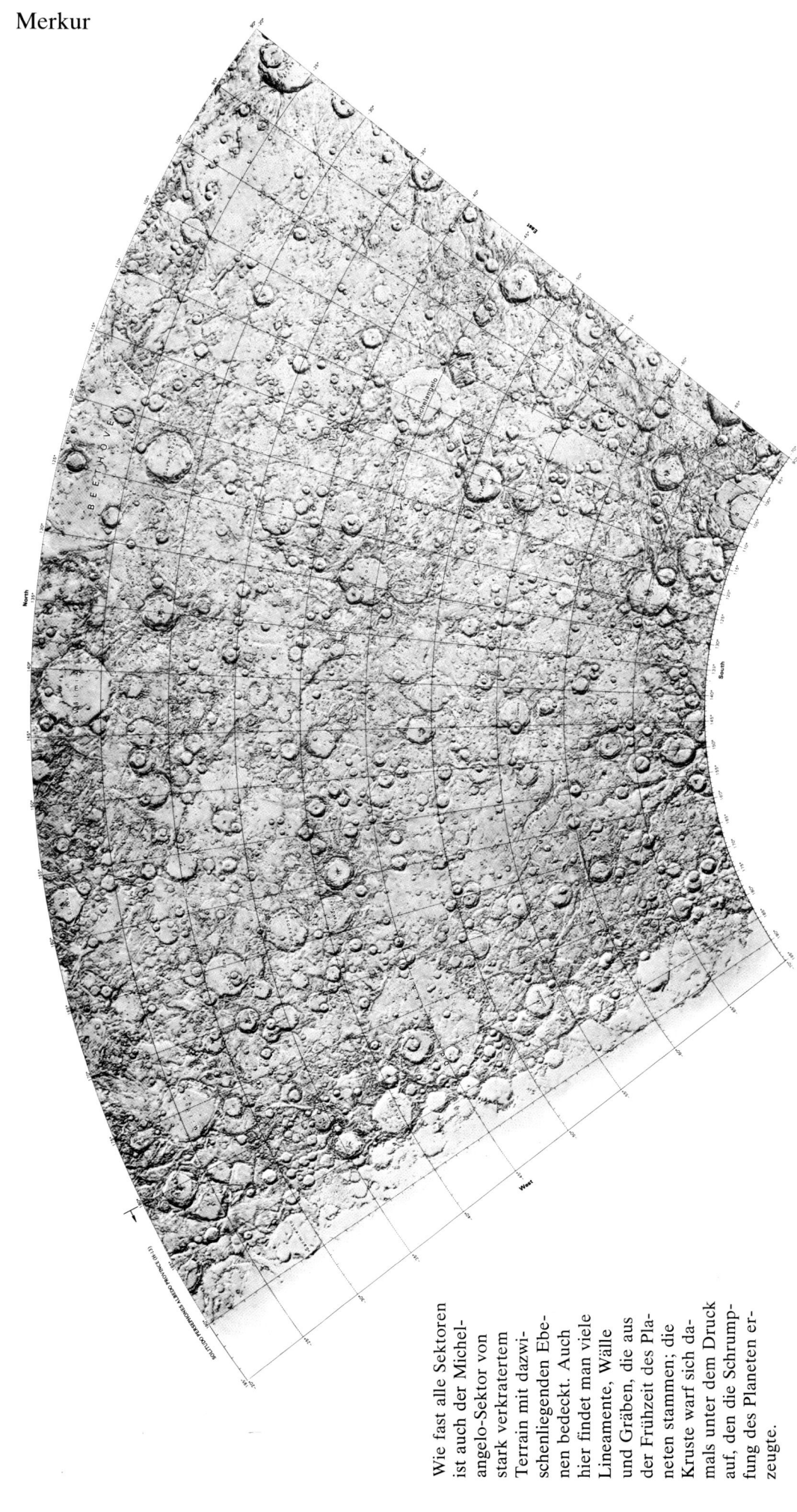

Wie fast alle Sektoren ist auch der Michelangelo-Sektor von stark verkratertem Terrain mit dazwischenliegenden Ebenen bedeckt. Auch hier findet man viele Lineamente, Wälle und Gräben, die aus der Frühzeit des Planeten stammen; die Kruste warf sich damals unter dem Druck auf, den die Schrumpfung des Planeten erzeugte.

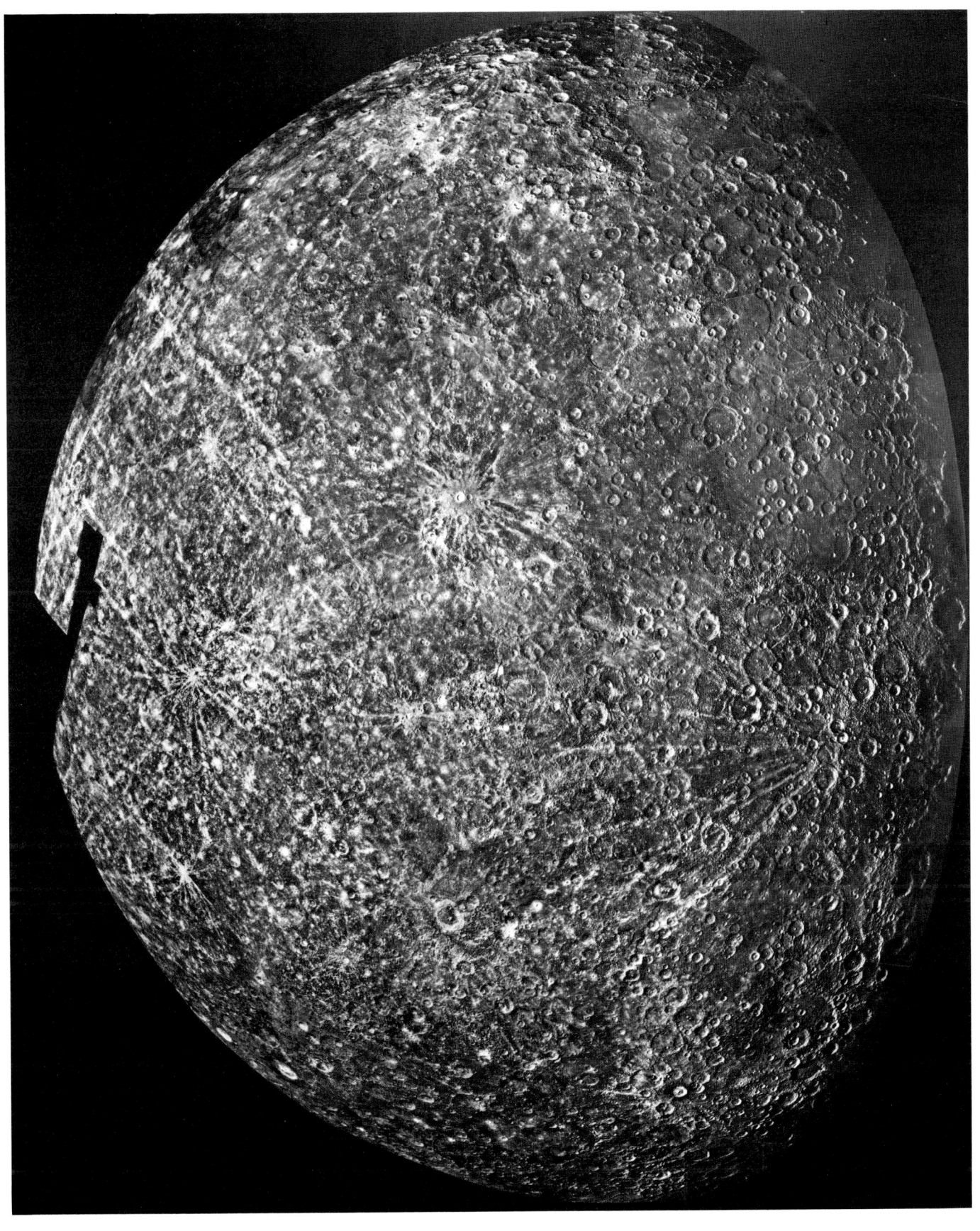

Dieses besonders schöne Fotomosaik von einem Teil der Michelangelo-Region wurde aus vielen Fernsehbildern zusammengesetzt. Dabei wurde ein spezielles Computerverfahren angewandt, während man sonst die einzelnen Bilder einfach zusammenklebt. Auf diese Weise sind die Nahtstellen der einzelnen Bilder kaum erkennbar, und es entsteht der Eindruck eines einzigen Bildes von großer Auflösung. Die relativ hohen Kosten dieses Verfahrens, bei dem ein Wissenschaftler mit dem Computer im Dialog arbeitet, schließen seine Verwendung im großen Umfang vorerst noch aus.

Merkur

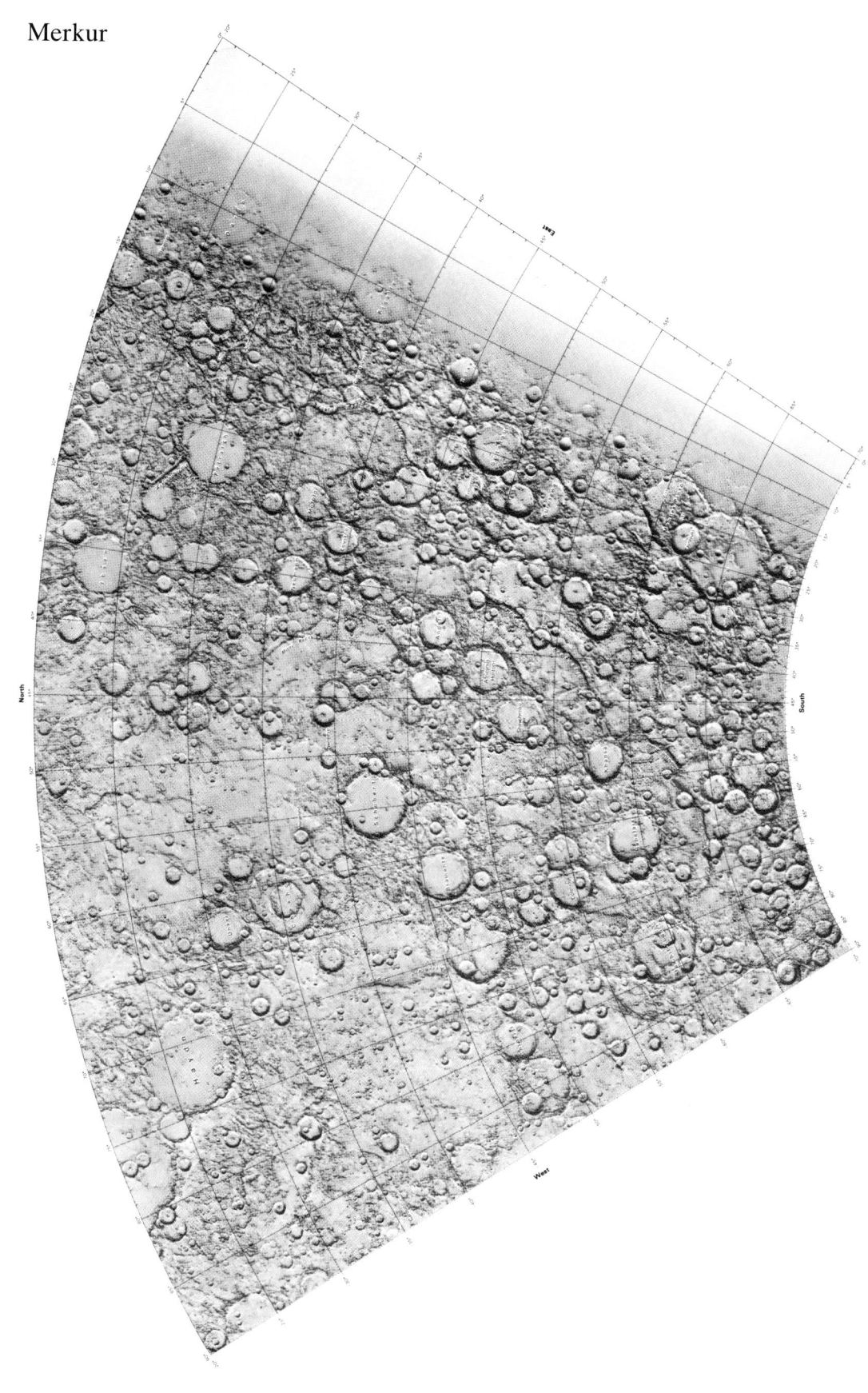

Der Discovery-Sektor zeigt eine Mischung verschiedener Oberflächentypen, doch die alten Krater stehen auch hier im Vordergrund. Bei einigen Becken fällt ihr ebener, Mare-ähnlicher Boden auf. Der Sektor liegt etwa antipodisch zum Caloris-Becken und ist durch ungewöhnliches, bukkeliges Terrain gekennzeichnet, das vielleicht durch seismische Aktivität in Verbindung mit dem Caloris-Einschlag entstand. Außerdem enthält dieser Sektor das beste Beispiel eines Grabenbruchs auf dem Merkur, den Discovery-Wallgraben (*Discovery Rupes* in der Karte).

Diese Ansicht der dem Caloris-Becken antipodisch gegen-überliegenden Region überdeckt ein Gebiet von etwa 180 × 180 km um 31° S, 17° W. Sie zeigt buk-keliges Terrain, wie

es sonst nicht auf der Merkur-Oberfläche vorkommt, und man vermutet, daß es durch eine Fokussie-rung der seismischen Wellen, die vom Ca-loris-Einschlag aus-gingen, entstanden ist.

Auf dem Mond hebt sich die dem Mare Imbrium gegenüber-liegende Region in ähnlicher Weise von den sonstigen Boden-formationen ab.

Das auffallendste Li-neament auf Merkur ist der Discovery-Wallgraben bei 55° S, 35° W. Solche tekto-nischen Formationen sind wahrscheinlich durch ein Zusam-menwirken von globa-ler Expansion (durch Aufheizung von in-nen) und eine Ab-bremsung der Rota-tion (durch eine Gezeitenwirkung zwi-schen Sonne und Merkur) während der Frühzeit des Planeten entstanden. Der Dis-covery-Wall verläuft über 400 km von Südwesten nach Nordosten und kreuzt dabei zwei ältere Kra-ter. Solche Überlage-rungen ermöglichen eine relative Datie-rung der verschiede-nen Prozesse, die die Planetenoberfläche formten.

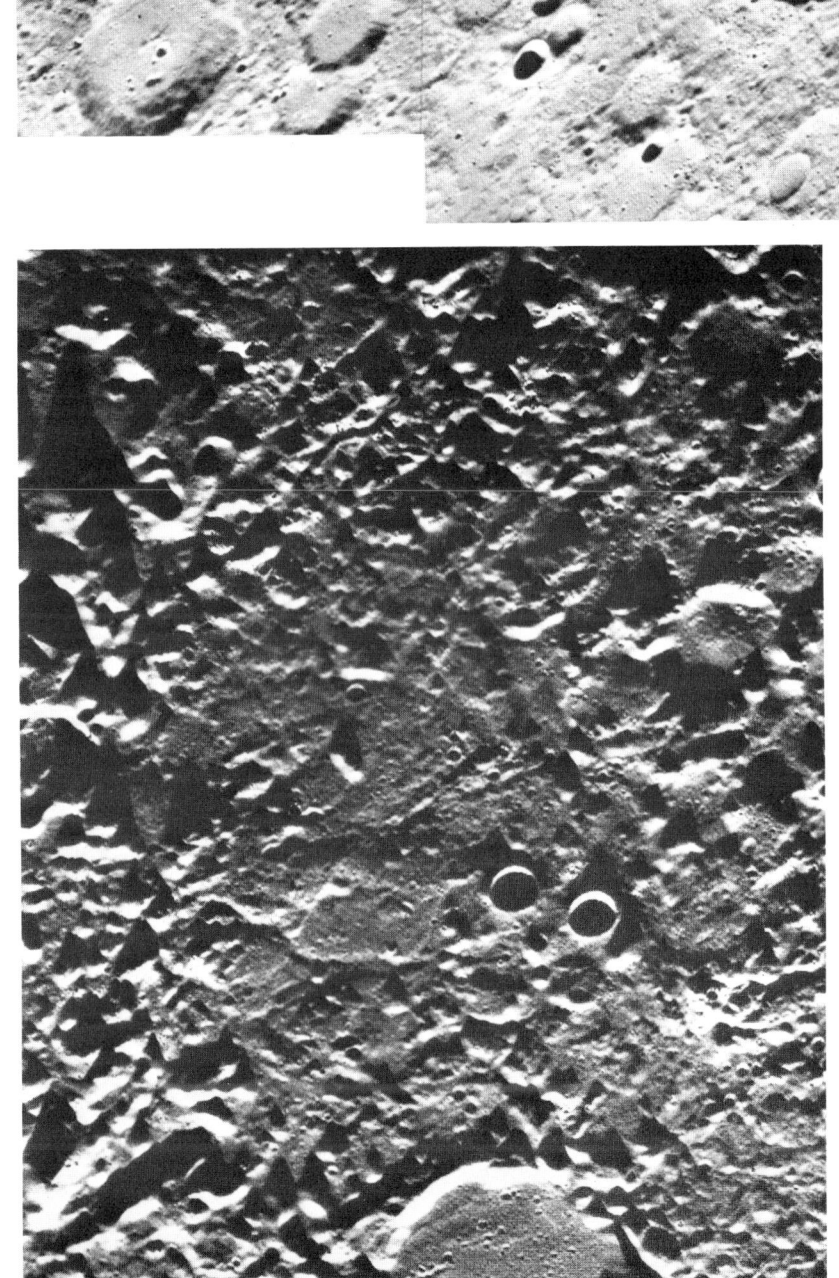

Venus

Venus ist von allen Planeten der Erde am nächsten und außer Sonne und Mond das weitaus hellste Objekt am Himmel. Um die untere Konjunktion, wenn Venus und Erde nur 40 Millionen km voneinander entfernt sind, zeigt schon ein kleines Fernrohr die brillant leuchtende Sichel des Planeten. Selbst mit den größten Teleskopen und hochempfindlichen Fotoplatten kann man aber keine Einzelheiten einer Oberfläche erkennen, die man als Kontinente, Meere oder andere Bodenformationen deuten könnte. Dagegen wurde von visuellen Beobachtern über äußerst zarte Strukturen und eine etwas unregelmäßig-wellenförmige Grenzlinie zwischen der Tag- und Nachtseite berichtet. Sogar die Fernsehkameras der Mariner-10-Sonde, die Venus 1973 aus 10000 km Entfernung beobachteten, konnten keine ausgeprägten Kontraste auf der hellen Planetenscheibe im Bereich des sichtbaren Lichts entdecken. Die wesentlichen physikalischen Daten der Venus sind in der folgenden Tabelle zusammengefaßt.

Masse $4,87 \cdot 10^{24}$ kg	Umlaufzeit 224,7 Tage
Radius 6051 km	Neigung des Äquators gegen die Bahnebene 3°
Dichte 5,2 g/cm³	Exzentrizität 0,007
Schwerkraft am Äquator 887 cm/sec²	Mittlere Sonnenentfernung $108,2 \cdot 10^6$ km
Rotationsperiode retrograd 243 Tage	

Man ist sich schon lange klar darüber, daß die große Oberflächenhelligkeit der Venus und das Fehlen sichtbarer Einzelheiten durch eine ständig vorhandene, dicke, strukturlose Wolkendecke verursacht wird. Die zitronengelbe Farbe der Venuswolken unterschied sich genügend von den irdischen Wolken, um die Vermutung nahezulegen, daß sie vielleicht aus Staub und anderem Material bestehen; doch die meisten Beobachter hielten an der Vorstellung von einem heißen, tropischen, unter Wasserdampfwolken verborgenen Planeten fest. Dies schien logisch, da Venus als erdähnlicher Planet mit einer dicken Atmosphäre große Ozeane besitzen sollte, deren starke Verdunstung infolge der intensiven Sonneneinstrahlung (Sonnenentfernung nur 0,72 AE*) dann zu einer erheblichen Wolkenbildung führen könnte.

In den 50er Jahren gelang es zum ersten Mal, die Oberflächentemperatur der Venus zu messen. Die Venusoberfläche emittiert Mikrowellenstrahlung – eine aus kurzen Radiowellen von einigen Zentimeter Wellenlänge bestehende Strahlung –, die ungehindert die Wolkendecke des Planeten durchdringt und auf der Erde gemessen werden kann. Ihre Intensität hängt in bekannter Weise von der Temperatur der strahlenden Oberfläche ab. Die ersten Ergebnisse deuteten auf Temperaturen von mehre-

---

* 1 Astronomische Einheit (AE) = mittlere Entfernung Sonne – Erde = $149,6 \cdot 10^6$ km.

ren 100 °C, viel zu heiß also für flüssiges Wasser oder die Existenz von Pflanzen.

So hohe Temperaturen für die Venusoberfläche erschienen unwahrscheinlich. Immerhin ist die Intensität der Sonnenstrahlung dort nur etwa doppelt so hoch wie auf der Erde, und außerdem wird der größte Teil von der dicken Wolkenschicht wieder in den Weltraum reflektiert. Im Endeffekt behält der Planet weniger Sonnenenergie als die Erde, nämlich nur etwa denselben Betrag wie der noch weiter entfernte Mars. Waren vielleicht die Mikrowellenmessungen falsch? Hauptsächlich zur Nachprüfung dieser Messungen erhielt die erste Venussonde Mariner 2 ein kleines Mikrowellenmeßgerät. Das Ergebnis: Die Messungen waren richtig, die Temperaturen auf der Oberfläche betrugen mehr als 400 °C. Die letzten Zweifel beseitigten die sowjetrussischen Venera-Sonden. Und nicht nur die Temperatur war sehr hoch im Vergleich zu den irdischen Werten, auch betrug der Druck fast 100 Atmosphären.

Man muß annehmen, daß sich unter solchen Bedingungen die Meteorologie der Venusatmosphäre und die geologische Entwicklung auf der Oberfläche völlig von den irdischen Verhältnissen unterscheiden. Vor ein paar Jahren ist es der Sowjetunion gelungen, Raumsonden weich auf der Venusoberfläche abzusetzen, und man hat bemerkenswerte Bilder von der Umgebung der Landestellen erhalten. Diese Bilder wurden bei natürlichem Licht aufgenommen und zeigen, daß nur wenige Prozent des von außen einfallenden Sonnenlichts durch die Wolkendecke bis zur Oberfläche dringen. Wie zu erwarten, zeigte sich die Oberfläche als eine sterile, ausgedörrte Wüste. Am Landeplatz der Venera-9-Sonde liegen viele Felsblöcke über die Landschaft verstreut. Nach dem von den Sensoren übermittelten Bild steht die Sonde auf abschüssigem Gelände. Dieser Landeplatz sieht in mancher Hinsicht anders aus als die 2 500 km entfernte Stelle, wo Venera 10 aufsetzte. Dort zeigt das Panorama eine flache, steinige Ebene, auf der nur wenige Felsbrocken zu erkennen sind. Beide Gelände haben Merkmale, die sie als Überreste von Auswurfmaterial und Lava bei Vulkanausbrüchen ausweisen. Die herumliegenden Steine sehen wie alluviale Ablagerungen aus, manche haben dunkle Bänder und wieder andere Flecken. Sie liegen auf einem hell und dunkel gesprenkelten, zerbrochenem Basaltgestein ähnlichen Boden. Die schwarzen Stellen dieses Untergrundes sind zu dunkel, um als Schatten oder dunkle Mineralien erklärt werden zu können; es müssen Mulden oder Risse zwischen den Felsen sein.

Diese Vermutung wird noch durch die offensichtlich scharfen Kanten einiger Felsbrocken unterstützt; sie können nur Bruchstellen sein, die von geologischen Prozessen herrühren. Diese Brüche sind möglicherweise sehr alt, da es kein strömendes Wasser, keine großen täglichen oder jahreszeitlichen Temperaturschwankungen und keine Winde gibt, die Erosionen verursachen könnten, wie wir sie auf der Erde kennen. Andererseits zeigen einige Felsbrocken doch Spuren einer Erosion. Diese Diskrepanzen gehören zu den großen, noch ungeklärten Fragen, die die Venera-Bilder aufwerfen. Man könnte an chemische Erosion durch saure Dämpfe in der Atmosphäre denken oder an ein Abschmelzen der flüchtigen Bestandteile des Gesteins. Solche Prozesse kommen sicherlich vor, aber sie führen zu einer sehr viel langsameren Verwitterung, als wir sie auf der Erde kennen.

Die auf den Venusbildern erkennbare Beleuchtung war stärker als erwartet. Man hatte gedacht, daß selbst bei einer Sonnenhöhe von 60° über dem Venushorizont die dicken Wolken kaum eine Spur des Sonnenlichts bis zur Oberfläche durchlassen würden. Statt dessen ließ sich die Beleuchtung in etwa mit den auf der Erde bei einem Gewitter herrschenden Lichtverhältnissen vergleichen, und die Scheinwerfer der Sonde waren überflüssig. Im Jahre 1978 maßen die Radiometer der Venus-Pioneer-Sonden das von der Sonne ausgehende Licht: 2,5% des auf den Planeten treffenden Lichtstroms erreicht die Oberfläche. Dies ist bei der enormen Dicke der Wolkenschicht ein großer Bruchteil, und er zeigt wie auch andere Messungen, wie stark die Tröpfchen, aus denen die Wolken bestehen, das Licht reflektieren. Sie erzeugen eine diffuse Strahlung, indem sie jedes Photon Dutzende von Malen auf seinem Weg durch die Atmosphäre streuen, aber sie absorbieren nicht so stark wie die irdischen Wolken.

Andere Instrumente der Venera-Sonden, hauptsächlich Gammastrahlen-Spektrometer, analysierten die chemische Zusammensetzung des Oberflächengesteins. An beiden Landeplätzen wiesen die Häufigkeiten der natürlichen radioaktiven Elemente Uran, Thorium und Kalium 40 auf eine den irdischen Basalten ähnliche Zusammensetzung. Die durch Gammastrahlen-Rückstreuung gemessenen Dichten (2,7–2,9 g/cm^3) stehen damit im Einklang. Es sieht deshalb so aus, als ob Venus eine ähnliche Entwicklung durchgemacht hat wie Mond, Erde und Mars, nämlich eine Kondensation von einem flüssigen Protoplaneten zu einer aus einzelnen Schichten aufgebauten Kugel, deren äußerste Schicht aus dem Material mit dem tiefsten Schmelzpunkt, aus Basalt, besteht.

Eine visuelle Betrachtung der Venusoberfläche in ihrer Gesamtheit ist uns wegen der dicken Wolkenschicht auf ewig versperrt.

Dagegen haben die letzten Jahre große Fortschritte in der Venuskartografie durch Radarmessungen von der Erde aus gebracht. Dabei wurden die großen Instrumente in Goldstone (Kalifornien) und in Arecibo (Puerto Rico) eingesetzt. Mit dieser Technik erscheinen auf den Radarbildern die stark reflektierenden Gebiete hell und zeigen dadurch Unterschiede entweder in der Zusammensetzung oder in der Morphologie der Oberfläche an. Mit anderen Worten, Gebiete erscheinen hell, weil sie

aus einem Material bestehen, das die Radarwellen besonders gut reflektiert, oder weil die Oberfläche ebener ist als an den umgebenden dunkleren Stellen, oder schließlich auch, wenn die Oberfläche geneigt ist, so daß sie zum ankommenden Radarstrahl mehr senkrecht verläuft als die örtliche Horizontale. Drei große, helle Formationen fallen auf den Venuskarten bei einer von der Erde aus erreichbaren Auflösung von 85 km auf. Man weiß kaum mehr über sie, als daß ihre Oberfläche sehr rauh sein muß, und zwar deuten die Messungen Unregelmäßigkeiten von mindestens der Länge der benutzten Radarwellen (12,6 cm) an.
Radarmessungen können sehr viel besser mit einem kleinen, in einer Raumsonde untergebrachten Gerät gemacht werden. Die ersten solchen Messungen wurden 1978 mit der Pioneer-Venussonde der NASA unternommen. Da diese Sonde den Planeten auf einer gegen den Venusäquator stark geneigten Bahn umkreiste (also über die Polarzonen flog), konnte sie einen viel größeren Teil der Oberfläche abtasten; außerdem war die Auflösung besser und der gesamte Informationswert höher als bei den Messungen von der Erde aus. So wurde nach und nach im Verlaufe eines 243 Erdentage dauernden Venustages die Oberfläche kartografiert.
Diese umfassende Höhenmessung brachte den Durchbruch in der Kenntnis des festen Körpers, der sich unter den dichten Wolken verbirgt. Obwohl die horizontale Auflösung der Radarmessungen (etwa 50 km) noch weit hinter dem zurückbleibt, was wir durch direkte Beobachtungen anderer Objekte des Sonnensystems mit Fernsehkameras erreichen können, informieren uns die Radarkarten doch über die wesentlichen Eigenschaften der Venusoberfläche. Wir haben einen Planeten vor uns, dessen Oberfläche zu etwa 70% von einer ziemlich gleichförmigen, leicht welligen Ebene bedeckt ist. Daneben heben sich deutlich gebirgiges Terrain (10%) und tiefere, große Täler (20%) ab. Die beiden auffallendsten Gebirge seien kurz beschrieben. Das eine Massiv, *Ishtar Terra*, liegt bei etwa 70° N; es bedeckt eine Fläche etwa von der Größe Australiens und steigt abrupt aus der Ebene auf. Sein westlicher Teil ist ein 3–4 km über dem Grundniveau liegendes Plateau, das durch noch 3 km höhere Berge begrenzt wird. In seinem Zentrum erheben sich die Maxwell-Berge, die mit ihrer Höhe von 11 km den Mt. Everest weit übertreffen. Eine große, etwa kreisrunde Vertiefung in der Mitte könnte eine Caldera sein, ein Einbruchsbecken vulkanischen Ursprungs.
Südlich des Äquators und etwa parallel dazu erstreckt sich über etwa 10000 km Länge *Aphrodite Terra*, das zweite große Hochland, das etwa so groß ist wie Afrika. Dieses Hochland ist komplexer gegliedert als Ishtar und enthält einen riesigen runden Berg von etwa 2400 km Durchmesser, zu dem ein Gegenstück bisher nicht bekannt ist, sowie mehrere gewaltige Gräben – einige Kilometer tief, Hunderte von Kilometern breit

und über 1000 km lang. Diese geradlinig verlaufenden Gräben werden wahrscheinlich ebensoviel Aufsehen erregen wie das Valles Marineris auf dem Mars, wenn man sie in der Zukunft einmal mit hochauflösendem Radar im Detail vermißt.

Die Ebenen, aus denen der größte Teil der Venusoberfläche besteht, sehen auf den bisher verfügbaren Radarbildern geringer Auflösung ziemlich einförmig aus, vor allem im Vergleich mit den Hochländern. Trotzdem sind verschiedenartige Strukturen zu erkennen, z. B. runde Formen von über 1000 km Durchmesser, die Einfallskrater oder auch vulkanischer Herkunft sein können. Es ist klar, daß die Venus eine komplizierte Entwicklungsgeschichte hat, aber wir werden erst mehr darüber wissen, wenn wir mehr Einzelheiten ihrer Oberfläche kennen.

Nicht alle Planetologen bringen die Geduld auf, den nächsten größeren Schritt in der Erforschung der Venusoberfläche und des Planeteninneren abzuwarten. Statt dessen versuchen sie, durch Kombination aller verfügbaren geologischen (z. B. Schwerkraftverteilung und Höhengliederung) und geochemischen (z. B. Zusammensetzung der Atmosphäre, von der man auf die Häufigkeit radioaktiver Elemente in der Kruste schließen kann) Daten sich ein möglichst umfassendes Bild von der Venus zu verschaffen. So nehmen einige Wissenschaftler die Tatsache, daß die Verteilung der Höhenunterschiede auf der Venus sich von der irdischen dadurch unterscheidet, daß es dort kein Analogon für die ozeanischen Gräben gibt, als ein Zeichen dafür, daß Plattentektonik kein wichtiger Prozeß bei der Bildung der Venusoberfläche war oder ist. Die Erde ist von mehreren großen Platten bedeckt, die u. a. durch Gebirgswälle und die mittelozeanischen Rücken voneinander getrennt sind und sich langsam relativ zueinander bewegen. Dagegen ist die Venus, mit Ausnahme einiger Hochländer, einheitlich eben, wodurch sich der Eindruck aufdrängt, daß die Oberfläche aus einer einzigen Platte besteht. Der Grund dafür könnte sein, daß die Kruste der Venus nicht so starr war wie die Erdkruste, entweder weil sie früher eine Menge Wasser enthielt (das die Temperatur, die für das teilweise Schmelzen des Mantels nötig ist, reduzieren würde) oder auch wegen kritischer Phasenunterschiede der Silikate (die Dichte der Venus ist ja etwas geringer als die der Erde). Wir müssen weiter berücksichtigen, welche Wirkung die langsame Rotation und das Fehlen eines großen Mondes auf die Beweglichkeit der Kruste hat.

Im Gegensatz dazu haben wir die Tatsache, daß Berge auf der Venus, obwohl selten, sehr hoch sind. Das läßt vermuten, daß die äußersten Schichten der Venus entweder nicht mehr sehr verformbar sind (so als ob sie früher viel Wasser enthalten hätten, das allmählich zuerst in die Atmosphäre und dann in den Raum diffundierte) oder daß die Topographie sehr jung ist und sich noch ständig erneuert. Im ersten Fall müßte

Venus

das Venusgestein sehr viel „trockener" sein als das irdische – die Erdkruste könnte Gebirge wie das Maxwell-Bergland bei Venustemperatu-
ren gar nicht über längere Zeit tragen. Hohe Gebirge werden auf der
Erde allerdings im wesentlichen durch *isostatische* Prozesse gestützt (d.h.
durch Kräfteverhältnisse zwischen den Platten), während die Venusge-
birge wohl durch Konvektion getragen werden. Der andere Prozeß, auf
der Erde ein eher sekundäres Phänomen (ein Beispiel ist die Entstehung
der Hawaii-Inselgruppe), geht auf *Plumes* zurück, aufsteigendes heißes
Material geringer Dichte, das sich langsam durch die Kruste bohrt,
„heiße Stellen" bildet und die Oberfläche aufwölbt. Die Formen der Ve-
nusberge ähneln konvektiven Strukturen auf der Erde. Das Maxwell-
Bergland sieht z.B. wie ein älterer Vulkan aus. Das sogenannte Beta-
Gebiet scheint andererseits ein basaltreicher Schildvulkan mit strahlen-
förmig von ihm ausgehenden, ziemlich jungen Lavaströmen zu sein –
eine viel jüngere Formation als Maxwell. Es ist gar nicht ausgeschlossen,
daß diese Beta-Vulkane heute noch aktiv sind und große Mengen Kohlendioxid, Schwefeldioxid und Wasserdampf in die Atmosphäre aussto-
ßen. Das würde wiederum auf eine komplizierte Verknüpfung zwischen
atmosphärischen Prozessen und Vorgängen auf der Oberfläche hinweisen
und auf das empfindliche Gleichgewicht, das zwei so ähnliche Planeten
auf ganz verschiedene Entwicklungswege geführt hat.
Es wurde bereits erwähnt, daß Beobachtungen der Venus im sichtbaren
Licht kaum Einzelheiten in der Wolkendecke zeigen, die den ganzen
Planeten gleichmäßig einhüllt. Trotzdem war schon seit 1920 bekannt,
daß Fotografien, die man unter Verwendung eines Ultraviolettfilters gemacht hatte, eine fleckige Wolkenstruktur zeigen. Unter sehr guten Be-
obachtungsbedingungen sehen diese Strukturen häufig wie ein auf der
Seite liegendes Y aus. Man weiß noch immer nicht, warum diese Kontraste nur in UV-Aufnahmen und nicht im sichtbaren Wellenlängenbereich
zu sehen sind. Wahrscheinlich ist eine das UV-Licht absorbierende Substanz, z.B. Schwefeldioxid oder atomarer Schwefel, ungleichmäßig in
den Wolken verteilt.
Schwefeldioxid hat man in den Spektren der Pioneer-Venus-Sonde identifiziert; doch Laborspektren von SO_2 stimmen nicht in allen Wellenlängen mit dem Venus-Spektrum überein, und deshalb muß noch eine andere, nur im UV absorbierende Substanz wie z.B. Schwefel mitspielen. Po-
larimetrische und spektroskopische Messungen von der Erde aus haben
als wesentlichen Bestandteil der obersten Wolkenschicht Tröpfchen von
Schwefelsäure identifiziert. Es ist deshalb nicht überraschend, auch kleine
Mengen von Schwefel und Schwefeldioxid vorzufinden. Wie auch immer
sie zustande kommen, die im Ultravioletten sichtbaren Strukturen sind
von großem Interesse, denn ihre Bewegungen und ihre Entwicklung geben uns Aufschluß über die Wolken und die Meteorologie der Venus-

atmosphäre. Schon in den frühen 60er Jahren stellte man fest, daß die Y-förmigen Strukturen anscheinend in nur 4–5 Tagen um den Planeten rotieren. Das führte auf Windgeschwindigkeiten in den oberen Wolkenschichten von 100 m/sec, was bei einem so langsam rotierenden Planeten erstaunlich ist. Die feste Oberfläche der Venus rotiert nur mit etwa 4 m/sec, d.h. einmal in 243 Tagen. Deshalb sollten sowohl Mariner 10 (im Jahre 1974) als auch Venera 9 und 10 sowie die Pioneer-Orbiter (1976 bzw. 1978) die Wolken im UV fotografieren, um diese frühen Beobachtungen zu bestätigen und weitere Einzelheiten in den Strukturen und Bewegungen zu registrieren. Sobald die ersten Bilder die Erde erreichten, wurde sofort klar, daß die auf den früheren UV-Aufnahmen sichtbaren Strukturen real vorhanden sind und daß sie mindestens einige Kilometer Ausdehnung besitzen. Das ist die zur Zeit erreichbare maximale Auflösung.

Ein Vergleich der Y-förmigen Gebilde, die man 1966 auf den von der Erde aus aufgenommenen Bildern fand, mit den UV-Mosaikbildern, die Mariner 10 zwischen dem 5. und 12. Februar 1974 machte, zeigt überraschende Ähnlichkeiten. Welche atmosphärischen Prozesse mögen diese Vorgänge auslösen?

Anscheinend existiert eine große fortschreitende Welle mit einer Wellenlänge gleich dem Äquatorumfang, die sich irgendwie im Aussehen der Wolken im UV-Licht ausdrückt. Diese Wellenbewegung muß sehr komplex sein, um die beobachtete Y-Struktur zu erzeugen. Man hat aufgrund analoger irdischer Vorgänge vermutet, daß die Überlagerung von zwei globalen Wellen, eine am Äquator und eine bei mittleren Breiten, zu diesem Y führen könnte. Sorgfältige Messungen der Geschwindigkeit kleiner Strukturen (die sich vermutlich mit dem Wind bewegen) und der Geschwindigkeit der großen Y-Form (die man als Phasengeschwindigkeit der Welle oder der Wellen ansehen muß, die sich der Windgeschwindigkeit überlagert) haben bestätigt, daß die Atmosphäre sich in Äquatornähe mit 100 m/sec parallel zu den Breitenkreisen bewegt. Dieses Resultat wurde durch Messungen der Dopplerverschiebung der Spektrallinien von der Erde aus unterstützt. Die globalen Wellen pflanzen sich mit 20–30 m/sec entgegen der Strömungsrichtung fort. Beide Geschwindigkeiten sind viel größer als die scheinbare Geschwindigkeit der Sonne, die ein Beobachter auf der Venusoberfläche wahrnehmen würde. Messungen sowohl der Sonden als auch aus großer Entfernung zeigen, daß die Zirkulationsgeschwindigkeiten in Äquatornähe in verschiedenen Höhen stark variieren. Die größten Geschwindigkeiten treten am oberen Rand der Wolkendecke auf, wo wahrscheinlich die UV-Markierungen entstehen. Oberhalb der Wolken werden die mit 100 m/sec strömenden Winde sehr rasch durch den Druckgradienten abgebremst, der sich durch die Temperaturverteilung in diesen Schichten ausbildet. Hervorzuheben ist, daß die Pioneer-Sonde in einer Höhe von 70–90 km über der Oberfläche am Pol eine 15–20 °C höhere Temperatur registrierte als am Äquator. Dynamische Modelle ergeben, daß ein solcher Gradient genügt, um die zonalen Winde in 85–90 km Höhe völlig zum Stillstand zu bringen. Unterhalb der Wolken werden die Winde mit zunehmender Atmosphärendichte langsamer. Die Dopplermessungen der Pioneer-Sonde ergaben Windgeschwindigkeiten von weniger als 10 m/sec in einer Höhe von 10 km und nahezu Windstille an der Oberfläche. Alle zonalen Winde sind westwärts gerichtet, d.h. strömen in Richtung der Rotation. Das bedeutet, daß der feste Planetenkörper einen Drehimpuls an die Atmosphäre abgibt, der dann nach außen transportiert wird. Eine Alternative wäre, daß die Sonne von außen Drehimpuls zuführt. Dies ist sicherlich der Fall, denn die Atmosphärendichte variiert in Länge (hängt also von der Tageszeit ab), weil die Erwärmung durch die Sonne Temperaturunterschiede erzeugt. Die Halbtagskomponente dieses Temperaturwechsels, die wesentlich durch die Sonnenstrahlung beeinflußt wird, ist unerwartet groß im Verhältnis zur ganztägigen Komponente, was für diesen Mechanismus spricht.

Weniger ausgeprägt als die zonalen Winde, aber von größerer Bedeutung für die allgemeine Zirkulation ist die beobachtete Wanderung der im Ultravioletten sichtbaren Strukturen am Äquator mit Geschwindigkeiten von weniger als 10 m/sec auf die beiden Pole zu. Man hat den Eindruck von zwei riesigen Zirkulationszellen, eine auf jeder Hemisphäre, in denen erwärmte Luft am Äquator aufsteigt und kühle Luft über den Polen absinkt, während sie sich dazwischen mehr oder weniger horizontal bewegt, und zwar über den Wolken zu den Polen hin und darunter zurück. Solch eine Strömung entspricht einer *Hadley-Zelle*, dem einfachsten Zirkulationsmuster, das in Planetenatmosphären auftritt. Schon 1735 schlug John Hadley diesen Mechanismus für die Erdatmosphäre vor. Es erschien ihm logisch, daß am Äquator aufsteigende warme und an den Polen fallende kühle Luft zu einer von den Polen zum Äquator gerichteten Strömung über der Erdoberfläche und zu einer entgegengesetzten in oberen Luftschichten führen müsse. Dies ist richtig, aber in unserer Atmosphäre wird dieses einfache Schema durch die Entwicklung „barokliner Instabilitäten" in der Bewegung erheblich modifiziert. Einfacher ausgedrückt, die gleichmäßige Hadley-Strömung bricht unter dem Einfluß der Erddrehung zusammen. Auf der Erde hat das zur Folge, daß die Hadley-Zellen nur vom Äquator bis in mittlere Breiten reichen, während andere, kleinere Zellen den Weitertransport zu den Polen übernehmen. Es scheint, daß auf der Venus der Hadley-Mechanismus ungestörter abläuft.

Die Hadley-Zirkulation konnte aus Infrarotmessungen der Pioneer-Venus-Sonde, die zum ersten Mal die Polarzonen beobachtete, schlagend nachgewiesen werden. In einem örtlich begrenzten, elliptischen Gebiet zwischen 80° N und dem Nordpol wurde ein erheblich verstärkter Infrarotfluß registriert, der offensichtlich durch ein Loch in der Wolkendecke nach außen strömt, das durch die absteigende Luft in der Hadley-Zelle entsteht. Dieses deutliche Zirkulationsmuster dicht über der Wolkenschicht gibt uns auch Aufschlüsse über andere fundamentale Fragen, die die fast gleichmäßige Wolkendecke und die hohe Oberflächentemperatur der Venus betreffen. Wahrscheinlich steigt fast überall auf der Venus Luft hoch, und nur in der Nähe der Pole sinkt sie herunter, wodurch sich eine einzige, stabile, globale Wolke ausbilden kann. Dies steht in scharfem Gegensatz zu allen anderen von Wolken bedeckten Planeten, die wir besser kennen; man trifft dort hauptsächlich kleinere, örtlich begrenzte Zirkulationszellen mit wolkenlosen Gebieten an, wo die Luft absinkt. Der grundlegende Unterschied zwischen Venus einerseits und der Erde, Mars, Jupiter und Saturn andererseits ist in diesem Zusammenhang die langsame Rotation der Venus, die die Ausbildung stabiler monozellarer Strukturen (Hadley-Zellen) ermöglicht, obwohl sehr schnell strömende Winde darüberliegen. Die über den gesamten Planeten reichende dicke Wolkenschicht spielt eine wesentliche Rolle beim Zurückhalten der Wärmestrahlung in der unteren Atmosphäre und damit für die Entstehung einer hohen Oberflächentemperatur.

Die *Gürtel nördlich und südlich des Äquators* sind sehr schmal (unter 50 km breit), von unterschiedlicher Länge (einige 1000 km) und von wechselndem Aussehen. Bis zu fünf hat man gleichzeitig gesehen, gleichmäßig in Abständen von etwa 500 km verteilt und immer parallel zum Äquator ausgerichtet. Sie entwickeln sich innerhalb 1–2 Stunden und driften etwa ½ bis 1½ Tage lang mit ungefähr 20 m/sec Geschwindigkeit immer südwärts. Eine in bestimmten Zeitabständen aufgenommene Serie von Fotos zeigt ein Segment eines solchen Gürtels, das sich entlang des subsolaren (senkrecht unter der Sonne liegenden) Meridians bewegt. Am besten lassen sich diese Gürtel als eine Art Gravitationswelle deuten. Gravitationswellen sind Resonanzerscheinungen in der Atmosphäre, die durch Dichteänderungen entstehen, welche unter dem sie aufrechterhaltenden Einfluß der Schwerkraft als Wellenbewegung fortschreiten. Sie kommen in der Erdatmosphäre ebenfalls häufig vor; man kann sie auf Satellitenaufnahmen irdischer Wolken sehen, wo Temperaturfluktuationen zusammen mit Dichtewellen zu Kondensationen in „thermischen Mulden" führen. Etwas Ähnliches mag sich auf der Venus abspielen. Allerdings weiß man noch nicht, wodurch die Venuswellen angeregt werden. Man könnte an Turbulenzen in der stark erwärmten subsolaren Region denken oder auch an tiefer gelegene atmosphärische Wellen. Allerdings ist es schwer zu verstehen, warum diese Wellen sich immer von Nord nach Süd zu bewegen scheinen.

Die *bogenförmigen Wellen* wurden nach ihrer Form so genannt; sie ähneln einem (Schieß-)Bogen. Sie sind möglicherweise vergleichbar mit der Bugwelle, die vor einem Schiff entsteht. Anscheinend „kocht" die Atmosphäre der Venus in einem Gebiet direkt unter der Sonne, d.h. zur lokalen Mittagszeit. Die aufsteigende erhitzte Luft, die man auf Bildern als Konvektionszellen erkennen kann, trifft auf die schnelle gleichmäßige Strömung in der oberen Atmosphäre und erzeugt dort in den Wolken waschbrettartige Rippeln. Allerdings ist diese Erklärung noch begrenzter, als ihre offensichtlich zu starke Vereinfachung nahelegt, denn die Wellen bewegen sich hinter der subsolaren Zone her „stromabwärts", während die Bugwellen im Wasser ihre Lage gegenüber der sie erzeugenden Störung nicht ändern.

Die *subsolare Störung* erscheint auf dem Foto als zellenartiges Muster, das an eine starke Konvektion denken läßt. In der Tat scheint das Auftreten zweier Typen von Zellen auf der Venus (hell mit dunklem Zentrum und umgekehrt) den offenen (fallenden Luftmassen im Zentrum) und geschlossenen (im Zentrum aufsteigende Luftmassen) Zellen in Konvektionsgebieten der Erdatmosphäre zu entsprechen. Die irdischen Zellen besitzen ein charakteristisches Verhältnis zwischen Durchmesser und Tiefe und treten nur in Gebieten einer niedrigen Windscherung auf. Wenn man dieses Verhältnis auf die Venus überträgt, ist die Konvektionszone ungefähr 15 km tief, und die Scherung ist nicht größer als 2–3 m/sec pro Kilometer. Dies führt wiederum auf zonale, ostwestlich gerichtete Bewegungen am unteren Rand der Konvektionsschicht mit einer Geschwindigkeit von 50 m/sec oder darüber.

Zwei der auffallendsten und rätselhaftesten Phänomene in der Venusatmosphäre sind nur auf Infrarotaufnahmen zu sehen. Diese benutzen die Wärmeausstrahlung des Planeten als „Lichtquelle" und erfassen deshalb sowohl die unbeleuchteten als auch die beleuchteten Teile der Planetenoberfläche. Diesen Aufnahmen kann man auch die Temperatur und die vertikale Struktur der untersuchten Phänomene entnehmen. Der *zirkumpolare Wulst* ist ein sehr kalter Luftstrom, der die Pole mit einem Radius von etwa 2500 km umgibt. Er hat eine Breite von etwa 1000 km, erstreckt sich in vertikaler Richtung aber nur über 10 km. Die Temperatur in diesem Wulst ist etwa 30 °C niedriger als in gleicher Höhe außerhalb des Wulstes. Dadurch entstehen Druckunterschiede, die den Wulst rasch zerstören würden, wenn er nicht ständig durch einen noch unbekannten Mechanismus aufrechterhalten würde.

Innerhalb dieses Wulstes liegt das Gebiet mit geringerer Bewölkung, das durch die absinkende Luft in der Hadley-Zelle entsteht. Wegen des aus niedrigeren Breiten übernommenen Drehimpulses rotieren die absteigenden Luftmassen sehr rasch und bilden einen polaren Wirbel, der dem Zentrum eines terrestrischen Taifuns ähnlich ist, nur beständiger und viel größer. Es ist interessant, daß das „Auge" des Polarwirbels auf der Venus nicht rund, sondern oval ist, mit zwei Helligkeitsmaxima (die wahrscheinlich den Maxima des nach unten strömenden Flusses entsprechen) an jedem Ende. Dies gibt dem Pol ein hantelförmiges Aussehen, und man hat das Phänomen deshalb *polarer Dipol* genannt. Der Dipol rotiert mit einer Frequenz von 2½ bis 3 Erdentagen um den Pol, das ist etwa die doppelte Winkelgeschwindigkeit der äquatorialen Wolkenstrukturen. Wenn der Drehimpuls in einem Luftpaket auf seinem Weg vom Äquator zum Pol konstant bliebe, müßte sich der Dipol etwa fünf- bis sechsmal schneller drehen. Tatsächlich weisen die UV-Markierungen auf eine nahezu konstante Winkelgeschwindigkeit (d.h. starre Rotation) zwischen Äquator und mindestens 60° Breite hin; von dort bis zu den Polen scheint sie dann anzusteigen. Das setzt allerdings voraus, daß die Rotation des Dipols die tatsächliche Luftbewegung um den Pol anzeigt und nicht die Phasengeschwindigkeit einer wellenartigen Störung, die sich dem Polarwirbel überlagert.

Welches Gesamtbild von der Venusatmosphäre läßt sich aus all dem ableiten? Eine Kombination aller bisher gemachten Feststellungen mit etwas Spekulation führt zu folgendem Überblick.

Die Wärmeeinstrahlung der verhältnismäßig nahen Sonne wird zum größten Teil in den Raum zurückgestrahlt; nur etwa 15% werden in Höhen zwischen 30 und 60 km über der Oberfläche in einer dicken Wolkenschicht absorbiert. Ein ganz geringer Teil (etwa 2,5%) der Sonnenenergie gelangt bis an die Oberfläche. Er genügt jedoch, um die hohen Temperaturen in der unteren Atmosphäre aufrechtzuerhalten, da die dicke Atmosphäre und die fast lückenlose Wolkendecke die nach außen gerichtete Wärmestrahlung nicht durchlassen (Treibhaus-Effekt). Die Aufheizung der Wolken erzeugt konvektive aufsteigende Strömungen; die warme Luft fließt zu den Polen, wird abgekühlt und sinkt wieder ab. Diese beiden großen Zellen in der mittleren Atmosphäre bestimmen das globale Aussehen der Venus (zusätzliche Konvektionszellen werden vermutet). Auch für den Treibhaus-Effekt sind diese Hadley-Zellen verantwortlich. Sie sind stabil, weil keine nennenswerte großräumige Abwärtsbewegung in der Atmosphäre auftritt, abgesehen von einer begrenzten Region in der Nähe der Pole. Die verhältnismäßig einfache Struktur der Hadley-Zellen ist wahrscheinlich der sehr langsamen Rotation des Planetenkörpers zuzuschreiben. Die meridionalen Zellen werden von einer sie überlagernden raschen Strömung zu Spiralen verformt. Bisher existiert noch keine überzeugende Theorie für die zonalen Winde, insbesondere ist es nicht klar, ob der an dem Mechanismus beteiligte Drehimpuls aus der Reibung mit der Oberfläche oder durch eine gravitative Wechselwirkung mit der Sonne entsteht. Allerdings weiß man jetzt, daß die Winde in großen Höhen über den Wolken durch Dichtegradienten wieder abgebremst werden, die mit der in diesen Höhen relativ warmen Luft über dem Polargebiet zusammenhängen.

Die Wolken enthalten Schwefelsäure, Salzsäure, Wasser und sicher noch eine Menge anderer Substanzen. Die Ultraviolettkontraste werden, jedenfalls zum Teil, von einem unterschiedlichen Gehalt der Wolken an Schwefeldioxid verursacht. Die äquatoriale Y-Struktur, der zirkumpolare Wulst und das doppelte Auge im Polarwirbel sind große Wellen von der Dimension des Planeten, zu denen es auf der Erde kein Analogon gibt. Ihre Einzelheiten ändern sich, aber das Y und der Dipol rotieren, während der kälteste Teil des Wulstes bei der gleichen lokalen Tageszeit bleibt. Dieser letztere könnte durch die subsolare Störung entstehen und in der meridionalen Zelle zum Pol hin wandern. Das Vorhandensein des Wulstes bei einer Breite von etwa 70° zeigt wahrscheinlich einen Sprung in der zonalen Strömung an, vielleicht den Übergang von einem Gebiet mit konstantem Drehimpuls zu einem mit annähernd starrer Rotation. Die doppelte Struktur am Pol wird durch eine Welle erzeugt, die den Wirbel im Zentrum der rotierenden Hadley-Zelle überlagert. Hierdurch kann der große Betrag an Drehimpuls, der ständig am Pol eintrifft, in einer bestimmten absinkenden Gasmenge wirksamer transportiert werden als durch einen einfachen Wirbel.

Interessanterweise haben die am Äquator entstehenden Temperaturschwankungen (das tägliche Anwachsen und Absinken der Temperatur durch den Sonnenauf- und -untergang) auch zwei Maxima und zwei Minima. Diese Erscheinung hängt wohl nicht mit dem polaren Dipol zusammen, da beide Regionen durch ein schmales, äquatorparalleles Band, in dem es anscheinend keine großräumigen Wellen gibt, sowie durch den Wulst mit einer Wellenzahl 1 voneinander getrennt sind. Die Erdatmosphäre besitzt eine Komponente mit der Wellenzahl 2, die sich dem bekannten Wechsel zwischen dem Temperaturmaximum am frühen Nachmittag und dem Minimum nach Mitternacht überlagert; aber damit kann man nicht ohne weiteres erklären, warum diese Komponente auf der Venus dominiert. Irgendeine Eigenschaft der Venusatmosphäre scheint eine Resonanz zu erzeugen und die Doppelschwankungen (Wellenzahl 2) zu verstärken, obwohl der Auslöser die Wellenzahl 1 besitzt. Um diese Vorgänge wirklich zu verstehen, müßte man ein detailliertes quantitatives Modell der Venusatmosphäre haben, das man durch Lösung der relevanten zeitabhängigen Gleichungen mit einem großen Computer durchrechnen müßte. Im Prinzip läßt sich die Physik der Atmosphäre in der Weise durch ein Modell darstellen, daß man das beobachtete Verhalten zu reproduzieren versucht. Modelle der Erdatmosphäre haben heute eine solche Komplexität erreicht, daß man sie für Voraussagen benutzen könnte.

Eine Pioneer-Auf-
nahme von Venus bei
voller Phase, die unter
Verwendung eines Ul-
traviolettfilters herge-
stellt wurde. Man be-
achte, wieviel deutli-
cher die Kontraste in
den Wolkenstrukturen
hier zu sehen sind als
auf dem im sichtbaren
Spektralbereich ge-
wonnenen Bild am
Anfang dieses Kapi-
tels.

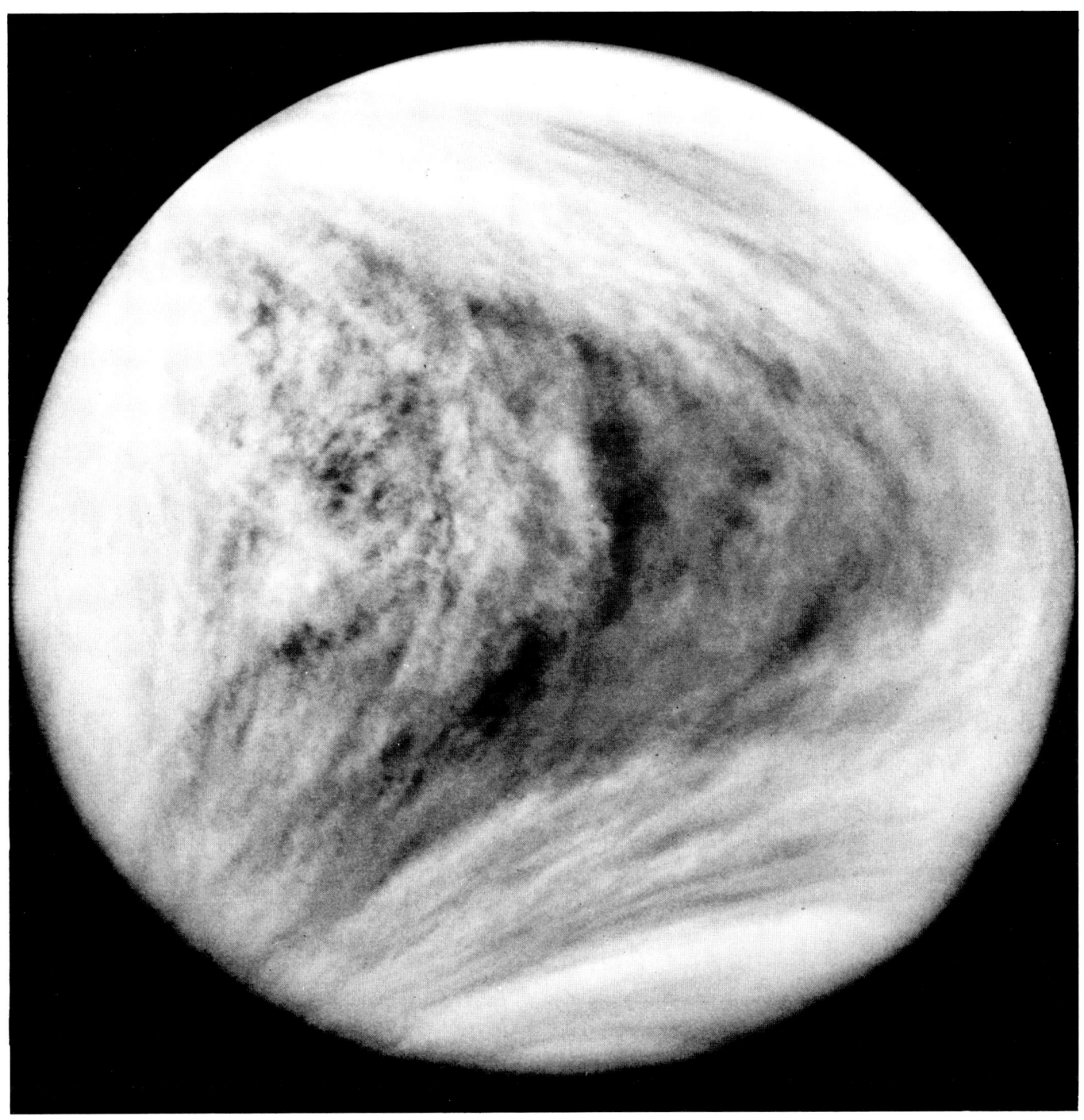

Dies ist das erste Fernsehbild der Venusoberfläche, übermittelt am 22. Oktober 1975 nach der weichen Landung der sowjetischen Venera-9-Sonde. Die Kamera tastete die Objekte zeilenweise ab und war speziell für die großen Temperaturen und Drücke konstruiert worden; sie „betrachtete" die Umgebung aus dem Inneren der wärmeisolierten, hermetisch von der Außenwelt abgeschlossenen Sonde in einem beweglichen Spiegel. Der Spiegel war drehbar und konnte außerdem in einer zur Drehachse parallelen Ebene geschwenkt werden. Dadurch erhielt man, bei einer Belichtungszeit von 20−25 Minuten, ein 40° × 180° umfassendes Bild. Man sieht Gesteinsbrocken von einigen 10 cm Größe über einen felsigen Boden verstreut. Der Abhang, auf dem die Landefähre aufsetzte, scheint vor geologisch verhältnismäßig kurzer Zeit aufgeworfen worden zu sein. Das würde zu dem in dieser Gegend beobachteten Vulkanismus passen. Das runde Objekt im Vordergrund ist ein Teil der Landefähre, das T-förmige Instrument rechts ein Gammastrahlen-Densitometer. In der oberen rechten Ecke kann man einen Teil des etwa 50 m entfernten Horizonts sehen. Er ist auf der anderen Bildseite nicht sichtbar, da die Landefähre um 30° gegen die Venusoberfläche geneigt war. Das obere Bild erscheint durch die Aufnahmetechnik verzerrt; das untere Bild wurde korrigiert und zeigt die Landschaft so, wie sie sich einem Beobachter darbieten würde.

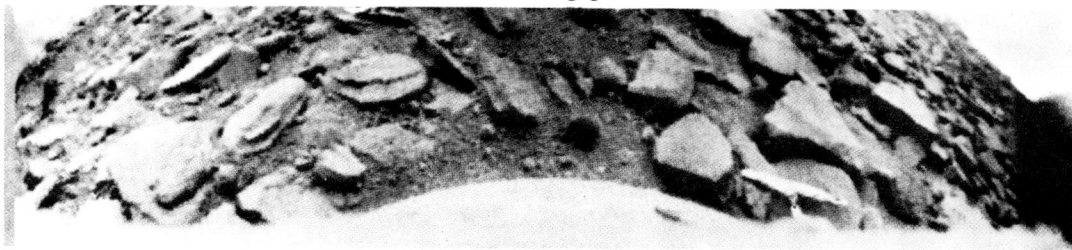

Die Venera-10-Sonde war genauso gebaut wie Venera 9; sie landete drei Tage später 2000 km von der ersten Sonde entfernt und nahm das obere der beiden Bilder auf. Diese Landefähre stand weitgehend senkrecht auf dem Boden, deshalb ist der Horizont sehr viel weiter entfernt (etwa 500 m). Sie ruhte auf einer ziemlich ebenen Felsplatte von heller Farbe, ähnlich dem irdischen Basalt. Teilweise ist das Gestein zerbrochen, teilweise scheint es verwittert zu sein durch Prozesse, die wir noch nicht kennen. Das Material zwischen den Steinen sieht wie Erde aus, und die ganze Region scheint geolo-

gisch älter, d. h. stärker erodiert zu sein als die Region bei Venera 9. Das untere Bild ist wieder eine entzerrte Version.

Eine Radaraufnahme der Venus, von der Erde aus mit der großen 64-m-Antenne in Goldstone (Kalifornien) als Sender und Empfänger gemacht; dasselbe Instrument wird auch bei der Kontrolle von Raumsonden benutzt. Die hellen Flecken auf der Venus lassen sich bei dieser Aufnahmetechnik kaum eindeutig interpretieren, da verschiedene Mechanismen zu einer starken Radarreflexion führen können. So reflektiert z.B. eine harte, glatte Fläche besser als eine staubige, und eine der Erde zugewandte Fläche reflektiert besser als ein geneigter Abhang.

Etwa einen Tag nach ihrer engsten Begegnung mit Venus machte Mariner 10 diese UV-Aufnahme, die viele Einzelheiten der Venusatmosphäre zeigt. Besonders gut sind der südpolare Ring und die Spiralstreifen zu sehen. Dieses Muster suggeriert eine zum Pol gerichtete Spiralbewegung, und das wurde auch durch Beobachtungen weiterer Details bestätigt. Das Bild wurde aus 720 000 km Entfernung mit einem 3550-Å-Filter gemacht.

Venus

Eine topographische Karte der Venusoberfläche, aus Radar-Höhenmessungen der Pioneer-Venussonde zusammengestellt. Der größte Teil der Oberfläche zeigt eine relativ ebenmäßige Fläche, hier in blauen Farbtönen wiedergegeben. Hin und wieder eingestreute Täler und Becken (dunkel) liegen bis zu 3 km unter dem Normalniveau und nehmen etwa 16% der Oberfläche ein, sehr viel weniger also als auf der Erde. Die Hochländer (gelb, orange und rot) bilden zwei große und mehrere kleinere „Kontinente". Der nördlichste (Ishtar) ist etwa so groß wie Australien und erhebt sich im Mittel etwa 4 km über die Normalhöhe. Der Berg in der Mitte des Maxwell-Gebietes ist höher als der Mt. Everest (11 km). Er ist wahrscheinlich ein alter, heute erloschener Vulkan; man kann noch die Caldera am Gipfel und mögliche

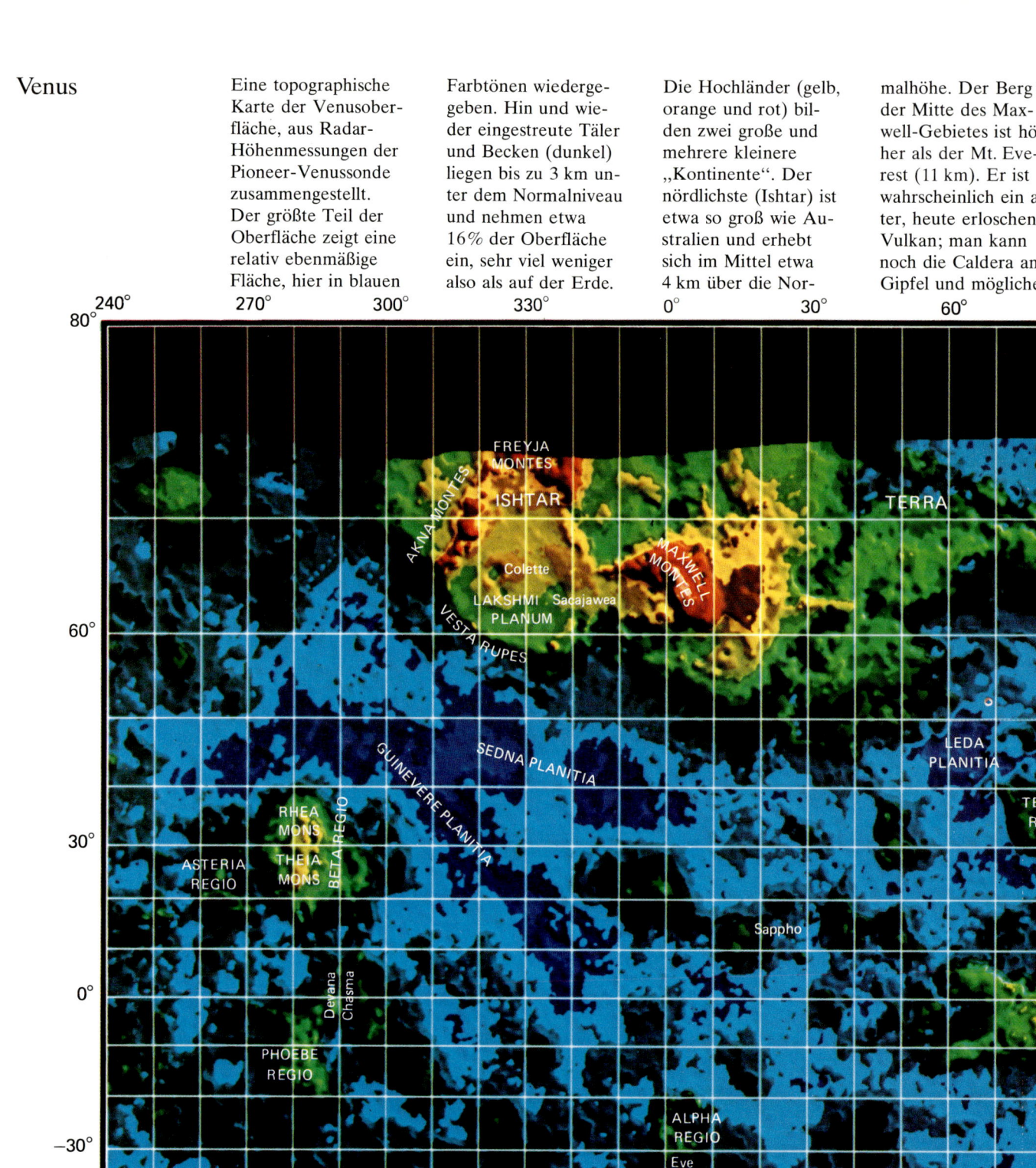

Reste von alten Lava-
flüssen erkennen. Der
äquatoriale Kontinent
(Aphrodite) ist in sei-
ner Größe Afrika
vergleichbar und in
seinem Höhenaufbau
nicht so ebenmäßig
wie Ishtar. Seine
Form hat Ähnlichkeit
mit einem Skorpion.
Seine Ostseite enthält
einige lange, tiefe Tä-
ler, das längste ist
2200 km lang und
5 km tief. Auffallend
ist das Fehlen irgend-
welcher Anzeichen
von Plattentektonik,
z.B. etwas den mittel-
ozeanischen Rücken
Entsprechendes. Ei-
nige der Abhänge se-
hen jünger und
ebenmäßig aus; doch
die räumliche Auflö-
sung der Karte genügt
nicht, um das mit Si-
cherheit festzustellen.
Aktiven Vulkanismus
könnte es auf der Ve-
nus noch geben. Die
Zahlen an der Farb-
skala geben jeweils
den Planetenradius
an. Das Normalniveau
ist bei 6050 km;
1 Grad entspricht
106 km.

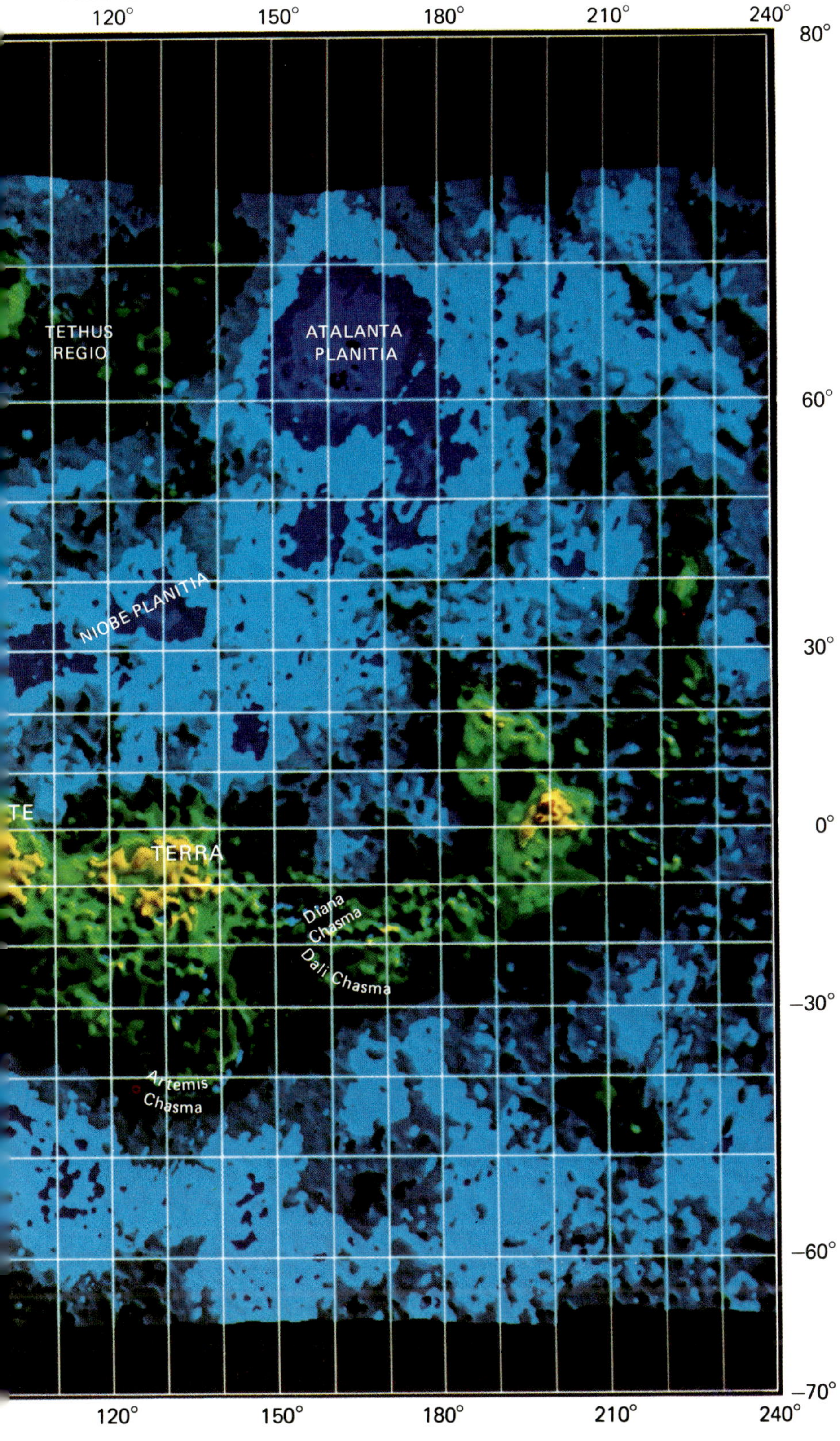

Farbskala mit zugehö-
rigen Höhen (in km
Radius)

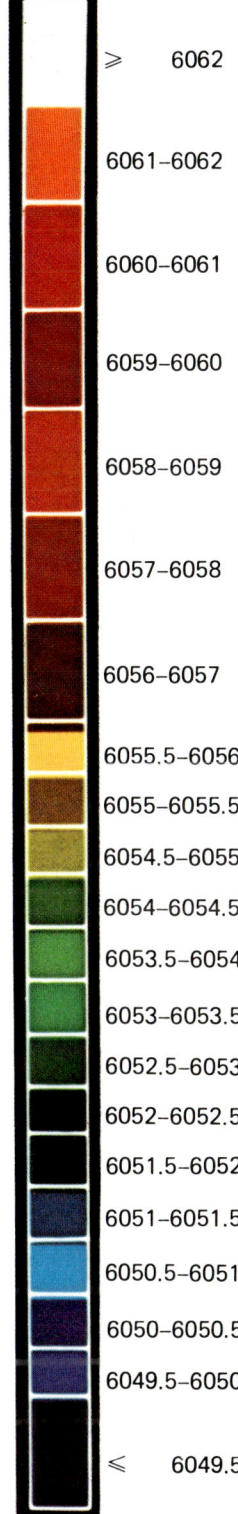

Farbe	Höhe
	≥ 6062
	6061–6062
	6060–6061
	6059–6060
	6058–6059
	6057–6058
	6056–6057
	6055.5–6056
	6055–6055.5
	6054.5–6055
	6054–6054.5
	6053.5–6054
	6053–6053.5
	6052.5–6053
	6052–6052.5
	6051.5–6052
	6051–6051.5
	6050.5–6051
	6050–6050.5
	6049.5–6050
	≤ 6049.5

TETHUS
REGIO

ATALANTA
PLANITIA

NIOBE PLANITIA

TE

TERRA

Diana
Chasma

Dali Chasma

Artemis
Chasma

Die im UV-Licht erkennbaren Wolkenstrukturen werden häufig als ein großes, auf der Seite liegendes Y beschrieben. Diese Strukturen rotieren mit hoher Geschwindigkeit in ostwestlicher Richtung und laufen einmal in 4 Tagen um den ganzen Planeten. Die Suche nach der Ursache dieser raschen Zirkulation auf dem langsam rotierenden Planeten hat viele Untersuchungen über Bewegungen der Venusatmosphäre in Gang gesetzt. Einige Strukturen bewegen sich auch, allerdings sehr viel (um mehr als das Zehnfache) langsamer, zum Pol hin. Das obere Bild wurde im Juli 1966 an der Sternwarte auf dem Pic du Midi in Frankreich gemacht, die untere Aufnahme am 10. Februar 1974 von der Mariner-10-Sonde aus einer Entfernung von 3,3 Millionen km.

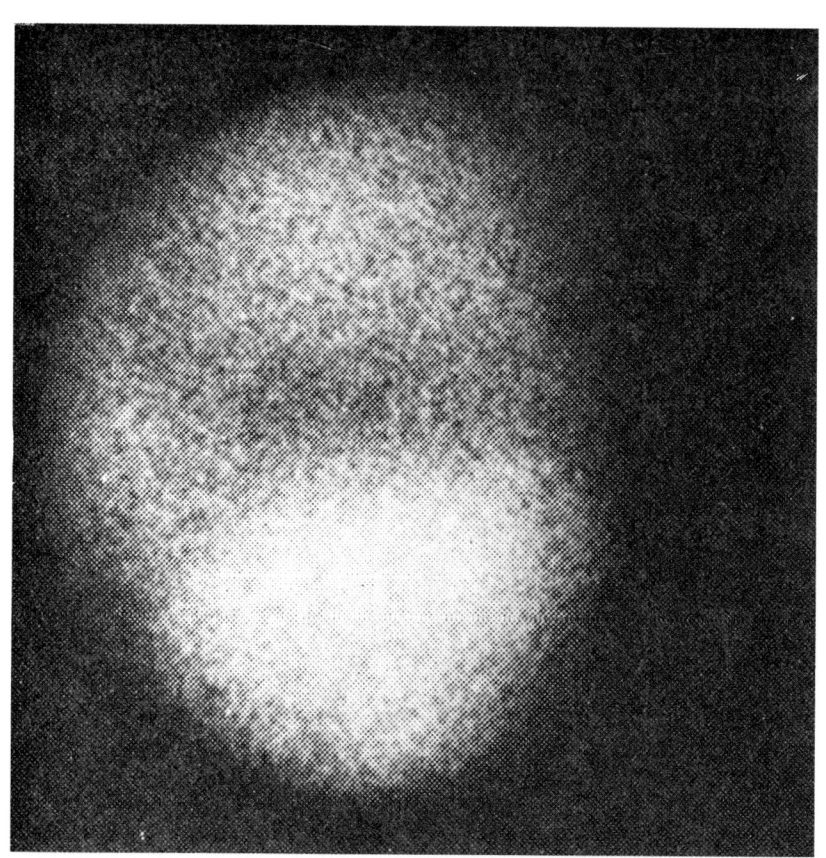

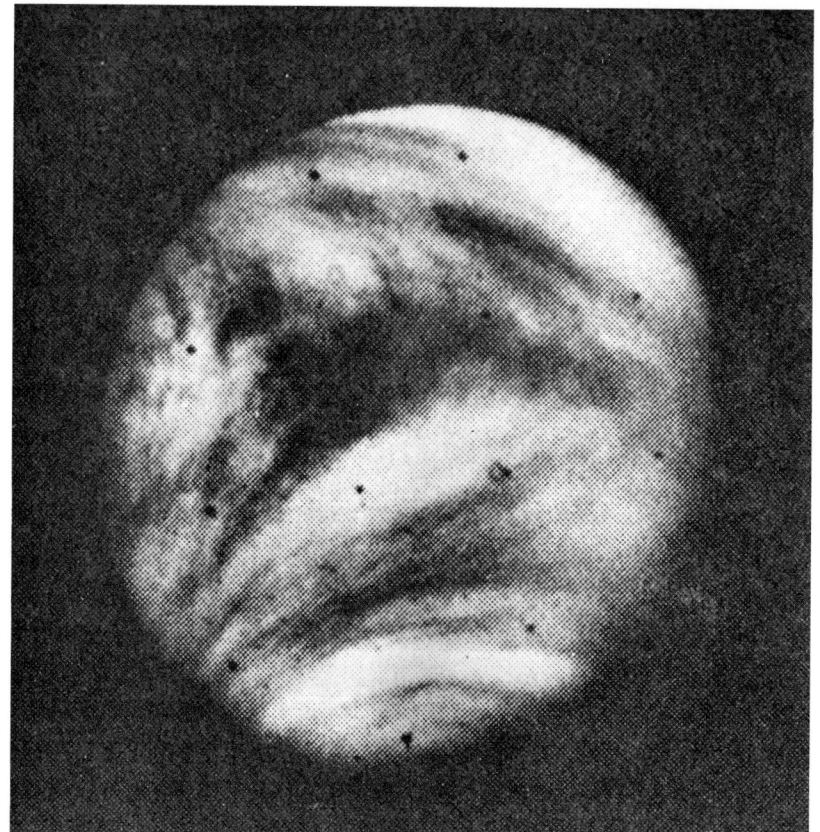

Nachdem die beiden russischen Sonden Venera 9 und 10 ihre Landefähren abgesetzt hatten, haben sie die Venuswolken von oben im UV-Licht fotografiert. Dieses Bild zeigt eine Nahaufnahme einer äquatorialen Region aus etwa 1600 km Höhe. Man vermutet heute, daß die Strukturen durch einen unterschiedlichen Gehalt an Schwefeldioxid und vielleicht auch kleine Partikel von Schwefel hervorgerufen werden, die im Inneren der Wolken herumwirbeln.

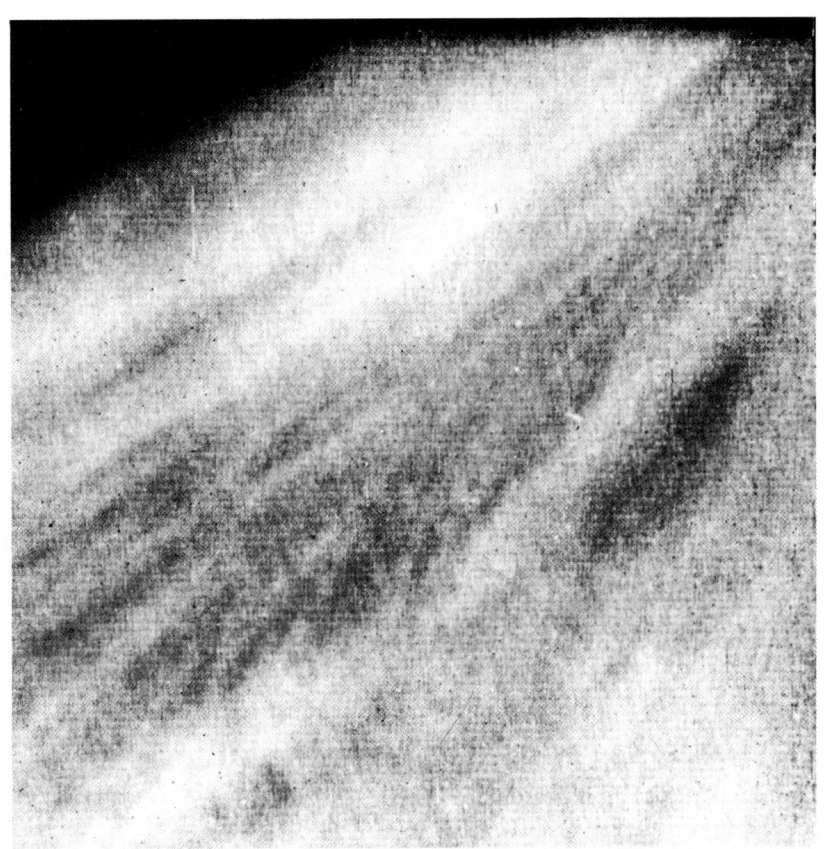

Bilder der Venuswolken, die an aufeinanderfolgenden Tagen von Mariner 10 (oben) und von der Erde aus (unten) gemacht wurden, lassen sich wie hier zu Zeitsequenzen zusammensetzen. Deutlich pflanzen sich Wellen entlang der „tropischen" Breitengrade fort. Das charakteristische Bild kann durch eine Überlagerung von Bugwellen, die durch zonale Ströme entstehen, mit den Turbulenzen über dem subsolaren Gebiet entstehen. Auch auf der Erde sind ähnlich ausgedehnte Wellen Teil der Zirkulation in der Atmosphäre.

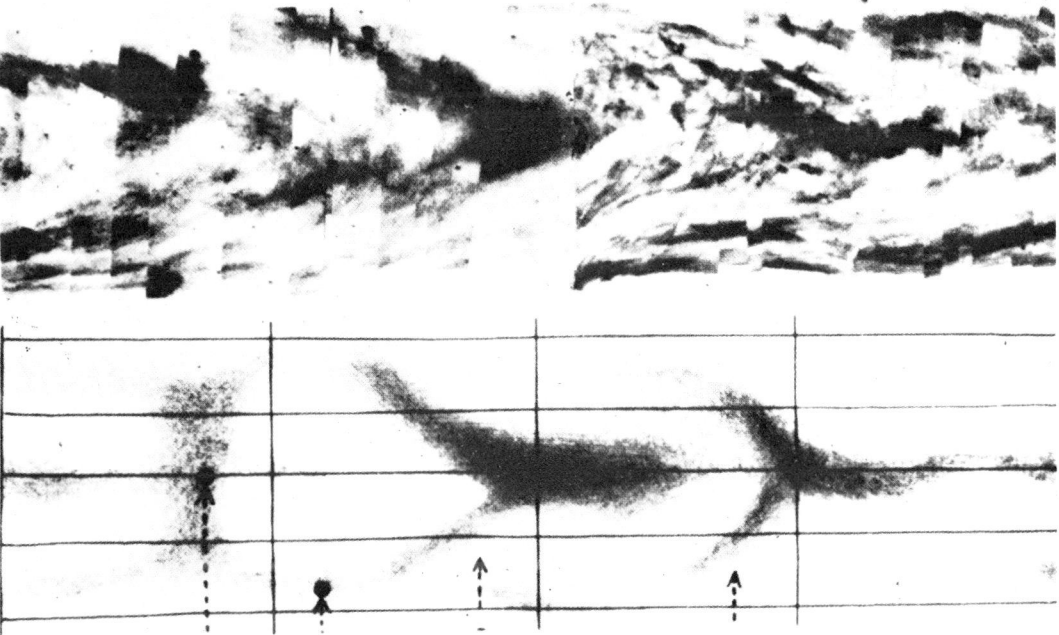

Venus

Das Team, das die Mariner-10-Bilder auswertet, hat diese Skizze mit den Bezeichnungen der über längere Zeit stabilen Strukturen in den Venuswolken hergestellt.

In den daneben gezeigten UV-Bildern kann man Beispiele für solche Strukturen erkennen. Sie kennzeichnen die Zirkulation in der Atmosphäre bei einem

Druck von etwa 1/10 bar, was einer Höhe von 60 km über der Planetenoberfläche entspricht. Theorien über ihre Entstehung werden im Text erläutert.

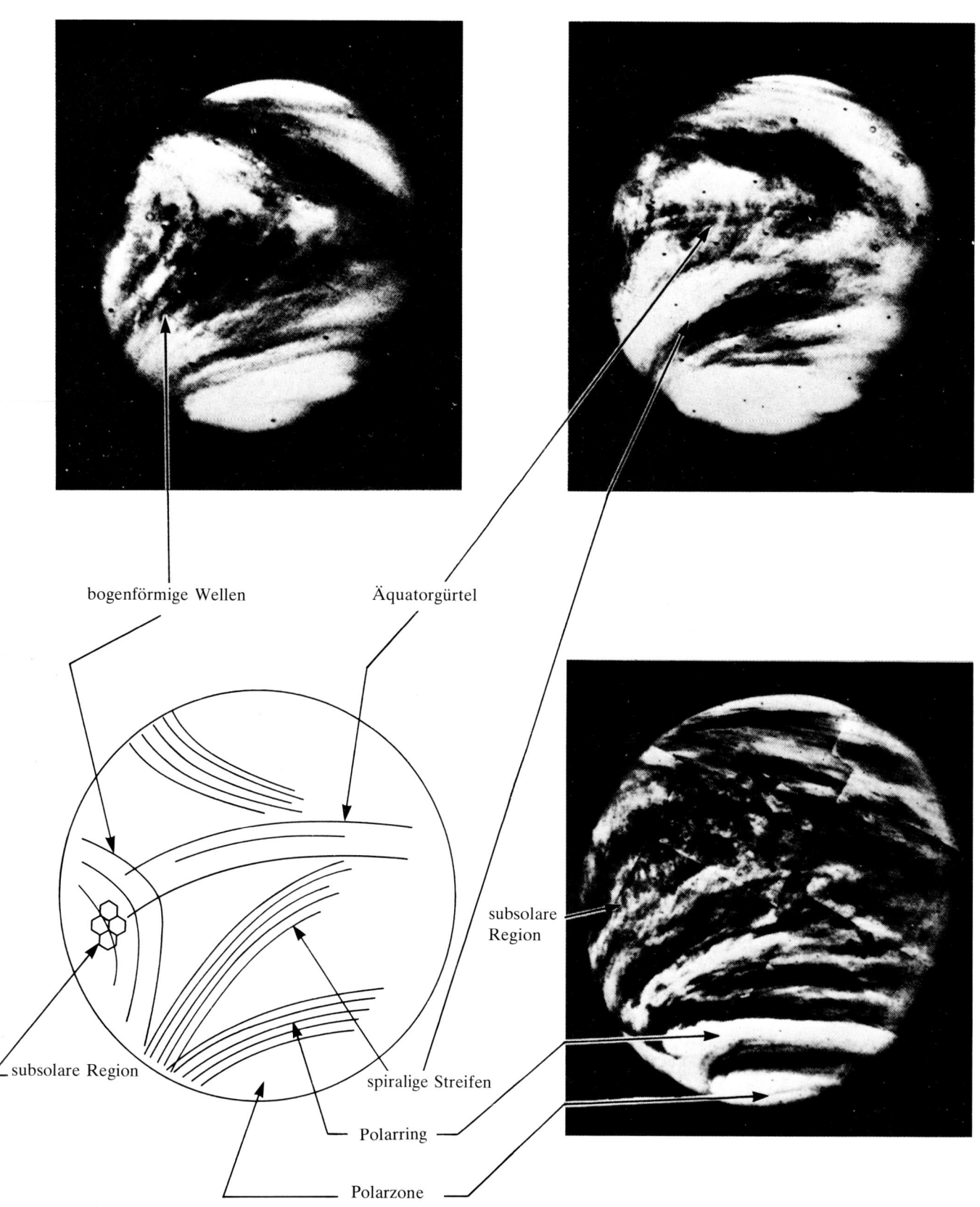

bogenförmige Wellen

Äquatorgürtel

subsolare Region

subsolare Region

spiralige Streifen

Polarring

Polarzone

Eine zeitliche Sequenz von Mariner-10-Bildern zeigt die Entwicklung einer der Strukturen, die man als „Äquatorgürtel" bezeichnet. Auf den Bildern ist dies der helle, fast horizontal verlaufende Streifen in der Mitte, der sich nach Süden bewegt. Seine Geschwindigkeit beträgt etwa 20 m/sec. Er gehört wohl zu den am schwierigsten zu erklärenden, in der Venusatmosphäre beobachtbaren Strukturen.

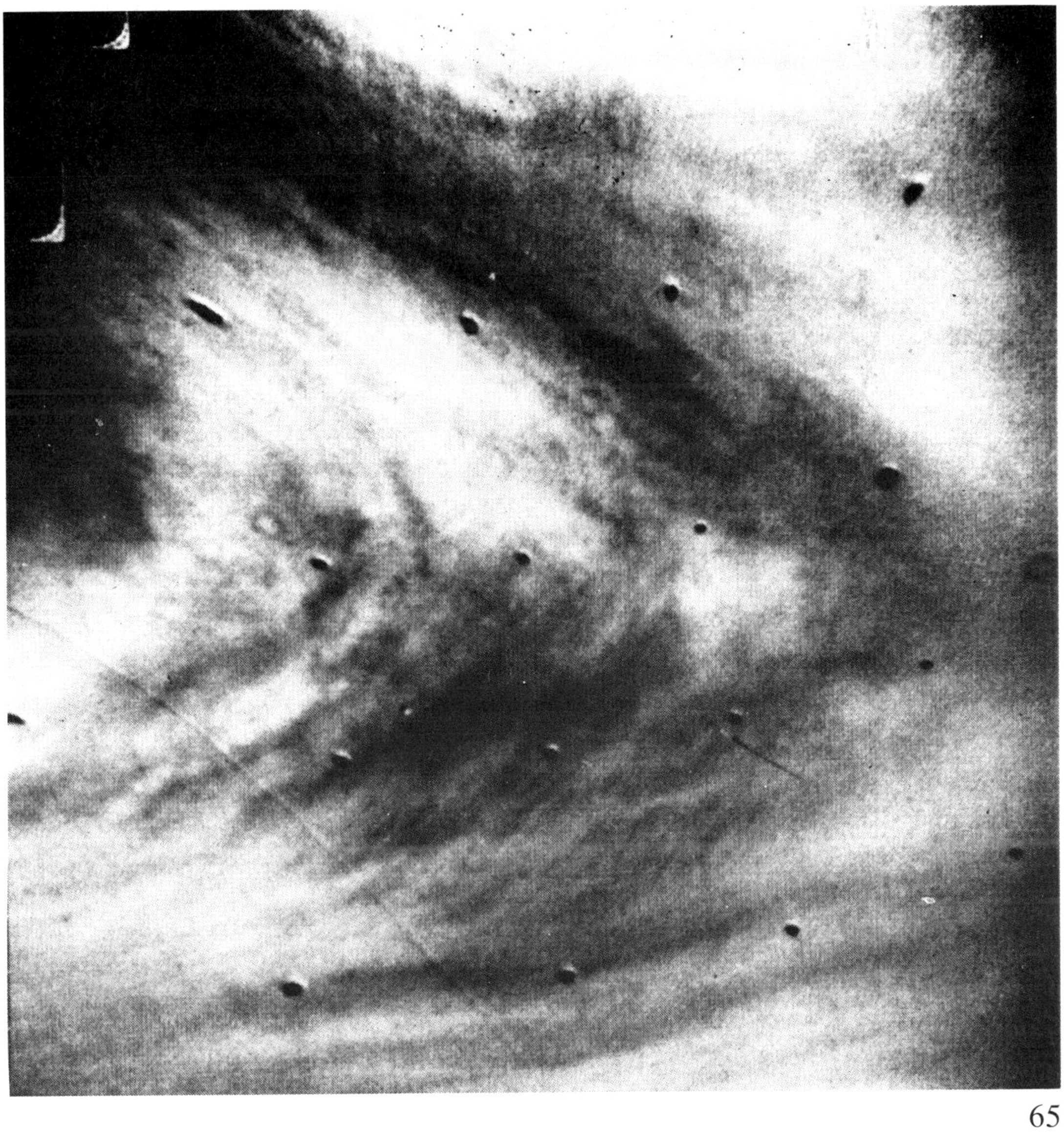

Zeit seit der Begegnung

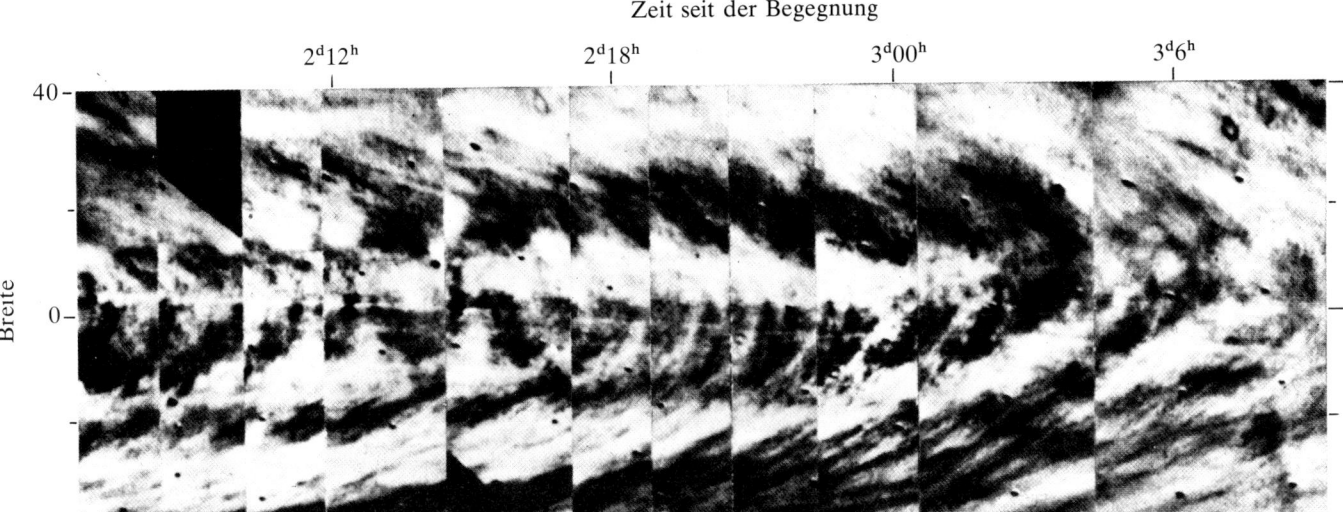

Eine Nahaufnahme der „bogenförmigen Wellen" von Mariner 10 aus. Dies sind wahrscheinlich Wellen, die durch eine Wechselwirkung der schnellen zonalen (ostwestlichen) Atmosphärenströmung mit der subsolaren Störung entstehen. Ein detailliertes Modell wird man allerdings erst haben, wenn die Höhenabhängigkeit der Temperatur und die Einzelheiten der Strukturen genauer bekannt sind.

Venus

Äquator, kann das Sonnenlicht ziemlich tief in die Atmosphäre eindringen; die entstehende Hitze erzeugt eine Konvektion, die sich bis in die hier registrierten Schichten erstreckt.

Ein Analogon zu diesem Prozeß wäre eine große, flache, mit Wasser gefüllte Schale, die an einem Punkt im Zentrum von unten stark erhitzt würde. Einige der Zellen haben einen hellen Rand, andere sind dunkel gesäumt. Der Unterschied beruht wahrscheinlich darauf, daß die hell umrandeten Zellen „offen" sind (mit aufsteigender Luft im Zentrum, die sich oben nach außen verteilt), die dunkel umrandeten „geschlossen" (mit außen aufsteigender Luft, die im Zentrum absinkt). In der Erdatmosphäre gibt es ähnliche Vorgänge.

Die beiden Mariner-10-Nahaufnahmen des subsolaren Gebietes zeigen, daß die Venusatmosphäre dort in kleine Zellen kräftiger Konvektion aufgeteilt ist. Hier, am Mittagspunkt auf dem

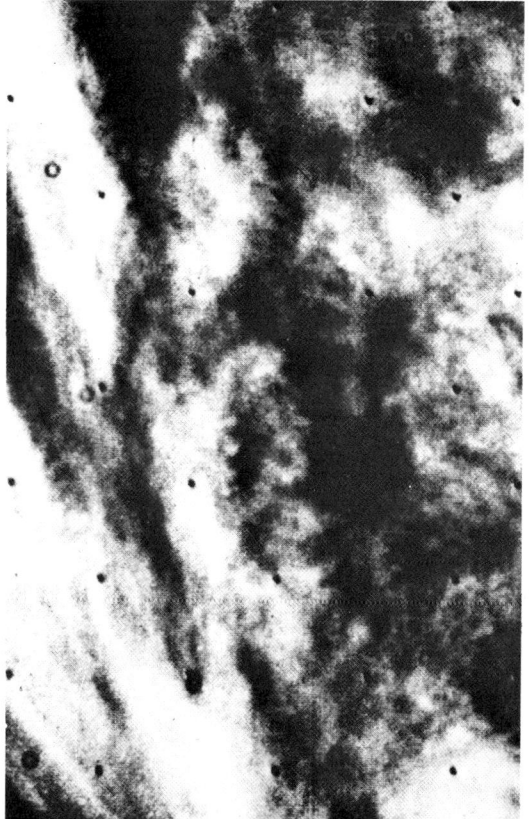
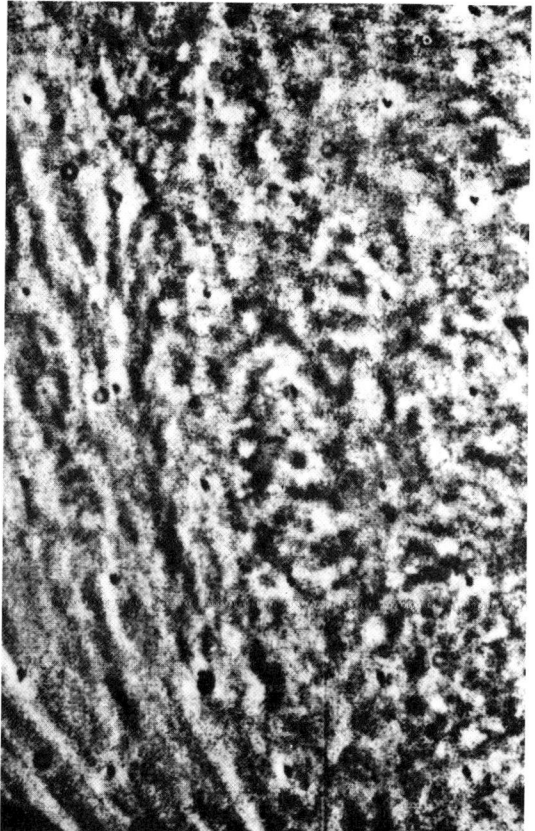

Diese Pioneer-Aufnahme zeigt den südlichen Polarring. Das Aussehen dieses Ringes läßt auf eine Region mit großen Scherungen (d. h. Unterschieden in der Windgeschwindigkeit) schließen; das bedeutet wiederum, daß zwei Gebiete mit unterschiedlicher Zirkulation aufeinanderstoßen.

66

Diese Serie von vier UV-Bildern gibt einen Eindruck von der Vielfalt der Wolkenformationen. Sie wurde im Mai 1980 im Verlauf von 38 Stunden gemacht. Man achte besonders auf den Wirbel am Südpol (unten links) und die hellen Polarringe. Die Helligkeit in höheren Breiten wird durch eine größere Anzahl kleiner Partikel hervorgerufen, die das UV-Licht in den Wolken stärker streuen.

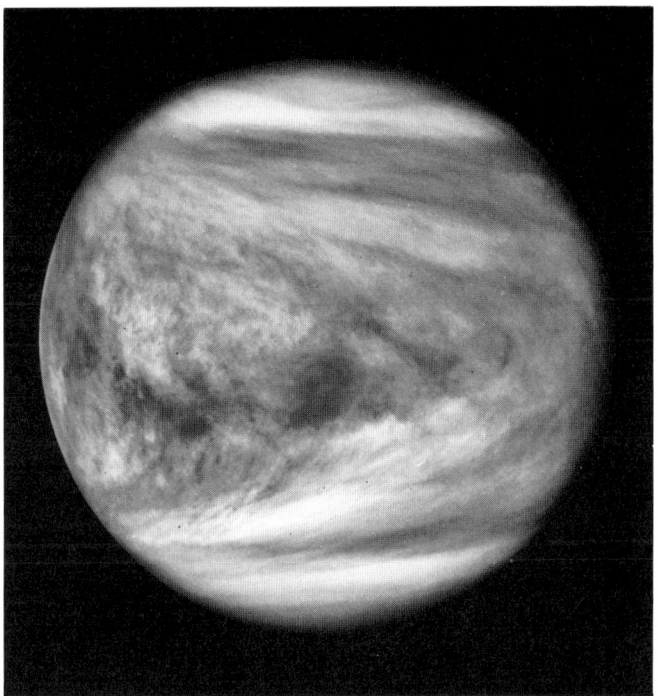

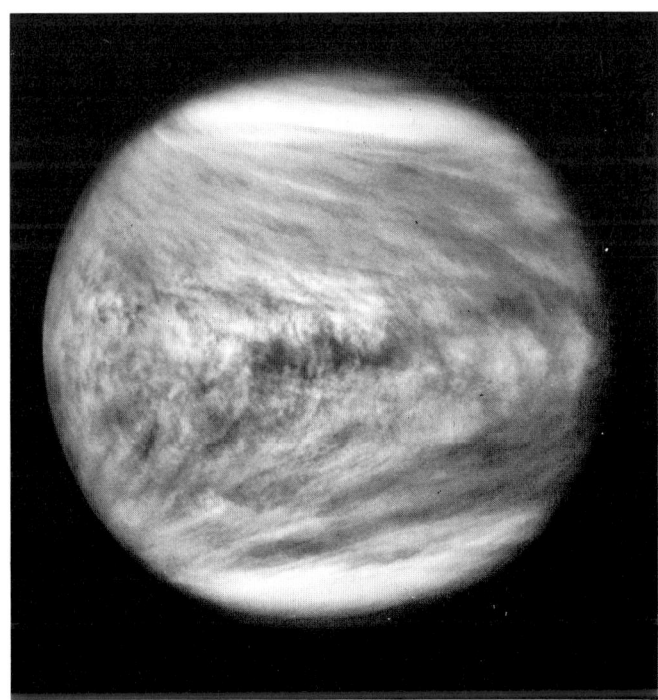

Venus

Diese Lichtphasen der Venus wurden von der Pioneer-Sonde zwischen Dezember 1978 und April 1979 beobachtet. Solche Bilder sind für die Wissenschaftler wichtig, weil die Abhängigkeit der Wolkenhelligkeit und Polarisation von der Phase Rückschlüsse auf die Teilchengrößen, die Konzentration und den Brechungsindex der Tröpfchen ermöglicht. Aus solchen Bildern konnte man schließen, daß die Tröpfchen sphärisch (und mithin flüssig) sind und daß sie den Brechungsindex von konzentrierter Schwefelsäure besitzen.

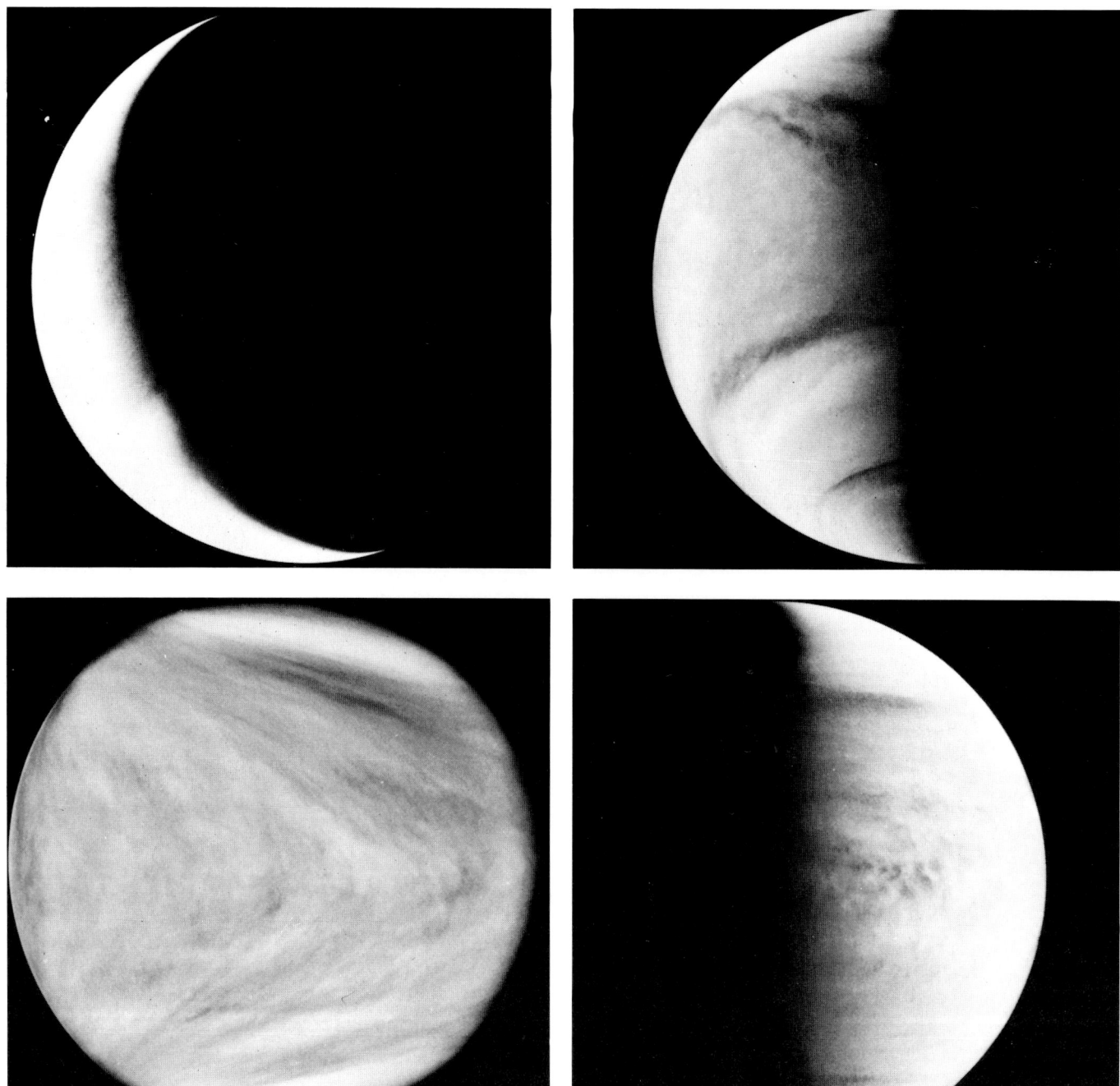

Die beiden Polaufsichten (Nordpol im Zentrum, Äquator am Rand) zeigen die Temperaturverteilung der Venusatmosphäre in zwei verschiedenen Höhen: oben etwa 70 km über der Oberfläche (gerade oberhalb der Wolken) und unten etwa 85 km über der Oberfläche. In 70 km Höhe zeichnet sich der Polarwulst besonders deutlich ab, aber auch die äquatorialen Temperaturunterschiede kann man gut erkennen. Der polare Dipol ist wegen der Rotation etwas verwischt. In der höheren Schicht fällt vor allem die höhere Temperatur über dem Pol auf, ein unerwartetes Ergebnis, da die Sonneneinstrahlung am Äquator am stärksten ist. Diese Temperaturverteilung erzeugt Druckunterschiede, die den Winden in den obersten Wolkenschichten entgegenwirken. Deshalb trifft man 20 km höher keine heftigen Winde mehr an. Die Bilder wurden hergestellt, indem Infrarotaufnahmen von Pioneer über eine dreimonatige Periode gemittelt wurden. Die niedrigsten Temperaturen (blau) betrugen etwa −60 °C, die höchsten (braun) etwa −15 °C.

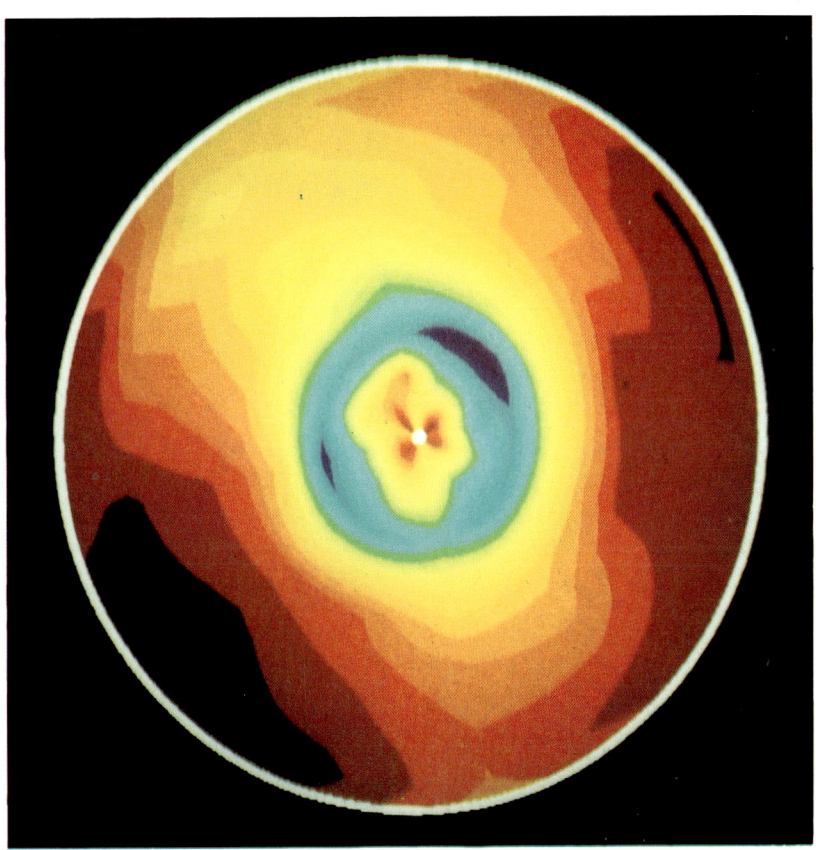

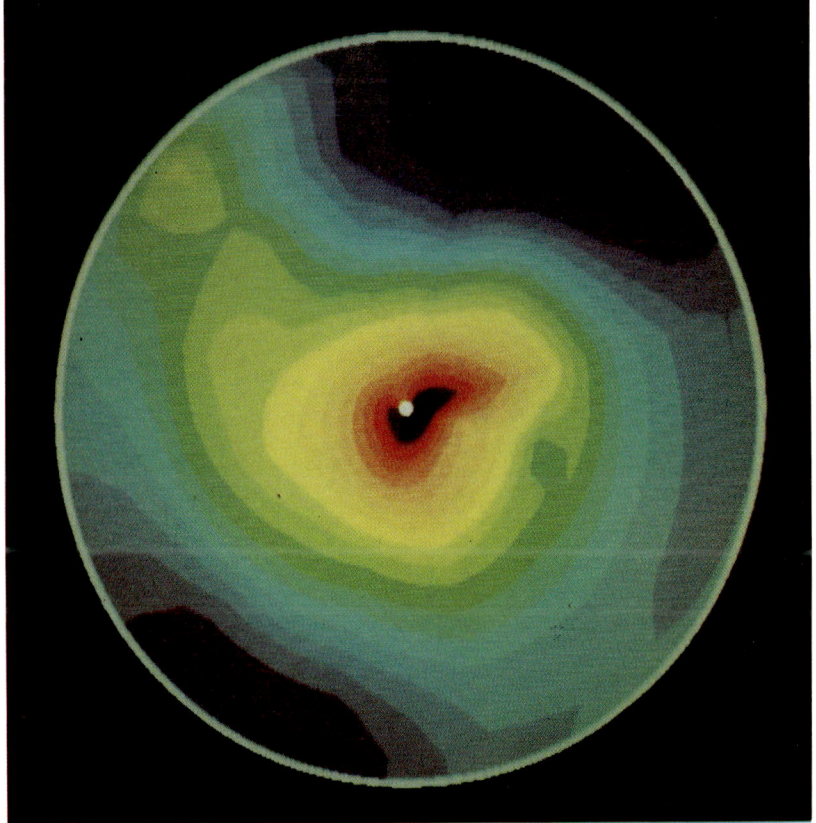

Venus

Eine Pioneer-Aufnahme der Wärmestrahlung bei einer Wellenlänge von 11,5 µm (etwa dem Zwanzigfachen des visuellen Lichts). Das sehr helle Gebiet in der Mitte über dem Nordpol ist auf die intensive Ausstrahlung der unteren Atmosphäre zurückzuführen, die durch eine Zone mit geringer Wolkendichte in den Raum entweicht. Diese Zone entsteht dadurch, daß die Atmosphäre in einem Wirbel nach unten sinkt, ähnlich wie Wasser in einer Badewanne abläuft. Man nimmt an, daß über dem Äquator bis zu mittleren Breiten hin die erhitzte Atmosphäre aufsteigt und zum Pol wandert, wo sie wieder absinkt. Ein dichterer „kalter" Wulst umgibt den Pol in hohen Breiten, er erstreckt sich etwa 10 km über der Wolkendecke und ist etwa 1000 km breit. Eine solche planetare Welle gibt es auf der Erde nicht.

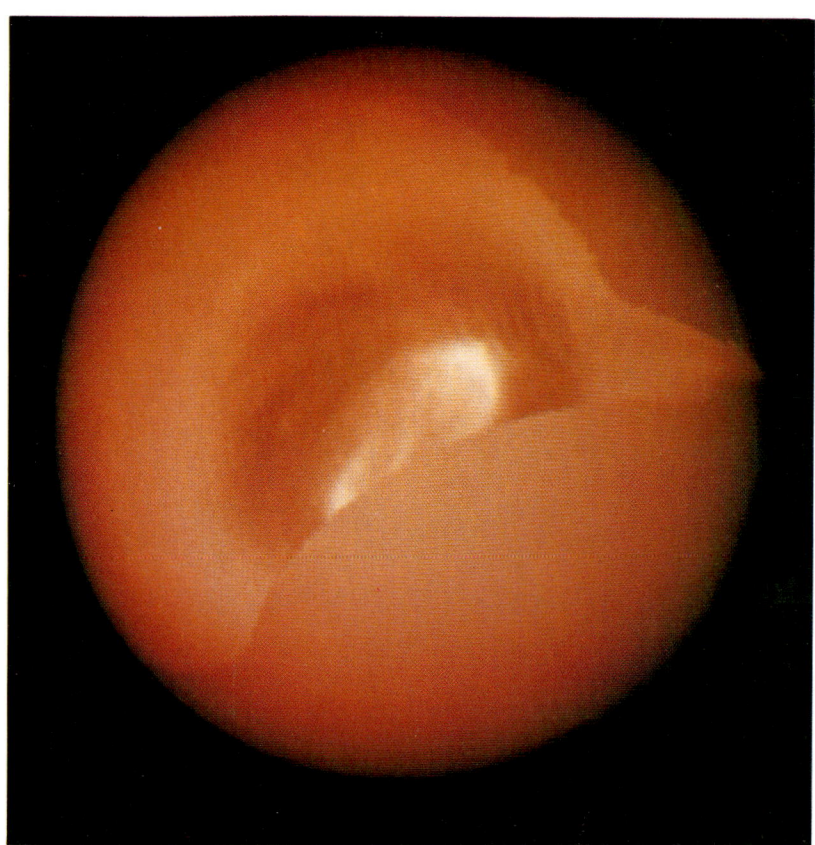

Die beiden Pioneer-Infrarotbilder sind an verschiedenen Tagen (25. Dezember 1978 und 29. Januar 1979) senkrecht über dem Nordpol der Venus aufgenommen und zeigen Veränderungen des polaren Wirbels. (Der Pol liegt im Zentrum, der Bildrand bei 50° nördlicher Breite). Das abgedeckte Gebiet ist nicht die Nachtseite – denn Infrarotstrahlung würde die Dunkelheit durchdringen –, sondern die Seite des Planeten, die von der Pioneer-Sonde, die nur über die eine Polseite flog, nicht erfaßt wurde. Die Wolkenstruktur bestätigt die Vermutung, daß sich am Pol Wirbel ausbilden. Allerdings

zeigt sie bemerkenswerte und rätselhafte Einzelheiten wie die längliche Form und eine Verdoppelung des „Wirbelauges" sowie helle, S-förmige, den Pol kreuzende Kanäle in den Wolken. Wahrscheinlich ist das Auge oval, weil sich eine stehende Welle mit der Wellenzahl 2 um den Pol ausbildet, die von einer hohen Wolke bedeckt ist. Unter dieser Wolkenkappe bleibt das Zentrum des Wirbels am Pol selbst verborgen. Der dunkle Wolkenwulst bei ungefähr 65° N hängt irgendwie mit der Position der Sonne zusammen. Vielleicht resultiert er aus einer subsolaren Störung, die sich zum Pol bewegt und auf die Ränder des großen Wirbels trifft. Der Wulst liegt näher am Pol als der auf UV-Bildern sichtbare polare Ring.

70

Ein Infrarotbild der Venus ähnlich dem auf der vorhergehenden Seite, nur mit erhöhtem Kontrast. Der heiße polare Dipol und der kühlere Polarwulst treten darin deutlicher hervor.

Außerdem sind zwei warme Gebiete in der Nähe des Äquators zu sehen (rosa). Es sind die beiden Maxima der äquatorialen Temperaturwelle, die – anders als ihr irdisches Gegenstück –

zwei Zyklen pro Tag besitzt. Auffallend ist schließlich der blaue Ring konstanter Temperatur in mittleren Breiten, der das äquatoriale und das polare dynamische System voneinander trennt.

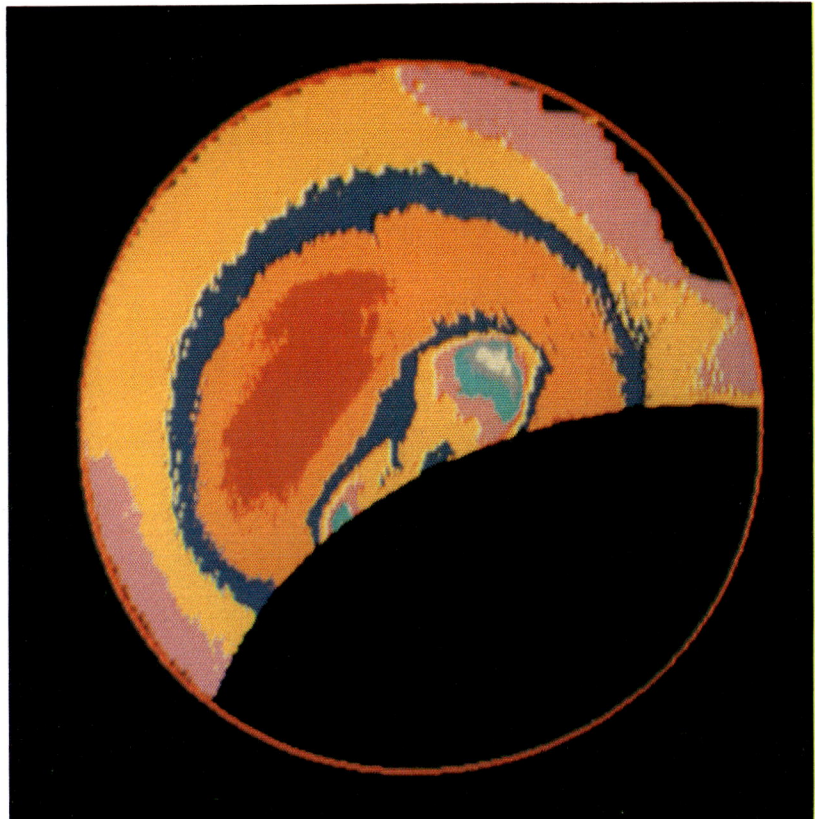

Ein über drei Monate gemitteltes Infrarotbild der nördlichen Polregion. Hierbei sind die Daten in einem relativ zur Dipolachse ruhenden Koordinatensystem gemittelt. Dadurch tritt die mittlere Struktur des Dipols verstärkt hervor, während andere Einzelheiten, z. B. im Wulst, verschmiert werden. Deutlich sind die beiden Temperaturmaxima zu beiden Seiten des Pols zu sehen. Dies sind Gebiete geringerer oder fehlender Wolkenbedeckung, wodurch Infrarotstrahlung aus der darunterliegenden warmen Atmosphäre nach außen dringen kann. Dieser Vorgang ist nicht unerwartet – in niedrigen Breiten aufsteigende Luft sinkt an den Polen herunter und unterdrückt eine Wolkenbildung –, aber die Form des Dipols bleibt nach wie vor ein noch ungelöstes, faszinierendes Problem.

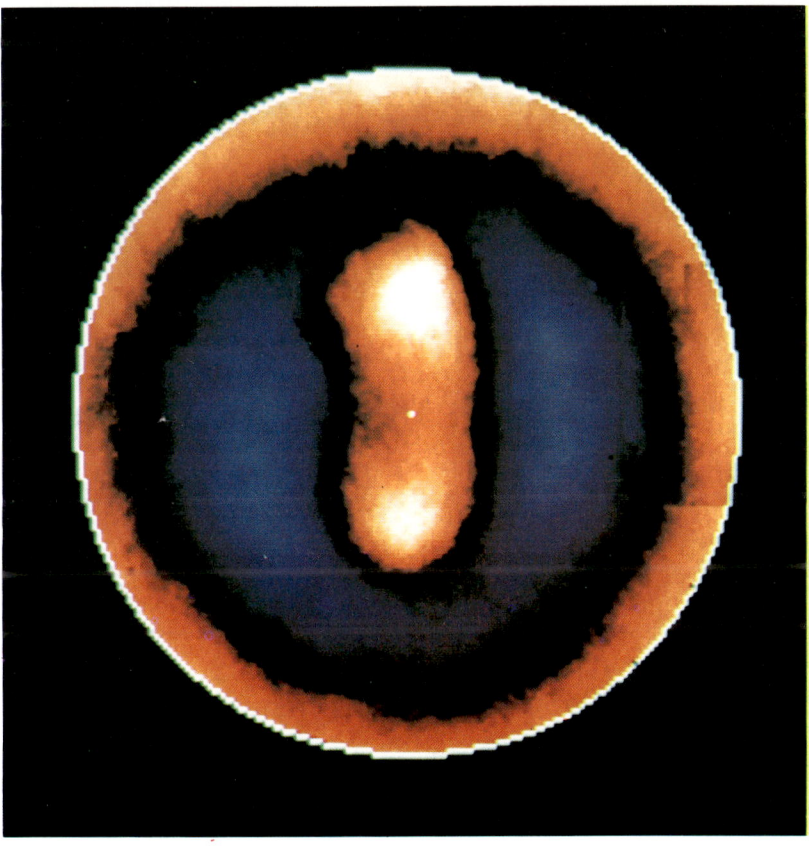

Erde und Mond

Begibt man sich von der Sonne aus über Merkur und Venus weiter in den Raum, erreicht man als nächstes das Doppelsystem Erde–Mond. An keiner Stelle des Sonnensystems treffen wir zwei so ähnliche Körper nahe beieinander an; bei näherer Betrachtung erweist sich die Ähnlichkeit aber doch nicht als so groß. Schon lange ist aus Abschätzungen der Massen von Erde und Mond bekannt, daß die beiden Himmelskörper in ihrer Zusammensetzung recht verschieden sein müssen, und man rätselt deshalb seit langem, auf welche Weise sie zu einem System zusammenfanden. Es war ein wesentliches Anliegen der Apollo-Missionen, etwas mehr Licht in dieses Problem zu bringen, und wir würden hier gern melden, daß dies gelungen ist. Aber der Mond scheint doch sehr viel komplizierter und weiter entwickelt zu sein, als man vermutet hatte, und obwohl die wissenschaftliche Ausbeute der Apollo-Unternehmungen außergewöhnlich groß ist, sind wir der Lösung des Problems nur wenig nähergekommen. Zunächst sollen beide Himmelskörper kurz in ihren wesentlichen Eigenschaften vorgestellt werden. Hier genügt erst einmal die Feststellung, daß sie sehr unterschiedliche Gefährten sind: Die Erde ist ein in jeder Hinsicht aktiver Planet und der Mond eine geologisch alte, biologisch sterile Welt ohne Atmosphäre.

Die Erde

Unser Wissen über die am gründlichsten erforschten planetenartigen Objekte (Mars und Mond) füllt viele Bände, unsere Kenntnis der Erde aber viele Bibliotheken. Trotzdem beschränkt sich das, was wir heute über die Erde wissen, wesentlich auf ihren gegenwärtigen Zustand und einen nicht sehr weit zurückreichenden Teil ihrer Geschichte, etwa die letzten 600 Millionen Jahre. Wir kennen die Entwicklung in den ersten 4 Milliarden Jahren ihrer Existenz weniger gut als die der anderen inneren Planeten außer Venus, und bei dieser wird sich das wohl auch in den nächsten Jahrzehnten ändern. Die folgende Diskussion wird sich deshalb fast ganz auf die „Gegenwart" konzentrieren; über die frühen Entwicklungsstadien der Erde können nur einige spekulative Gedanken wiedergegeben werden. Vielleicht wird uns das Studium der anderen Planeten, deren Oberflächen noch deutlichere Spuren ihrer Frühgeschichte tragen, zu einem besseren Verständnis der komplizierten Welt verhelfen, auf der wir leben.

Erst seit gut 10 Jahren wissen wir, welchen Anblick die Erde vom Weltraum aus bietet. Die Bilder zeigen uns eine Kugel von bestechender Schönheit – einem Juwel gleich, blau, braun und grün, mit einem sich

ständig ändernden Muster von leuchtend weißen Wolken. Wir wollen
hier die Erde in ihren grundlegenden Eigenschaften diskutieren; dazu
in der folgenden Tabelle einige generelle Daten:

Masse $5,97 \cdot 10^{24}$ kg	Umlaufzeit 365,26 Tage
Äquatorradius 6378 km	Neigung des Äquators gegen die Bahnebene
Mittlere Dichte 5,52 g/cm³	23° 27'
Schwerkraft am Äquator 978 cm/sec²	Bahnexzentrizität 0,017
Rotationsperiode $23^h56^m4^s$	Mittlere Entfernung
	von der Sonne $149,6 \cdot 10^6$ km

Ein großer Teil unseres Wissens über die globalen Eigenschaften unseres
Planeten stammt aus der Analyse der Schwingungen, mit denen der Erd-
körper auf die Energiefreisetzung bei Erdbeben reagiert. Aus den Eigenschaften der verschiedenen Arten seismischer Wellen kann man Informationen über die Zusammensetzung und den Zustand (fest oder flüssig,
Temperatur, Druck) des Erdinneren gewinnen. So stellte man fest, daß
das Erdinnere nicht homogen ist, sondern daß das Material sich auf konzentrische Zonen unterschiedlicher Zusammensetzung und physikalischer
Zustände verteilt. Das läßt sich schon aus der mittleren Dichte entnehmen, die wesentlich höher ist als die Dichte der Gesteine in der Erdkruste, die wir direkt untersuchen können. Im Inneren der Erde muß es also
eine Anhäufung viel dichteren Materials geben. Seismische Messungen
haben gezeigt, daß die Erde einen zentralen *Kern* hoher Dichte besitzt,
dessen äußerer Bereich flüssig ist. Wahrscheinlich besteht dieser Kern
zum größten Teil aus Eisen bei einer Temperatur, die von etwa 3000 °C
am äußeren Rand bis zu 6000 °C im Mittelpunkt ansteigt, und sein
Durchmesser wird auf etwas mehr als den halben Erddurchmesser geschätzt. Selbstinduzierte, sich selbst erhaltende elektrische Ströme im
Kern unseres schnell rotierenden Planeten sind wahrscheinlich durch einen Dynamoeffekt für das *Magnetfeld* der Erde verantwortlich.
Fast den gesamten Rest der Erde nimmt der *Mantel* ein, eine Hülle aus
heißem Gestein, das vom Rand des Kerns bis zu einigen 10 km unter
der Erdoberfläche reicht. Dieser Mantel ist etwa 2900 km dick und enthält ungefähr ²/₃ der Planetenmasse. Der äußerste, feste Teil der Erde,
mit dem wir vertraut sind, ist die *Kruste*, und wir müssen sie uns als eine
dünne, kondensierte Haut auf der Oberfläche einer glühenden Kugel
vorstellen. Hier auf der Kruste manifestiert sich in vielfältiger Weise dieses heiße Innenleben. Die äußerste Hülle, nämlich die Meere und die
Atmosphäre, ist ebenfalls ein Ausdruck dieser Dynamik, da diese flüchtigen Substanzen „ausgasten", d.h. aus dem Inneren, wo sie ursprünglich
gebunden waren, nach außen gelangten.
Ständige Veränderungen prägten die Erdgeschichte und machen den festen Körper und die Atmosphäre der Erde so interessant. Ausgangs-

punkt für die weitere Diskussion dieser Dynamik sei der Erdmantel, der die treibenden Kräfte für die Bewegungen in der Kruste liefert, nämlich für die *Plattentektonik*, die die geologischen Vorgänge auf der Erde beherrscht. Man nimmt an, daß der Mantel hauptsächlich aus Eisen- und Magnesiumsilikaten besteht; daneben enthält er kleine Mengen von Aluminium-, Calcium- und Natriumoxiden. An der Erdoberfläche ist Gestein zu finden, das wahrscheinlich aus großer Tiefe stammt. Berühmt (wegen des Diamantenabbaus) sind etwa die südafrikanischen Pipes; diese Durchschlagsröhren enthalten sogenannten Kimberlit, dessen Zusammensetzung auf eine Herkunft aus dem Erdmantel weist. Teile des Kimberlits bestehen hauptsächlich aus Olivin, einem Mineral mit der chemischen Bezeichnung $(Fe, Mg)_2 SiO_4$.

Der Erdmantel ist nicht homogen, denn seismische Wellen zeigen deutliche Änderungen in unterschiedlicher Tiefe. Das Mantelmaterial scheint unterschiedliche kristalline Struktur zu besitzen, abhängig von den jeweils vorhandenen Temperaturen und Drücken. Nahe der Grenze zwischen Mantel und Kruste sind die seismischen Wellen relativ langsam, und das kann von Spuren von Wasser oder Kohlendioxid kommen. Die Temperaturen in der oberen Mantelschicht sind hoch genug, um in Tiefen von etwa 100 km das Gestein teilweise zu schmelzen. Unter diesen Bedingungen ist das Mantelmaterial genügend verformbar, um eine Umwälzung durch Konvektion zu ermöglichen. Diese Umwälzung vollzieht sich sehr langsam; der Vorgang hat aber kritische Folgen für das darüberliegende Material, nämlich die Kruste und die oberste, feste Mantelschicht, die man zusammen als *Lithosphäre* bezeichnet. Die plastischen Eigenschaften von Gesteinen bei sehr hohen Temperaturen und Drücken sind noch nicht sehr gut untersucht, aber die Vorstellung, daß der Mantel in Tiefen von 100 km und mehr verformt werden kann und flüssig wird, ist heute allgemein anerkannt. Dieser „weiche" Teil des oberen Mantels wird als *Asthenosphäre* bezeichnet.

Gegenwärtige Vorstellungen vom Aufbau der äußeren Erdschichten nehmen also eine starre Lithosphäre an, die auf einer heißen, plastischen, sich langsam umwälzenden Asthenosphäre schwimmt. Die Lithosphäre bildet keine zusammenhängende Haut, sondern besteht aus etwa einem Dutzend „Platten", von denen einige die kontinentale Kruste tragen. Die langsame Konvektion in der Asthenosphäre erzeugt horizontale Bewegungen der Platten in der Lithosphäre. Bei Untersuchungen des Meeresbodens hat man langgestreckte, streifenförmig angeordnete Gebirgszüge in der Mitte der Ozeane gefunden. Diese untermeerischen mittelozeanischen Bergrücken sind augenscheinlich die Gebiete, wo sich ständig lithosphärisches Material neu bildet, indem basaltische Lava an den Nahtstellen der Platten hochquillt. Vulkanismus stellen wir uns meist nur verbunden mit Kratern vor, aber der Unterwasservulkanismus ist

in Wirklichkeit die weitaus stärkere Quelle solcher Aktivität auf der
Erde. Die Basalte dringen mit der Geschwindigkeit nach oben, mit der
lithosphärische Platten auseinanderdriften (einige Zentimeter pro Jahr).
Auf diese Weise wird durch das im Mantel geschmolzene Basaltgestein,
das aus den Spalten quillt, der Meeresboden ständig erneuert.

Wenn die Platten an einer Stelle auseinanderdriften, müssen sie natürlich
an einer anderen Stelle zusammenstoßen. Dabei kann die eine Platte
sich unter die andere schieben und lithosphärisches Material in den Mantel zurückbefördern, ein als *Subduktion* bezeichneter Vorgang. Bei diesem Prozeß werden große Energien frei; große Bergketten bilden sich,
vulkanische Aktivität ist zu verzeichnen. Fast alle großen Erdbeben er-
eignen sich in der Nähe der Plattengrenzen, und fast alle Tiefbeben rühren von Subduktionsvorgängen her. Wenn an einem solchen Zusammenstoß eine ozeanische und eine kontinentale Platte beteiligt ist, wird die
ozeanische Platte nach unten gedrückt, weil die leichtere kontinentale
Platte mehr Auftrieb besitzt. Die nach unten driftende Platte wird aufgeheizt, vor allem durch konvektive Wärme aus dem umgebenden heißen
Mantel und durch Veränderungen des kristallinen Zustands. Wahrscheinlich trägt ein partielles Aufschmelzen des untertauchenden Plattenmate-
rials, zu dem auch Sedimentgestein gehört, zu dem intensiven Vulkanismus bei, der an Subduktionszonen zu beobachten ist. Dabei können ausgedehnte Ketten oder Bögen von Inseln am Rande eines Kontinents entstehen: Die japanische Inselgruppe, die Aleuten, die Kurilen und die
Marianen sind gute Beispiele. Die bekannten Gebirgszüge am Rande
von Kontinenten sind ebenfalls so entstanden. Das beste Beispiel sind
die Anden; sie wurden bei der Kollision der nach Osten driftenden ozeanischen Nazca-Platte mit der südamerikanischen Kontinentalplatte auf-
getürmt. Ein ganzer Komplex von Vorgängen, die die Erdoberfläche
prägen, können auf diese eine Ursache zurückgeführt werden: die kom-
pressive Verformung kontinentaler Sedimente, Entstehung der tiefen,
küstennah verlaufenden Gräben, das Eindringen von Magma in das auf-
gefaltete kontinentale Gestein, das Aufsteigen von Gebirgsketten zu großen Höhen, Ausströmen von andesitischer Lava (so genannt nach ihrem
häufigen Vorkommen in den Anden) und ständige Erdbebenaktivität.

Wenn zwei kontinentale Platten zusammenstoßen, setzen beide einem
Absinken Widerstand entgegen, da das Plattenmaterial verhältnismäßig
leicht ist. Deshalb ist der Vorgang komplexer; in den meisten Fällen wird
die Kruste zu riesigen Gebirgsmassiven wie den Alpen oder dem Hima-
laja aufgefaltet.

Auf den anderen Planeten hat man bisher eine ähnliche Plattentektonik
nicht gefunden (vielleicht hat der Jupitermond Ganymed einen vergleichbaren Prozeß durchgemacht), weil ihre Entwicklung nie bis zu diesem Punkt kam oder weil die Lithosphäre nie in mehrere Stücke ausein-

anderbrach oder auch weil ein Stadium der Plattentektonik durch spätere Ereignisse verwischt wurde. Vielleicht sollte man am ehesten auf der Venus – deren Oberfläche man nur ungenau kennt – Spuren einer Plattentektonik vermuten, weil die innere Entwicklung dort ähnlich verlief wie bei der Erde. Mars zeigt riffartige Gebirge auf der gesamten Oberfläche sowie riesige Vulkane, aber es gibt dort kein Äquivalent für die aufgefalteten Gebirgsmassive, die ozeanischen Rücken oder die Inselbögen.

Die Vulkane auf dem Mars sind riesige Schildvulkane, und wahrscheinlich führte das lange andauernde Hochquellen von Magma an den betreffenden Stellen zu einer allmählichen, aber im Endeffekt gewaltigen Anhäufung von Material. Auf der Erde findet man ähnliche, allerdings kleinere Vulkane häufig weit entfernt von den Plattenrändern. An der Aktivität, die diese Vulkanausbrüche verursacht, ist wahrscheinlich Konvektion im Mantel beteiligt, die aber anders geartet ist als diejenige, die zu den Plattenbewegungen führt. Isolierte säulenartige Magmaquellen, sogenannte *Plumes,* müssen unter diesen Vulkanen liegen; der Hawaii-Archipel ist dafür ein gutes Beispiel. Man nimmt an, daß alle seine Inseln durch dieselbe Quelle entstanden sind, als sich die Pazifische Platte darüberschob. Altersbestimmungen bei diesen Inseln und der nordwestlich davon gelegenen Emperor-Kette deuten auf eine fortlaufende Altersfolge hin, und man nimmt deshalb an, daß die Magmaquelle augenblicklich unter der jüngsten Insel liegt, nämlich unter Hawaii, einem Gebiet intensiver vulkanischer Aktivität.

Die skizzierten Vorgänge ergeben das Bild einer ungewöhnlichen Dynamik: Die gesamte Erdoberfläche ist ständigen Veränderungen unterworfen; die Kontinente bewegen sich, neue Gebirge entstehen. Ebenso bedeutend sind die Prozesse, die Gebirge abtragen und Senken auffüllen. Der kontinuierliche Kreislauf des Wassers zwischen den Meeren und der Atmosphäre bewirkt eine erhebliche Erosion; Gletscherbildung und Winde verstärken sie noch. Erosionsmaterial lagert sich ständig ab und bildet neues Sedimentgestein. Der zweifache Vorgang von Erosion und Ablagerung ist bei der Einebnung der Landschaft sehr erfolgreich. Hierdurch und durch die ständige Erneuerung der Lithosphäre wurden die Spuren der frühen Erdgeschichte fast völlig verwischt.

Die Vorstellung, daß die globalen Merkmale der Erdoberfläche durch die Plattentektonik bestimmt werden, besitzt den großen Vorteil, daß sie in überzeugender Weise verschiedene geologische Prozesse beschreibt. Deshalb wird dieses Modell heute fast allgemein als zutreffend für den heutigen Zustand der Erde anerkannt. Sicher sah die Erde früher anders aus als heute, denn ihr jetziger Zustand ist das Ergebnis einer langen Entwicklung. Vielleicht waren früher einmal die äußersten Erdschichten bis in einige 100 km Tiefe geschmolzen, wie das wohl auf dem

Mond der Fall war. Eine solche Oberfläche müßte sich relativ rasch abgekühlt haben, und wahrscheinlich rühren die heute noch ziemlich hohen Temperaturen des Erdmantels mehr aus einem Zerfall der natürlichen radioaktiven Elemente Uran, Thorium und Kalium 40 her als aus einem vom tiefen Inneren nach außen gerichteten Fluß von Wärme, die noch aus der frühen Entwicklungsphase der Erde gespeichert ist. Die Erde bezog andererseits ihre Wärmeenergie in der Frühzeit aus einem Akkretionsprozeß, vielleicht auch aus dem Zerfall radioaktiver Elemente mit kurzen Halbwertszeiten und ganz sicher durch die exotherme, d.h. Energie freisetzende Bildung des Kerns, der selbst wiederum das Produkt einer intensiven frühen Aufheizung war. Ein großer Teil des vorhandenen Eisens war flüssig und wanderte durch die Schwerkraft langsam zum Zentrum, wo es das dort vorhandene, weniger dichte ursprüngliche Material schließlich in einem sehr heftigen Prozeß verdrängte, durch den eine große Menge gravitativer Wärme freigesetzt wurde. Diese frühe starke Erhitzung war vielleicht ausschlaggebender für die Bedingungen im Erdinneren als alle späteren Vorgänge. Während dieser Zeit führten chemische Differentiationen zur Entstehung eines flüssigen Nickel-Eisen-Kerns mit einem darüberliegenden Mantel aus Silikaten. Ganz außen bildete sich eine teils feste, teils flüssige Zone, die viele flüchtige und magmaartige Substanzen enthielt. Diese frühe Aufteilung war entscheidend für die Entwicklung der Erde. Sie schuf die Voraussetzungen für das Aufwärtsströmen leichterer Elemente, aus denen heute die Kruste besteht, und später auch des kontinentalen und ozeanischen Gesteins. Auch die sehr flüchtigen Bestandteile, aus denen die Meere und die Atmosphäre bestehen, gelangten dabei an die Oberfläche.
Die erste Erdkruste muß sich mehrmals umgewandelt haben. Sie bestand zunächst wohl noch nicht aus den kontinentalen und ozeanischen Gesteinen, die wir heute kennen, sondern mehr aus Ansammlungen vulkanischen Gesteins. Sie war dem gleichen heftigen Meteoritenhagel ausgesetzt wie die anderen inneren Planeten, aber davon ist auf der Erde nichts mehr zu sehen. Die Erdkruste muß immer wieder zerrissen sein und sich wieder neu gebildet haben, zum Teil durch dieses Meteoritenbombardement, aber auch durch konvektive Umwälzung. Der wiederholte Kreislauf von Neubildung und Aufbrechen der Kruste und des oberen Mantels erhielt den Prozeß aufrecht, der schließlich zur Bildung der ersten stabilen Schollen führte, den Vorgängern der Kontinente. Diese wurden vor einem weiteren Schmelzen durch ihren Gehalt an metamorphem Gestein geschützt, das arm an flüchtigen Bestandteilen ist und ihnen eine größere Härte gab. Das älteste kontinentale Gestein, das bisher auf der Erde entdeckt wurde, ist 3,8 Milliarden Jahre alt und stammt wahrscheinlich aus einem solchen ersten Kontinentalkern.
Nur wenig wissen wir über die plattentektonischen Vorgänge im Laufe

der Erdgeschichte. Es gibt zwar viele Anhaltspunkte für das Wachsen kontinentaler Platten, bei dem wiederholte Perioden von Verformungen, Metamorphosen und vulkanisch-magmatischer Aktivität eine Rolle gespielt haben. Trotzdem kennen wir die Verteilung der kontinentalen Massen über die Erde nur in relativ junger Zeit. Wahrscheinlich wird man auch nie mehr darüber wissen, da das Entstehen und Vergehen der ozeanischen Kruste und die Verschiebungen der kontinentalen Platten so rasch verliefen, daß Spuren davon wohl nicht mehr zu finden sind. Die Basalte, aus denen der heutige Meeresboden besteht, sind nicht älter als einige 100 Millionen Jahre oder 4% der Erdgeschichte. Die Verteilung der Kontinente und Meere muß sich ständig verändert haben, weil die Konvektion in der Asthenosphäre die Platten verschob und die Kontinente zusammenstoßen und auseinanderdriften ließ. Wir kennen nur das letzte Kapitel dieser langen Geschichte mit einiger Sicherheit. Vor etwa 200 Millionen Jahren, also nachdem 96% der Zeitspanne seit Entstehung der Erde bereits verstrichen waren, waren alle Kontinente zu einem großen Superkontinent vereinigt, *Pangaea* genannt, der nach diesem Zeitpunkt auseinanderbrach. Dieser Prozeß dauert heute noch an.

Auch die Atmosphäre hat eine gewaltige Entwicklung durchgemacht. Sie besteht heute zum größten Teil aus Stickstoff und einer erheblichen Menge Sauerstoff, einem Gas, das man nur selten frei in anderen Planetenatmosphären findet, wo es meistens in Kohlendioxid, Wasserdampf oder anderen Oxiden gebunden ist. Der freie Sauerstoff auf der Erde ist eine Folge der Entstehung des Lebens. Wir wissen nicht, welche Art von Atmosphäre die Erde kurz nach ihrer Entstehung umgab. Man kann nur spekulieren, daß sie, falls es überhaupt eine gab, aus einer Mischung von Gasen bestand, die die Erde aus dem solaren Nebel aufgesammelt hatte, sowie aus flüchtigen Substanzen, die aus den einfallenden Meteoriten entwichen. Diese frühe Atmosphäre muß sich bald verändert haben, da verschiedene chemische Prozesse in ihr abliefen und wahrscheinlich auch der damals sehr heftige Sonnenwind sie wegfegte. Aber auch das ist nur Spekulation. Die früheste zuverlässige Information kommt aus dem Studium alter Sedimentgesteine. 3,8 Milliarden Jahre alte Carbonat-Mineralien deuten darauf hin, daß innerhalb der ersten Milliarde Jahre nach Entstehung der Erde die Atmosphäre eine Menge Kohlendioxid enthielt und deshalb nicht die reduzierenden Eigenschaften der Gase im Sonnennebel besaß.

Wahrscheinlich haben die bei vulkanischer Aktivität freigesetzten Gase entscheidenden Anteil an der heutigen Atmosphäre ebenso wie an den Meeren; sie haben wohl auch den Kohlenstoff und den Sauerstoff geliefert, die heute in verschiedener Form in der Erdkruste gespeichert sind. Offenbar war die Erdoberfläche schon sehr früh kühl genug, daß der ausströmende Wasserdampf kondensieren konnte und die tiefer gelegenen Gebiete allmählich mit Wasser gefüllt wurden. Es ist nicht klar, ob die Kontinente schon da waren, bevor die Meere entstanden. Wir können von Glück sagen, daß nicht mehr Wasserdampf emittiert wurde, denn das oberhalb des Meeresniveaus liegende Areal hätte sehr klein werden können.

Der größte Anteil des ausgegasten Kohlendioxids befindet sich heute nicht mehr in der Atmosphäre. Er ging durch Prozesse verloren, die zur Ablagerung von Carbonaten (hauptsächlich Kalkstein), Kohle und Erdöl führten. Biologische Prozesse sind wichtig für die Bildung von Kalkstein (Ansammlung der Skelette kleiner Meerestiere) und für die Ablagerung von Kohlenwasserstoffen (durch das Verrotten von pflanzlichen Resten). Der Verlust von Wasser und Kohlendioxid hat Stickstoff, ein verhältnismäßig reaktionsträges Element, als Hauptbestandteil der Luft zurückgelassen, die wir heute atmen. Der Sauerstoff ist hauptsächlich durch die Photosynthcsc chlorophyllhaltiger Pflanzen in die Atmosphäre gelangt, weniger durch die anorganische Photolyse von atmosphärischem Wasserdampf. Die heutige Erdatmosphäre hat also kaum etwas mit einer Atmosphäre gemeinsam, die sich ohne die Existenz von Leben gebildet hätte. Der Sauerstoff ist in einen wichtigen Kreislauf eingespannt: Entstehung durch Photosynthese in Pflanzen, Umwandlung in Kohlendioxid und Wasser durch die Atmung der Tiere. Anfangs kann es nur sehr wenig Sauerstoff in der Atmosphäre gegeben haben; dann entwickelten sich zuerst die Sauerstoff erzeugenden Organismen und anschließend die Sauerstoff verbrauchenden. Allmählich erreichte der für uns lebenswichtige Sauerstoff in der Atmosphäre einen Anteil von etwa 20%.

Wasserdampf und Kohlendioxid sind nicht nur unmittelbar durch ihren biochemischen Stellenwert für das Leben auf unserem Planeten notwendig, sondern auch indirekt durch die Stabilisierung unseres Klimas. Beide Gase besitzen molekulare Eigenschaften, durch die sie Wärme (hauptsächlich im Infraroten) absorbieren können, die von der Erdoberfläche ausgestrahlt wird. Dadurch wirken sie isolierend, und es stellt sich eine erheblich (um etwa 35 °C) höhere Temperatur an der Erdoberfläche ein, als es allein durch die Sonneneinstrahlung, beim Fehlen einer Atmosphäre, der Fall wäre. Das ist lebenswichtig, denn sonst läge die mittlere Temperatur unter dem Gefrierpunkt des Wassers, gäbe es keine Ozeane und kein gemäßigtes Klima.

Mit dem Wort „Klima" bezeichnet man den durchschnittlichen Einfluß des Wetters in einer Atmosphäre. Das Wetter ist der wechselnde Teil des Klimas, der durch Zirkulationen in der Atmosphäre entsteht, und zwar sowohl globale als auch lokale, sowie durch jahreszeitliche Unterschiede, die durch die Bahnbewegung des Planeten hervorgerufen werden. Die allgemeine Zirkulation ist eine Folge der lokalen Temperaturunterschiede in der Atmosphäre. Sie ist ein komplexer Vorgang, der hier nur skizziert werden kann. Auf der Erde wird die Zirkulation hauptsächlich durch die unterschiedliche Aufheizung am Äquator und an den Polen in Gang gesetzt. Die einfachste Art einer solchen Zirkulation ist eine große Konvektionszelle, in der Warmluft am Äquator hochsteigt, zu den Polen driftet und dort absinkt, um wieder zu niedrigen Breiten zurückzuströmen. Ansätze für diesen Mechanismus sind am Äquator vorhanden, allerdings werden sie durch die rasche Rotation der Erde modifiziert.

In mittleren Breiten sind die Vorgänge sehr viel komplizierter, und der Transport der Luftmassen zu den Polen wird offenbar nicht durch eine einzige riesige Zelle, sondern durch große Wirbel bewirkt. Dies ist Karten von der globalen Verteilung des Luftdrucks zu entnehmen und auch auf Satellitenaufnahmen zu sehen. Man nimmt an, daß die rasche Rotation und die verhältnismäßig starken breitenabhängigen Temperaturunterschiede der Zirkulation in diesen Gebieten eine Wellenstruktur aufprägen. Meteorologische Daten von Mars deuten auf ähnliche Verhältnisse auf dessen Winterhemisphäre.

Der Mond

Sicher wird für geraume Zeit der Mond der einzige Himmelskörper außerhalb der Erde bleiben, den Menschen betreten und in „Tuchfühlung" erforscht haben. Noch vor einer Generation war es unvorstellbar, daß wir je zum Mond reisen könnten und genau wissen würden, woraus er besteht und wie er sich entwickelt hat. In den zehn Jahren, die auf die Apollo-Landungen folgten, hat man durch die Untersuchung der Mondproben (einschließlich des von den Russen vom Mond zurückgebrachten Gesteins) und die Analyse aller Arten von Meßdaten außerordentlich viel über unseren Trabanten gelernt. Dabei sind neue Techniken von äußerster Präzision und Kompliziertheit entwickelt worden, und eine förmliche Explosion von Informationen hat dazu geführt, daß wir das Sonnensystem im ganzen und die Frühgeschichte der Erde im besonderen heute viel besser verstehen. Überraschend wenig sind wir allerdings in der grundlegenden Frage weitergekommen, wie und wo der Mond entstanden ist. Der folgende Abschnitt wird sich deshalb in der Hauptsache mit dem augenblicklichen Zustand des Mondes beschäftigen und einige Gedanken zu seiner Entwicklungsgeschichte skizzieren. Auf die Frage der Mondentstehung kommen wir danach zu sprechen.

Unter den terrestrischen „Planeten" – Merkur, Venus, Erde, Mond und Mars – ist der Mond der kleinste und hat die geringste Dichte. Er bewegt sich in 28 Tagen einmal um den Schwerpunkt des Erde-Mond-Sy-

stems und dreht sich dabei einmal um seine Achse, so daß er uns immer
dieselbe Seite zuwendet. Früher war der Mond der Erde viel näher und
rotierte rascher als heute, aber Gezeitenkräfte in seinem Inneren haben
dazu geführt, daß der Rotationsdrehimpuls auf den Bahndrehimpuls
überging. Dadurch wurde die Rotation abgebremst, und seine Bahn entfernte sich allmählich immer weiter von der Erde. Schließlich waren
Bahn- und Rotationsbewegung synchron miteinander gekoppelt.
In der folgenden Tabelle sind einige wichtige Daten für den Mond
zusammengestellt:

Masse 0,073 · 10^{24} kg	Schwerkraft am Äquator 162 cm/sec²
Äquatorradius 1738 km	Rotationsperiode 27,3 Tage
Mittlere Dichte 3,34 g/cm³	Umlaufzeit 27,3 Tage

Die uns zugewandte Mondhälfte erscheint uns im reflektierten Sonnenlicht in ihrer Vollmondphase als helle, weiße Scheibe mit unregelmäßigen
dunklen Flecken. Es sei darauf hingewiesen, daß man sich über die
scheinbare Helligkeit des Mondes leicht täuscht. Die gesamte Mondoberfläche reflektiert schwach und erscheint nur im Kontrast zum Nachthimmel und aufgrund der Empfindlichkeit des Auges, das sich auf die Dunkelheit einstellt, so hell. Der schwach sichtbare Mond am Taghimmel
gibt die tatsächliche Helligkeit dieses Objekts, das eine sehr niedrige
Albedo (Reflexionsvermögen) hat, besser wieder.
Die Phase einer aktiven geologischen Entwicklung auf dem Mond war
relativ kurz. Wenn man verstanden hat, was die hellen Gebiete der
Oberfläche, die wir als *Hochländer* bezeichnen, und die dunklen, *Maria*
genannten Bereiche bedeuten, hat man den Schlüssel zur Entwicklung
des Mondes in der Hand.
Fotos, die man mit Teleskopen von der Erde aus gemacht hat, und noch
besser Aufnahmen von Satelliten, die den Mond umkreisen, lassen die
Beziehung zwischen den Hochländern und den Maria erkennen. Die
Hochländer, die, wie wir heute wissen, die ursprüngliche Mondkruste
repräsentieren, nehmen über 80% der Oberfläche ein (auf der Rückseite
gibt es nur wenige Maria). Sie sind über und über mit Kratern aller Größen und Formen bedeckt. Einige Krater sind sehr groß, bis zu 1000 km
im Durchmesser. Diese nennt man *Becken*, und sie haben alle eine charakteristische Form, sehr oft sind sie von konzentrischen ringartigen Wällen umgeben. Fast alle diese Krater scheinen durch Einschläge von Meteoriten, vor allem in der letzten Phase der Mondentstehung, entstanden
zu sein. Die gewaltige Größe der Becken läßt darauf schließen, daß ki-
lometergroße Objekte diese Einschläge verursacht haben, sogenannte
Planetesimale. Das Material, das bei diesen Einschlägen aus der Kruste
hochgeworfen wurde, müßte sich fast über den ganzen Mond verteilt

haben. Direkt um die Becken wurde wahrscheinlich eine dicke Schicht davon aufgehäuft. Die Morphologie der Hochländer kann fast vollständig mit diesem heftigen Meteoritenhagel erklärt werden. Sie sind wahrscheinlich sehr alt, weil die Flächendichte der Krater besonders groß ist. Die Maria liegen fast ausschließlich auf der Vorderseite des Mondes und bilden einen erheblichen Kontrast zu dem zerklüfteten Hochland. Einmal sind sie, wie schon erwähnt, viel dunkler als das übrige Terrain, außerdem ziemlich eben, und sie enthalten nur wenige Krater. Das bedeutet, daß sie in jüngerer Zeit geformt wurden als die Hochländer. Eine schon lange geäußerte Vermutung wurde durch die Analyse von Mondgestein bestätigt, nämlich daß die Maria von vulkanischer Lava überflutet worden sind.

In vielen Laboratorien der Welt liegen heute Gesteinsproben sowohl von den Hochländern als auch aus den Maria. Im Johnson Space Center in Houston, Texas, wird das „amerikanische" Mondgestein aufbewahrt, wenn nicht Teile davon an Wissenschaftler irgendwo auf der Erde ausgeliehen sind – und das geschieht an die 2000mal im Jahr! Die Apollo-Landeplätze, von denen diese Proben stammen, wurden jeweils sorgfältig ausgesucht, wobei das wissenschaftliche Interesse und die Sicherheit der Astronauten im Vordergrund standen. Die Maria sind die weniger zerklüfteten und sichersten Gebiete, und die ersten beiden Landungen erfolgten auch dort. Apollo 11 landete im Mare Tranquillitatis und Apollo 12 im Oceanus Procellarum. Die dritte Mission, Apollo 14, führte die Astronauten zu dem Terrain, das als Fra Mauro bekannt ist und dessen Material wahrscheinlich aus dem großen Imbrium-Becken stammt.

Die letzten drei Apolloflüge berührten unterschiedliche Gebiete. Apollo 15 landete in der Nähe der Hadley-Rille, einer bogenförmigen Vertiefung in einer Ebene am östlichen Rand des Imbrium-Beckens. Dieses Gebiet liegt gerade innerhalb der Apenninen, eines Gebirges, das vermutlich bei dem Imbrium-Einschlag aufgeworfen wurde. Der Landeplatz von Apollo 16 war der einzige in einem Hochland, in der Descartes-Region etwa 400 km südwestlich des Apollo-11-Landeplatzes, während Apollo 17 im Taurus-Littrow-Gebiet am Rand des mit Lava angefüllten Mare Serenitatis aufsetzte. Die Astronauten brachten Hunderte von sorgfältig ausgesuchten und registrierten Bodenproben von dem Terrain in der Nähe der Landefähren zurück. Außerdem wurde, wie schon erwähnt, eine geringere Menge Mondmaterial von den sehr erfolgreichen sowjetischen Luna-Raumsonden zur Erde gebracht, das durch Bohrungen dem Mondboden entnommen worden war. Dieses Material stammt aus unterschiedlichen Gebieten, auch aus den Hochländern.

Das zur Erde gebrachte Material stellt damit eine ziemlich repräsentative Sammlung von Mondgestein dar. Die wertvollen Proben wurden in zahlreichen Laboratorien vieler Länder physikalischen und chemischen Analysen unterzogen; man stellte ihre mineralogischen und physikalischen Eigenschaften sowie die Häufigkeiten der vorkommenden Elemente fest. Aus den Elementhäufigkeiten läßt sich das Alter des Gesteins bestimmen, und zwar durch den Gehalt an radioaktiven Primär- und Sekundärsubstanzen, und so die zeitliche Aufeinanderfolge der verschiedenen Prozesse auf dem Mond festlegen. Wir haben heute ein zufriedenstellendes Bild von der grundsätzlichen Entwicklung des Monds. Dazu trugen außer den Analysen des Mondgesteins auch die Auswertung vieler Daten von Raumsonden, die den Mond umkreisen, sowie Messungen der auf dem Mond errichteten geophysikalischen Stationen bei.

Die chemische Analyse von magmatischem Gestein zeigt, daß es auf dem Mond drei wesentliche Materialien gibt: eisenhaltige Anorthosite, Norite (manchmal auch einfach als magnesiumreiches Gestein bezeichnet) und Basalte. Während die Elemente, aus denen eine Probe besteht, nur wenig über die Entstehung des Gesteins aussagen können, läßt sich aus den enthaltenen Mineralarten sehr viel mehr entnehmen. Deshalb kann man zuverlässig sagen, daß das Norit- und Basaltgestein bei völlig anderen Prozessen entstanden ist als der Anorthosit. Norite und Basalte sind bei einem teilweisen Schmelzen des Mondmantels entstanden, Anorthosit ist dagegen das Ergebnis einer fraktionierten Kristallisation. Der häufigste Grund für Vulkanismus auf der Erde sind ebenfalls partielle Schmelzprozesse: In den tieferen heißen Schichten des Erdmantels schmelzen die Substanzen mit niedrigem Schmelzpunkt; das verflüssigte Material steigt nach oben, wo es abkühlt und erstarrt. Eine fraktionierte Kristallisation setzt dagegen ein, wenn eine Schicht vollständig verflüssigt wird und anschließend abkühlt, wobei bereits feste Teile (Kristalle) aus der Schmelze auskristallisieren. Die Entdeckung, daß das lunare Hochland, das den größten Teil der Mondoberfläche bedeckt, wesentlich auf diese Weise entstanden ist, hat wichtige Konsequenzen, die im folgenden kurz umrissen werden sollen.

Das anorthositische Hochlandsgestein entstand augenscheinlich aus vollständig geschmolzenem Material und hat nicht die Zusammensetzung einer Substanz mit niedrigem Schmelzpunkt. Anorthosite enthalten verhältnismäßig viel Leichtmetalle, Aluminium und Calcium, und wurden vermutlich dadurch gebildet, daß während der Abkühlung Kristalle geringerer Dichte auf der Flüssigkeit schwammen (oder, anders ausgedrückt, das dichtere, noch flüssige Material nach unten sank). Die Hochländer erstrecken sich über den größten Teil des Mondes und liegen offenbar auch unter den jüngeren Maria.

Seismische Daten der geophysikalischen Stationen, die an den Apollo-Landeplätzen aufgestellt wurden, ergaben eine Dicke der Mondkruste – der Hochländer – von 50 bis 100 km.

Die Mondexperten schlossen daraus, daß früher einmal die gesamte

Mondoberfläche bis in Tiefen von mehreren 100 km geschmolzen war und daß sich aus diesem Magma nur die anorthositische Kruste gebildet hat. Altersbestimmungen zeigen, daß die Anorthosite älter sind als die Norite und Basalte, die sich anscheinend später bei lokalen vulkanischen Prozessen bildeten.

Das Konzept einer ringsum geschmolzenen Oberfläche ist bestechend; vielleicht trifft es für alle terrestrischen Planeten einschließlich der Erde zu. Allerdings ist die dafür verantwortliche Wärmequelle bislang noch unbekannt. Die lückenlose Bedeckung der lunaren Hochländer mit Kratern ist ein Zeichen dafür, daß das frühe Meteoritenbombardement, das die letzten Phasen der Mondentstehung begleitete, sehr heftig war. Die dabei entstandene Wärme hätte ausreichen können, die Oberflächenschichten zu verflüssigen, falls der Zeitraum der Akkretionsprozesse so kurz war, daß die erzeugte Wärme nicht schnell genug durch Strahlung wieder entweichen konnte. Man schätzt, daß bei einem Zeitraum von 1000 Jahren diese gravitative Aufheizung das globale Aufschmelzen hervorgerufen haben könnte. Auch andere Wärmequellen wurden in Erwägung gezogen, z.B. eine elektromagnetische Erwärmung durch Induktion in einem sich rasch ändernden, starken solaren Magnetfeld. Ferner können kurzlebige, heute nicht mehr vorhandene radioaktive Elemente eine Rolle gespielt haben.

Die Norite scheinen in begrenzten Gebieten der Hochländer entstanden zu sein. Nach ihrer Altersbestimmung sind sie einige 100 Millionen Jahre jünger als die Hochland-Anorthosite (mit ihrem Alter von etwa 4,2 bis 4,5 Milliarden Jahre). Das geschmolzene Material, aus dem die Norite entstanden sind, kommt offenbar aus großer Tiefe. Alle Norite haben einen hohen Gehalt an radioaktiven Elementen (Uran, Thorium und Kalium 40) sowie anderen seltenen Elementen. Bei zwei Apollo-Unternehmen (15 und 16) wurde die Gamma-Emission von der Oberfläche gemessen. Sie zeigte, daß es Gebiete mit erhöhter Radioaktivität gibt. Hier scheint es sich um Stellen zu handeln, wo das Oberflächenmaterial viel Norite enthält. Ein solches Gebiet liegt zwischen dem Mare Imbrium und dem Oceanus Procellarum. Obwohl diese Gebiete lokal begrenzt sind, war es kein bloßer Zufall, daß die Astronauten Norite fanden, denn bei den Meteoriteneinfällen wurde Oberflächenmaterial weithin verteilt, so daß man fast überall auf dem Mond Norite antreffen kann.

Die lunaren Basalte sind am jüngsten, nämlich etwa 3–4 Milliarden Jahre alt, wenn auch fotogeologische Untersuchungen der Kraterdichte für einige Maria ein erheblich geringeres Alter fanden. Ebenso wie die irdischen Basalte scheinen auch die lunaren bei einer teilweisen Aufschmelzung der oberen Schichten entstanden zu sein. Die Maria bedecken die größten Senken auf dem Mond, die Becken. Wiederholte Ausbrüche von Vulkanen füllten diese Becken bis zu einigen Kilometern

hoch mit Lava an. Einige der jüngsten Lavaströme hat man auf Fotos
der Maria, die von Mondsonden aus gemacht wurden, entdeckt und
kartografiert.

Seit der Entstehung der Maria hat es auf dem Mond kaum noch eine
geologische Weiterentwicklung gegeben, außer der Bildung weiterer
Meteoritenkrater, die aber immer seltener wurden. Man kann die Geschichte des Mondes daher in fünf große Perioden einteilen: (1) Akkretion und anschließendes globales Aufschmelzen, (2) Entstehung einer
Kruste und gleichzeitige häufige Meteoriteneinschläge, (3) teilweises
Aufschmelzen von Material in tieferen Schichten und Aufsteigen der
Norite, (4) nachlassender Meteoriteneinfall, weiteres Aufschmelzen in
der Tiefe und Transport der Mare-Basalte nach oben, (5) Nachlassen
der vulkanischen Aktivität und allmähliche Abkühlung im Inneren.

Über den augenblicklichen Zustand des Mondinneren hat man durch
seismische Messungen, die die geologischen Stationen auf dem Mond
ausführten, Aufschluß gewonnen. Die Daten lassen erkennen, daß das
Mondinnere bis in Tiefen von etwa 1000 km fest und der Kern möglicherweise heute noch flüssig ist. Die seismische Aktivität auf dem Mond
ist äußerst gering. Aber da die von keinerlei Wind berührte Oberfläche
ein idealer Standplatz für ein Seismometer ist, konnte man höchstempf-
findliche Instrumente verwenden und noch sehr geringe Erschütterungen
messen. Die meisten Beben entstehen in großer Tiefe, anscheinend an
der Grenze zwischen der Lithosphäre (der festen Zone) und dem weniger starren Teil. Die Beben treten in Perioden von etwa 28 Tagen auf,
was mit der Gezeitenwirkung der Erde zusammenhängt.

Der Mond ist, wie schon lange bekannt, recht unsymmetrisch gebaut;
sein Mittelpunkt ist etwa 2 km von seinem Schwerpunkt entfernt. Die
einfachste Erklärung dafür ist, daß die leichtere Kruste auf der der Erde
zugewandten Seite dünner ist als auf der Rückseite (der Schwerpunkt
ist zur Erde hin und nach Osten verschoben). Diese Asymmetrie kann
die Folge chemischer Inhomogenitäten sein, die sich während der Akkretion ausbildeten. Das könnte dazu geführt haben, daß die Maria nur auf
der Vorderseite entstanden sind.

Ebenso wie der Mond in seinem Inneren „tot" ist, zeigt auch seine
Oberfläche keine Spuren von Leben. In keiner der untersuchten Mondproben sind organische Substanzen gefunden worden. Das ist keineswegs
unerwartet auf einem Himmelskörper ohne Luft und Wasser, der unge-
schützt der Sonnenstrahlung ausgesetzt ist. Das fast gänzliche Fehlen von
chemisch gebundenem Wasser in dem untersuchten Mondgestein war
schon eher überraschend. Auf dem Mond sind flüchtige Substanzen sehr
viel seltener als auf der Erde, einschließlich aller chemischen Elemente,
die leichter sind als Eisen. Auch Eisen ist sehr viel seltener, ein wichtiger
Befund, den man schon lange vor dem Zeitalter der Raumfahrt aufgrund

von Abschätzungen der Mondmasse vermutet hatte. Dagegen ist eine beträchtliche Anreicherung von Material mit hohem Schmelzpunkt zu verzeichnen, darunter Calcium-, Aluminium- und Titanoxide sowie seltene Elemente wie Barium, Strontium, Uran und Thorium. Die Zusammensetzung des Mondes unterscheidet sich also stark von der der Erde, und noch haben wir kaum eine Vorstellung davon, wie im Erde-Mond-System zwei so unterschiedliche Partner zusammenfinden konnten.

Die Entstehung des Mondes

Schon lange vor dem Start des ersten künstlichen Satelliten hat die Frage der Mondentstehung die Wissenschaftler beschäftigt, wurde eine Reihe von Hypothesen diskutiert. Eine plausible Möglichkeit wäre, daß Mond und Erde als Zwillinge entstanden sind. Aber wie soll man dann den großen Unterschied in der Dichte der beiden Körper erklären? Und warum ist die Ebene der Mondbahn sowohl gegen die Erdbahn als auch gegen seine Äquatorebene geneigt? Vielleicht entstand der Mond an einer ganz anderen Stelle des Sonnensystems und wurde erst später von der Erde eingefangen. In diesem Fall bleibt sowohl der Vorgang, der zu der Begegnung zwischen Mond und Erde führte, als auch der Einfangprozeß selbst unklar: Der eingefangene Körper müßte stark abgebremst werden und eine beträchtliche Energiemenge verlieren, um auf eine Umlaufbahn um den zweiten Körper zu geraten. Wenn er nicht heiß und leicht verformbar ist, kann er soviel Energie nicht loswerden. Eine Theorie, die den Dichteunterschied erklären will, postuliert, daß der Mond nach Bildung des Erdkerns weggeschleudert wurde. In diesem Fall würde der Mond aus dem eisenarmen Material des Erdmantels bestehen. Dieses „Spaltungsmodell" steht jedoch im Widerspruch zur Drehimpulserhaltung des Erde-Mond-Systems. Sein heutiger Drehimpuls ist um einen Faktor 2 zu klein, um eine Abspaltung zu ermöglichen.
Die Ergebnisse der Mondforschung haben das Problem seiner Entstehung bis heute nicht lösen können. Keine der drei Hypothesen wurde bestätigt, aber keine konnte auch völlig ausgeschlossen werden. Wenn sich der Mond geochemisch wirklich grundlegend von der Erde unterscheidet (d.h. wenn die relativen Isotopenhäufigkeiten etwa von Sauerstoff sich deutlich unterscheiden), müßte man daraus schließen, daß der Mond weit von der Erde entfernt entstanden ist. Dann wäre die Einfangtheorie die wahrscheinlichste. Die Analyse des Mondgesteins zeigt aber, daß trotz der geringeren Häufigkeit von Eisen und einigen anderen Elementen und der größeren Häufigkeit von Elementen wie Titan die Isoto-

penhäufigkeiten die gleichen sind. Das muß nicht notwendig bedeuten, daß Erde und Mond in enger Nachbarschaft entstanden sind, aber es kann eine Entstehung in großer Entfernung auch nicht bestätigen. Die Apollo-Ergebnisse würden die Spaltungstheorie befürworten, wenn die Zusammensetzung des Mondes mit der des Erdmantels übereinstimmen würde. Die untersuchten Mare-Basalte, die durch Schmelzprozesse in der Tiefe entstanden sind und deshalb die Zusammensetzung des Mondinneren widerspiegeln, zeigen jedoch, daß diese Basalte sich aus ganz anderem Material gebildet haben, als wir es im Erdmantel vorfinden. Also wird auch diese Theorie nicht unmittelbar bestätigt. Die Hypothese, daß Erde und Mond als Zwillinge entstanden sind, können die Analysen der Mondproben ebenfalls nicht unterstützen.

Alles zusammengenommen bleibt damit die Entstehung des Mondes bis heute ungeklärt. Es muß sich um einen sehr viel komplizierteren Vorgang gehandelt haben, als ihn die drei hier skizzierten Modelle beschreiben.

Man könnte sich weiter vorstellen, daß die Proto-Erde eine relativ große Anzahl kleiner Objekte um sich versammelt hatte und daß der Mond sich nach und nach durch Akkretion aus diesen Brocken gebildet hat. Dabei müßte man annehmen, daß das aufgesammelte Material sich schon in metallisches Eisen und Silikate getrennt hatte. Die leichter verformbaren Silikate wären leichter eingefangen worden als die eisenhaltigen Teilchen, und dadurch wäre die notwendige Fraktionierung erreicht worden. Es gibt einige weitere Konzepte, die aber alle sehr kompliziert sind und einen einfachen Test nicht zulassen.

Wahrscheinlich müssen wir noch eine Weile auf eine allgemein akzeptable Theorie warten. Aber das sollte kein Grund sein, die bisherigen außergewöhnlichen Ergebnisse der Mondforschung zu unterschätzen: Man kennt den Entwicklungsweg des Mondes heute besser als den der Erde!

Zahllose wunderbare Ansichten vom Mond und von den Planeten erhielten wir in den letzten zwanzig Jahren von den Raumsonden, aber keine übertrifft den Anblick unserer Erdkugel vor dem nachtschwarzen Himmel des Weltraums an Schönheit. Ständig sich ändernde Wolkenmuster, zart und bizarr, überlagern sich den blauen Meeren und den grünen und braunen Kontinenten, wie auf diesem faszinierenden Bild, das die Apollo-11-Astronauten mitbrachten. Es wurde über dem Pazifischen Ozean aufgenommen und unterstreicht die Vorherrschaft der Wasserflächen auf der Erde. Oben rechts ist der Westen der USA gerade noch zu sehen. Das Wolkenmuster ist typisch: ein breites Band am Äquator, relativ wolkenlose Gebiete über den Wendekreisen und komplizierte Strukturen in mittleren Breiten.

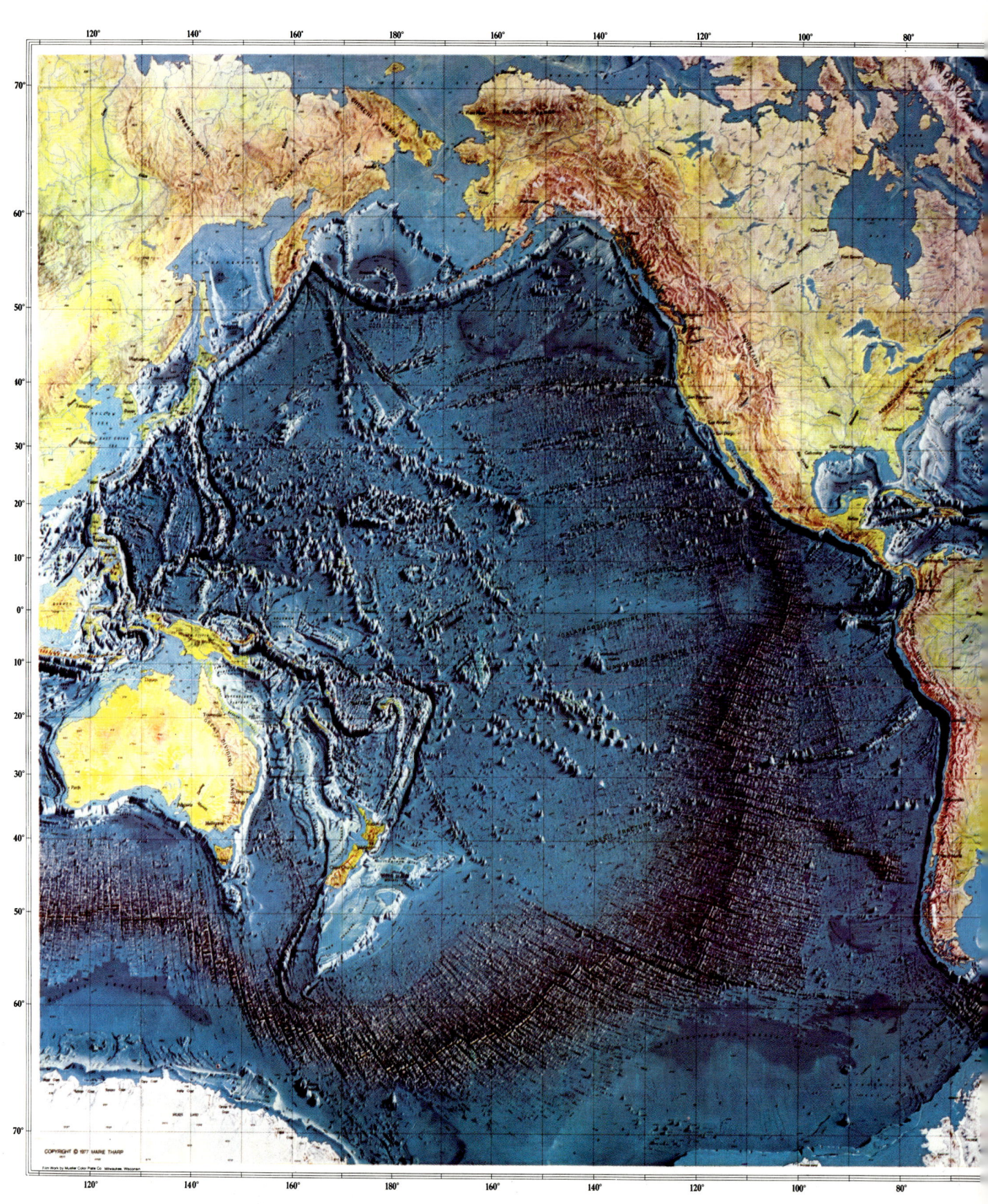

Deutlich ist auf dieser Karte der Aufbau der Erdoberfläche aus kontinentalen Platten zu erkennen. Ein Grad entspricht 111 km. Wie es bisher aussieht, ist die Erde in dieser Hinsicht ein Einzelfall im Sonnensystem, mit Ausnahme vielleicht des Jupitermonds Ganymed.

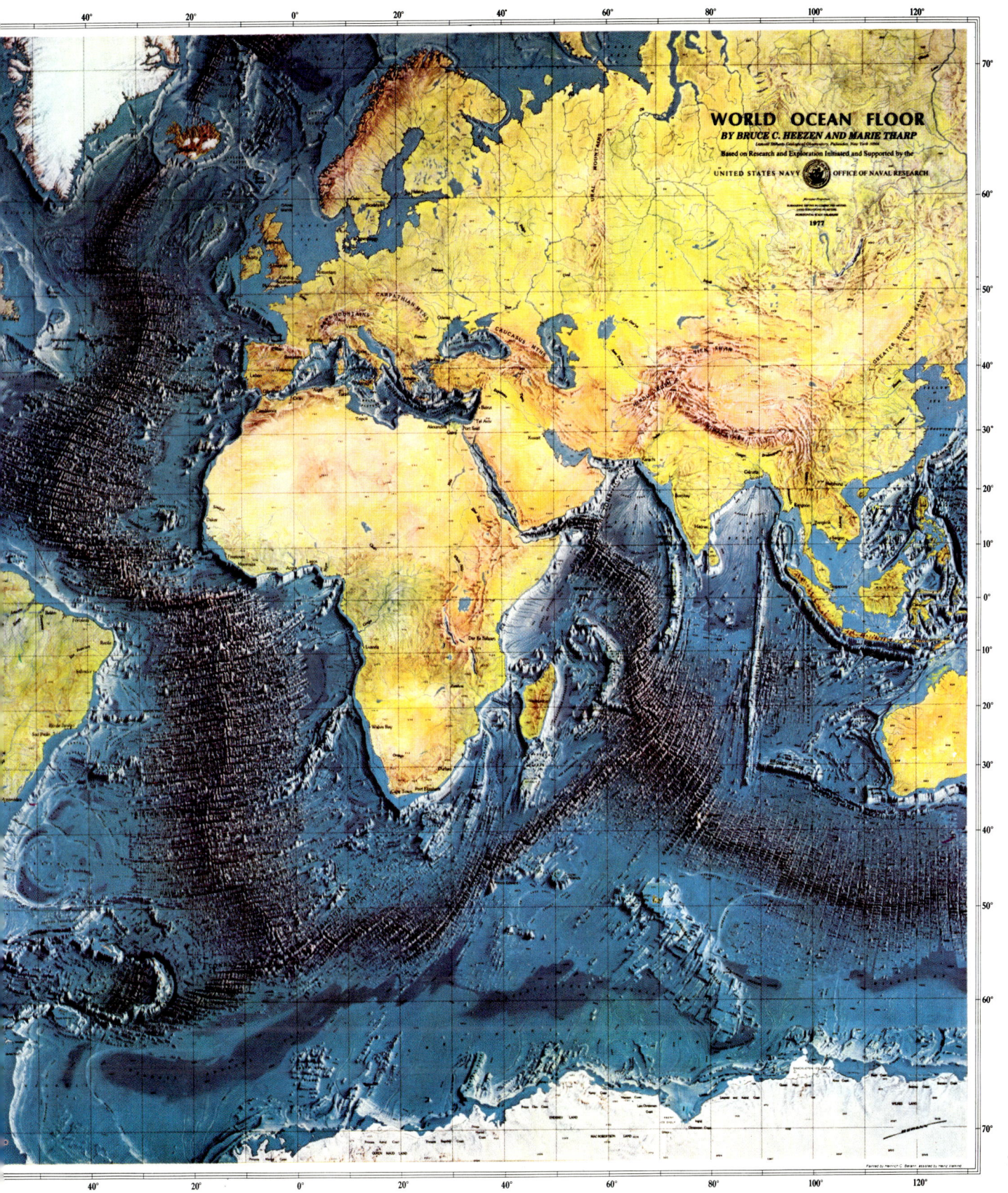

Diese eindrucksvolle Beobachtung einer großen stabilen Gewitterzelle über dem Dschungel Südamerikas machten die Apollo-9-Astronauten bei einem der Probeflüge, die den Mondflügen vorausgingen. Die Zelle hat einen Durchmesser von etwa 100 km. Tropische Regenwälder sind sehr feucht und Gewitterstürme dort häufig; Feuchtigkeit gelangt mit den starken Aufwinden im Zentrum eines Sturms nach oben, kondensiert und breitet sich in der Höhe aus, hier in sehr regelmäßiger Weise.

Der Hurrikan Gladys vor der Küste von Florida. Hurrikane gehören zu den verheerendsten Naturerscheinungen, und die Wetterüberwachung durch Satelliten hat wesentlich dazu beigetragen, daß heute nicht mehr so viele Menschen Opfer dieser heftigen tropischen Stürme werden. Dieses Bild ist allerdings nicht das Routineprodukt eines Wettersatelliten, sondern wurde von den Apollo-7-Astronauten im Oktober 1968 aus der Hand gemacht. Hurrikane (eine andere im Pazifik benutzte Bezeichnung ist Taifun) entstehen, wenn starke, in einer zentralen Zelle nach oben gerichtete Luftströmungen Feuchtigkeit aufnehmen, gewöhnlich von der erwärmten Meeresoberfläche. Diese Feuchtigkeit kondensiert in der Höhe, wobei viel Wärme freigesetzt wird, die die Energie für den Sturm liefert. Dabei entwickeln sich um einen Kern mit niedrigem Luftdruck Wirbelstürme, die Geschwindigkeiten von mehr als 150 km/h erreichen und zu der zerstörenden Wirkung der Hurrikane wesentlich beitragen.

Erde und Mond

Apollo 9 machte beim Flug über den Sudan diese Schrägaufnahme von einem Teil Ägyptens in nordöstlicher Richtung bis zum Roten Meer. Man sieht Afrikas größten Strom, den Nil, und deutlich ist der riesige, durch den Bau des Assuan-Staudamms entstandene künstliche Nasser-See zu erkennen. Das Land zu beiden Seiten des Nils gehört zu den lebensfeindlichsten Gebieten der Erde: im Westen liegt die Sahara, im Osten die Nubische Wüste.

Victoria-Land, ein kleiner Teil der Antarktis, ist auf dieser LANDSAT-Aufnahme zu sehen, die ein Gebiet von 180 × 180 km wiedergibt. Der kleine Pfeil in diesem und den folgenden Bildern von der Erde zeigt die Nordrichtung an. Eine dicke Schicht von Gletschereis hat sich auf dieser kontinentalen Platte gebildet, die vor etwa 200 Millionen Jahren zum Südpol driftete. Heute bildet die Antarktis das größte Süßwasserreservoir der Erde. Am Nordpol ist die Situation ganz anders: Das arktische Eis liegt nicht auf einer kontinentalen Platte, sondern schwimmt im Meer. In den letzten Jahren fand man in der Antarktis zahlreiche Meteorite; sie fielen während der letzten paar Millionen Jahre zur Erde und wurden durch die Bewegung der Gletscher an bestimmten Stellen konzentriert. Gegen das gleichförmige Weiß des Eises sind sie besser zu erkennen als anderswo auf der Erde. Man erwartet von der Analyse dieser Gesteine aus dem Kosmos weitere Einblicke in die Prozesse, die zur Bildung des Sonnensystems führten.

Erde und Mond

Diese Aufnahme des LANDSAT-Satelliten zeigt den Manicouagan-See in der kanadischen Provinz Quebec. Die kreisrunde Struktur, die in einem präkambrischen Schildgebiet liegt, ist vielleicht ein alter Einfallskrater, der in seiner Größe (65 km Durchmesser) mit größeren Kratern auf dem Mond und auf anderen Planeten vergleichbar ist. Auch um eine alte Caldera könnte es sich handeln, ein – ungewöhnlich großes – Einbruchsbecken.

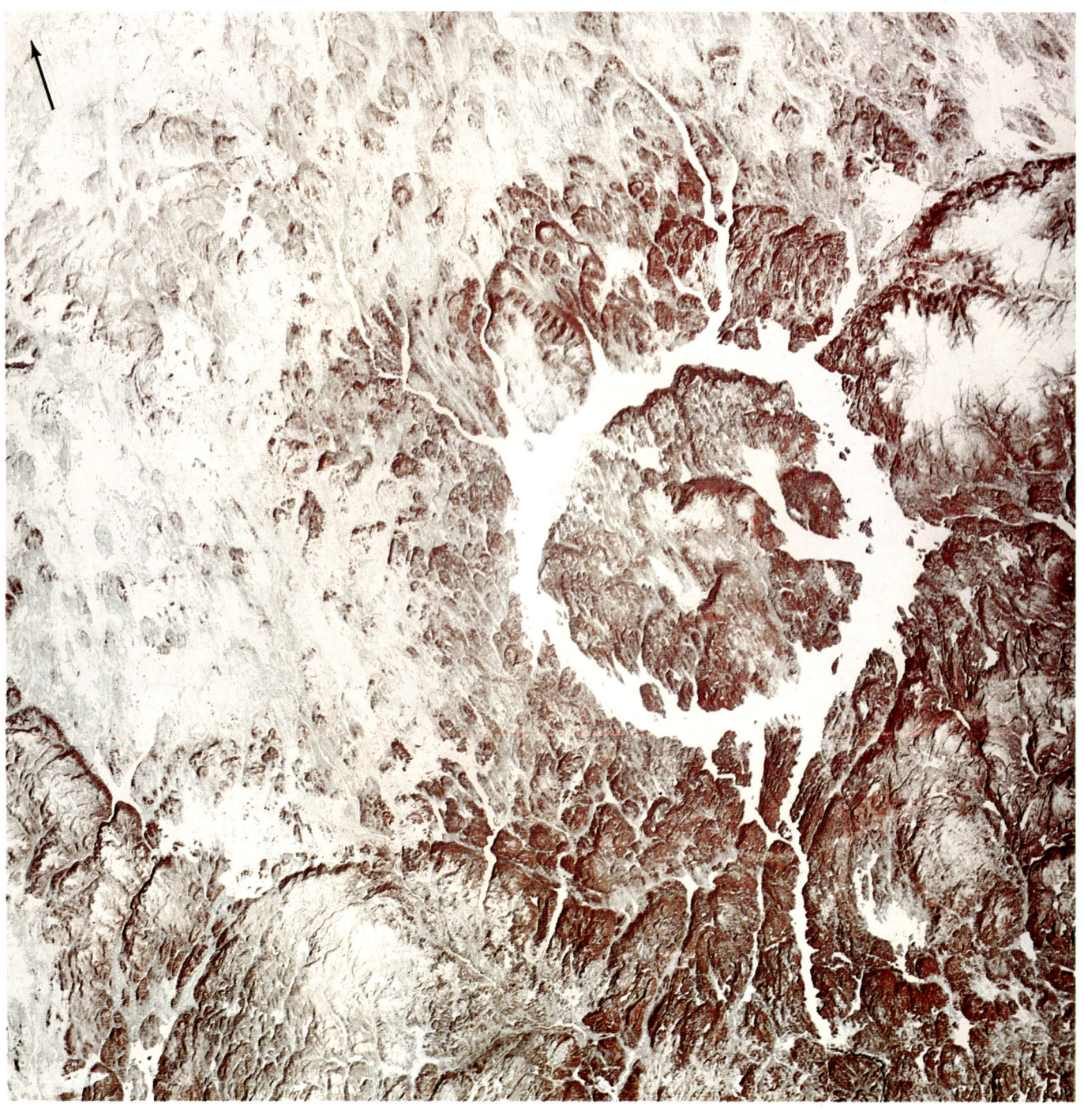

Das Resultat des Zu-
sammenstoßes zweier
kontinentaler Platten,
des indischen Subkon-
tinents und der asiati-
schen Platte, ist auf
dieser LANDSAT-
Aufnahme zu sehen.
Die Falschfarbentech-
nik (Vegetation, also
grün, erscheint rot)
läßt die Formationen
deutlicher werden.
Das Bild zeigt die
Kontaktlinie der bei-
den Platten zwischen
der Hochebene des
Ganges und dem Hi-
malaja in Nepal. Bei
einem Zusammenstoß
einer ozeanischen
Platte und einer weni-
ger dichten kontinen-
talen Platte wird die
ozeanische Platte nach
unten verdrängt, so
daß sich keine hohen
Gebirge auffalten. Bei
diesem Zusammen-
stoß zweier kontinen-
taler Platten wurden
gewaltige Felsmassen
aufgeworfen, die
durch Erosion zum
größten Gebirgsmas-
siv der Erde wurden.
In der oberen rechten
Ecke ist der Mount
Everest zu sehen.

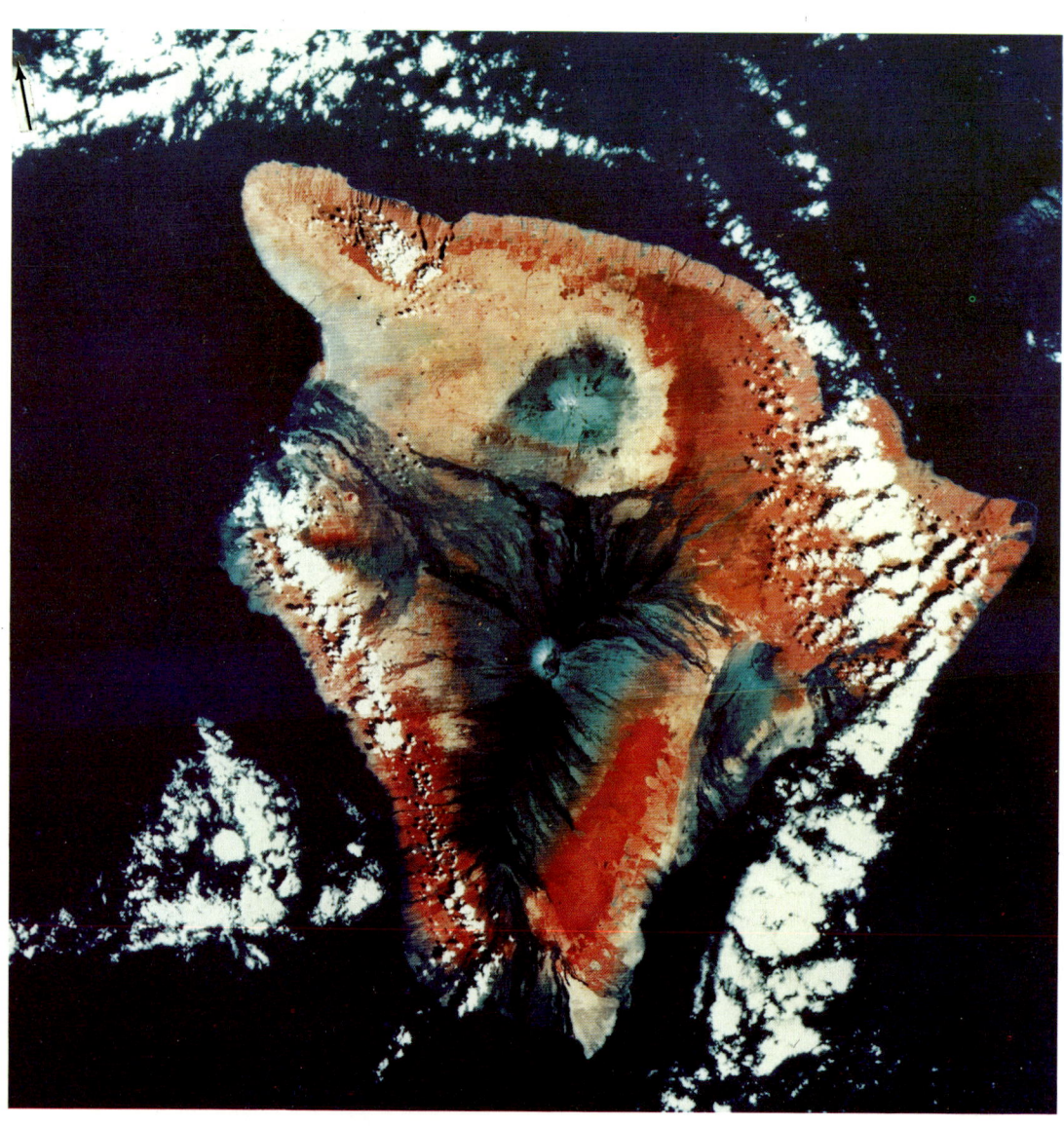

Hawaii, die jüngste Insel der gleichnamigen Inselgruppe, wurde wie die übrigen Inseln durch das Ausfließen von Basalt am Meeresboden gebildet, bei dem ein großer Schildvulkan entstand. Er ist wohl das beste terrestrische Gegenstück zu den großen Schildvulkanen auf dem Mars. Der höchste Krater der Insel liegt 9 km über dem Meeresboden und ist an der Basis unter Wasser 120 km breit. Die Marsvulkane sind drei- bis fünfmal so groß. Die Hawaii-Inseln liegen etwa in der Mitte der Pazifischen Platte. Die Magmaquelle, die die Inseln aufwarf, liegt also nicht unter einem ozeanischen Rücken am Kontakt zweier Platten; sie ist vielmehr ein heißes Gebiet im Erdmantel unter der Kruste, wo sich eine Magmasäule gebildet hat. Während die Platte langsam über die Magmaquelle wandert, bildet sich nacheinander eine Kette von Inseln. Dieses Bild der größten Hawaii-Insel ist aus zwei LANDSAT-Aufnahmen in Falschfarben zusammengesetzt. Dabei wurde ein grünes Bild durch ein Blaufilter, ein rotes Bild durch ein Grünfilter und ein Infrarotbild durch ein Rotfilter projiziert. Dadurch erscheint Vegetation in Rotschattierungen, Gestein wird in blauen, gelben und braunen Farbtönen wiedergegeben, und Wasser erscheint dunkelblau oder schwarz.

Auf diesem LAND-SAT-Mosaik ist die Sinai-Halbinsel mit Teilen von Ägypten, Israel, Jordanien und Saudi-Arabien zu sehen. Dieses Gebiet ist geologisch sehr interessant, da man an- nimmt, daß das Rote Meer eine sich ver- breiternde Spalte zwi- schen der arabischen und der afrikanischen Platte ist. Der Bruch ist vor etwa 35 Mil- lionen Jahren ent- standen.

Erde und Mond

Das Glen More in Schottland, das Tal, das fast vertikal durch die linke Hälfte des Bildes verläuft, ist eine der eindrucksvollsten Verwerfungen auf der Erde. Es teilt das schneebedeckte Hochland und reicht von der Nordsee bis zum Atlantik. Entlang dieser Verwerfung wurden die Schollen über 100 km gegeneinander verschoben, und zwar vor über 200 Millionen Jahren. Kleine Erdstöße werden hier immer noch registriert, in einem Teil der Welt, der für tektonische Aktivitäten nicht gerade bekannt ist.

Der Grand Canyon in Arizona/USA ist zu Recht wegen seiner Größe und seiner Großartigkeit berühmt. Obwohl man versucht ist, Vergleiche zwischen diesem Cañonsystem und dem Valles Marineris auf dem Mars zu ziehen, sind beide in Wirklichkeit ganz verschieden. Entstanden die Cañons auf dem Mars durch eine den ganzen Planeten umfassende Tektonik, bildete sich der Grand Canyon in Arizona dadurch, daß der rasch strömende Colorado River sich in die Sedimentablagerungen des Hochplateaus immer tiefer eingrub. Der Grand Canyon ist etwa 1,5 km tief und an seinem oberen Rand 20 km breit. Dieses LANDSAT-Bild, auf dem fast das gesamte Cañongebiet zu sehen ist, erfaßt ein Areal von 175 × 175 km. Die entsprechenden Zahlen für das Valles Marineris sind: 6 km Tiefe, 200–800 km Breite, 5000 km Länge. Die weißen Stellen auf dem Bild sind schneebedeckte Gebiete in großen Höhen. Unten rechts ist ein Vulkanfeld zu sehen, die 3 700 m hohen San Francisco Peaks.

Erde und Mond

Die bemerkenswertesten Beobachtungen, die eine Raumsonde je von aktiven Vulkanen gemacht hat, sind zweifellos in den Voyager-Bildern des Jupitermondes Io dokumentiert. Auch aktive Vulkane auf der Erde wurden von Satelliten aus beobachtet. Dieses Falschfarbenbild von LANDSAT zeigt die Eruption des Tiatia im Juli 1973. Der Vulkan liegt in den südlichen Kurilen, die sich zwischen Japan und Ostsibirien erstrecken und ein ausgezeichnetes Beispiel für eine Inselkette bilden, die durch Plattentektonik entstanden ist. Die Winde tragen eine riesige, aus Asche und vulkanischen Gasen bestehende Fahne mit sich fort.

Dieser von LAND-SAT fotografierte 180 × 180 km große Ausschnitt überdeckt ein Gebiet, das einige 100 km östlich der auf S. 99 gezeigten Sinai-Region liegt. Dieser Teil Südarabiens ist ein gutes Beispiel für ein natürliches Drainagesystem einer irdischen Wüste, das man mit vermutlich analogen Formationen auf dem Mars vergleichen kann. Die langen, parallelen Dünenstreifen links oben gehören zur Rub'al-Khali-Wüste und werden durch hauptsächlich aus Nordost wehende Winde geformt. Etwa in der Mitte des oberen Bildrandes gehen sie in kleinere Einzeldünen über, die den Strukturen auf dem Mars ähnlicher sind.

Erde und Mond

Die beiden Mondkarten auf dieser und der nächsten Doppelseite wurden in Spritztechnik nach Fotografien hergestellt. Sie zeigen die wesentlichen Merkmale, die auf den folgenden Seiten in verschiedenen Aufnahmen im Detail zu sehen sind. Die Vorderseite des Mondes (dieses Bild) unterscheidet sich mit ihren großen ebenen Maria erheblich von der von der Erde aus nicht sichtbaren Rückseite (nächstes Bild). Diese ist ziemlich lückenlos mit Einfallskratern übersät, und Maria fehlen ganz. Warum das so ist, weiß man noch nicht, aber es spielen wohl Unterschiede in der Krustendicke auf Vorder- und Rückseite eine Rolle, die auf die frühe Entwicklungsge-

schichte zurückzuführen sind. Die ersten Bilder von der Rückseite des Mondes stammen von der sowjetischen Luna-3-Sonde, die 1959 den Mond umrundete.

Aber erst die Mondflüge der amerikanischen Orbiter-Serie und die Apollo-Missionen Ende der 60er Jahre haben die gesamte Rückseite mit Aufnahmen hoher

Qualität im Detail erfaßt. 1 Grad entspricht 30 km.

Ein Astronom stellte die interessante Frage, wie sich wohl der Lauf der menschlichen Geschichte gestaltet hätte, wenn das offene, starr blickende „Auge" des Mare Orientale mitten auf der der Erde zugewandten Seite liegen würde (anstatt am westlichen Rand). Das Becken des Mare Orientale ist das Ergebnis eines der letzten Ereignisse von gigantischem Ausmaß (vor etwa 4 Milliarden Jahren). Es zeigt die klassischen konzentrischen Ringe der großen Becken und hat sich bis heute kaum verändert. Während die anderen Becken mit Lava überflutet wurden, weist das Mare Orientale nur in seiner Mitte eine schwache Lavaschicht auf. Eine riesige Menge von Gesteinsbrocken wurde damals weggeschleudert; die Schicht des Auswurfmaterials ist bis in eine Entfernung von 300 km von der Bekkenmitte schätzungsweise etwa 4 km dick. Der äußere Ring, der einen Durchmesser von etwa 900 km hat, erreicht eine Höhe von 6 km über dem Plateau und wird Kordilleren genannt. Lunar Orbiter 4 hat dieses Mosaikbild im Jahre 1967 aufgenommen. Die horizontalen Linien zeigen die Nahtstellen zwischen den Einzelbildern, die zu dieser Ansicht kombiniert wurden.

Dieses Bild wurde mit einer Filmkamera von Apollo 16 gemacht. Es erfaßt ein Gebiet auf der Vorderseite des Mondes nahe dem Äquator. Norden ist links oben. Das Gebiet enthält einen Teil des Oceanus Procellarum und rechts das Mare Cognitum. Dazwischen liegt ein zerklüftetes Hochland, die Montes Riphaeus, dem der Lavastrom, der diese weite vulkanische Ebene schuf, nichts anhaben konnte. Die Landestellen der drei US-Raumsonden Surveyor 3, Apollo 12 und Apollo 14 liegen auch im Bereich dieses Fotos. Von Apollo 14 zurückgebrachte Mondproben enthalten Material, das wahrscheinlich beim Aufprall des Objekts, das das etwa 1200 km nördlich gelegene Imbrium-Becken erzeugte, ausgeworfen wurde.

Diese Schrägansicht in Richtung Norden, aufgenommen von Apollo 17, zeigt den westlichen Teil des Mare Serenitatis, das durch die Apenninen begrenzt wird. In dem von Lava überfluteten Becken sind längliche Strukturen, die sogenannten Mare-Wälle, zu erkennen. Die Entstehung dieser Wälle ist bisher noch nicht klar; offensichtlich sind sie bei einer Kompression der Kruste entstanden und stellen vielleicht ein sichtbares Zeichen für Aufschiebungen dar.

Man vermutet, daß die Wälle sich während der Zeit bildeten, als die Maria mit Lava überflutet wurden. Weiter fallen links unten im Bild langgestreckte Vertiefungen auf. Diese Gräben entstanden bei einer Ausdehnung der Kruste; dabei öffneten sich lange Risse in der Oberfläche, und ein keilförmiger Block zwängte sich in die Lücke. Typische Mondgräben sind 1–2 km breit und einige 10 bis einige 100 km lang.

Auf der Rückseite des Mondes gibt es nur wenige Maria. Deshalb macht das vulkanische, dunkle Material (basaltische Lava) am Boden des 190 km großen Kraters Ziolkowski diesen zu einem der auffallendsten Strukturen der Rückseite. In vieler Hinsicht ist Ziolkowski typisch für einen Krater dieser Größe, mit seinen terrassenförmigen Wänden und einem Zentralberg. Es ist unklar, wodurch gerade hier der Vulkanismus auftrat, der zu der Lavaüberflutung führte. In diesen beiden Apollo-15-Aufnahmen ist Norden rechts. Das obere Foto zeigt Einzelheiten des nordwestlichen Kraterrandes, die man auf der Schrägansicht des gesamten Kraters (darunter) nicht sehen kann. Eine breite Decke von längsgefurchtem Material, die sich über 50 km erstreckt und von einem gelappten Rand begrenzt wird, sieht wie ein riesiger Erdrutsch aus. Dieser Erdrutsch scheint von einer Böschung am äußeren Kraterrand auszugehen. Der Höhenunterschied zwischen der Böschung und dem lappig geformten Rand beträgt etwa 3 km. Dieses Gebilde auf dem Mond ist mit ähnlichen Strukturen auf dem Mars vergleichbar.

110

Dieses Farbfoto des Gebietes um den Krater Aristarchus (der helle, frische Krater links oben) wurde von den Apollo-15-Astronauten mit einer Handkamera geschossen und zeigt einen Teil des Oceanus Procellarum. Norden ist rechts auf diesem Bild, in dem sich die Größenverhältnisse aus dem Durchmesser des Aristarchus-Kraters (45 km) abschätzen lassen. Das unten rechts liegende Harbinger-Gebirge könnte zum äußeren Rand des Imbrium-Beckens gehören, dessen Mitte etwa 900 km nordöstlich von Aristarchus liegt. Eine Anzahl geschlängelter Vertiefungen, die man als *Rillen* bezeichnet, sind ebenfalls zu sehen. Wahrscheinlich entstanden diese Täler durch Ströme flüssiger Lava und wurden später durch Einbrüche ihrer Ränder verformt.

Dieses Apollo-15-Bild zeigt im wesentlichen dasselbe Gebiet wie das obere; der Krater links ist Aristarchus, der rechte Herodot. Besonders schön ist in der Mitte das Vallis Schröter zu sehen. Man blickt auf dem Bild nach Süden über das Aristarchus-Plateau hinweg bis zur Region des Oceanus Procellarum. In Analogie zu Strukturen auf der Erde scheint das Schröter-Tal ein Graben zu sein, in dem Lava aus der kreisförmigen Vertiefung zwischen den beiden Einfallskratern ausfloß. Die Entfernung vom Ausgangsgebiet bis zum Ende des Grabens beträgt etwa 175 km.

Erde und Mond

der dichte Meteoritenhagel in seiner Frühgeschichte allmählich abgeklungen war, und erst hunderte Millionen von Jahren später setzte auf der Vorderseite die vulkanische Aktivität ein, bei der die Becken mit Lava überflutet wurden. Auf dem Bild wird deutlich, was unter einer lückenlosen Bedeckung der Oberfläche mit Kratern gemeint ist. Die hier sichtbaren Krater sind zwischen einigen zehn Metern (die Grenze der Bildauflösung) bis zu etwa 75 km groß; diesen Durchmesser hat der große verwitterte Krater in der Mitte.

Ähnlich wie dieses Hochland auf der Rückseite des Mondes hat früher vielleicht die ganze Mondoberfläche ausgesehen. Diese Schrägansicht zeigt ein Gebiet nordöstlich des Ziolkowski-Beckens. Die Rückseite hat sich nur wenig verändert, seit

Ein Vergleich mit dem obenstehenden Bild zeigt, daß das Hochland auf der Vorderseite im allgemeinen sehr viel weniger verkratert ist und ebenmäßiger aussieht. Das kommt von der Bedeckung mit Material, das aus den zahlreichen, durch Meteoriteneinfall entstandenen Becken hochgeschleudert wurde, die man auf der Vorderseite findet. Dieses Bild wurde von Apollo 16 gemacht und zeigt in Richtung Süden die Gegend vom Landeplatz bis zum Horizont. Der Stab, der links in das Bild hineinragt, trägt das Gammastrahlen-Spektrometer, mit dem die Konzentration chemischer Elemente auf der Mondoberfläche gemessen wurde (der Mondboden emittiert Gammastrahlung aufgrund natürlicher Radioaktivität und aufgrund einfallender kosmischer Strahlung). Die Stabspitze zeigt auf den Rand des stark eingeebneten, ca. 50 km großen Kraters Descartes etwa im Zentrum des Bildes.

Die Apollo-17-Landefähre setzte in dem Gebiet zwischen dem Mare Serenitatis und dem Mare Crisium auf. Der Landeplatz ist durch einen Pfeil bezeichnet (links am Bildrand). Der niedrige Sonnenstand läßt die Höhenunterschiede in dem Gebiet, das sehr viel zerklüfteter ist als die anderen Landeplätze, deutlich hervortreten. Hier ist das Hochland zum Teil von Lava überschwemmt worden, und es sieht in mancher Hinsicht dem Gebiet im Nordosten des Hellas-Beckens auf dem Mars ähnlich. Der Ausschnitt zeigt eine Fläche von etwa 150 km Seitenlänge.

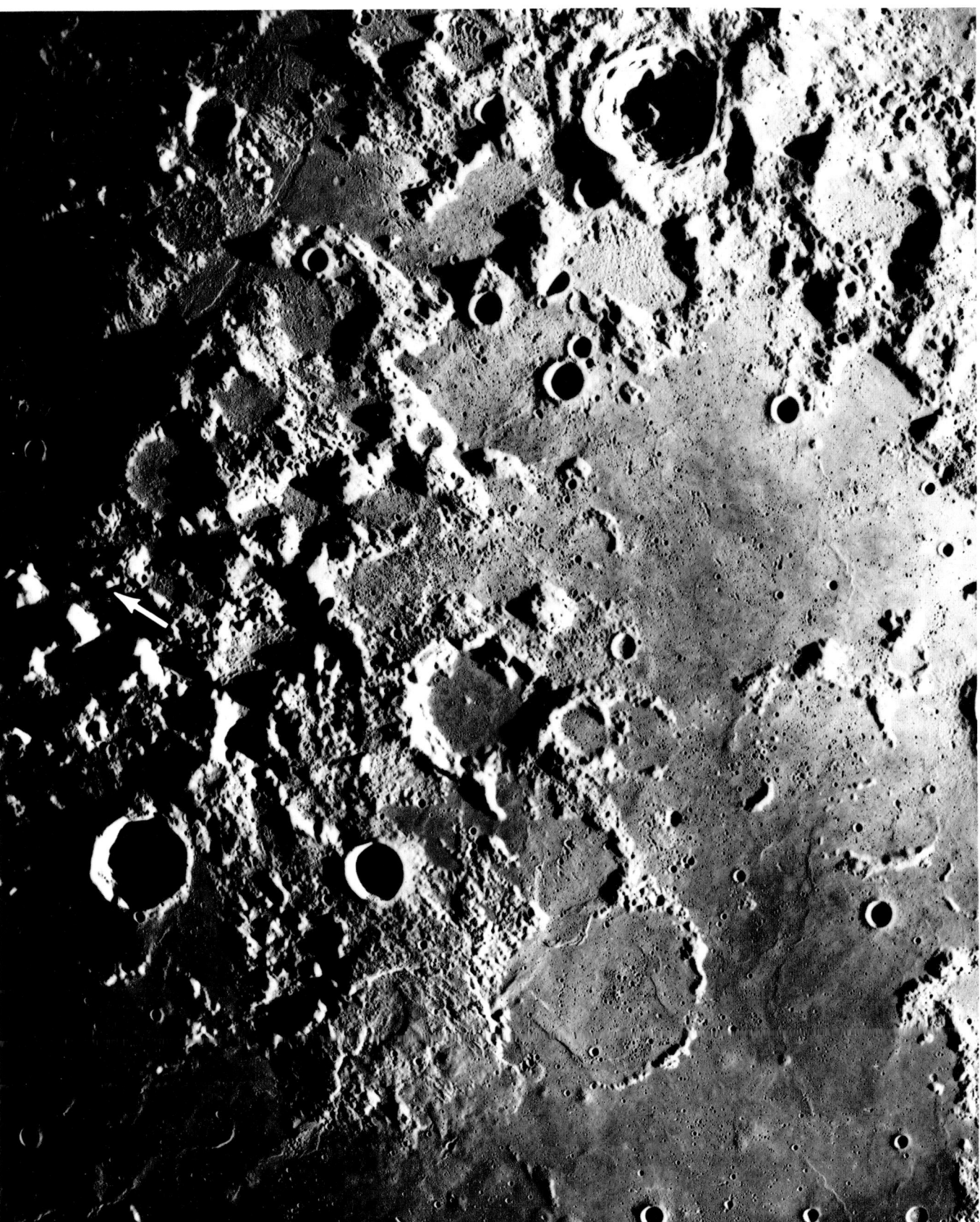

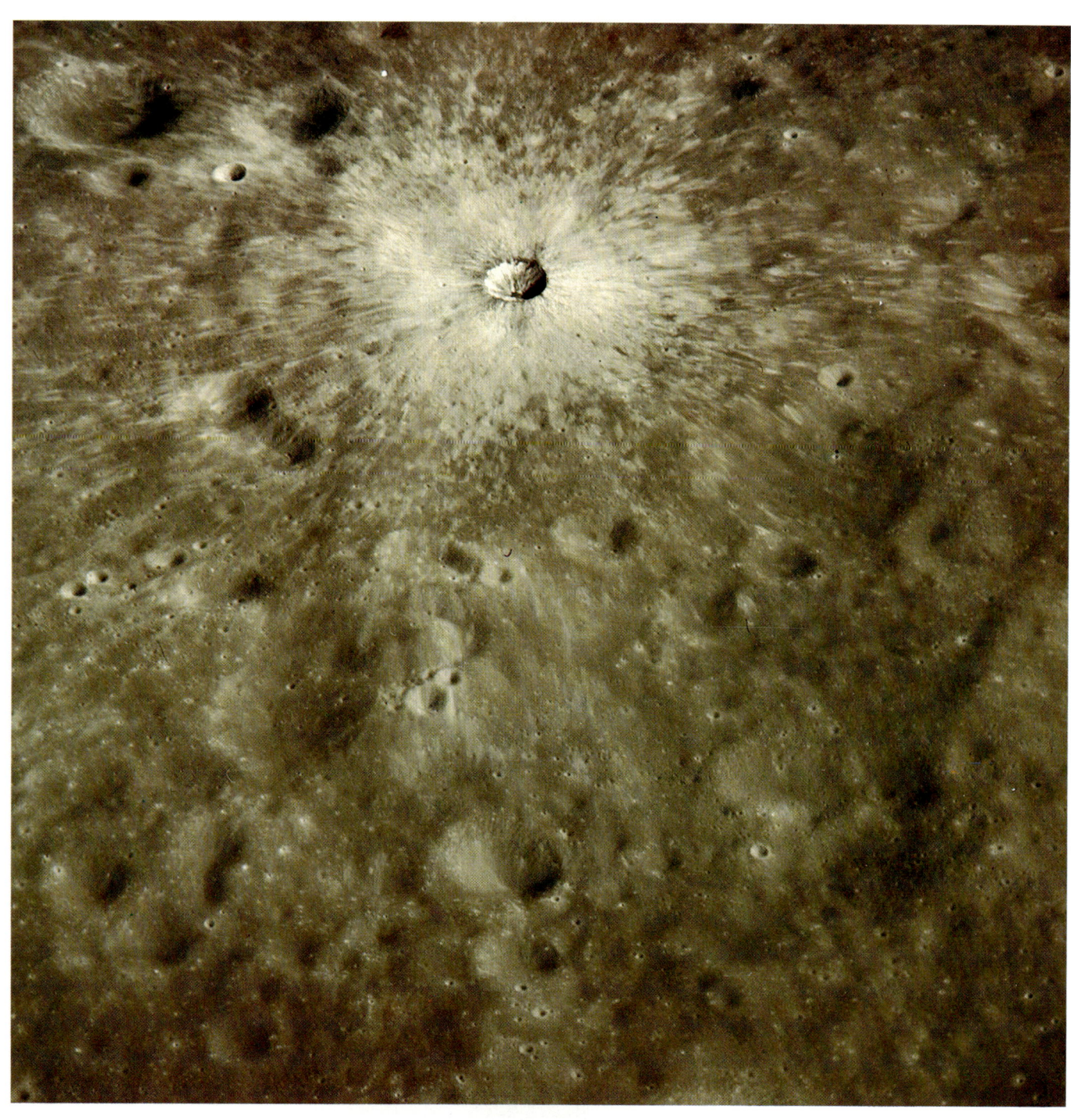

Dieses Foto eines nur etwa 3 km großen Kraters auf der Rückseite des Mondes gibt einen ausgezeichneten Eindruck von den hellen Strahlen, die viele junge Krater umgeben. Das helle Material liegt wie eine Decke um den Krater und reicht etwa zwei Kraterdurchmesser weit nach außen. Offensichtlich wurde es ausgeschleudert, als der Krater durch einen einfallenden Meteoriten entstand. Außerhalb der Decke sieht man ein gut ausgeprägtes Strahlenmuster aus Streifen von hellem Material. Im Laufe der Zeit wurde das helle Material durch den Aufprall von Mikrometeoriten in den Boden (Regolith) „eingepflügt", so daß die Strahlen allmählich verschwinden. Dieser namenlose Krater muß sehr jung sein, da das Muster noch so deutlich ist.

Die beiden Apollo-17-Aufnahmen wurden auf der Vorderseite des Mondes im südlichen Teil des Imbrium-Beckens gemacht (Norden ist oben). Der auffallende Krater Euler mit einem Durchmesser von etwa 27 km ist auf der unteren Vertikalaufsicht im Detail zu sehen. Er gibt uns einen ausgezeichneten Eindruck von einem jungen, mittelgroßen Krater, denn er besitzt einen ausgeprägten Rand und eine gut erhaltene Decke aus Auswurfmaterial, die sich über etwa einen halben Kraterdurchmesser erstreckt. Im Inneren sind konzentrische Terrassen zu erkennen, die sich beim Einsturz des Walls bildeten, sowie ein Zentralberg im sonst ebenen Kraterboden. Ketten von Sekundärkratern in der Umgebung des Kraters sind durch das aus einem anderen großen Krater ausgeworfene Material entstanden. Man vermutet, daß der etwa 400 km entfernte Krater Kopernikus für diese Sekundärkrater verantwortlich ist. Er liegt im Südosten, und in dieser Richtung laufen die Kraterketten zusammen. Kopernikus ist auch der einzige in dieser Richtung liegende Krater, der jung genug ist, um Sekundärkrater im Gebiet des Imbrium-Beckens erzeugt zu haben.

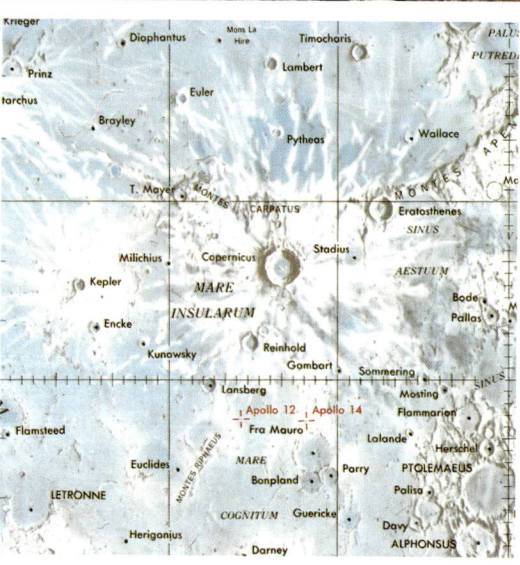

Kopernikus ist ein ty-
pisches Beispiel für
einen großen, jungen
Mondkrater (96 km
Durchmesser). Diese
Schrägansicht wurde
von Apollo 17 foto-
grafiert; sie ist nach
Süden über das Kar-
patengebirge zum
Krater Kopernikus
gerichtet. Ein frühe-
res, sehr schräg auf-
genommenes Bild von
den Zentralbergen in
diesem Krater, das
Orbiter 2 gemacht
hat, wurde wegen des
dramatischen Aus-

blicks über die Mond-
landschaft internatio-
nal bekannt, die wir
erst in den Jahren
1966 und 1967 durch
die Lunar Orbiter de-
tailliert kennenlern-
ten. Kopernikus liegt
auf der Vorderseite
des Mondes, weniger
als 200 km vom Süd-
rand des großen Im-
brium-Beckens ent-
fernt. Er ist verhält-
nismäßig jung und hat
terrassierte Wände,
die 3–4 km über den
Kraterboden hochra-
gen, und einen zer-

furchten, doch flachen
Boden mit kilometer-
hohen Zentralbergen.
Die von dem Krater
ausgehenden Strahlen
erstrecken sich über
ein weites Gebiet.

Die Hadley-Rille im Gebiet zwischen dem Mare Imbrium und dem Mare Serenitatis war der Landeplatz von Apollo 15. Dieses Bild wurde mit einer Handkamera von einem der Astronauten gemacht und erfaßt ein Gebiet von etwa 17 × 17 km. Der Landeplatz liegt unten rechts. Meßergebnisse und Gesteinsproben bestätigten die Annahme, daß die Rille ein früherer Lavakanal ist. Sie ist etwa 1,5 km breit und 300 m tief.

Der Landeplatz der letzten Apollo-Mission lag in einem Tal des Taurus-Littrow-Gebirges am südöstlichen Rand des Mare Serenitatis. Der Platz wurde ausgewählt, weil man aufgrund der geologischen Karten vermutete, daß man dort sowohl junges als auch älteres Gestein finden würde. Zwei der Apollo-17-Astronauten erforschten das Tal mit einem elektrisch angetriebenen Wagen. Das Bild zeigt einen der Astronauten, den Geologen Jack Schmitt, der gerade ein großes Felsstück inspiziert, das von einem benachbarten Hügel über eine Entfernung von 1 km heruntergerollt ist. Die Analyse der Gesteinsproben hat zwar ein etwas anderes Alter für die basaltische Lava des Taurus-Littrow-Tals ergeben als die der Apollo-11-Proben, doch zeitigte Apollo 17 noch viele andere bemerkenswerte Resultate.

Erde und Mond

Diese geologische Mondkarte wurde großenteils nach Fotografien des Lunar Orbiter 4 angefertigt. Sie zeigt die Topographie und Beschaffenheit der Oberfläche. Eine Legende zu dieser Karte würde eine zu ausführliche Erklärung erfordern und wird deshalb hier nicht gegeben, aber man kann der Karte auch so entnehmen, wie weit die Entwicklung des Mondes heute bekannt ist. Der Farbcode unterscheidet das aus verschiedenen Perioden stammende Material aus den Maria, den umliegenden Gebieten, den Ebenen und den Kratern. So repräsentieren z.B. die grünen Gebiete die Maria und die gelben die verhältnismäßig jungen Krater. Ein vergrößerter Ausschnitt der bei ca. 4 Uhr gelegenen Mare-Nectaris-Region ist auf der nächsten Seite wiedergegeben.

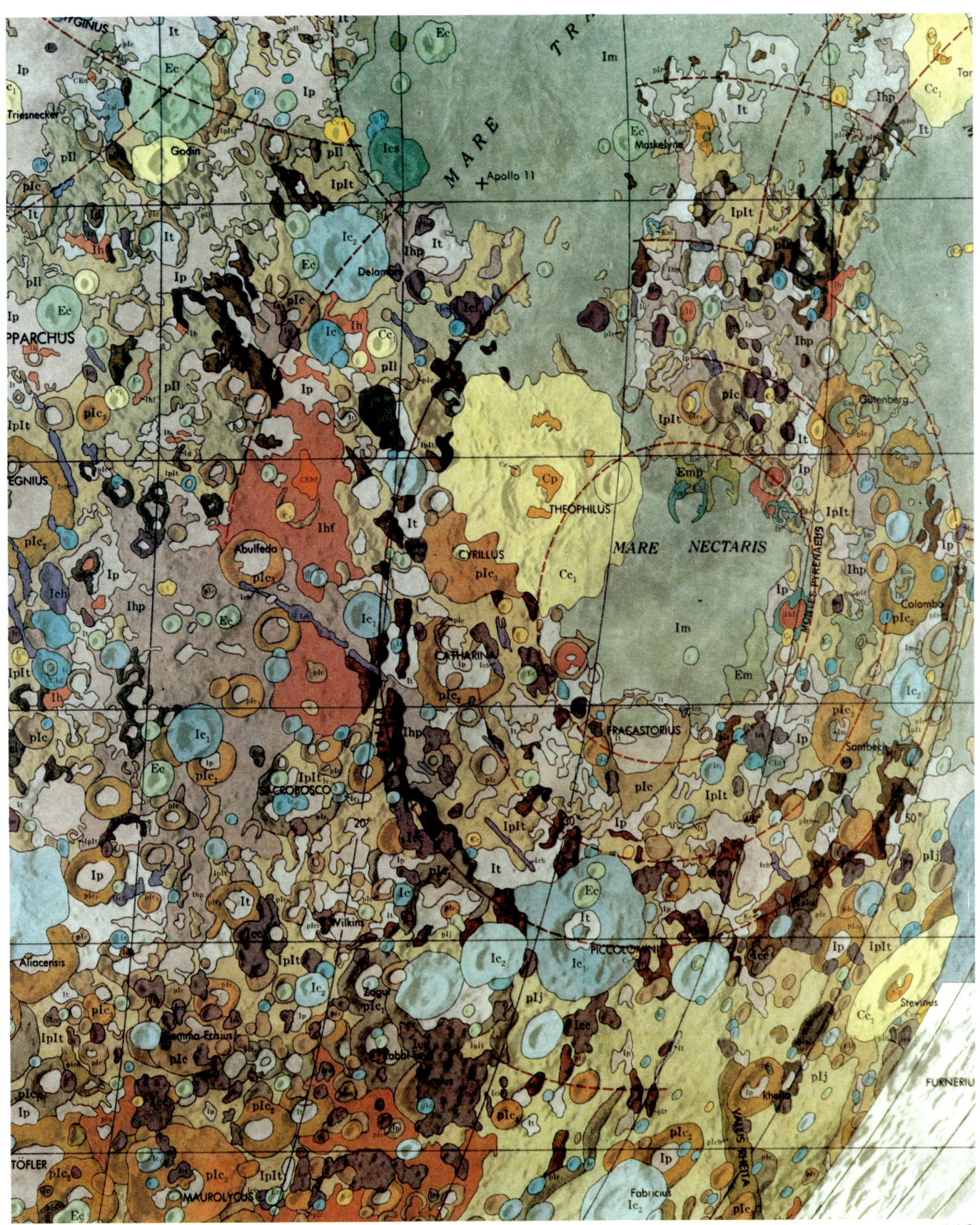

Mars

Jahrhundertelang war Mars mehr als alle anderen Planeten ein Gegenstand sowohl für wissenschaftliche Studien als auch für phantasievolle Spekulationen. Jetzt sind fast 20 Jahre vergangen, seit das erste Raumfahrzeug an Mars vorbeiflog (Mariner 4, 14. Juli 1965), und seitdem wurde eine Fülle von Daten gesammelt, aus denen wir viele Einzelheiten über diesen Planeten erfahren haben. Trotzdem bleibt vieles auch heute noch ungeklärt, und nicht alle Spekulationen konnten bisher nachgeprüft werden. Ein großer Teil der Faszination, die der rote Planet seit langem auf uns ausübt, ist zweifellos darauf zurückzuführen, daß er unser nächster Planetennachbar im Sonnensystem jenseits des Erde-Mond-Systems ist, daß wir verhältnismäßig einfach Vorgänge auf seiner Oberfläche erkennen können und daß er in mancher Hinsicht viel Ähnlichkeit mit unserer Erde zu haben scheint. Mars ist der einzige Planet, dessen Atmosphäre sich nicht allzusehr von der irdischen unterscheidet und dessen Oberflächentemperaturen mit denen auf der Erde einigermaßen verglichen werden können, auch wenn sie deutlich niedriger sind. Deshalb war Mars bis vor kurzem der aussichtsreichste Kandidat für die Suche nach Spuren vergangenen oder noch vorhandenen Lebens im Planetensystem. Schon vor den ersten spektroskopischen Messungen wußte man aus visuellen Fernrohrbeobachtungen, daß Mars eine Atmosphäre besitzt. Diese Atmosphäre ist sehr durchsichtig, so daß man auf der Planetenoberfläche schon mit kleinen Fernrohren Unterschiede in der Albedo, dem Reflexionsvermögen, feststellen kann. Die hellen und dunklen Stellen weisen ein bestimmtes, weitgehend feststehendes Muster auf. Man hat sie gekennzeichnet und in Karten des Mars eingetragen, bis hin zu den kleinsten unterscheidbaren Einzelheiten, unter denen sich manche Beobachter „Marskanäle" vorstellten. Manche Strukturen zeigen jahreszeitliche und auch längerperiodische Veränderungen, für die man viele Erklärungen vorschlug, die alle bis zu einem gewissen Grad auf der Existenz einer Atmosphäre beruhen. Außerdem stellte man fest, daß die Einzelheiten auf der Oberfläche hin und wieder von diffusen weißen und gelblichen Aufhellungen verschleiert wurden, die man richtig als Kondensat- bzw. Staubwolken interpretierte. Am auffallendsten sind die weißen Polkappen, die mit den Jahreszeiten anwachsen bzw. kleiner werden und darüber hinaus wesentlich zur Schönheit des roten Planeten beitragen. Mehrere Raumfahrtmissionen zum Mars haben uns eine Fülle von Einzelheiten über die verschiedenen komplizierten Prozesse vermittelt, die auf diesem Planeten ablaufen, und es ist erstaunlich, mit welcher Deutlichkeit geduldige Fernrohrbeobachter viele der Details schon vorher richtig beschrieben hatten.

Trotzdem stehen auch heute noch viele geophysikalisch und geochemisch wichtige Messungen aus, sowohl aus größerer Entfernung als auch *in situ*, also auf dem Planeten selbst, weil die amerikanischen Raumfahrtmissionen unterschiedliche planetologische und biologische Ziele verfolgten. Daher hat unser Wissen über den Planeten Mars auch noch erhebliche Lücken, und wir müssen uns vorerst noch mit recht unsicheren Modellen behelfen, wenn wir die Entwicklung dieses Planeten verstehen wollen.

Die folgende Tabelle faßt einige geophysikalische Daten zusammen, die sowohl aus den Ergebnissen der Raumfahrt als auch aus Beobachtungen von der Erde aus und von erdnahen Satelliten stammen:

Masse $6{,}42 \cdot 10^{23}$ kg	Faktor des Trägheitsmoments
Radien (für ein dreiachsiges Ellipsoid	$(C/MR^2) \sim 0{,}365$
mit dem Polarradius c)	Siderischer Tag $24^h 37^m 22^s$
a = 3399,2 km (105° W)	Umlaufzeit 687 Tage
b = 3394,1 km	Neigung des Äquators gegen die Bahnebene
c = 3376,7 km	23° 59'
Mittlere Dichte 3,93 g/cm³	Exzentrizität 0,093
Schwerkraft am Äquator 370,6 cm/sec²	

Mars ist also ein relativ kleiner Himmelskörper. Seine Gesamtfläche ist allerdings etwa so groß wie die Fläche der irdischen Landmassen, da es auf dem Mars keine Ozeane gibt. Mars braucht zu einem Sonnenumlauf doppelt so lang wie die Erde, und die Neigung seiner Äquatorebene gegen seine Bahnebene ist fast dieselbe wie bei der Erde. Deshalb gibt es auf dem Mars Jahreszeiten ähnlich wie bei uns, nur sind sie etwa doppelt so lang. Wegen der großen Exzentrizität der Marsbahn ist die Sonneneinstrahlung im Perihel (dem sonnennächsten Punkt) um etwa 40% größer als im Aphel (dem sonnenfernsten Punkt). Diese großen Unterschiede haben, wie noch näher ausgeführt wird, erhebliche Konsequenzen für das Wetter auf dem Mars.

Aus direkten Beobachtungen war nicht zu erschließen, ob Mars einen Kern besitzt oder nicht. Das erste Raumschiff, das an Mars vorbeiflog, registrierte nur ein äußerst schwaches Magnetfeld. Die Sonde Mariner 4 traf auf eine magnetosphärische Stoßwelle, und die Auswertung der Daten ergab ein Magnetfeld, das nur das $3 \cdot 10^{-4}$fache des Erdmagnetfeldes ausmacht. Es ist nicht klar, ob es sich um ein inneres Feld und damit um ein Anzeichen für einen Kern handelt oder ob das Feld durch den Sonnenwind induziert wird. Die Ergebnisse der russischen Magnetometermessungen bestätigten die niedrige Feldstärke, gaben aber auch keine Antwort auf die Frage nach einem Kern.

Die Mariner-9-Messungen des Gravitationsfeldes und der geometrischen Gestalt des Mars ergaben einen unerwarteten Unterschied zwischen der nördlichen und südlichen Hemisphäre. Mars ist wie die Erde birnenförmig; während sich aber bei der Erde diese Unterschiede in der Größenordnung einiger 10 m bewegen, sind es bei Mars zwischen 1 und 2 km (wobei die südliche Hemisphäre „höher" liegt). Aus den bekannten Werten für die Gravitation und die Form kann man schließen, daß die niedrigere nördliche Hemisphäre eine wesentlich dünnere Kruste besitzt. Es ist nicht bekannt, wodurch diese Asymmetrie entstanden ist; vielleicht geht sie bis auf die früheste Phase der Planetenentstehung zurück. Eine weitere auffallende Abweichung von der Kugelgestalt bildet ein 10 km hohes, kuppelförmiges Gebirgsmassiv, dessen Zentrum am Äquator bei etwa 100° W liegt und dessen Radius mehr als 1000 km mißt. Dieses Gebiet wird auf alten und neuen Karten *Tharsis* genannt und ist das Hauptzentrum des Vulkanismus auf dem Mars. Drei große Schildvulkane, die Tharsis-Berge, und ein noch größerer Schildvulkan im Nordwesten, *Olympus Mons*, beherrschen die Region. Die Tharsis-Berge verlaufen von NO nach SW über den Äquator, und ihre Gipfel erheben sich um weitere 19 km. Jeder trägt oben eine Caldera von einigen 10 km Durchmesser. Die genaue Größe jedes dieser Vulkane läßt sich nur schwer feststellen. Einzelne Lavaströme kann man an den Flanken der Berge über Hunderte von Kilometern verfolgen. Lava, die so weit fließen kann, muß sehr dünnflüssig sein. Man kann danach annehmen, daß die Schildvulkane des Mars ähnlich wie die auf der Erde und wie die Maria auf dem Mond aus Basalten bestehen.

Diese riesigen Vulkanmassive könnten die sie tragende Kruste durch ihr Gewicht erheblich verformt haben. Schwerkraftmessungen von Orbitern, die den Mars umrundeten, geben für Kompensationsphänomene allerdings keine Anhaltspunkte – die Vulkane scheinen auf einer weitgehend unveränderten Kruste zu liegen. Diese muß deshalb, um die notwendige Steifigkeit zu besitzen, sehr viel dicker sein als die Erdkruste mit ihren 30 km. Für die Dicke gibt es unterschiedliche Schätzungen; wahrscheinlich sind mindestens 200 km notwendig.

Die ungeheure Last des Tharsis-Massivs sollte eine erhebliche seismische Aktivität zur Folge haben. Nur eines der beiden Viking-Seismometer hat Daten geliefert, da das zweite sich nicht aus seiner Halterung gelöst hat, in der es zum Schutz gegen die Erschütterung bei der Landung befestigt war. Das intakte Seismometer konnte nur die seismische Aktivität oder die innere Struktur des Planeten messen (der Landeplatz lag auf der dem Tharsis-Gebirge gegenüberliegenden Seite). Man müßte empfindlichere Instrumente über den ganzen Planeten verteilen, um zuverlässige Daten zu bekommen. Immerhin haben schon die eingeschränkten Messungen gezeigt, daß Mars seismisch sehr viel ruhiger ist als die Erde. Die Daten deuten weiterhin an, daß der Planet weniger als der Mond mit Resonanz auf seismische Aktivität reagiert; in dieser Hinsicht scheint er der Erde ähnlicher zu sein. Man schreibt dies dem Vorkommen von Wasser in der Kruste zu, das es auf dem Mond nicht gibt.

Die Asymmetrie in der Form des Planeten wird von einem auffallenden Unterschied in der Topologie der nördlichen und der südlichen Hemisphäre begleitet. Das sieht man schon bei einem flüchtigen Blick auf eine Karte des Mars. Bei näherem Hinsehen erkennt man, daß die Grenze zwischen den beiden Gebieten nicht der Äquator ist, sondern ein um 35° gegen den Äquator geneigter Großkreis, der bei etwa 330° W seinen nördlichsten Punkt erreicht. Südlich dieser Trennlinie ist die Oberfläche der Kruste mit Kratern übersät und enthält auch einige von Ringwällen umgebene Becken, die größten sind das *Hellas*- und das *Argyre*-Becken. Dieser Teil ähnelt dem lunaren Hochland; auf dem Mars gab es jedoch mehr Vulkanströme, und die Einebnung durch Verwitterung ist ausgeprägt, so daß die Flächen zwischen den Kratern verhältnismäßig eben und die Krater ziemlich flach sind. Die ersten drei Marssonden fotografierten fast nur diese Gebiete und vermittelten dadurch den Eindruck, daß Mars nur eine kurze, der des Mondes vergleichbare Entwicklung in seiner Frühzeit durchgemacht hat.

Dieser falsche Eindruck wurde berichtigt, als Mariner 9 in den Jahren 1971 und 1972 Bilder mit hoher Auflösung von der ganzen Oberfläche zur Erde übermittelte. Bei diesem Überblick wurde eine Vielfalt unerwarteter Oberflächenstrukturen entdeckt, darunter riesige Vulkane, Cañons, Kanäle und durch Sedimente aufgefülltes Terrain. Die umfassende fotografische Erfassung durch Mariner 9 hat Daten geliefert, nach denen die ersten topographischen Karten hoher Qualität angefertigt wurden. Sie zeigten, daß im Norden die wenig verkraterten Gebiete dominieren, die wahrscheinlich jünger sind als das von Kratern übersäte Terrain im Süden. Wie die Bilder der Viking-Orbiter zeigen, sind diese Ebenen sehr heterogen, und von allen Formationen auf dem Mars sind sie am schwersten zu deuten. Die Grenze zwischen den beiden Hauptgeländetypen ist ein schräger Rand, wo das alte, verkraterte Terrain zerbröckelt und verwittert. Die Reste der älteren Einheit bleiben in diesem Raum häufig als Gebirgsmassive liegen. Sie scheinen einer Erosion ausgesetzt zu sein, und die losgelösten Trümmer verteilen sich über die tiefer gelegenen Ebenen, in die diese zerklüfteten Regionen übergehen. An anderer Stelle der Trennlinie und im Gebiet der südlichen Hemisphäre wurde das alte Kratergebiet durch riesige Einsenkungen und Aufbrüche in chaotische Trümmerfelder verwandelt. Häufig bilden die aufgebrochenen Gebiete geschlossene Senken, und einige kommen zusammen mit breiten, gewundenen Kanälen vor, die wie ausgetrocknete Flußtäler aussehen. In manchen Fällen kommen diese Wadi-artigen Strukturen geradewegs aus den Trümmerfeldern und schneiden sich Hunderte von Kilometern in die Oberfläche ein, bevor sie sich verlieren.

Vulkanische Aktivität ist auf dem Mars weit verbreitet, und in allen Breiten findet man Vulkane und Lavafelder. Es gibt allerdings drei

Hauptgebiete. Das Tharsis-Gebirge wurde schon genannt. Die große Höhe der Vulkane in diesem Gebiet läßt vermuten, daß die Aktivitäten über lange Zeiträume andauerten. (Im Prinzip können Messungen der Kraterdichte zu einer Altersbestimmung herangezogen werden, aber unglücklicherweise schwanken die von verschiedenen Wissenschaftlern unter Verwendung verschiedener Modelle gefundenen Zahlen zwischen 100 Millionen und 200 Milliarden Jahren.) Zu der gewaltigen Höhe der Vulkane trägt ferner die Unbeweglichkeit der Kruste bei, so daß eine Magmaquelle im Mantel ständig unter demselben Oberflächenpunkt liegt und so lange gebirgsbildend wirkt, wie die Konvektion anhält, die durch hydrostatischen Druck Material zum Gipfel des Vulkans transportiert. Unter Berücksichtigung der niedrigen Schwerkraft an der Marsoberfläche und unter bestimmten Annahmen für die verschiedenen Dichten von Magma und Krustengestein hat man abgeschätzt, daß die Kruste etwa 200 km dick sein muß, um dem hydrostatischen Druck des Tharsis-Gebirges und des Olympus Mons standzuhalten (dieser Zahlenwert entspricht dem bereits genannten).

Ein zweites großes Vulkangebiet ist die *Elysium* bezeichnete Region. Ihre beiden großen Schildvulkane liegen in der nördlichen Hemisphäre. Sie sind erheblich kleiner als die im Tharsis-Gebiet, und die umgebenden Lavafelder bedecken nur etwa ein Viertel der Fläche. Obwohl das Elysium-Gebiet sich einige Kilometer über das mittlere Niveau erhebt, gibt es dort keine anomalen, durch die Schwerkraft verursachten Merkmale, die so groß sind, daß man sie mit Mariner 9 hätte beobachten können.

Die dritte Vulkanregion ist weniger ausgeprägt, sie liegt in dem alten Kratergebiet nahe dem Hellas-Becken. Hier findet man mehrere vulkanische Formen, die Vertiefungen im Zentrum sowie strahlenförmige Strukturen von mehreren 10 oder 100 km Länge aufweisen, womit sie sich deutlich von Einfallskratern und auch von den nördlichen Schildvulkanen unterscheiden. Aus der Dichte der Einfallskrater und aus ihrer starken Erosion kann man schließen, daß sie viel älter sind als die Tharsis- und Elysium-Vulkane. Sie haben ein viel flacheres Profil und eine nur diesen alten Marsformationen eigene Morphologie. Es könnte sein, daß die geringe Gipfelhöhe mit ihrem Alter zusammenhängt und daß die Kruste während dieser Phase des Vulkanismus relativ dünn war, so daß sie höhere Gebirge nicht tragen konnte. Wahrscheinlich gab es auf Mars schon bald nach seiner Entstehung Vulkanismus, und man muß annehmen, daß er bis heute noch nicht völlig erloschen ist.

Außer den Meteoritenkratern und den Vulkanen fällt das riesige Cañongebiet auf, das in der Äquatorregion östlich des Tharsis-Gebirges dominiert. Dieser Cañon, *Valles Marineris* genannt, ist mehrere Kilometer tief in den Marsboden eingesenkt und läuft 10–15° südlich des Äquators mehrere 1000 km in ostwestlicher Richtung über die Oberfläche. An seinem westlichen Ende trifft er auf ein Durcheinander vieler kurzer Cañons, bekannt unter dem Namen *Labyrinthus Noctis*, während er im Osten in ein chaotisches Einsturzgebiet übergeht, von dem eine Anzahl größerer Kanäle ausgeht. Offensichtlich ist dieser riesige Cañon, der teilweise eine Breite von über 100 km erreicht, Ergebnis einer großräumigen Tektonik. Es erscheint plausibel, daß die Cañons sich zunächst durch Brüche in der Kruste bildeten, wobei breite parallele Gräben entstanden, zwischen denen das Krustenmaterial einsank. Dieser länger anhaltende Vorgang zusammen mit der Erosion der Wände hat den Cañons allmählich die heutige Form gegeben. Die westliche Hälfte des Cañongebietes durchschneidet mäßig verkraterte Flächen, die an manchen Stellen vulkanischen Ursprungs und älter als die Tharsis-Vulkane sind. Im Osten verläuft der Cañon durch altes Kraterterrain. Es bleibt eine wichtige Aufgabe, den Beginn der Cañonentstehung zu datieren und die Vorgänge im Planeteninnern zu bestimmen, durch die diese tektonische Aktivität ausgelöst wurde.

Ebenfalls von großer Bedeutung ist die Klärung der Prozesse bei der Bildung des chaotischen Terrains östlich des Tals und der gleichzeitigen Entstehung der breiten Kanäle, die aus diesem Gebiet herausführen. Man nimmt allgemein an, daß die Kanäle durch fließendes Wasser eingegraben wurden, das früher einmal aus dem Dauerfrostboden ausschmolz oder aus Reservoirs unter der Oberfläche stammt. Die meisten Theorien der Planetenentstehung lassen es plausibel erscheinen, daß Mars mehr Wasser per Masseneinheit als die Erde angesammelt hat. Obwohl Mars wahrscheinlich eine geringere Menge flüchtiger Substanzen aus seinen Gesteinen ausgegast hat als die Erde, könnten sich größere Vorräte an flüssigem oder gefrorenem Wasser unter der Oberfläche gebildet haben.

Die breiten, stromartigen Kanäle lassen durch ihren gewundenen Verlauf vermuten, daß sie früher einmal mit Flüssigkeit gefüllt waren, aber sie sind wahrscheinlich bei katastrophalen Ereignissen entstanden, und das Klima muß sich früher nicht wesentlich von dem heutigen unterschieden haben. Allerdings deuten andere Strukturen eher darauf hin, daß es auf dem Mars einmal wärmer war und daß es an seiner Oberfläche flüssiges Wasser gegeben haben könnte. Es handelt sich um verzweigte Netze von 10 km bis mehrere 100 Kilometer langen, gewundenen Furchen, die man auf dem stark verkraterten Gelände findet. Sie sehen aus wie Flüsse auf der Erde, die höhergelegene Gebiete entwässern. Wenn dies auch auf dem Mars einmal so war, könnte das Wasser in die Atmosphäre verdunstet sein und sich als Regen oder Schnee wieder an der Oberfläche angesammelt haben. Da man diese Furchen nur auf dem ältesten Terrain findet, müßte man diese Periode mit wärmerem Klima schon sehr früh in der Entwicklungsgeschichte des Planeten ansiedeln. Es wäre denkbar, daß eine andere chemische Zusammensetzung der Atmosphäre, mit einem größeren Anteil an Methan und Wasserdampf, den dazu nötigen „Treibhauseffekt" geliefert hat.

Alle Vulkane, Cañons und Kanäle auf dem Mars wurden bei der Mariner-9-Mission entdeckt. Eine weitere unerwartete Entdeckung war das aus geschichtetem Sedimentgestein bestehende Terrain in der Südpolregion. Die Viking-Raumsonden haben dieselbe Oberflächenform auch am Nordpol gefunden. Diese polaren Gebiete sind die jüngsten auf dem Mars; es gibt dort kaum Krater, und das Sedimentgestein liegt dem verkrateten Terrain im Süden und den Ebenen im Norden auf. Es hat den Anschein, als ob Material, das sich bei niedrigen und mittleren Breiten durch Erosion angesammelt hatte, zu den Polen transportiert wurde und dort liegenblieb. Man kann sehen, daß das ursprüngliche Terrain zu höheren Breiten hin immer dichter bedeckt ist und daß von etwa 75° Breite ab die Decke lückenlos wird. Die Schicht ist schätzungsweise einige 100 m dick.

Näher an den Polen findet man über dieser Decke weitere Ablagerungen, die sich anscheinend in vielen Schichten ansammelten. An den Stellen, die einer Erosion ausgesetzt waren, sind Furchen und Einsenkungen entstanden, wo diese Schichtung zutage tritt. Jede Schicht ist einige 10 m dick. Insgesamt ist eine mehrere Kilometer dicke Decke entstanden. Im Norden ist dieses Gebiet fast vollständig von einem Kranz aus Dünen umgeben, die vielleicht aus feinkörnigem Material bestehen, das aus dem Terrain erodiert ist. Es wäre auch denkbar, daß der feine Sand, der in der Atmosphäre polwärts transportiert wurde, sich in diesen Schichten abgelagert hat, während grobkörnigere Anteile auf andere Weise zu den Polen gewandert sind und sich dort in den Dünen angehäuft haben.

Diese anscheinend sehr regelmäßige Schichtung ist schwer zu erklären. Sie kann kaum anders als durch periodische Klimaschwankungen entstanden sein. Die Kanäle deuten ebenfalls darauf hin, daß das Klima früher einmal anders gewesen sein muß, und man hat versucht, diese beiden Erscheinungen miteinander in Verbindung zu bringen. Das würde bedeuten, daß auf dem Mars eine kalte, dünne Atmosphäre (wie im Augenblick) und eine warme, dickere Atmosphäre, unter der es fließendes Wasser geben kann, einander abwechseln. Es wäre denkbar, daß diese dickere Atmosphäre sich durch Verdunstung des „ewigen" Polareises in Perioden bildet, wenn die Parameter der Marsbahn erheblich anders sind als heute. Man glaubt, daß solche Änderungen der Bahn, wie sie auch bei der Erde auftraten, bei Mars von erheblicher Größe gewesen sein könnten. Allerdings sieht es augenblicklich so aus, als ob die Polkappen nicht dick genug sind, um die nötige Gasmenge liefern zu können.

Mars besitzt zwei Arten von Polkappen, jahreszeitlich schwankende und sich nur säkular ändernde. Die von den Jahreszeiten bestimmten bestehen aus gefrorenem Kohlendioxid, derselben Substanz, aus der auch 95% der Atmosphäre bestehen. Mars hat, anders als die Erde, keine großen Meere und keine verhältnismäßig dicke Atmosphäre, die große Wärmemengen über die ganze Oberfläche verteilen. Deshalb hängen auf dem Mars die jahreszeitlichen Temperaturschwankungen viel enger mit der Variation der Sonneneinstrahlung zusammen. In der Nähe der Pole fällt daher im Winter, wenn die Sonne für Monate unter dem Horizont bleibt, die Temperatur sehr stark ab; und sie würde extrem niedrige Werte erreichen, wenn die Atmosphäre aus einem Gas bestände, das weniger leicht kondensiert als CO_2. Aber durch die Kondensation wird der Temperaturabfall bei etwa $-125\,°C$, der Kondensationstemperatur von CO_2 bei einem mittleren Druck an der Oberfläche von 6 mb, gestoppt. Die latente, jetzt freigesetzte Wärme hält dann diese Temperatur aufrecht, wenn das Atmosphärengas am Boden kondensiert. Man erwartet, daß bei diesem Prozeß der Atmosphärendruck im Verlauf des Jahres variiert, und solche periodischen Schwankungen, die bis zu 30% betragen können, sind von den Viking-Landefähren auch gemessen worden.
Die jahreszeitlich bedingten Polkappen werden im Herbst und in der ersten Winterhälfte größer und dehnen sich im Norden bis zu 40°–50° Breite aus (dort ist der Planet während der Herbst- und Winterperiode der Sonne in seiner elliptischen Bahn am nächsten); im Süden reichen die Polkappen in der kalten Jahreszeit bis zu etwa 50°–60° Breite. Sie wachsen unter einer „Wolkenhaube" von Wassereis und CO_2. Diese Haube verschwindet allmählich während des Winters, wenn das ganze kondensierte Wasser heruntergeregnet ist und nur kleine Mengen von Wasserdampf übriggeblieben sind. Etwa ab Mitte des Winters, wenn die Sonne wieder höher steigt, beginnen die äußeren Gebiete der Kappen zu sublimieren, und die Wolken bilden sich neu. In dieser Periode treten an den Rändern der Polkappen starke Winde auf; gewaltige Sandstürme sind häufig die Folge. Allmählich werden die Polkappen immer kleiner, und kurz nach der Sonnenwende, dem Beginn des Sommers, erreichen sie ihr Minimum. Sie verschwinden nicht ganz, es bleiben immer kleine Kappen mit „ewigem" Eis übrig. Die Nordpolkappe bedeckt ein Gebiet bis zu 80°N, die Südpolkappe ist etwas vom geometrischen Pol entfernt und hat ihr Zentrum bei etwa 87°S. Da für die Kondensate am Nordpol Sommertemperaturen von $-70\,°C$ gemessen wurden, kann es sich nur um Wassereis und nicht um CO_2 handeln. Berechnungen des thermischen Gleichgewichts haben ergeben, daß die Eisschicht ein relativ niedriges Reflexionsvermögen hat, was nur bedeuten kann, daß das Eis durch andere Substanzen verschmutzt ist. Merkwürdigerweise ergaben die Beobachtungen des Südpols durch die Viking-Orbiter, daß die Temperatu-

ren dort im Sommer nicht so hoch ansteigen. Es kann sein, daß die Südpolkappe aus CO_2 besteht. Möglicherweise reduziert die mit Staub durchsetzte Atmosphäre, die für den Südsommer typisch ist, die Einstrahlung an der Polkappe und führt damit zu der beobachteten Asymmetrie.

Die Frage, wieviel Wasser und andere Substanzen Mars im Laufe seiner Existenz in den Raum emittiert hat, ist ausschlaggebend für das Verständnis seiner Entwicklung. Über dieses Problem ist viel spekuliert worden; schließlich haben die Atmosphärenanalysen durch die Viking-Sonden einige Daten geliefert, die als Anhaltspunkte dienen können. Schon vorher wußte man aus teleskopischen Beobachtungen von der Erde aus sowie aus extraterrestrischen spektroskopischen Daten und Messungen bei Bedeckungen von Radioquellen, daß die Marsatmosphäre hauptsächlich aus CO_2 besteht und ihr Druck etwa 6 mb beträgt. Man hat ferner Spuren von Wasserdampf, Sauerstoff, Ozon und Kohlenmonoxid nachgewiesen, aber keinen Stickstoff. Messungen mit hochempfindlichen Massenspektrometern während des Eintauchens der Landefähre in die obere Atmosphäre und nach der Landung an der Oberfläche des Planeten haben ergeben, daß 95% CO_2, etwa 2% Stickstoff und 1–2% Argon vorhanden sind. Man hat versucht, die gesamte Gasemission aufgrund der Viking-Messungen von zwei Stickstoffisotopen, ^{14}N und ^{15}N, abzuschätzen. Diese Messungen ergaben eine 75%ige Anreicherung von ^{15}N gegenüber ^{14}N, verglichen mit den Häufigkeiten auf der Erde.

Es ist unwahrscheinlich, daß das Verhältnis $^{15}N/^{14}N$ in der Entstehungzeit der beiden Planeten verschieden war, und deshalb muß man die Anreicherung als einen selektiven Verlust des leichteren Isotops ansehen. In der unteren Marsatmosphäre, die wie die irdische gut durchmischt ist, kann man sich keinen Mechanismus für diese Fraktionierung vorstellen. In der oberen Atmosphäre sind die Gase dagegen oberhalb der Turbopause nicht durchmischt, und hier wird die Konzentration eines Gases von der Diffusion bestimmt. Deshalb findet man um so mehr leichtere Gase, je höher man kommt, und falls Gase in größerem Umfang entweichen, können dabei die schwereren Isotope angereichert werden. Auf dem Mars wird die Gasemission in den Raum durch eine Fotoionisation von Atomen und Molekülen hervorgerufen. Die kinetische Energie, die dabei auf die Atome übertragen wird, genügt, um sie auf die Entweichgeschwindigkeit zu beschleunigen, und wenn ihre Bewegungsrichtung stimmt, können sie entweichen. Der Mechanismus ist komplex; man kann aber die Beobachtungen dazu benutzen, die Menge des Stickstoffs in der Atmosphäre zu berechnen, die zur Erklärung der gemessenen Anreicherung nötig ist. Das Ergebnis hängt von der angenommenen Dauer der Gasemission ab: Je länger der Stickstoff in der Atmosphäre bleibt, um so geringer kann der Vorrat angesetzt werden.

Diese Art von Analyse deutet darauf hin, daß mindestens die 20fache Menge des heute vorhandenen Stickstoffs, etwa 2 mb, erforderlich wäre, wenn die Emission früh stattgefunden hat, und sogar etwa 30 mb, wenn etwas von dem Stickstoff mit Substanzen an der Oberfläche in Wechselwirkung getreten ist und Mineralien gebildet hat. Die emittierte Wassermenge sollte einer im Mittel etwa 120 m dicken Schicht entsprechen.
Was können wir aus den Analysen des Oberflächenmaterials über die Entwicklung des Mars erfahren? An zwei mehrere 1000 km voneinander entfernten Landeplätzen, beide auf der nördlichen Hemisphäre, haben die Viking-Landefähren Bodenproben mit einem Röntgen-Fluoreszenzspektrometer untersucht, das nur auf Elemente anspricht, deren Atomkerne mehr als 12 Protonen enthalten. (Viele wichtige leichtere Elemente, darunter Wasserstoff, Sauerstoff, Kohlenstoff und Natrium, konnten mit diesem Instrument nicht nachgewiesen werden.) Die Analysen zahlreicher Bodenproben an beiden Landeplätzen lassen vermuten, daß die feinkörnigen Substanzen auf dem Mars sehr homogen verteilt sind, wahrscheinlich durch die zeitweise sehr heftigen Staubstürme.
Die Ergebnisse zeigen ferner, daß Eisen, Magnesium und Calcium sehr häufig, Aluminium, Silicium und Kalium dagegen selten sind. Das Material ist den Silikaten des Erdmantels, die viel Eisen und Magnesium enthalten, ähnlicher als den leichteren aluminiumhaltigen Silikaten der Erdkruste.
Der große Gehalt an Schwefel in den feinkörnigen Bestandteilen der Marsoberfläche ist auffallend und bisher nicht erklärt. Die von den Viking-Landefähren geschürften Bodenproben besitzen eine überraschend starke Kohäsion, so als ob das feine Material zusammengeklebt wäre. Man hält Magnesiumsulfat für ein mögliches Bindemittel.
Obwohl die Viking-Raumsonden keine Instrumente zur Identifizierung von Mineralien an Bord hatten, hat man doch versucht, aus den vorgefundenen Elementhäufigkeiten auf mögliche Mineralvorkommen zu schließen. Keine denkbare Mischung von primärem, vulkanischem Gestein scheint auf die Ergebnisse der Massenspektrometer zu passen; das deutet darauf hin, daß das feine Material durch Erosion entstanden ist. Eine mit den Resultaten vereinbare Möglichkeit wäre eine Mischung aus Tonen mit geringen Anteilen an anderen Mineralien.
Die Mineralogie des feinen Materials ist noch sehr unsicher, und es gibt noch keine Daten über die Zusammensetzung des Gesteins. Trotzdem ist es klar, daß das untersuchte Material aus silikatischem Gestein stammt, das viel Magnesium und Eisen enthält. Es ist unwahrscheinlich, daß alkalireiche Granite über größere Gebiete verteilt vorkommen. Das bedeutet, daß die Kruste des Mars sehr viel einheitlicher ist als die Erdkruste. Man nimmt allgemein an, daß Mars einen Kern besitzt, aber die sekundäre Trennung der leichten Silikate von den eisen- und magne-

siumhaltigen Silikaten des Mantels scheint wenig ausgeprägt zu sein. Diese Vermutung paßt zu den Analysen der Atmosphäre, die auf eine geringe Emission von Gasen aus dem Marsmaterial schließen lassen. Die von Umlaufbahnen aus aufgenommenen Bilder der Marsoberfläche lassen keine Anzeichen für eine Plattentektonik erkennen, und der Vulkanismus auf dem Mars ist wesentlich geringer als auf der Erde, obwohl er spektakuläre Zeichen hinterlassen hat. Auf der Erde hängen Plattentektonik, Vulkanismus und Materialtrennung miteinander zusammen und sind Zeichen für eine Konvektion im Inneren. Es scheint, daß Mars diesen Grad von innerer Aktivität und damit ein solches Entwicklungsstadium niemals erreicht hat. Wahrscheinlich waren die frühe Bildung einer dicken, harten Kruste und der rasche Wärmeverlust, der durch das größere Verhältnis Oberfläche/Volumen zustande kommt, ausreichend für die heutigen Unterschiede zwischen Erde und Mars.

Es ist sinnvoll, theoretische Modelle über die thermische Entwicklung des Mars aus „vernünftigen" Annahmen über eine frühe Aufheizung durch Akkretion und Radioaktivität zu entwickeln. Ohne detailliert auf ihre Konstruktion einzugehen, sollen hier die Ergebnisse eines solchen Modells kurz skizziert werden. Unter anderem wird bei diesem Modell das Vorhandensein radioaktiver Substanzen vorausgesetzt. Die Bildung einer Kruste, d.h. die Abtrennung des Krustenmaterials, erfolgte früh, da die Oberfläche durch die Akkretionswärme (aus dem Auftreffen von Materie auf die Oberfläche herrührend) teilweise aufgeschmolzen wurde. Diese Wärme war auch für die frühe Entstehung eines Fe-FeS-Kerns verantwortlich, wobei die Wanderung des schweren flüssigen Materials zum Zentrum des Planeten weitere gravitative Wärme freisetzte und in geringem Maße Wärme auch durch radioaktive Prozesse entstand. Die Bildung des Kerns war nach 1–2 Milliarden Jahren abgeschlossen. Danach begann der Silikatmantel zu schmelzen, und zwar zunächst in den oberen Schichten, allmählich auch nach innen fortschreitend. Das Modell führt zur Annahme einer Lithosphäre von 200 km Dicke, eines Mantels, in dem noch Festkörperkonvektion stattfindet, und eines flüssigen Kerns. Eine solche thermische Entwicklungsgeschichte wäre natürlich von einer starken inneren Aktivität begleitet. Die Entdeckung, daß das Oberflächenmaterial stark eisen- und magnesiumhaltig ist, steht dazu nicht notwendig im Widerspruch. Im Inneren des Planeten können erhebliche Schmelzprozesse mit einer darauf folgenden Differentiation stattgefunden haben, aber das muß nicht zu demselben Grad einer Differentiation an der Oberfläche geführt haben, aus den bereits erwähnten Gründen. Wir haben allerdings vorerst nur einige sehr allgemeine Daten, auf die wir diese thermischen Modelle stützen können; es wäre sehr wichtig, die Struktur des Mars durch seismische Experimente sowie durch Messungen der magnetischen und gravitativen Verhältnisse zu untersuchen.

Was ist aus anderen Daten, vor allem aus der Fotogeologie und aus Messungen der Gravitation, über die Entwicklung der Oberfläche zu erschließen? Ein großer Teil des Bildmaterials zeigt Einzelheiten, die wir noch kaum verstehen, aber die stratigraphischen Befunde zeigen, daß die Entwicklung wahrscheinlich in fünf Phasen vor sich ging. Die erste begann gegen Ende der Akkretionsperiode, als die ganze Oberfläche von Kratern bedeckt war. Der Unterschied zwischen der nördlichen und südlichen Hemisphäre ist wohl auf Ungleichförmigkeiten in der frühen Phase zurückzuführen, als sich der Kern bildete und die Kruste sich von dem oberen Mantel trennte. Im Norden waren die Kruste offensichtlich dünner und die Bodenerhebungen niedriger als im Süden.

In der zweiten Phase brach das verkraterte Terrain im Norden, wo die Kruste dünner war, unter dem Einfluß von Kräften aus dem Inneren auf; darüber wissen wir noch nichts Genaueres. Aus dieser Zeit stammen auch die radialen Verwerfungen, die die Entstehung des Tharsis-Massivs begleiteten. Eine damit zusammenhängende tektonische Aktivität kann diese Krustenbrüche in den nördlichen Gebieten unterstützt haben. Von der inneren Aktivität, die die Tharsis-Aufwölbung und damit die Asymmetrie des Mars verursacht hat, wissen wir kaum etwas; Konvektion muß jedenfalls in wesentlichem Umfang beteiligt gewesen sein. Der Äquator verlief vielleicht ursprünglich nicht durch dieses Gebiet, sondern wurde durch eine Wanderung der Rotationsachse des Planeten dorthin verlagert. Die Erosion der verästelten Furchen in den Kratergebieten scheint auch in diese frühe Phase zu gehören und deutet auf eine damals dickere und feuchtere Atmosphäre hin. Eine frühe Gasemission zusammen mit der Akkretion und Krustenbildung könnte eine relativ dichte Atmosphäre zur Folge gehabt haben, die – bei einem durch Methan und Wasserdampf verstärkten Treibhauseffekt – erheblich wärmer gewesen wäre als heute. Die durch Drainage der Niederschläge verursachte Erosion (falls dies wirklich der Grund für die Entstehung der Furchen ist) war offensichtlich nicht sehr stark, und das wärmere Klima mag nur von kurzer Dauer gewesen sein; vielleicht versickerte das Wasser auch verhältnismäßig rasch und ging außerdem an die Polarkappen verloren. Auch einige der großen Kanäle in den Äquatorzonen gehören wahrscheinlich in diese frühe zweite Phase. Wasser könnte sich in den tiefer gelegenen Gebieten angesammelt, Meteoriteneinfälle könnten dann zu Überflutungen geführt haben. Auch wenn bei Vulkanausbrüchen die Eiswälle, die die Wasserbecken umschlossen, zum Schmelzen gebracht wurden, könnten sich solche Flüsse gebildet haben. In dieser Zeit könnte auch die Oberfläche stark verwittert sein, so daß sich Tonablagerungen bildeten. In der dritten Phase hat der im Tharsis-Gebiet zentrierte Vulkanismus die Überflutung eines viele tausend Quadratkilometer großen Gebietes verursacht; seitdem entstanden hier viele Krater. Auch während dieser

Periode muß eine Menge Gas aus dem Inneren freigesetzt worden sein, obwohl sich kein flüssiges Wasser mehr bilden konnte, da die Temperaturen nicht mehr so hoch waren.

Phase vier ist durch eine anhaltende Belastung der Kruste durch das Tharsis-Massiv geprägt, wodurch Einbrüche entstanden sind, insbesondere die große Spalte, die sich seitdem zu dem Valles-Marineris-Gebiet erweitert hat.

In der fünften Phase waren die wesentlichen Mechanismen geologischer Umgestaltung der andauernde Vulkanismus sowie die Erosion in niedrigen Breiten durch Verwitterung und Wind.

Große Mengen von Material wurden im Laufe der Zeit polwärts transportiert; sie bilden heute dicke Ablagerungen in den Polgegenden. Die in diesen Sedimenten beobachtete Schichtung kann von einem mehrfachen einschneidenden Klimawechsel herrühren oder auch, was wahrscheinlicher ist, von kleineren Klimaunterschieden, die ausreichen, die globalen Windverhältnisse und die Häufigkeit der Sandstürme zu variieren.

Heftige, über den ganzen Planeten hinwegfegende Stürme sind Zeichen für die dynamischen Verhältnisse in der dünnen Marsatmosphäre. Aus theoretischen Analysen und Studien, die sich auf Computermodelle von planetaren Luftzirkulationen stützen, haben wir in den letzten 15 Jahren die globale Zirkulation und die Dynamik der Marsatmosphäre besser verstehen gelernt. Messungen und Bilder, die sowohl die den Planeten umrundenden Orbiter als auch die Landefähren machten, haben jetzt einen großen Teil der früheren Überlegungen bestätigt und interessante neue Phänomene zutage gefördert.

In vieler Hinsicht ist die Dynamik der Marsatmosphäre einfacher als die irdische. Es gibt dort keine Meere, die den Wärmetransport komplizieren und die eine unbegrenzte Menge von kondensierbarer Feuchtigkeit mit ihrer ständigen Aufnahme und Abgabe von latenter Wärme erzeugen. Andererseits besitzt Mars auch andere einzigartige Eigenschaften, die man berücksichtigen muß. So gibt es auf seiner Oberfläche Höhenunterschiede von etwa 30 km, und auf dem höchsten Gipfel ist der Atmosphärendruck fast um eine Zehnerpotenz niedriger als auf Normalniveau. Die direkte Erwärmung der Atmosphäre durch Rückstrahlung von der Oberfläche ist sehr wichtig und hat wegen der großräumigen Topographie einen starken Einfluß auf die Entstehung von Winden. Die dünne Marsatmosphäre hat eine viel geringere Wärmekapazität als die Erde. Daher erwärmt sie sich rascher und kühlt rascher ab; sie benötigt ca. 2 Tage, um einen bestimmten Betrag an Wärmeenergie abzustrahlen, verglichen mit 40 Tagen bei der Erdatmosphäre. Diese kurze Zeitkonstante bewirkt eine viel engere Kopplung zwischen Oberflächen- und Lufttemperaturen. Deshalb ist die Atmosphärentemperatur am Gipfel eines hohen Schildvulkans etwa gleich der Lufttemperatur am Boden einer tiefen Senke, und die Isothermen in einer bestimmten Schicht der Atmosphäre zeichnen in etwa die Höhenlinien nach. Ein höher gelegenes Gebiet wird im allgemeinen wegen der Tageserwärmung mit einem Gebiet niedrigen Luftdrucks zusammenfallen, und eine Talsenke wird ein Hochdruckgebiet sein. Deshalb herrschen an den hochgelegenen Regionen am Tage aufsteigende Luftströmungen und Wirbel vor, während die Luft nachts absinkt. Über den Beckengebieten ist es genau umgekehrt.

Die schnelle Reaktion der Marsatmosphäre auf Erwärmung und Abkühlung zeigt sich auch in erheblichen Amplituden der täglichen und halbtägigen Temperaturschwankungen. Zum Teil erwärmt sich die Atmosphäre durch Absorption der Sonneneinstrahlung. Diese direkte Aufheizung kann beträchtliche Ausmaße annehmen, wenn, was häufig vorkommt, viel Staub in der Atmosphäre ist (das Sonnenlicht wird dann von den Staubpartikeln absorbiert, und diese erwärmen die Atmosphäre sehr effektiv). So entsteht ein ausgeprägter Tageszyklus in Temperatur und Druck. Diese den ganzen Planeten erfassenden Druckschwankungen sind in tropischen Breiten am stärksten, und die dadurch verursachten Luftströmungen, deren Richtung während des Tages einmal rotiert, nehmen mit der Höhe an Stärke zu.

Die beiden Viking-Landefähren, von denen eine im nördlichen Tropengebiet (22° N) und die andere viel weiter nördlich (48° N) aufsetzte, haben die oben beschriebenen Vorgänge bestätigt. Viking 1, deren Landeplatz im Chryse-Becken lag, übermittelte Daten, die einen täglichen sommerlichen Windzyklus im Zusammenhang mit den Passatwinden zeigten, wie man ihn für einen Ort im Westen des Beckens erwartet: ein leichter Südwind am Tage, verbunden mit kreisförmigen Luftbewegungen um das Hoch, und schwache nächtliche Nordwinde. Dieser Tages- und Halbtagesrhythmus spiegelt sich deutlich in den Druckänderungen und hat, wie erwartet, beim nördlicheren Landeplatz eine kleinere Amplitude.

Die Winde der jeweiligen Sommerhemisphäre werden durch die Topographie geprägt, da die geringe Temperaturdifferenz zwischen Pol und Äquator der großräumigen Zirkulation nur wenig Energie vermittelt. Zur Sommersonnenwende ist die Sonneneinstrahlung am Pol sogar noch größer als am Äquator. Auf der Winterhemisphäre ist der Temperaturunterschied zwischen Pol und Äquator dagegen erheblich und verursacht einen intensiven Luftmassentransport zum Pol, da die Atmosphäre dort kondensiert. Eine langsame Umwälzung der Atmosphäre in der Art von Hadley-Zellen ist unter diesen Bedingungen instabil, und daher bildet sich wie auf der Erde ein Wellenmuster mit vorherrschend westlichen Winden und einem Jetstrom in mittleren Breiten aus. Wärme gelangt durch

Warmluftzungen zum Pol und Kaltluft auf gleiche Weise zum Äquator. Diese wandernden Störungen mit den sie begleitenden Fronten wurden von den Viking-Landefähren entdeckt, und die ausgedehnten Wolkenfelder, die solche Fronten begleiten, konnten aus Umlaufbahnen fotografiert werden.

Im Herbst und Winter herrschen in mittleren Breiten, wenn in dieser Hemisphäre die Sonneneinstrahlung das Minimum erreicht, Westwinde vor. Weil die Polkappe im Frühling noch groß ist, bleibt der große Temperaturgradient zwischen Äquator und Pol auch in dieser Jahreszeit wirksam. Er ist am Rande der Polkappe besonders ausgeprägt, weil die Sonne den eisfreien Teil der Hemisphäre zunehmend stärker erwärmt. An der Grenze zwischen Polareis und eisfreier Zone ist daher die Luftbewegung im Frühjahr sehr heftig, und um diese Zeit entstehen gewöhnlich auch die Staubstürme in der Nähe der Polkappe.

Wegen der dünnen Atmosphäre müssen die Windgeschwindigkeiten auf dem Mars viel höher sein als auf der Erde, um Staub aufwirbeln zu können. Die großen, über den ganzen Planeten hinwegbrausenden Stürme entstehen im südlichen Frühjahr und Sommer, wenn Mars der Sonne am nächsten ist. Die Größenordnung dieser Störungen macht es wahrscheinlich, daß die Atmosphäre dann instabil ist. Instabilitäten können entstehen, wenn durch das Hochwirbeln von Staub in die Atmosphäre die Wärmeaufnahme vergrößert wird und die lokalen sowie globalen Winde (verursacht durch die Temperatur- und Druckdifferenzen zwischen staubhaltiger und klarer Luft) verstärkt. Die stärkeren Winde tragen ihrerseits wieder zu einem vermehrten Staubgehalt der Atmosphäre bei. Kleine, tausendstel Millimeter große Partikel können bis in große Höhen hochgewirbelt werden (Mariner 9 hat sie noch bis in 50 km Höhe registriert), und es dauert lange, bis sie wieder zu Boden gesunken sind, da es keinen Regen gibt. Staub, der durch die starken Winde in der Umgebung der sich zurückziehenden Polkappe aufgewirbelt wird, kann sich in der Atmosphäre halten und, da Sonnenwende und Perihel zeitlich nahe beieinanderliegen, die atmosphärische „Wärmemaschine" in Gang setzen, die sehr heftig reagiert.

Die Parameter der Marsbahn, besonders die Exzentrizität und die Neigung, sind großen periodischen Schwankungen unterworfen. Deshalb ändert sich der Zusammenhang zwischen Sonnenwende und Perihel, und das hat Auswirkungen auf die Zirkulation in der Atmosphäre. Man muß annehmen, daß Intensität und Häufigkeit der globalen Staubstürme auch davon beeinflußt werden. Vielleicht finden diese Prozesse in der Schichtung der Sedimentgesteine an den Polen ihren Ausdruck.

Die Marsatmosphäre enthält Wasserdampf nur in Spuren. Bei den vorkommenden Temperaturen ist die Luft trotzdem ständig fast gesättigt. Deshalb sind Wolken ein häufiger und optisch attraktiver Bestandteil der Marslandschaft. Fast immer sind Wolken auf der einen oder anderen Hemisphäre in den Polarregionen zu sehen. Die CO_2-Polkappen wachsen im jeweiligen Herbst unter einem Dunstschleier von gefrorenen Wasserkristallen und wahrscheinlich auch Kohlendioxideis. Im Frühwinter fällt das meiste Wassereis aus, und die Atmosphäre wird klar. Die Luft hat in der Nähe des Polarkappenrandes dann einen sehr stabilen vertikalen Temperaturverlauf (eine Inversion) wegen der Abkühlung in niedrigen Höhen. Unter solchen Bedingungen werden der Luftströmung hinter Hindernissen in vertikaler Richtung Oszillationen aufgeprägt; die starken Westwinde werden nach oben gelenkt, sobald sie auf Hindernisse wie Bergrücken und Kraterränder stoßen. Die aufsteigende Luft kühlt sich rascher ab als ihre Umgebung und fällt deshalb wieder in noch tiefere Lagen zurück; dort erwärmt sie sich durch Kompression und steigt wieder auf. Diese Oszillationen haben Ähnlichkeit mit Wellen, die sich in einem Fluß hinter einem Felsen ausbilden. Auf Orbiter-Fotos kann man solche Wellen erkennen, da Wasserdampf und eventuell auch CO_2 wegen der Abkühlung der aufsteigenden Luft am Wellenkamm kondensieren. Dabei bilden sich gleichmäßige Wolkenzüge, die sich über Hunderte von Kilometern erstrecken können.

An anderen Stellen, besonders in hochgelegenen Gebieten, ist das Temperaturprofil der Atmosphäre im allgemeinen in der Tagesmitte nicht so stabil, und durch Konvektion können sich Wolken bilden. Solche Wolken am oberen Rand von Konvektionszellen hat man ebenfalls auf Orbiter-Fotos gefunden. Ihre Höhe, etwa 5–8 km, kann durch Messung ihrer Schatten ermittelt werden und gibt Auskunft über die Dicke der konvektiven Schichten, die etwas größer ist als auf der Erde.

Außer durch Konvektion, die immer nur in einer ziemlich dünnen Schicht wirksam wird, wird die Luft durch Bewegungen, die ihre Ursache in der planetaren Topographie haben, über sehr viel größere Höhenunterschiede nach oben transportiert. Wie erwartet, sind die riesigen Tharsis-Vulkane und der Olympus Mons Gebiete, wo sich Wolken durch eine solche Aufwärtsströmung der Luft bilden. Man kann diese Wolken sogar von der Erde aus gut erkennen, und man beschrieb sie als Teile der „W-Wolke", so genannt wegen ihres Aussehens im umkehrenden Teleskop. Im Frühjahr und Sommer, wenn der Wassergehalt der Atmosphäre am größten ist, erreichen diese Wolkenbildungen ihr größtes Ausmaß. Sie entstehen am frühen Morgen durch die Tageserwärmung und können nachmittags sehr große Gebiete bedecken, im allgemeinen im Westen der Gebirge, da am Äquator Ostwinde vorherrschen.

Auf der Sommerhemisphäre ist für die kühleren Zeiten des Tages, gegen Sonnenauf- und -untergang, eine niedrige Dunstschicht aus kondensiertem Wasser typisch. Nachts kühlen sich die unteren Schichten (bis zu einigen Kilometern über der Oberfläche) stark ab, wenn die von der

Oberfläche ausgestrahlte Wärme abnimmt. Dann kondensiert in dieser Schicht Wasserdampf und bildet Nebel oder Rauhreif, die sich bis einige Stunden nach Tagesanbruch halten können.

Auch andere Wolkentypen sind in Höhen bis zu 50 km gefunden worden. Häufig sind es dünne Dunstschleier, die aus Wasserdampf und manchmal, in den sehr hohen Schichten, auch aus CO_2 bestehen. Wasserdampf spielt auch in der Fotochemie der Atmosphäre eine fundamentale Rolle. Ohne den kleinen Wasseranteil hätte Mars wahrscheinlich keine CO_2-Atmosphäre ausgebildet. Dieses Molekül wird nämlich ohne Schutz vor der solaren UV-Strahlung sehr rasch in CO und O gespalten, und man weiß noch nicht, auf welche Weise die beiden Bruchstücke wieder zusammenfinden und den CO_2-Gehalt stabil erhalten.

Bei anderen fotochemischen Reaktionen in der Marsatmosphäre entsteht Ozon (O_3) aus der Verbindung von Sauerstoffmolekülen mit Sauerstoffatomen, die beide in geringen Mengen vorhanden sind. Die Ozonmenge genügt allerdings nicht, um den Planeten vor der solaren UV-Strahlung effektiv zu schützen, da das Ozon durch eine sehr starke katalytische Reaktion, an der die Dissoziationsprodukte O und OH des Wasserdampfs beteiligt sind, zerstört wird. Da es auf der Winterhemisphäre wenig Wasserdampf gibt, sind dort gerade noch nachweisbare Spuren von Ozon mit einem UV-Spektrometer gefunden worden.

Wasserstoffsuperoxid (H_2O_2) kann sich in der Atmosphäre auch in kleinen Mengen bilden und von den kleinen Partikeln des Marsbodens aufgenommen werden. Dies würde das stark oxidierende Verhalten der Bodenproben erklären, das die Viking-Landefähren bei ihren chemischen Naßversuchen feststellten, als sie nach Lebensspuren suchten. Diese Eigenschaft des Bodens ist ein starkes Argument gegen das Vorkommen organischer Moleküle. Eines der biologischen Experimente erbrachte allerdings auch ein widersprechendes Ergebnis, nämlich eine reduzierende Eigenschaft des Bodens. Bei diesem Experiment wurden keine flüssigen Reagenzien verwendet, sondern man maß den Gehalt an „markiertem" CO_2, den eine Bodenprobe nach einigen Tagen unter den simulierten Bedingungen der Marsumwelt aufgenommen hatte. Die Resultate könnte man als Hinweis auf Stoffwechselvorgänge werten, wenn man sonst noch irgendwelche Anzeichen für die Existenz organischer Moleküle im Boden hätte. Das Instrument der Viking-Sonde, das die Atmosphärenanalysen durchführte, sollte in erster Linie das Vorhandensein organischer Moleküle prüfen. Man hatte in Laborversuchen auf der Erde unter simulierten Marsbedingungen organische Moleküle synthetisiert und deshalb auch organische Moleküle auf dem Mars für möglich gehalten. Überraschenderweise fand man aber bis zu einer Genauigkeit von einigen Teilen pro Milliarde nichts. Deshalb sind positive Ergebnisse von biologischen Experimenten auf dem Mars sehr unwahrscheinlich.

Olympus Mons ist eine der auffallendsten geologischen Formationen auf der Marsoberfläche und hat großen Einfluß auf das Wetter. Im Sommer bilden sich über dem Vulkan große Wolkenfelder, wie auf dem Bild zu sehen, das im Frühsommer um 8 Uhr Ortszeit vom Viking-Orbiter aufgenommen wurde. Deutlich zu erkennen ist, wie der Berg von Dunstschleiern und konvektiven Wolken umgeben ist. Der Vulkan bedeckt ein Gebiet von etwa 500 × 500 Kilometern, und seine zentrale Caldera hat einen Durchmesser von 80 km. Er erhebt sich ungefähr 25 km über seine Umgebung und ragt noch weit über die Wolken. Eine steile, klippenartige, bis zu 6 km hohe Flanke umgrenzt den Vulkanschild.

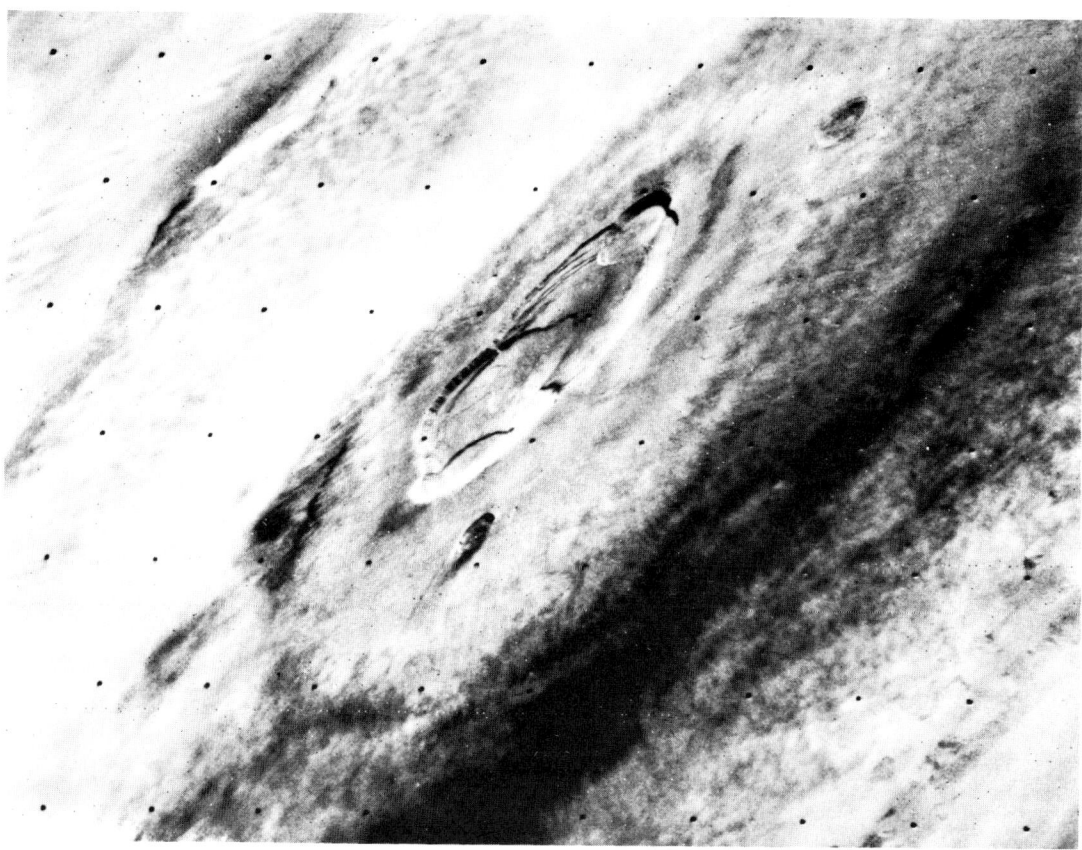

In dieser vom Viking-Orbiter aus größerer Nähe gemachten Aufnahme erkennt man sehr schön das Muster der Lavaströme an den unteren südwestlichen Flanken des Olympus Mons. Die Einzelheiten werden noch durch eine ungleichmäßige, dünne Staubschicht betont, die von starken Winden auf diese Seite des Berges geweht wurde. Das Bild zeigt ein Gebiet von etwa 100 × 100 km.

Ascraeus Mons ist der nördlichste der drei großen Vulkane (12° N, 104° W) entlang des Tharsis-Rükkens (die beiden anderen sind Pavonis und Arsia Mons). Alle drei ragen gut 25 km über das Normalniveau, sie sind also sehr viel höher als irgendein Berg auf der Erde. Der Kegel des Ascraeus Mons unterscheidet sich von den beiden anderen durch seine sehr komplexe Caldera, die aus mehreren sich überlagernden Ringen besteht. Sie sind bei aufeinanderfolgenden Eruptionen durch den Kollaps entstanden, der dem Rückzug der darunterliegenden Magmaschicht nachfolgte. Am südlichen und nördlichen Rand des Vulkans entdeckte man unregelmäßige Muster von Lavaflüssen. Diese Schrägansicht von Süden wurde vom Viking-Orbiter am frühen Morgen eines Sommertags aus großer Höhe gemacht; eine ausgedehnte Wolke aus Wassereis verbirgt den niedrigen Teil der Westflanke. Solche Wolken bilden sich im Marssommer häufig, da die Luft an den Abhängen hochsteigt und sich dabei abkühlt.

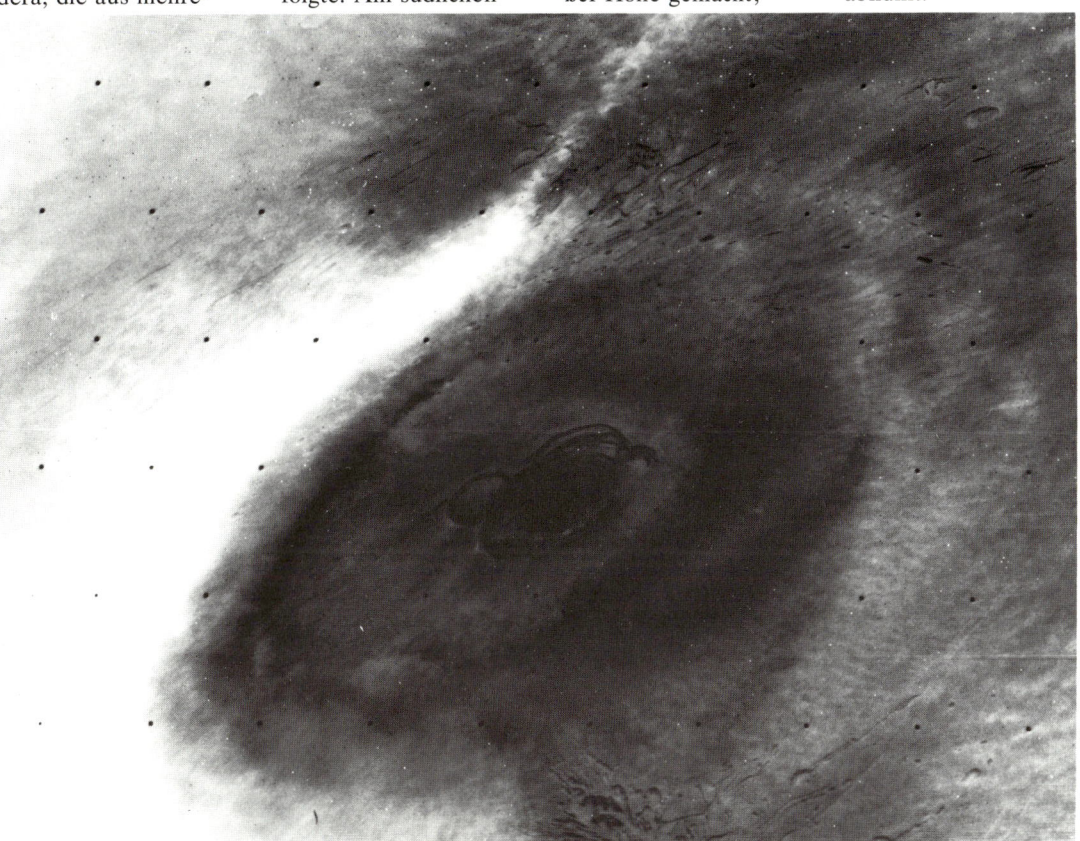

Das Tharsis-Massiv ist das größte Vulkangebiet auf dem Mars, dessen südlichsten Teil der riesige Schildvulkan Arsia Mons bildet. Dieses Mosaikfoto des Viking-Orbiters zeigt den Vulkan und seine Umgebung und läßt die Spuren der einzelnen Lavaflüsse über Hunderte von Kilometern erkennen. Viele dieser Flüsse scheinen aus einer Öffnung in der Südwestflanke des Berges zu kommen. Ihr Aussehen ändert sich mit zunehmender Entfernung vom Vulkan, sie werden breiter und verschwommener. Die Neigung des Terrains, Änderungen der Lavaeigenschaften und unterschiedliche Lavamengen mögen daran beteiligt sein.

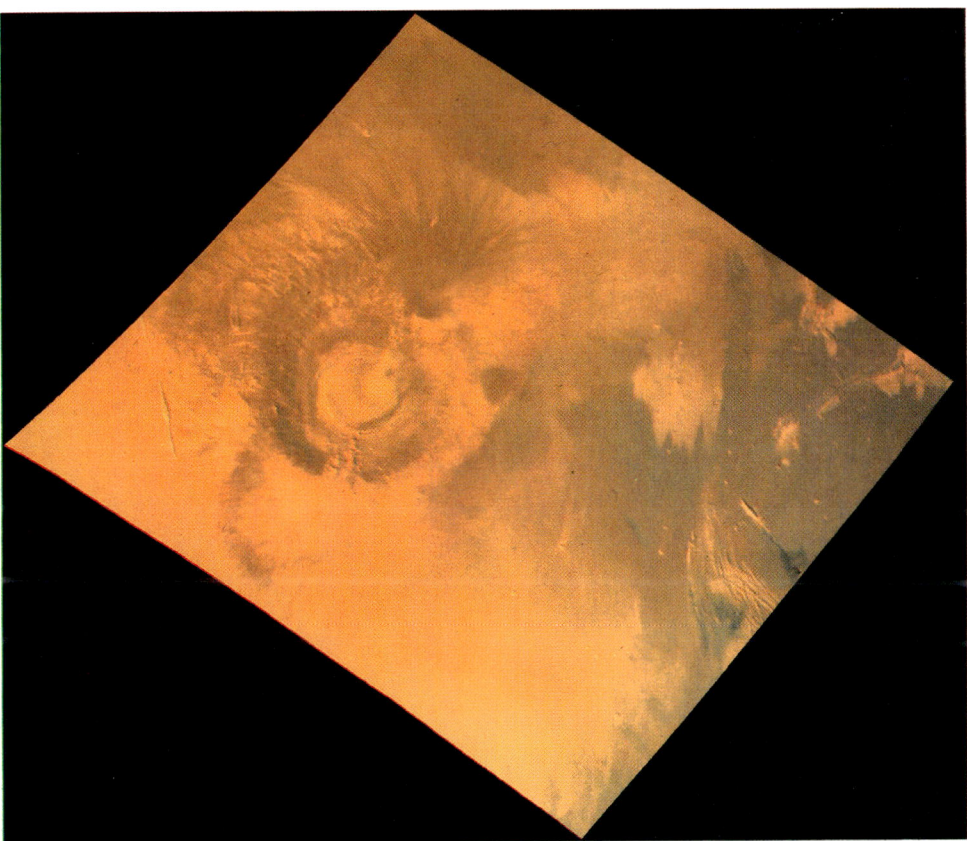

Mitten in einer vulkanischen Ebene mit dem verkraterten Terrain der südlichen Hemisphäre bei 220° S, 253° W erhebt sich einer der Vulkankrater, die wie umgekehrte Untertassen aussehen: Tyrrhenum Patera. Dieser Berg entstand sehr früh in der Entwicklungsgeschichte des Planeten, wenn man nach der großen Zahl der Meteoritenkrater und nach seinem verwitterten Aussehen urteilt.

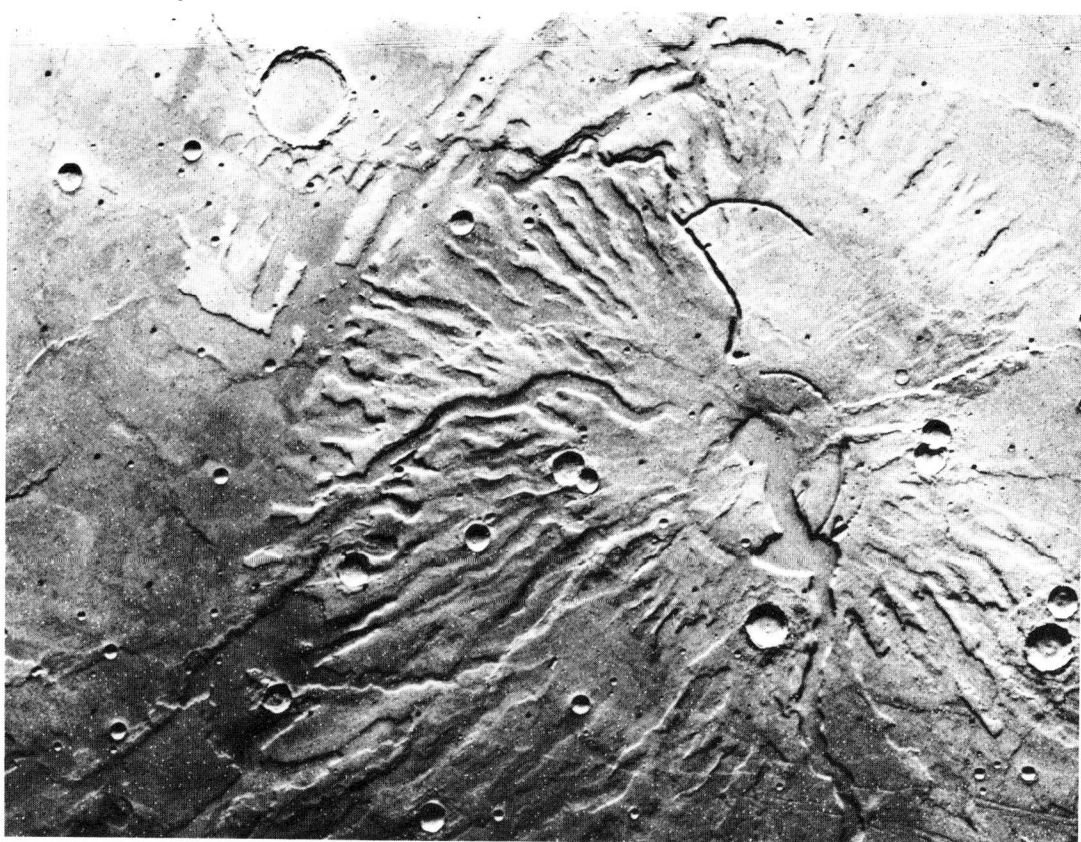

Apollinaris Patera bei 8° S, 186° W ist ein ausgezeichnetes Beispiel für einen alten Zentralvulkan. Er liegt an der Grenze zwischen altem Kraterterrain und den großen Ebenen im Norden. Man kann ihn leicht durch sein relativ flaches Profil und seine starke Auskolkung und Erosion von den jungen Tharsis- und Elysium-Vulkanen unterscheiden. Die Caldera dieses Vulkans hat einen Durchmesser von etwa 100 km; an seiner südöstlichen Seite sind die Lavaströme etwa 200 km weit zu verfolgen.

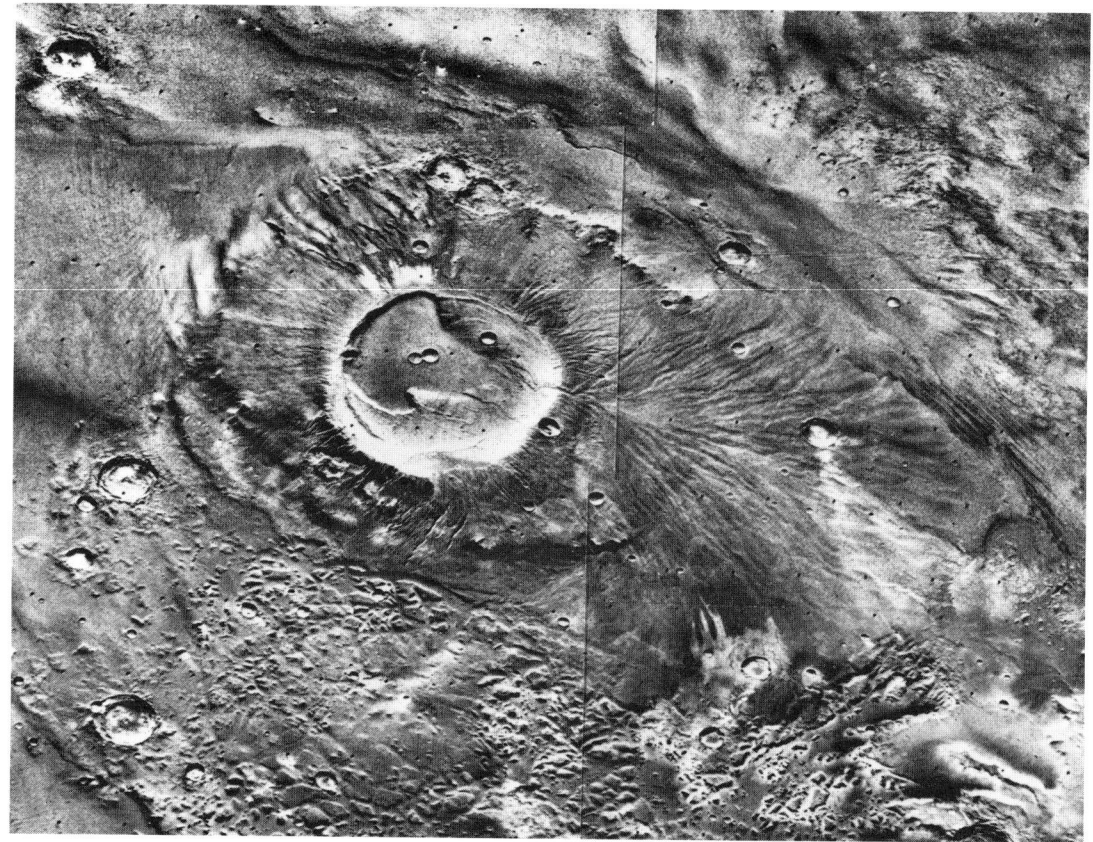

Die Nilosyrtis-Region bei 34° N, 290° W liegt in einer Übergangszone zwischen dem südlichen Kratergebiet und den Ebenen im Norden. Dieses Viking-Orbiter-Foto überdeckt eine Fläche von etwa 150 × 80 km und zeigt viele abgerundete Hügel zwischen Tälern mit flachen Böden. Die Talböden weisen ein Muster von parallellaufenden, gewundenen Rinnen auf, die dem Tal folgen und an den Enden ausfächern. Sie sehen so aus, als ob sie durch irgendeinen Fließvorgang entstanden wären. Ähnliche Formationen finden wir auf der Erde, wo Wasser im Erdboden periodisch einfriert und wieder auftaut und Material langsam bergab „fließt". Es ist möglich, daß unter der Marsoberfläche große Mengen von ewigem Eis lagern und daß ein ähnlicher Mechanismus diese Bodenformen erzeugt hat.

Dieses Mosaikfoto, das der Viking-Orbiter im September 1976 gemacht hat, gehört wohl kaum zu den „schönsten" Bildern, die wir vom Mars haben, aber es gibt den besten Überblick über das Hellas-Becken mit seinen 1500 km Durchmesser. Meistens liegt Staub und Dunst über dem Gebiet, und etwas davon ist auch an diesem besonders klaren Wintertag zu sehen. Die Kontraste, die durch eine unterschiedliche Albedo hervorgerufen werden, scheinen größere Lavaströme sichtbar zu machen. Sie wurden wahrscheinlich bei dem gewaltigen Meteoriteneinfall ausgelöst, der das 6 km tiefe Becken hinterließ.

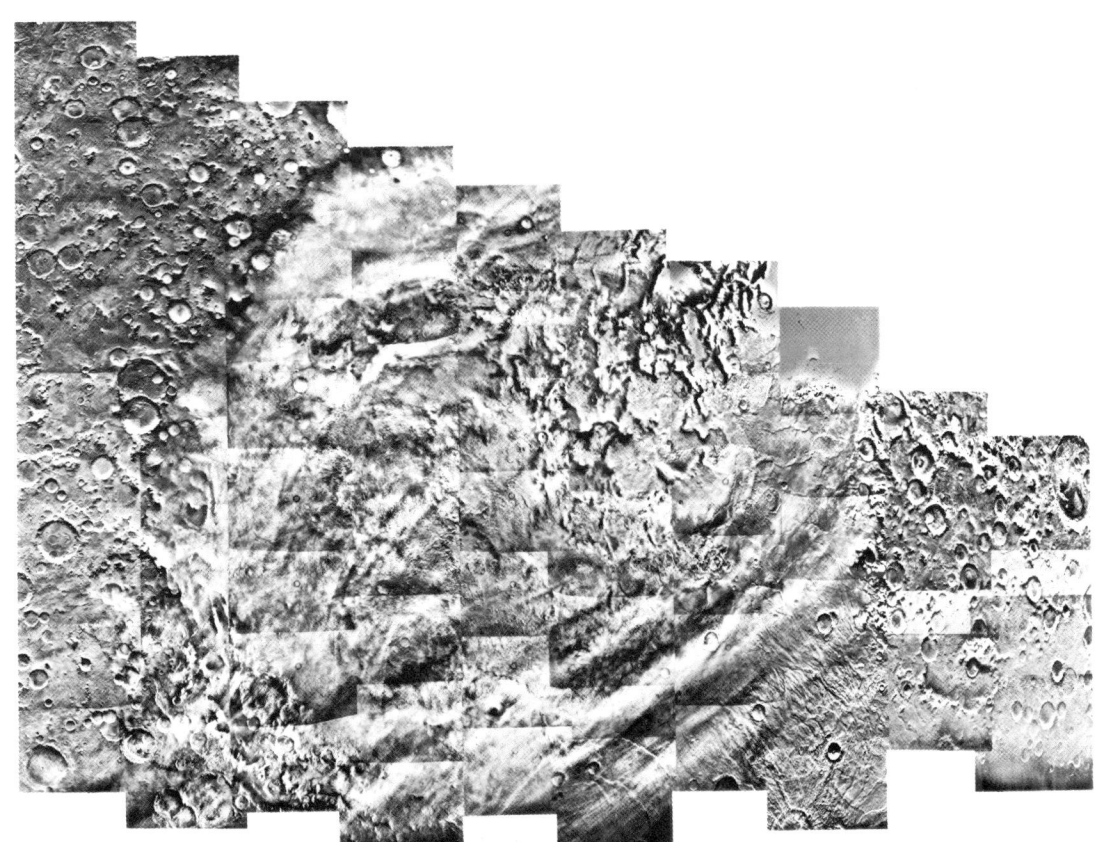

141

Diese beiden Ansichten des Lunae-Planum-Gebiets erfassen ein sehr großes Areal westlich des ersten Viking-Landeplatzes. Das farbige Mosaikfoto vermittelt einen Blick senkrecht auf das Gelände im oberen linken Viertel des Fotos oben. Letzteres ist eine Schrägansicht aus südlicher Richtung und reicht fast bis zum Rand des Planeten in etwa 1500 km Entfernung. Die unregelmäßige Linie, die sich durch das Bild zieht, markiert die Grenze zwischen den beiden großen Terraintypen, dem stark verkraterten, höhergelegenen Gebiet im Süden und den tieferliegenden Ebenen im Norden. Hier verläuft die Grenzlinie etwa in nordsüdlicher Richtung mit dem älteren Hochland im Osten. Man ist sich noch nicht klar darüber, wodurch die ältere Kruste ständig weiter zerstört wird; man denkt z. B. an ein Einsacken der Oberfläche durch Auftauen des Permafrostbodens.

Dieser Blick auf das Hellas-Becken ist eines der letzten Bilder von Viking 2 beim Anflug auf den Mars. Das Bild wurde aus drei Schwarzweiß-Filteraufnahmen zusammengestellt, um den Einfluß unterschiedlicher Beleuchtung durch die Sonne zu beseitigen. Dadurch erscheint die Grenzlinie zwischen Tag und Nacht bläulich und der Rand rötlich. Das riesige, etwa 1500 km große Becken ist teilweise von dem Schnee der südlichen Polkappe bedeckt, aber man sieht auch einen leichten Schleier aus Staub und Kondensaten, der uns bislang einen ungehinderten Blick auf diesen Teil der Oberfläche verwehrt hat.

Man findet auf dem Mars verschiedene Typen von Kratern. Einige haben Ähnlichkeit mit denen auf dem Mond und auf Merkur; ein Typ scheint allerdings nur auf dem Mars vorzukommen. Sein Charakteristikum besteht in der Art, wie das Material verteilt ist, das beim Einsturz des Meteoriten hochgeschleudert wurde und sich wie eine Decke um den Krater gelegt hat. Diese Auswürfe scheinen häufig aus mehreren Schichten zu bestehen, die jeweils durch einen niedrigen Wall am äußeren Rand markiert sind. Das Beispiel im Bild oben ist der Krater Yuty bei 22° N, 34° W. Jede seiner Schichten, deren Ausbreitung nach „oben" hin geringer wird, hat als Begrenzung einen unregelmäßig verlaufenden äußeren Wall. Der Krater mißt etwa 15 km im Durchmesser, das ganze Bild erfaßt eine Fläche von 50 × 50 km. Das un-

tere Foto zeigt den 30 km großen Krater Arandas bei 43° N, 14° W. Hier sieht die Decke aus dem Auswurfmaterial so aus, als ob sie sich eher aus fließendem Material und nicht aus in einer ballistischen Kurve ausgeworfenem Gestein gebildet hat. Mars hat im Gegensatz zu Merkur und zum Mond eine Atmosphäre und wahrscheinlich große Gebiete von Permafrostboden. Der Aufprall eines großen Meteoriten kann leicht dazu führen, daß Atmosphäregase und vielleicht auch erhitzte flüssige Bestandteile der Oberfläche sich mit dem ausgeworfenen Material vermischen und mit nach außen fließen. Die größten solchen Decken findet man in den kälteren Zonen in geringer Höhe. Das paßt zu der Vorstellung, daß flüchtige Substanzen unter der Oberfläche an diesem Phänomen der „verflüssigten" Krater beteiligt sind.

Diese Szenerie wurde im Frühwinter kurz nach Tagesanbruch fotografiert. Sie zeigt ein Gebiet am nordöstlichen Rand des großen Hellas-Beckens (im Westen grenzt es an das Gebiet an, das auf dem folgenden Bild zu sehen ist). Das links im Bild liegende Hellas-Becken hat einen Durchmesser von 1500 km und ist 6 km tief. Es entstand in der Frühzeit durch den Einsturz eines riesigen Meteoriten; da es fast immer unter einem Dunstschleier aus Staub und Kondensaten liegt, ist es sehr schwer zu beobachten. Sein Boden scheint großenteils von Lava bedeckt zu sein. Diese vulkanischen Überflutungen haben allerdings nicht zu einer gleichmäßigen, ebenen Decke wie bei den großen Maria auf dem Mond geführt. Die größere der beiden „Dampfschwaden" ist ein 600 km langer Kanal, das Harmakhis-Tal, das an der Südflanke eines alten „untertassenförmigen" Vulkans mit dem Namen Hadriaca Patera beginnt. Die helle Farbe des Tals wird wahrscheinlich durch eine Nebelschicht aus Wassereis in geringer Höhe erzeugt, die sich kurz nach der Morgendämmerung in dem Graben bildete.

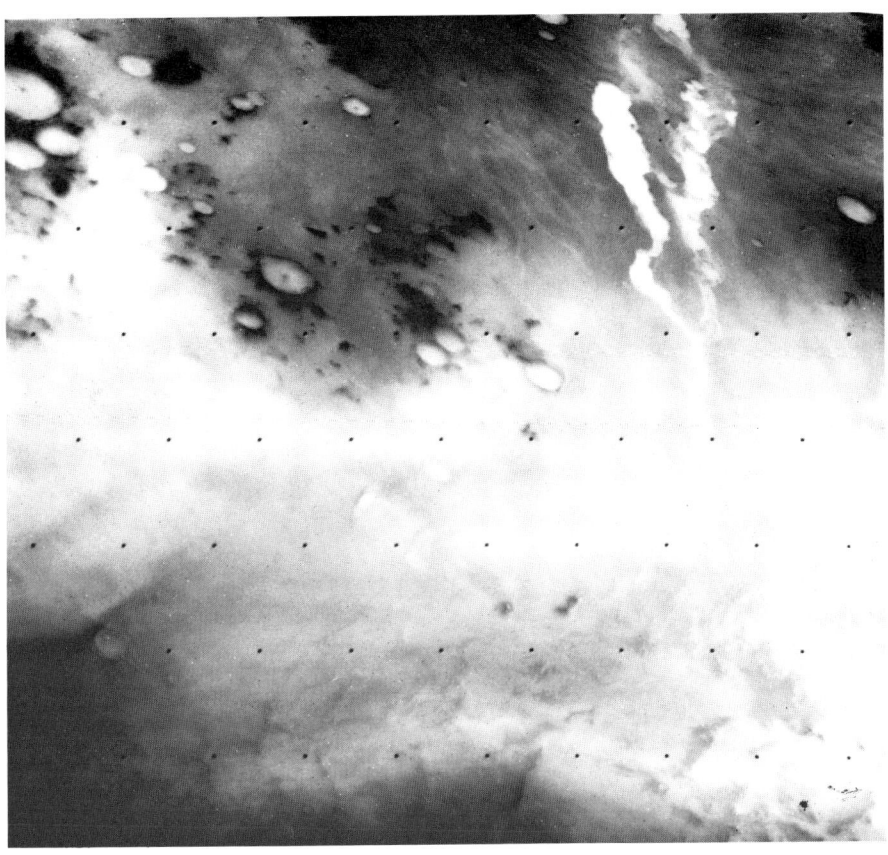

Dieses Viking-Orbiter-Bild zeigt ein Gebiet von 250 × 250 km bei 35° S, 257° W im Nordosten des Hellas-Beckens. Es wurde gleich zu Beginn der Mission bei ausgezeichneten Sichtverhältnissen gemacht. Das Gebiet hat Ähnlichkeit mit manchen Stellen auf dem Mond, wo Mare-Lavaströme das ältere Hochland überflutet haben. Hier hat die Lava den größten Teil des Gebiets überschwemmt und alles außer den größten Kratern überdeckt. Zwei Krater sind kaum mehr zu sehen, nur eben noch an den Resten ihrer Ränder zu erkennen. In allen Fällen wurde das ausgeworfene Material, das die Krater ursprünglich umgab, zugedeckt, und die inneren Partien der Krater wurden zum Teil gefüllt.

Mars

Das riesige Cañonsystem des Valles Marineris hat seinen Namen von der Mariner-9-Mission bekommen, durch die es im Jahre 1971 entdeckt wurde. Das Tal verläuft etwas südlich des Äquators im Osten des Tharsis-Massivs; es erstreckt sich in einer Länge von etwa 4500 km über mehr als ein Viertel des Marsumfangs und ist zwischen 150 und 700 km breit. Seine Tiefe beträgt 2–7 km. Am westlichen Ende mündet es in ein kompliziertes Netz kleinerer Cañons, genannt Noctis Labyrinthus. Dieses Gebiet geht im Osten in eine Reihe von steilwandigen Cañons über, die etwa parallel zum Äquator verlaufen. Die relativ wenige Krater enthaltenden Talböden könnten dafür sprechen, daß die Formation verhältnismäßig jung ist; bei näheren Untersuchungen aber stellt sich heraus, daß die Talböden durch viele Erdrutsche mit Geröll bedeckt worden sind. Man kann deshalb in diesem Fall aus Kraterzählungen wenig über das Alter des Terrains erfahren. Wahrscheinlich ist das Valles Marineris schon sehr früh in einer Phase großräumiger Tektonik entstanden, wobei die Kruste stellenweise einbrach. Auch bei der anschließenden Entwicklung spielte anhaltende tektonische Aktivität eine Rolle. Außerdem rutschten die Wände des Cañons ab, und das Material wurde durch den Wind wegtransportiert.

Die einzelnen Abschnitte des Valles Marineris haben eigene Namen erhalten. Unmittelbar östlich des Noctis Labyrinthus liegt das Tithonius Chasma genannte Gebiet, wo das große Cañonsystem in seiner typischen Form beginnt. An der Engstelle auf diesem Viking-Orbiter-Bild hat das Tal eine Breite von 50 km. Früher gewonnene Daten von Mariner 9 geben hier Höhenunterschiede von 4 km an. Die steilen Cañonwände zeigen durch den Wechsel von Bergnasen und Schluchten eine charakteristische Struktur, die offenbar von bereits vorhandenen Schwachstellen im Gestein geprägt ist. Auf dem mit Schutt bedeckten Talboden sind deutlich Einzelheiten zu erkennen. Dieser Schutt ist das Produkt der Erdrutsche, die von den erodierenden Talwänden abgehen. Deutliche Fließmarken zeigen die Umrisse der einzelnen, zungenförmigen Abbrüche. Nur wenige Einfallskrater sind auf dem Bild sichtbar.

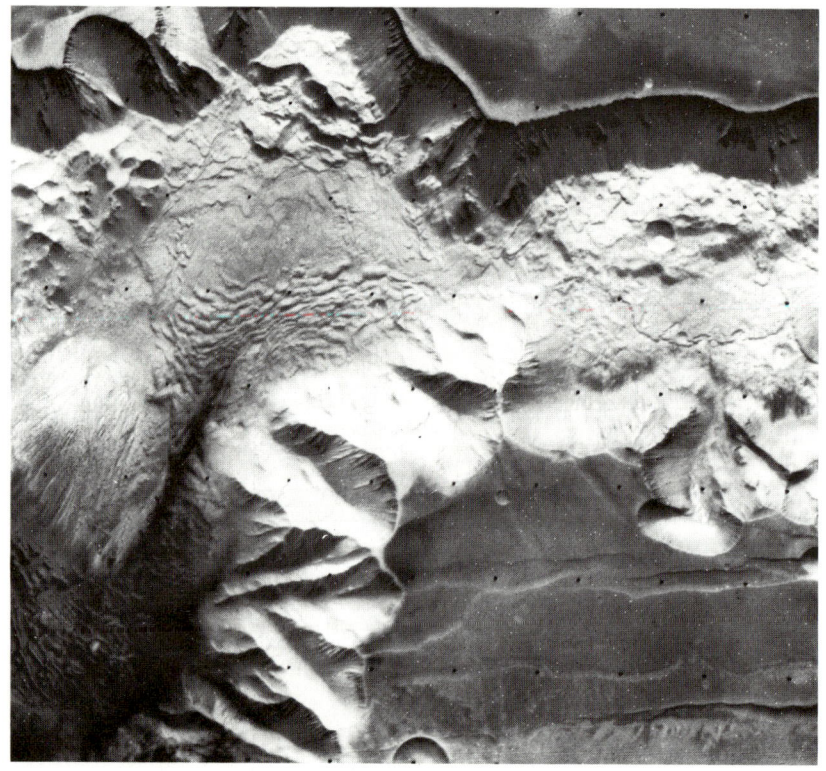

Diese Nahaufnahme zeigt einen 120 km langen Abschnitt des westlichen Valles Marineris, genannt Ius Chasma. Die südliche (untere) Wand ist von vielen Seitencañons durchbrochen, die sich etwa 50 km in die Hochebene hinein erstrecken. In kleinem Maßstab ähneln diese Seitencañons dem Noctis-Labyrinthus-Komplex und scheinen wie dieses Gebiet durch Tektonik und nicht durch fließendes Material geformt zu sein. Wie ein Rückgrat verläuft längs der Mitte des Ius Chasma ein steiler, stark erodierter Rücken, der etwa das Niveau des umliegenden Hochlandes erreicht. Wahrscheinlich bestand der Graben früher aus zwei parallelen Cañons, die sich allmählich so erweitert haben, daß sie zu einem verschmolzen sind.

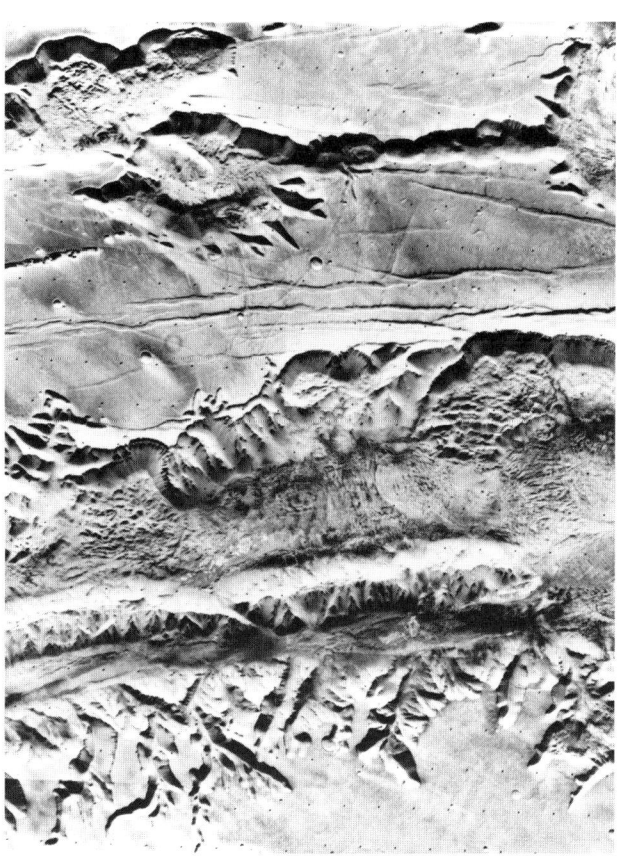

Schon Mitte des Jahres 1969 entdeckte Mariner 6 bei seinem Vorbeiflug den Typus des „chaotischen" Terrains, das hauptsächlich innerhalb eines alten Kratergebiets in Äquatornähe bei 30° W liegt. Die Oberfläche besteht dort aus einem Durcheinander von Felsblöcken, die etwas tiefer liegen als das umgebende Gebiet. Wahrscheinlich ist dieses Gelände durch einen Kollaps der Oberfläche entstanden. Man weiß nicht genau wie, aber es wird allgemein angenommen, daß er mit dort vorhandenem Bodeneis zu tun hatte: Zahlreiche Kanäle haben ihren Ursprung in den chaotischen Regionen; dies läßt vermuten, daß ihre jeweilige Entstehung eine gemeinsame Wurzel hat. Eine tieferliegende heiße Magmaquelle könnte das Eis zum Schmelzen gebracht haben oder auch ein einstürzender Meteorit. Das abgebildete Gebiet bei 17° N, 56° W überdeckt etwa 50 × 50 km.

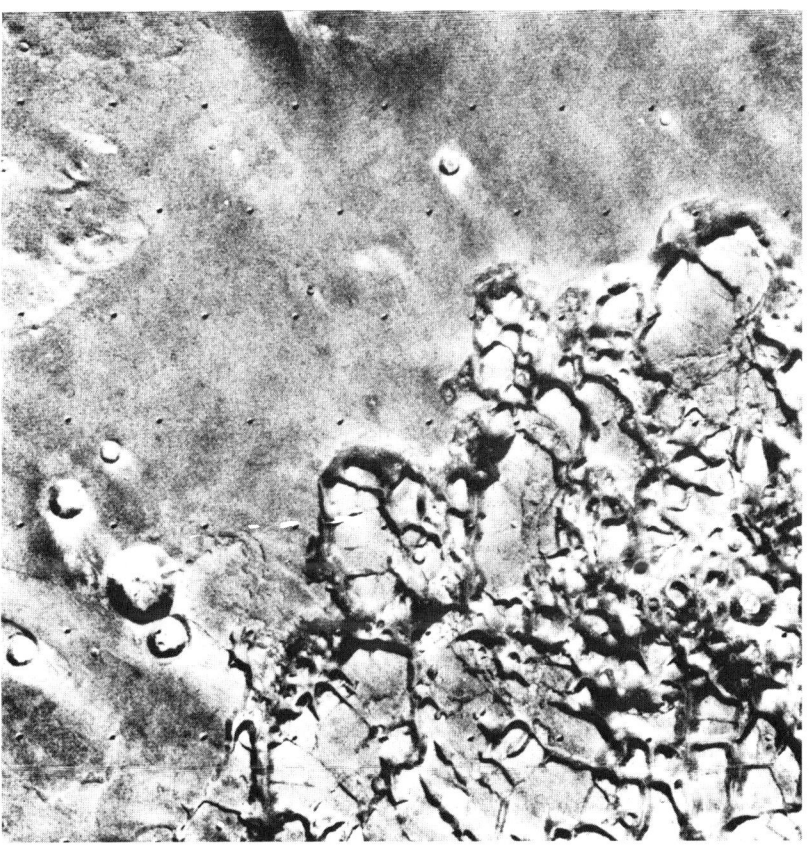

Auf diesem Bild sind
einige der baumartig
verzweigten Kanalsy-
steme zu erkennen,
die sich in die alte
verkraterte Oberflä-
che eingeschnitten
haben. Sie sind hier
besonders gut zu se-
hen, weil das Eis der
winterlichen Polkappe
die Kontraste ver-
stärkt. Dieses Kanal-
netz liegt bei etwa
40° S, weitere hat
man nördlich des
Äquators in etwa der
gleichen Breite gefun-
den. Die Strukturen
haben Ähnlichkeit mit
irdischen Kanälen, die
von ablaufendem Re-
genwasser gebildet
werden. Eine ähnliche
Erklärung bietet sich
für die Marskanäle
an; allerdings ist diese
Hypothese bisher
noch sehr umstritten.

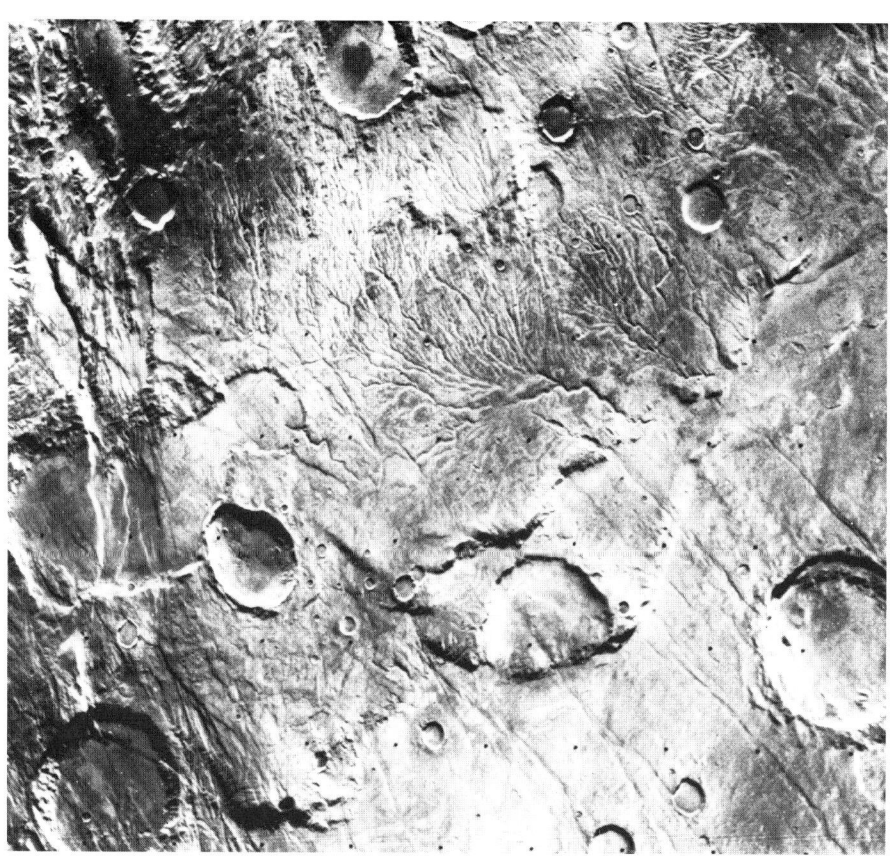

Von den Mariner-9-
Aufnahmen her wußte
man, daß die hier ab-
gebildete Chryse-Pla-
nitia-Region von vie-
len anscheinend in
fernerer Vergangen-
heit entstandenen Ka-
nälen durchzogen ist.
Dies war der Grund
dafür, sie als Lande-
platz für Viking 1 zu
wählen. Das Haupt-
ziel der Mission war
die Suche nach Le-
bensspuren, und we-
gen des Zusammen-
hangs von Wasser und
Leben und aufgrund
der Vermutung, daß
die Kanäle durch flie-
ßendes Wasser ent-
standen sind, erschien
das Chryse-Gebiet für

den Beginn der Suche
besonders geeignet.
Vor der Landung
wurde das Gebiet für
erste Untersuchungen
vom Orbiter aus
gründlich kartogra-
phiert, um sicherzustel-
len, daß eine Landung
dort kein zu großes
Risiko bedeutete. Aus
dieser Untersuchung
stammt das hier ge-
zeigte Mosaikbild, das
ein System von Kanä-
len erkennen läßt, die
im Kratergebiet des
Lunae Planum entste-
hen und nach Osten
in die Chryse-Region
einmünden. Das Foto
erfaßt eine Fläche von
100 × 170 km um
etwa 50° N, 20° W.

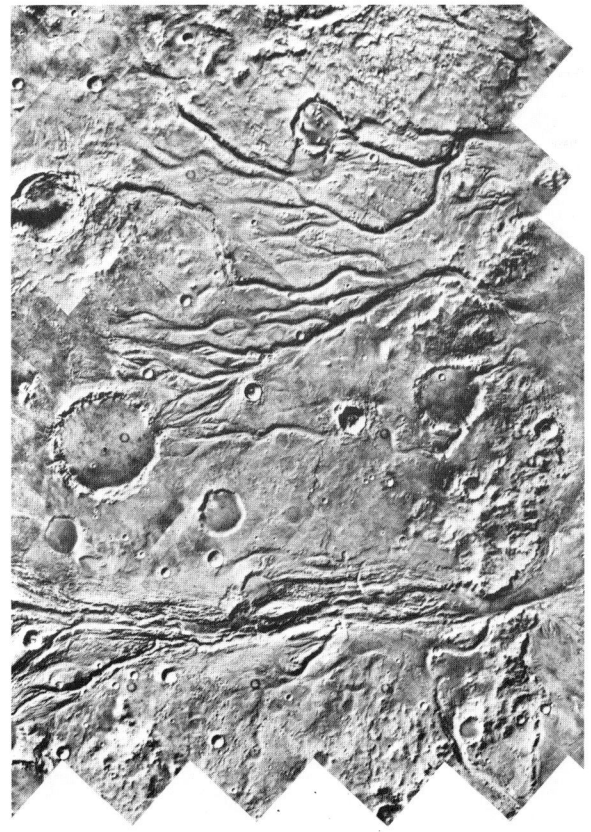

Die sehr ausgefallenen Namen, die man den Kanälen zum Teil gegeben hat, stammen aus verschiedenen Sprachen – es sind alles Bezeichnungen für den roten Planeten. Ma'adim Vallis, das wir hier sehen, liegt südlich des Äquators bei 180° W und, wie die meisten gewundenen Kanäle, in der Nähe der um den ganzen Planeten laufenden Grenze zwischen dem alten Kratergebiet und den jungen Ebenen. Seine Gesamtlänge beträgt 200 km, und es endet abrupt mitten im Kratergebiet. Wie viele andere Marskanäle hat Ma'adim Vallis den charakteristischen gewundenen Verlauf, der eigentlich nur durch eine strömende Flüssigkeit entstanden sein kann, und als Flüssigkeit kommt kaum etwas anderes als Wasser in Betracht. Wenn das richtig sein sollte, müßte das Wasser nicht unbedingt aus Niederschlägen stammen, und es setzt auch nicht atmosphärische Bedingungen voraus, unter denen flüssiges Wasser längere Zeit existieren kann. Die Häufigkeit großer Kanäle in der Nähe der Grenze zwischen den beiden großen Terraintypen und die allgemein akzeptierte Vorstellung, daß diese Grenzlinie durch tauendes Bodeneis entstanden ist, legt die Annahme nahe, daß das Wasser aus dem Inneren gekommen ist. nachdem es durch heißes Magma freigesetzt worden war. – Der Ausschnitt erfaßt in horizontaler Ausdehnung etwa 250 km.

Kasei Vallis ist ein breiter Kanal nördlich des Viking-1-Landeplatzes. Er verläuft entlang der Grenze zwischen dem alten Kraterhochland und den nördlichen Ebenen. Dieses Bild erfaßt ein Gebiet von nur 80 × 80 km und zeigt noch sehr kleine Einzelheiten. Dazu gehören einige stromlinienförmige Inseln, die wahrscheinlich durch Wasser geformt wurden. Sie sind an der Vorderseite abgerundet und laufen nach hinten spitz zu. Zum Teil sind es wohl Ablagerungen, die sich hinter einem Hindernis in der Strömung gebildet haben.

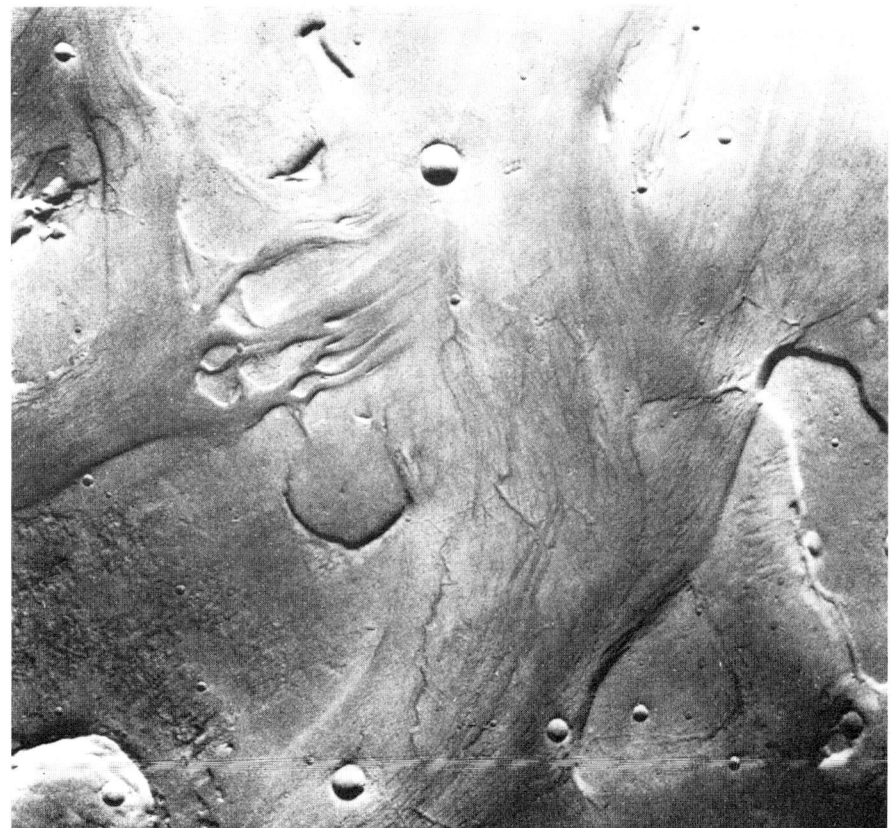

Auf vielen Fotos von
der Marsoberfläche
sind Dünen zu sehen.
Das größte Dünenfeld
umgibt die Kappe aus
ewigem Eis am Nord-
pol. Es bedeckt ein
Gebiet etwa von der
Größe der Sahara.
Sonst scheinen Dünen
nur in den Talböden
großer Krater vorzu-
kommen, wie auf die-
sem Bild. Der größte
Krater hier, Proctor,
liegt bei 48° S,
330° W und hat einen
Durchmesser von
etwa 160 km. Die
Dünen auf dem Mars
sind ähnlich wie die
auf der Erde sichel-
förmig; daraus läßt
sich auf eine ähnliche
Entstehung schließen.
Sowohl auf der Erde
als auch auf dem
Mars gibt es Dünen
unterschiedlichster
Größe, während ihre
Grundform ziemlich
gleich bleibt. Ferner
ändert sich auf beiden
Planeten in einem be-
stimmten Dünenfeld
das Grundmuster
kaum. Bei der gerin-
gen Dichte der Atmo-
sphäre müssen die
Winde viel stärker
sein, um die feinen
Sandteilchen zu Dü-
nen zusammenzuwe-
hen. Die Bewegung
ist nicht gleichmäßig,
sondern erfolgt in
Schüben. Auf dem
Mars sind die klein-
sten Partikel etwa
0,2 mm groß (etwa
wie sehr feiner Sand)
und erfordern Wind-
geschwindigkeiten von
100−300 km/h.

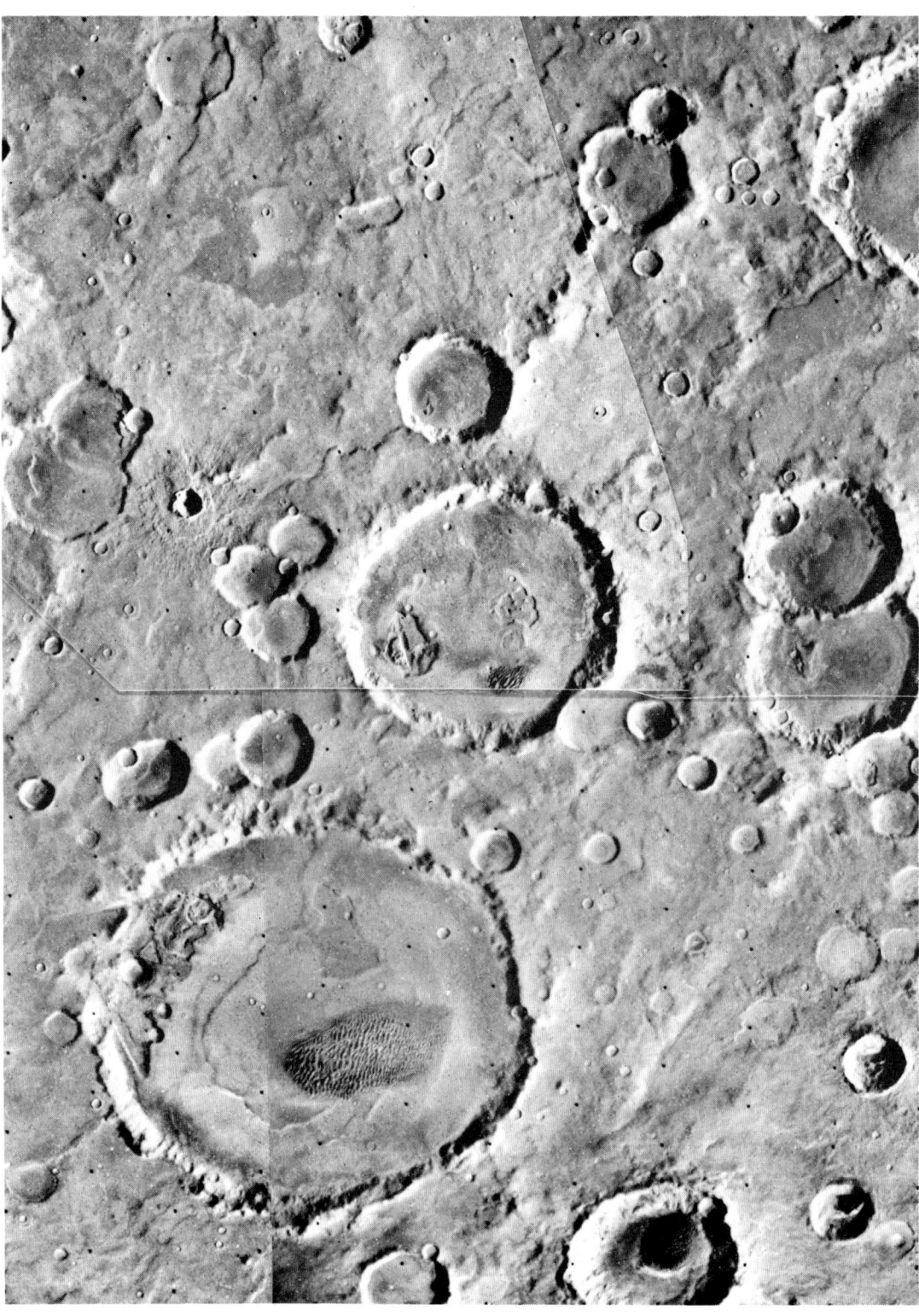

Die fotografische Aufnahme der gesamten nördlichen Polregion durch den Viking-2-Orbiter zeigte, daß – anders als im Süden – das ewige Polareis von einem Ring aus Sanddünen umgeben ist, der sich zwischen 70° und 80° N erstreckt. Das farbige Mosaikbild, das etwa 135 × 75 km überdeckt, zeigt diesen Dünenrand (der dunkle Streifen unten im Bild). Die dunkle Färbung bedeutet, daß der Dünensand aus den dunklen, weniger leicht erodierenden Mineralien der Kruste besteht.

Regionale Staubstürme sind auf vielen Mariner-9- und Viking-Orbiter-Aufnahmen dokumentiert. Den Stürmen folgen oft Veränderungen in dem Muster, das helle und dunkle Stellen auf der Marsoberfläche bilden. Dieser ungewöhnliche Bildausschnitt zeigt ein solches Verhalten sehr deutlich in einer viel kleineren Größenordnung. Hier wird Staub aus einem Gebiet hochgewirbelt, das nur einige 100 m groß ist, und in feinen Wolkenstreifen mehrere 10 km weit befördert. Es sieht so aus, als ob helles Oberflächenmaterial fortgeweht und darunterliegendes dunkles Gestein freigelegt wird, so daß die mehr Licht absorbierenden dunklen Stellen größer werden. Die sehr unterschiedlichen Grenzen der Bereiche unterschiedlicher Albedo sind ein Zeichen für diesen Vorgang. Das abgebildete Gebiet liegt etwa 900 km südlich des Äquators in der Nähe des Nullmeridians.

Mars

etwa zur Hälfte. Der Boden ist mit einer mehrere Zentimeter dicken Schicht aus gefrorenem Kohlendioxid bedeckt. Das Eis hat sich auch am Fuß der umgebenden Berge angesammelt und läßt die Geländeformationen plastisch hervortreten. Parallel zum Rand des Planeten verläuft eine Dunstschicht, wahrscheinlich aus Wassereiskristallen, die sich in etwa 25 km Höhe bilden. Es fällt auf, daß die Atmosphäre im allgemeinen sehr klar und nicht durch die häufigen Wolkenfelder getrübt ist, wie sie für den Nordwinter typisch sind.

Die beiden größten Becken auf dem Mars, Hellas und Argyre, liegen auf der südlichen Hemisphäre. Argyre ist mit einem Durchmesser von etwa 900 km das kleinere. Da es von vulkanischem Material überflutet wurde, ist es ziemlich flach (etwa 2 km tief) und sehr eben. Diese Schrägansicht wurde im Südwinter aus südwestlicher Richtung aufgenommen und erfaßt das Becken

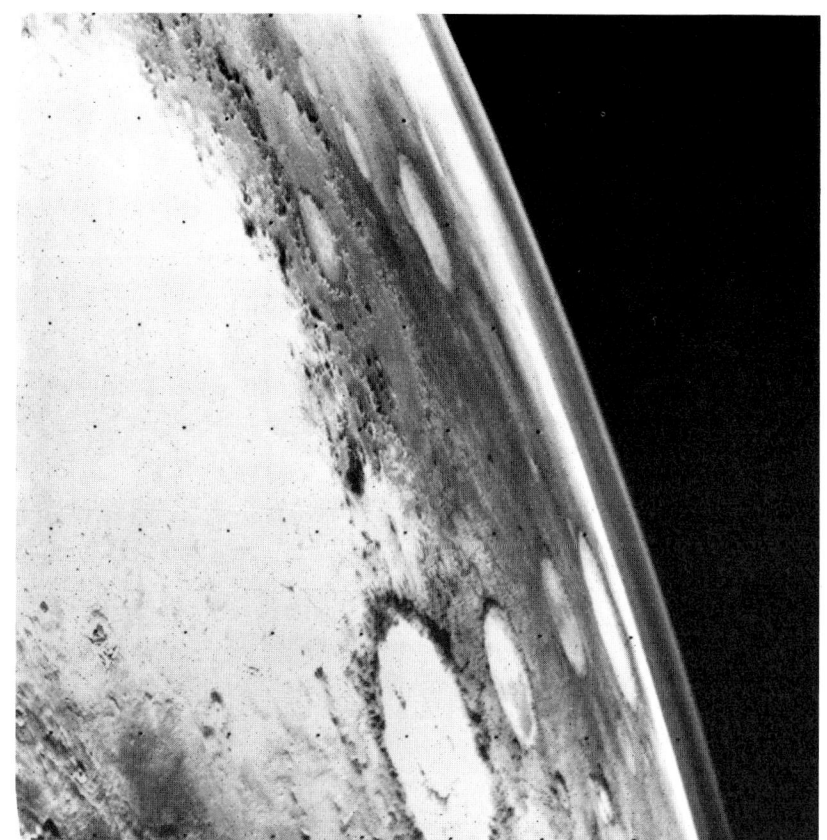

Im Winter erstreckt sich die südpolare Eiskappe aus CO_2 bis in Breiten von 40°–45°. Der Rand der Vereisung ist auf diesem Bild des 250 km großen Kraters Kopernikus bei 48° S, 160° W deutlich zu sehen. Die Polkappe baut sich aus mehreren Gründen nicht gleichmäßig auf: die Albedo der Oberfläche, topographische Verhältnisse, thermische Eigenschaften des Oberflächenmaterials und örtliche Winde spielen eine Rolle.

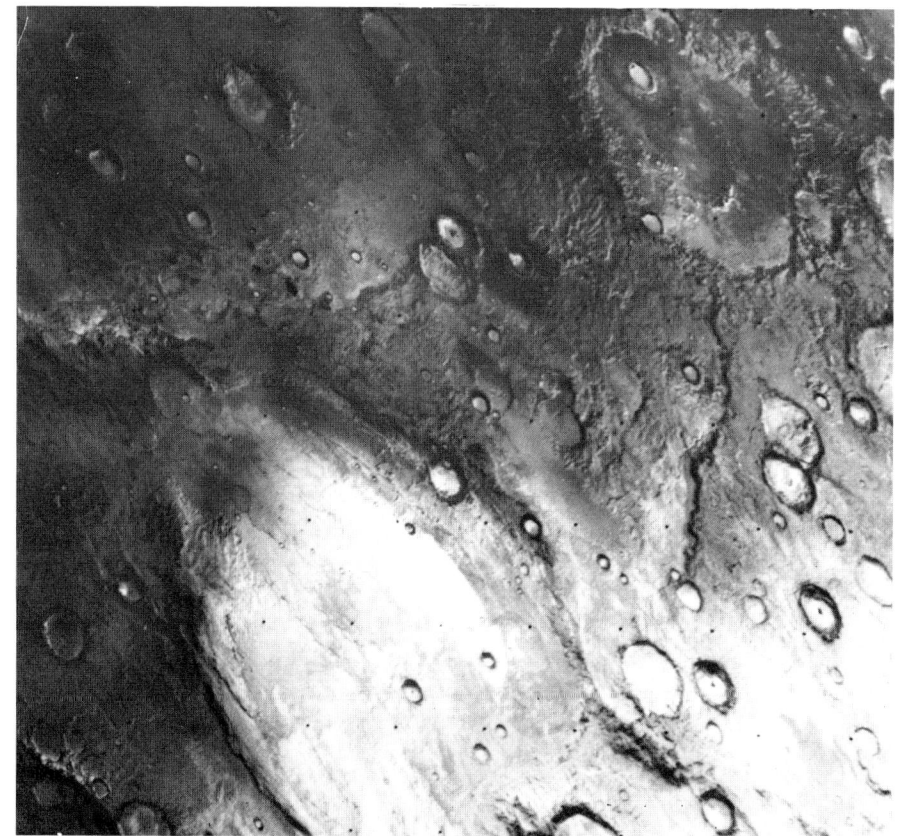

Auch von der Erde aus kann man das Zurückweichen der Polkappen auf dem Mars verfolgen und großräumige Strukturen erkennen. Die Polkappe schrumpft nicht rotationssymmetrisch, doch folgt die Abnahme offensichtlich in jedem Jahr einem fast identischen Muster, mit vorhcrsagbarer Geschwindigkeit und dem Auftauchen der gleichen morphologischen Merkmale. So hat man beobachtet, daß immer an der gleichen Stelle und zur gleichen Zeit (im späten Frühjahr bei 70° S, 330° W) eine helle Insel aus Eis stehenbleibt. Man nahm an, daß dort eine Erhebung liegt, und nannte sie Mitchel-Gebirge.
Dieses Mosaikfoto wurde vom Viking-Orbiter aus zu dem Zeitpunkt gemacht, an dem sich die helle Region von der Polkappe isoliert. Sie erscheint als Halbinsel in der Nähe des großen Kraters Main. Allerdings ist nicht zu erkennen, daß dieses Gebiet höher liegt, im Gegenteil, es könnte eher eine Senke sein. Das würde die Ansammlung von Reif begünstigen, der von anderen Gebieten im Winter hereingeweht wird. Eine dickere Eisschicht würde natürlich im Frühjahr langsamer schmelzen.

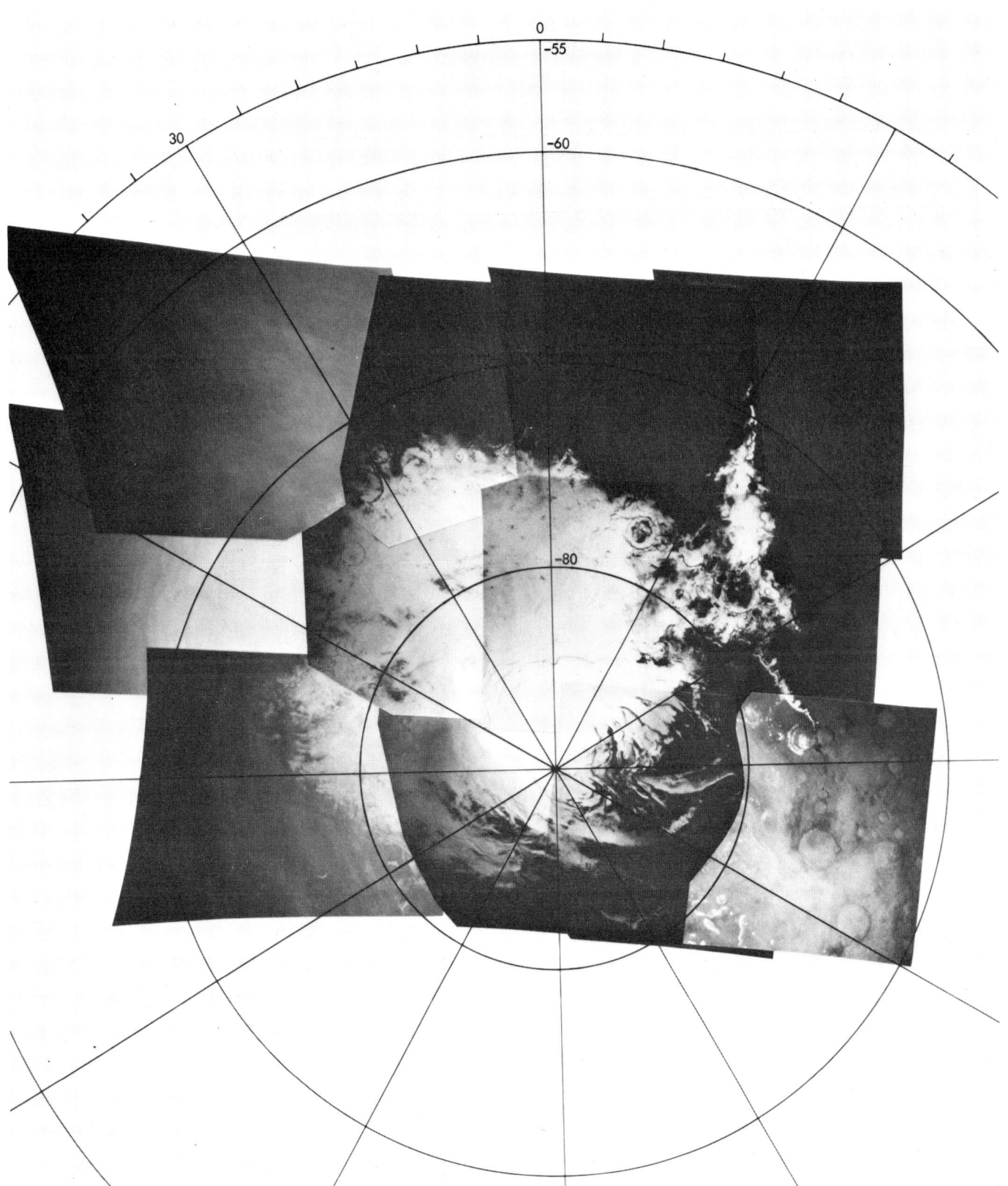

153

Mars

Die Schichten der Sedimente in der nördlichen Polarregion ähneln einem abstrakten Kunstwerk, wenn im Sommer das Eis an den Südhängen schmilzt und Reif von den herrschenden Winden verweht wird und komplizierte Muster bildet. Die Sedimentschichtungen, die wie feine Pinselstriche aussehen, tragen zu diesem Eindruck bei.

Das Foto zeigt ein Gebiet von 63 × 88 km bei 79° N, 341° W.

Weder im Norden noch im Süden verschwinden die Polkappen in der langen warmen Jahreszeit vollständig. Temperaturmessungen der Orbiter haben ergeben, daß die Eisreste im Norden aus gefrorenem Wasser bestehen, während aus Gründen, die wir noch nicht kennen, im Süden hauptsächlich gefrorenes Kohlendioxid übrigbleibt. Der große Neigungswinkel und die Ausrichtung der Orbiter-Bahnen machten Bilder mit hoher Auflösung von der nördlichen Polkappe möglich. Dabei wurden auch einige farbige Mosaikfotos wie das hier gezeigte gewonnen. Der Boden in der Nähe der Pole besteht aus dicken, in Schichten abgelagerten Sedimenten, die zu einem bizarren Muster von Riffen und Gräben erodiert sind. Im Sommer sublimiert die Sonne das Eis auf den dem Äquator zugewandten Abhängen und hinterläßt eine Landschaft aus weißen, eisbedeckten Ebenen und roten, kahlen Abhängen, die scharfe Kontraste miteinander bilden. Dieses Bild zeigt eine solche Gegend aus der Nähe (etwa 65 × 30 km). Die gewundene Grenze zwischen Eis und kahlem Boden ist der Grat eines 500 m hohen Rückens. An seinen Abhängen kann man je etwa 50 m dicke Schichten erkennen. Diese Ablagerungen bestehen wahrscheinlich aus Staub, der aus niedrigen Breiten dorthin geweht wurde, sowie aus Eis. Man glaubt, daß die Schichtung periodische Schwankungen der atmosphärischen Eigenschaften widerspiegelt; sie könnten auf langsamen Veränderungen der Marsbahn und der Neigung seiner Rotationsachse beruhen.

Die Viking-Orbiter haben mehrfach in der Umgebung des Valles Marineris und im Tal selbst in den frühen Morgenstunden eine Art Bodennebel registriert. Dieses farbige Kompositbild, das zu Beginn der Viking-Missionen im Frühwinter gemacht wurde, zeigt den Komplex von Cañons am westlichen Ende des großen Tals Noctis Labyrinthus. Daß es sich hier um Nebel aus Kondensaten handelt – bei den am frühen Morgen anzunehmenden Temperaturen wahrscheinlich um Wassereis – geht aus der weißen Farbe hervor. Der Nebel liegt hauptsächlich tief in den Tälern, breitet sich aber auch noch über die umliegenden Ebenen aus. Da die Marsatmosphäre trotz ihrer nach irdischem Maßstab großen Trockenheit häufig nahe dem Sättigungspunkt ist, überrascht die Nebelbildung in tiefliegenden Gebieten während der kalten Nächte nicht.

155

Diese Bildfolge wurde vom Viking-Orbiter zwei Tage nach dem Einsetzen eines regionalen Staubsturms gemacht, der mit dem globalen vom Februar 1977 in Verbindung stand. Das Mosaik überdeckt eine ausgedehnte Zone der Planetenoberfläche von Äquatornähe (oben), wo man Teile des Valles Marineris erkennen kann, bis tief nach Südwesten. Unten rechts sieht man noch einen oder zwei mit Eis angefüllte Krater der zurückweichenden südlichen Polkappe. Die Staubwolken entwickeln deutliche Strukturen. Schatten deuten auf großräumige vertikale Höhenunterschiede hin. Das zellenartige, brodelnde Aussehen der Wolken im Süden zeigt starke Konvektion an. Obwohl die Wolkendecke im Norden gleichmäßiger ist, wird sie in der Nähe einer „Sturmfront" südlich des großen Cañons augenscheinlich unruhiger. Die Schatten in dieser Gegend deuten Wolkenhöhen von 15−30 km an.

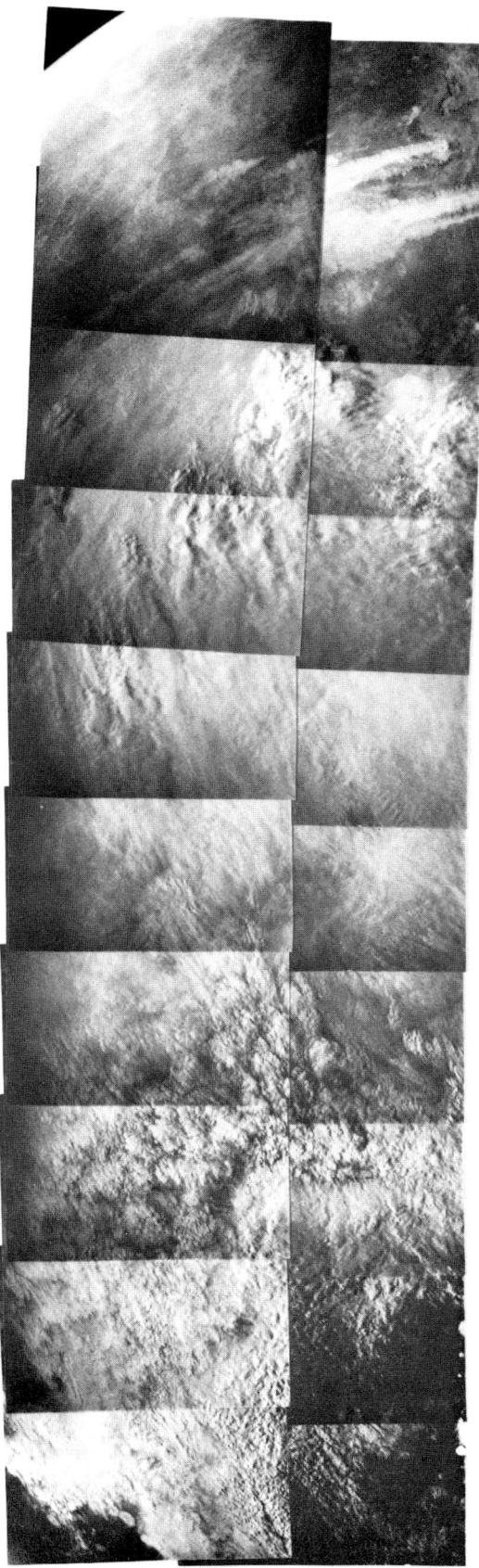

Eine seltene Wolken-
formation zeigt diese
Viking-Aufnahme. Sie
wurde im Frühsom-
mer nahe am Rand
der nördlichen Pol-
kappe gemacht. Die
Wolkenspirale oben
links sieht wie ein
tropischer Wirbel-
sturm aus, wie sie
Wettersatelliten auf
der Erde fotografiert
haben. Gleichzeitige
Temperaturmessungen
machen wahrschein-
lich, daß die Wolke
aus Wassereis besteht.
Der Radius der Wol-
kenspirale beträgt
etwa 100 km. Diese
und eine oder zwei
weitere Beobachtun-
gen sind Hinweise auf
wellenartige Zirkula-
tionen während des
Sommers. Schon vor-
her haben Mariner-
9-Bilder sowie
Druckmessungen der
Viking-Landefähren
Hinweise auf solche
Zirkulationsmuster
während des Mars-
winters gegeben.

Am 20. Juli 1976
landete Viking 1 auf
dem Mars. Der Lan-
deplatz lag in einem
geologisch komplex
aufgebauten Becken
etwa 200 km nordöst-
lich des Valles Mari-
neris, das Chryse Pla-
nitia (Ebene des Gol-
des) heißt. Obwohl
die Region aus größe-
rer Distanz sehr eben
aussah, gibt es dort
doch Wälle, Tafel-
berge und Plateaus,
Furchen und Hügel,
niedrige Schilde wahr-
scheinlich vulkani-
schen Ursprungs und
weite Flächen, die
denselben Prozessen
unterworfen waren,
die zur Entstehung
der Kanäle auf dem
Mars führten. Zwei
Kanalsysteme enden
in diescm Gebiet. Das
obere Bild ist ein
Blick von der Lande-
stelle nach Nordosten;
es zeigt nicht nur eine
typische Verteilung
kantiger Gesteins-
trümmer, sondern
auch einen Fächer aus
Gesteinsschutt, der
der Landschaft ihren
besonderen Charakter
gibt. Auffallend ist ein
großer Felsblock, der
von einer Staubschicht
bedeckt ist. „Big
Joe", wie man den
Felsen taufte, ist etwa
2 m lang und liegt
etwa 9 m von der
Landefähre entfernt.
Eine nähere Untersu-
chung (Foto unten)
ergab, daß Big Joe
aus zwei dicht neben-
einander liegenden
ähnlichen Felsen be-
steht. Das obere Bild
wurde am 17. Februar
1978 aufgenommen,
um die einige Tage
vorher gegrabenen
Rinnen im Bild fest-
zuhalten. Man sieht
sie rechts von dem
Arm, auf dem Senso-
ren zur Messung von
Temperatur, Druck,
Windgeschwindigkeit
und Windrichtung an-
gebracht sind. Diese
Aufnahmen der

Landefähre geben die
Farbtöne der Mars-
oberfläche besser wie-
der als die Orbiter-
Bilder, da die Lande-
fähre mit einer Farb-
test-Tabelle ausgerü-
stet war. Der Himmel
hat über dem Horizont
immer eine orange-
braune Tönung,
da Staubteilchen in
der Atmosphäre
schweben.

Mars

weil sie sehr eben aussah und es dort nur wenig Einfallkrater gibt. Vorherrschende topographische Merkmale sind jedoch kleine Hügel, unregelmäßige Vertiefungen und kuppelförmige Erhebungen, die wahrscheinlich vulkanischen Ursprungs sind. Die Entstehung von Utopia ist noch kaum geklärt. Auf dieser nach Süden ausgerichteten Ansicht ist zu erkennen, daß Viking 2 auf einer flachen, von Felsbrocken übersäten Ebene aus Sedimenten steht. Die Felsbrocken könnten von dem großen Krater Mie stammen, der 20 km weiter östlich liegt, oder auch Reste alter Lavaströme sein. (Viele Blöcke sind porös wie Schwämme; solche Poren und Blasen entstehen normalerweise beim Erstarren von lockerer, gasreicher Lava.)

Die zweite Viking-Landefähre setzte am 3. September 1976 in der Utopia Planitia (bei 48° N, 226° W) auf. Die Landestelle liegt in der weiten Ebene, die typisch für die nördliche Hemisphäre ist. Die Stelle wurde ausgewählt,

Nach Nordosten überblickt Viking 2 eine mit Felsblöcken übersäte Landschaft bis zu einem Horizont, der geneigt zu sein scheint. Das wird durch die Stellung der Landefähre vorgetäuscht: Eines ihrer „Beine" steht wahrscheinlich auf einem Felsbrocken, wodurch die Fähre etwa 8° gegen die Oberfläche geneigt ist. Ein großer Stein in der Mitte links fällt besonders auf. Er ist etwa 1 m groß, und Schwarz-weiß-Aufnahmen mit höherer Auflösung zeigen, daß er schichtig aufgebaut ist. Andere Steine auf dem Bild wirken porös, während wieder andere vom Wind geformt zu sein scheinen.

Mars

Dieses Viking-1-Bild zeigt deutlich eine vom Wind gestaltete Landschaft. Das flach einfallende Licht der aufgehenden Sonne läßt Verwehungen gut sichtbar werden.

Schaut man sich die Leeseite der Dünen genau an, erkennt man eine Schichtung; sie weist darauf hin, daß sich die Sedimente wahrscheinlich bei wechselnden Win-

den schichtweise abgelagert haben. Zur Zeit der Aufnahme scheinen die Verwehungen einer Abtragung zu unterliegen, die ihre Schichtung freilegt.

Ein typischeres Bild der Landschaft auf dem Mars vermittelt dieses Viking-1-Foto. Das Licht der aufgehenden Sonne bringt die Details in diesem, so weit man sehen kann, von unregelmäßigen Gesteinstrümmern übersäten Gebiet deutlich heraus. Die Brocken stammen wahrscheinlich von einem früheren Meteoriteneinfall, der das Urgestein aufbrach und fortschleuderte. Es wäre denkbar, daß die Steine bei einer gewaltigen Flut abgelagert worden und seitdem stark verwittert sind.

Die beiden Kameras der Viking-Landefähren sind an kurzen Masten auf einer Wand der dreiseitigen Kapsel befestigt. Wenn sie nach „hinten" über die Landefähre hinweg gerichtet sind, schieben sich daher die auf der Landefähre aufgebauten Instrumente ins Bild. Dieses Bild ist ein solcher „Rückblick". Zwischen dem Fuß der Antenne und dem oberen Ende eines Beins der Fähre erkennt man einen porösen Felsblock, der in feinkörniges Sediment eingebettet ist. Wahrscheinlich hat sich dieses feine Material auf der Leeseite des Blocks angesammelt. Die Auswirkungen des Windes sind ganz unterschiedlich; andere Felsblöcke in der Nähe der Landefähre, auf anderen Bildern zu sehen, liegen in Erosionsmulden.

Dieses Viking-2-Bild eines Sonnenuntergangs auf dem Mars enthält zwar wenig Information, aber es ist von einer unwiderstehlichen, zauberhaften Schönheit.

Mars hat zwei kleine Monde. Sie heißen Phobos (Furcht) und Deimos (Schrecken) nach den Gefolgsleuten des Kriegsgotts. Phobos (oben) hat einen mittleren Durchmesser von 22 km und läuft in 7^h 39^m einmal um den Planeten. Deimos (unten) ist etwas kleiner (mittlerer Durchmesser 14 km) und mit einer Umlaufzeit von 30^h 17^m von Mars etwas weiter entfernt. Beide weisen wie unser Mond eine gebundene Rotation auf, wenden also dem Planeten immer dieselbe Seite zu. Die beiden Monde scheinen sich sehr ähnlich zu sein, sie sind sehr dunkel und ohne Farben, und ihre Dichte ist kleiner als 2 g/cm³. Deshalb unterscheiden sie sich wohl in ihrer Zusammensetzung nicht allzusehr von der Art Meteoriten, die man als kohlige Chondriten bezeichnet. Man nimmt an, daß diese Meteoriten aus dem Asteroidengürtel stammen; sie könnten, so ist eine Hypothese, vom Mars eingefangen worden sein. Es gibt allerdings Argumente gegen diese Hypothese. Die Bahnebenen der beiden Monde sind nämlich nur wenig gegen die Äquatorebene des Mars geneigt, und es gibt kaum einen Mechanismus, der die Bahnebene eines eingefangenen Objektes wesentlich ändern kann. Die augenblickliche Situation wäre demnach äußerst unwahrscheinlich. Die Oberflächen von Phobos und Deimos sind wahrscheinlich mit Trümmerresten aus zahllosen Meteoriteneinstürzen übersät. Obwohl beide Monde lückenlos mit Kratern bedeckt sind, sieht Deimos etwas „glatter" aus, da einige seiner Krater teilweise aufgefüllt sind. Auf Phobos ist ein Streifenmuster zu sehen, das wohl Risse in der Kruste anzeigt, die bei der Bildung des größten Kraters, Stickney, entstanden sind.

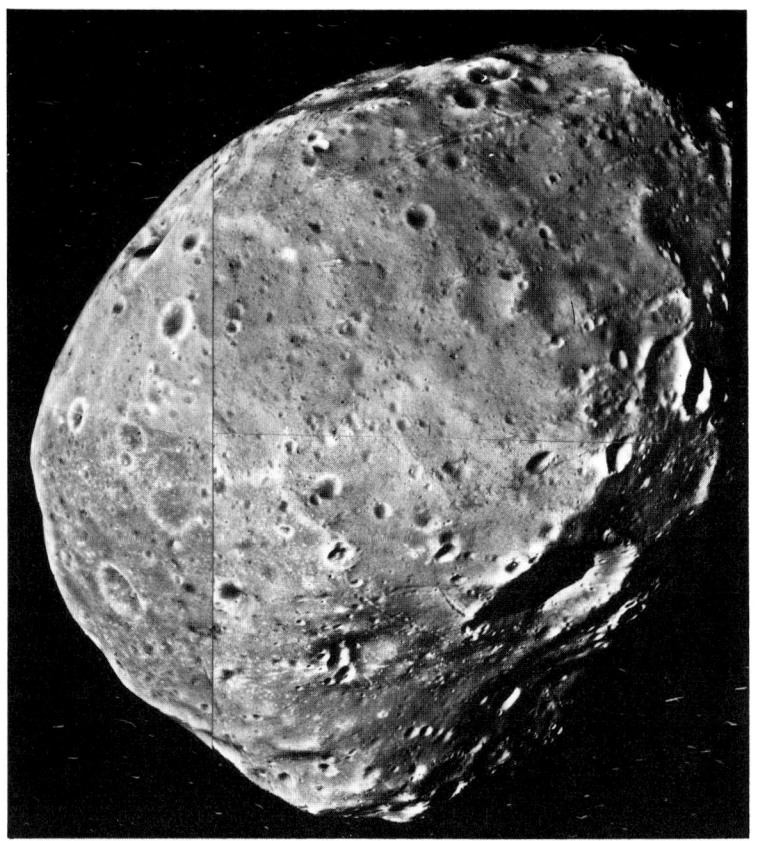

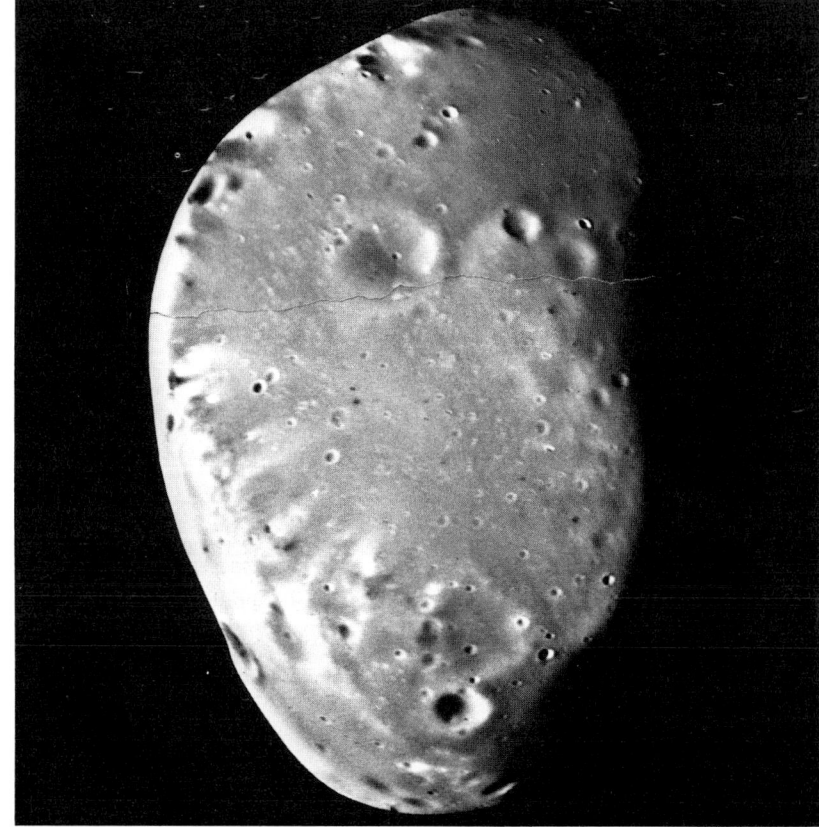

Der Krater Stickney (am linken Bildrand) hat mit einem Durchmesser von 10 km im Vergleich zu dem kleinen Phobos eine enorme Ausdehnung, die die Unregelmäßigkeit dieser „Kartoffel" noch verstärkt. Das Netz aus geradlinigen Rillen, das den inneren Marsmond charakterisiert, scheint von dem dem Krater antipodisch gegenüberliegenden Punkt auszugehen. Die Rillen sind offenbar Risse, die bei dem Einschlag entstanden, der den Krater aushob und beinahe den Mond auseinandergerissen hätte.

In einem bemerkenswerten Präzisionsmanöver wurde der Viking-2-Orbiter im Oktober 1977 in nur 30 km Entfernung an Deimos vorbeigelenkt. Dieser äußerst dichte Vorbeiflug sollte detaillierte Aufnahmen und eine genaue Bestimmung der Mondmasse ermöglichen (damit läßt sich auch die Dichte berechnen und ein Rückschluß auf seine Zusammensetzung ziehen). Dieses bei der engen Begegnung gemachte Foto ist eines der Bilder mit der höchsten Auflösung, die je von einem planetaren Objekt aus einer Umlaufbahn gemacht worden sind. Das Bild erfaßt nur etwa 1,2 × 1,5 km, und es sind darauf Einzelheiten bis herab zu einer Größe von 3 m zu erkennen. Man sieht, daß die Oberfläche vollständig von Kratern bedeckt ist; viele sind allerdings mit Staub gefüllt, so daß nur noch ihre Umrisse zu erkennen sind. Felsblöcke von der Größe eines Hauses (10–30 m), wahrscheinlich Auswurfmaterial von Meteoriteneinfällen, liegen über die Oberfläche verstreut.

Mars

Diese Reliefkarte von Mars wurde nach Mariner-9-Fotos angefertigt; die Positionen des Raumfahrzeugs waren mit Radar kontrolliert worden, so daß die Fotos exakt zusammengesetzt werden konnten. Die Schummerung entspricht einer einheitlichen Beleuchtung von Westen. Es war nicht beabsichtigt, die Farbe der Marsoberfläche genau wiederzugeben; der gewählte Farbton stellt jedoch eine ganz gute Annäherung dar. 1 Grad entspricht 59 km.

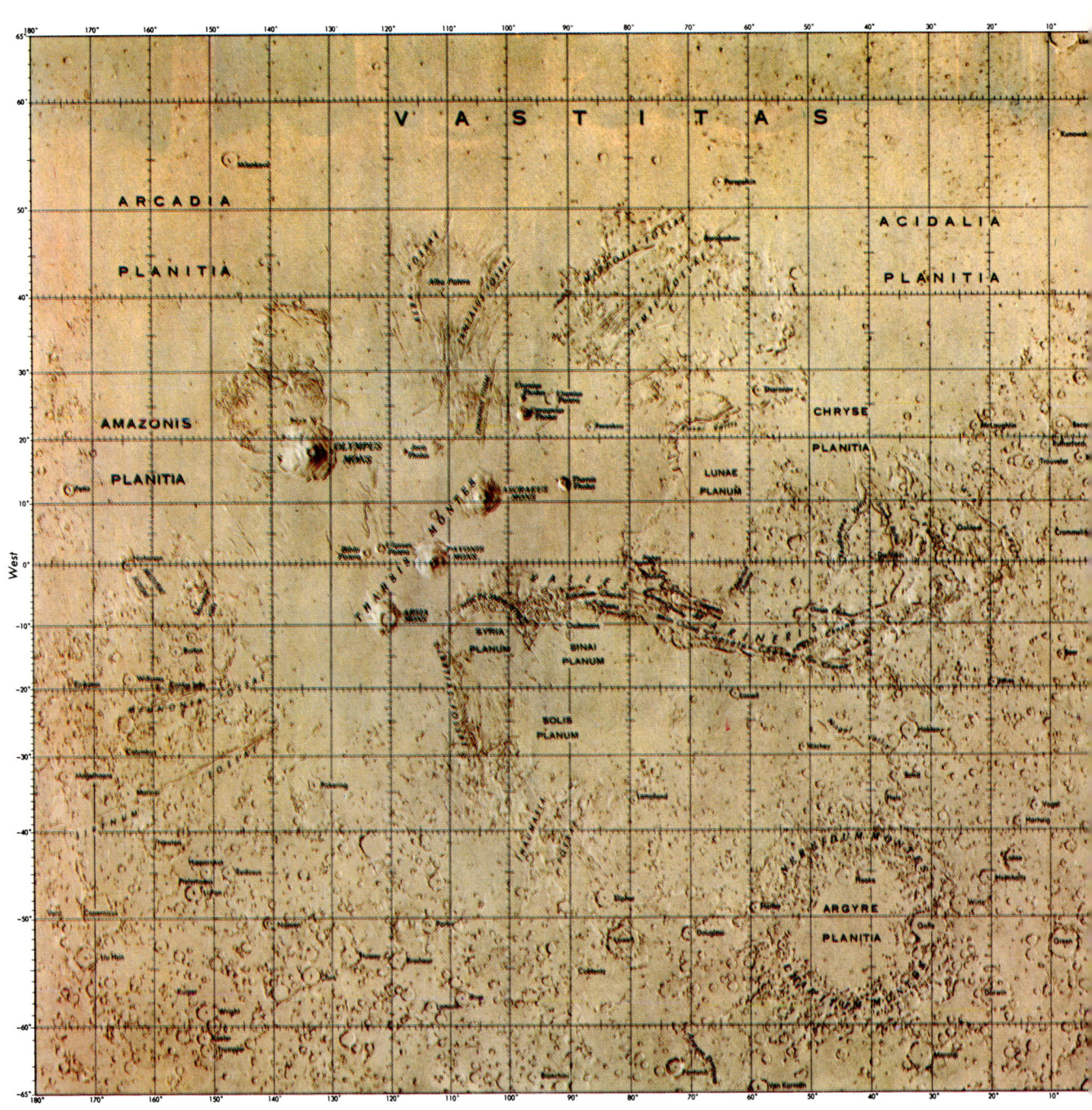

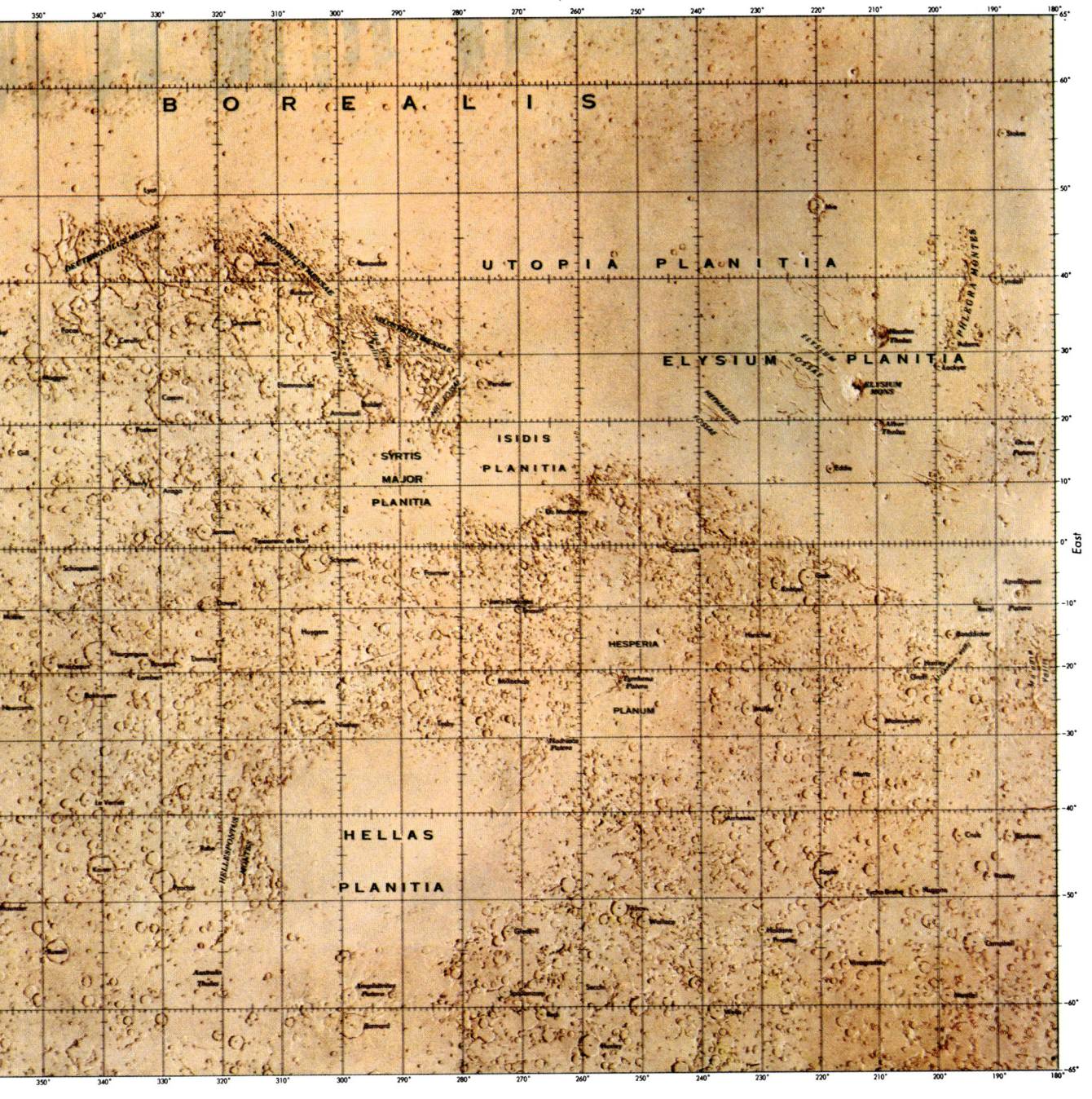

Das Jupiter-System

Jupiter

Mit seinem gelblichen Glanz ist Jupiter ein auffallendes Objekt am Nachthimmel. Man wußte bereits in der Antike, daß dieser Planet etwa fünfzehnmal so weit von uns entfernt ist wie Venus, der einzige Planet, der Jupiter überstrahlt. Daß er den uns viel näheren Mars an Helligkeit übertrifft, wenn beide Planeten in Opposition sind, liegt hauptsächlich an seiner enormen Größe. Mit seinem mehr als tausendfachen Erdvolumen enthält er mehr Masse als alle anderen Planeten zusammen. Er hat einen Äquatordurchmesser von 142 800 km (das ist das 11,2fache des Erddurchmessers) und eine Masse von $1,9 \cdot 10^{27}$ kg (317,9 Erdmassen). Diese und einige anderen Zahlenwerte sind in der folgenden Tabelle zusammengestellt.

Mittlere Entfernung von der Sonne 5,203 AE	Äquatorradius 71 398 km
Umlaufzeit 11,9 Jahre	Polradius 66 770 km
Neigung des Äquators gegen die Bahnebene 3,07°	Masse $1,901 \cdot 10^{27}$ kg
	Mittlere Dichte 1,33 g/cm³
	Rotationsperiode $9^h 55^m 29^s$

Da Jupiter zu den „oberen" Planeten gehört, d.h. weiter von der Sonne entfernt ist als die Erde, sehen wir ihn ständig als voll oder nahezu voll beleuchtete Scheibe. Schon mit einem kleinen Fernrohr kann man sein Streifenmuster erkennen und eine Ahnung von der Vielfalt der Farbtönungen zwischen den dunklen Bändern bekommen. Weiter fällt dem Beobachter, der den Planeten zum ersten Mal im Teleskop sieht, die Reihe heller Satelliten auf, die ihn umkreisen. Die vier größten sind schon seit dem Jahr 1610 bekannt, als Galilei sie entdeckte. Sie sind so groß, daß man sie fast als selbständige Planeten ansehen kann, und sie bieten einen so spektakulären Anblick und sind von so großem wissenschaftlichem Interesse, daß sie weiter unten im Detail beschrieben werden sollen.

Jupiter ist vollständig von Wolken eingehüllt. Anders als bei der gleichmäßig schimmernden Venus erscheinen die Jupiterwolken allerdings bei sichtbaren Wellenlängen in vielen Farben. Die Muster und Tönungen wechseln beständig innerhalb von einigen Stunden oder Tagen, die Streifenstruktur bleibt jedoch immer erhalten. Aus einfachen Überlegungen, vor allem aus der geringeren mittleren Dichte, folgt, daß die Atmosphäre sehr dick sein muß und einen großen Teil des Radius, wenn nicht den gesamten Planeten einnimmt. Deshalb werden Jupiter und seine kleineren, noch weiter entfernten Planetengeschwister Saturn, Uranus und Neptun auch als „Gasriesen" bezeichnet. Alles, was wir auf Bildern von

Jupiter oder diesen anderen Planeten sehen, sind chemische oder meteorologische Merkmale der Atmosphäre; sie haben keinen direkten Zusammenhang mit den Eigenschaften der Oberfläche, falls eine solche
in größerer Tiefe wirklich existiert.

Die Grundzüge der chemischen Eigenschaften des Jupiter sind sehr einfach: Der Planet ist ähnlich wie die Sonne zusammengesetzt, d.h. er besteht im wesentlichen aus Wasserstoff und Helium im Verhältnis von
4:1. Man kann allerdings nicht mit genau derselben chemischen Zusammensetzung rechnen, da sich bei der Kondensation des Protoplaneten,
aus dem später Jupiter wurde, zunächst ein großer Kern aus Staub- und
Eiskörnchen bilden mußte, die im äußeren Sonnennebel vorhanden waren. Man nimmt an, daß dieser frühe Kern etwa die zehnfache Erdmasse
hatte. Damit entstand eine lokale gravitative Instabilität, die dazu führte,
daß große Mengen der Gase des Sonnennebels auf den Kern stürzten.
Deshalb sollte man einen relativen Überschuß derjenigen Substanzen
erwarten, aus denen der Kern besteht. Aus den Berechnungen ergibt
sich für die Masse des Kerns etwa $^1/_{10}$ der Gesamtmasse, der Rest ist
hauptsächlich Wasserstoff und Helium. In großer Tiefe ist der Druck
so stark, daß er die Wasserstoffmoleküle spaltet und die entstehenden
Atome auch noch ihre Elektronen verlieren, so daß nur Protonen übrig-
bleiben – der Wasserstoff ist metallisch geworden. Der Übergang zu dieser Phase findet wahrscheinlich bei etwa 50 000 km Tiefe statt.

Die vielfältigen, vornehmlich weißen, gelben, braunen und roten Farbtöne der Wolken zeigen das Vorhandensein von anderen, selteneren Bestandteilen an. Einige hat man mit den Mitteln der Infrarotspektroskopie
bestimmt, sie sind in der folgenden Tabelle aufgeführt:

Molekül	Häufigkeit im Verhältnis zu H_2	Molekül	Häufigkeit im Verhältnis zu H_2
H_2	1	H_2O	$1 \cdot 10^{-6}$
HD	$2 \cdot 10^{-5}$	C_2H_2	$8 \cdot 10^{-5}$
He	0,05–0,15	C_2H_6	$4 \cdot 10^{-4}$
CH_4	$7 \cdot 10^{-4}$	CO	$2 \cdot 10^{-9}$
CH_3D	$3 \cdot 10^{-7}$	PH_3	$4 \cdot 10^{-7}$
$^{13}CH_4$	$6 \cdot 10^{-6}$	GeH_4	$6 \cdot 10^{-10}$
NH_3	$2 \cdot 10^{-4}$		

Die Farben sprechen weiterhin für die Existenz komplizierterer Verbindungen als der oben angegebenen; sie müßten allerdings nur spurenweise
vorhanden sein. Schwefel und Phosphor, sowohl als Elemente wie auch
in Polymeren, kommen dafür in Betracht, aber experimentelle Daten
stehen noch aus. Auch einfache (oder sogar kompliziertere) Aminosäu-
ren sind mögliche (manche behaupten, wahrscheinliche) Bestandteile

der Wolken. Fotometrische und radiometrische Spektroskopie sowie Messungen der Raumsonden haben nun zum ersten Mal etwas mehr Licht in diese und andere offene Fragen gebracht.

Das erste Raumschiff, das Jupiter erreichte, war Pioneer 10 im Dezember 1973. Ihm folgte ein Jahr später die fast identische Pioneer-11-Sonde. Diese Pioneer-Missionen waren relativ billige Erkundungsflüge mit einer ziemlich einfachen Instrumentierung. Ihr Hauptzweck war, zu beweisen, daß es möglich ist, Raumsonden unversehrt durch den Asteroidengürtel und durch die Strahlungsgürtel des Jupiter zu bringen.

Zwei Instrumente sind hier von besonderem Interesse: Das abbildende Polarimeter fotografierte Jupiter im reflektierten Sonnenlicht bei sichtbaren Wellenlängen, das Infrarot-Radiometer registrierte die thermische Ausstrahlung des Jupiter im Infraroten. Beide bauten ihre Abbildungen aus aufeinanderfolgenden Zeilen auf, wobei die Bewegung der rotierenden Raumsonde ausgenutzt wurde. Die Infrarotbilder erreichten bei weitem nicht die Qualität der optischen, weil die Infrarottechnik noch weit im Rückstand ist. Aber auch sie zeigen doch deutlich die Existenz der Streifenstruktur. Auf Infrarotbildern erscheinen die heißen Gebiete heller als die kühlen. Wenn man die optischen Bilder mit den Infrarotbildern vergleicht, wird erkennbar, daß die optisch hellen Zonen aus Wolken bestehen, die kühl sind; sie befinden sich sehr hoch in der Atmosphäre, wo der größte Teil der Wärme in den Raum verlorengeht. Die dunkleren, schmaleren Bänder sind verhältnismäßig durchsichtige Gebiete mit dünneren und tiefer liegenden Wolken. Dies wird durch die Infrarotaufnahmen bei einer Wellenlänge von 5 µm – das ist etwa das Siebenfache der optischen Wellenlänge – in großartiger Weise bestätigt. Solche Bilder sind bisher nur von der Erde aus gemacht worden, deshalb ist die räumliche Auflösung nicht so gut. Trotzdem sind die Bänder deutlich als sehr helle Gebiete zu erkennen; an einigen Stellen entspricht das einer Temperatur von 0 °C oder mehr. Das ist sehr viel für einen Planeten, dessen durchschnittliche Strahlungstemperatur bei −140 °C liegt. Aufgrund solcher Bilder konnte man drei Typen von Jupiterwolken klassifizieren, die kühlen mit Temperaturen um −130 °C, eine Gruppe mit mittleren Temperaturen um −40 °C und die warmen um +20 °C. Diese drei Typen sind auch durch ihre Farben charakterisiert: Die kühlen Wolken sind im wesentlichen weiß, die mittlere Gruppe braun, und die warmen Wolken liegen so tief in der Atmosphäre, daß die Rayleigh-Streuung in der Atmosphäre über ihnen sie blau erscheinen läßt (derselbe Effekt bewirkt die blaue Farbe unseres Taghimmels). Daraus muß man schließen, daß es drei Wolkenschichten in verschiedenen Höhen gibt und daß diese drei Schichten aus verschiedenen Substanzen bestehen.

Setzt man eine Elementhäufigkeit voraus, die sich nicht sehr von der solaren unterscheidet, dann lassen sich aus der Berechnung des erwarteten chemischen Gleichgewichtszustandes Rückschlüsse auf die Chemie der einzelnen Schichten ziehen. Vereinfacht ausgedrückt besagt die Theorie, daß die häufigeren Elemente wie Stickstoff, Sauerstoff, Kohlenstoff und Schwefel als Hydride vorkommen, z.B. als NH_3 (Ammoniak), H_2O (Wasser), CH_4 (Methan) und H_2S (Schwefelwasserstoff). Der Grund liegt in der vorhandenen großen Menge Wasserstoff, so daß reduzierende Prozesse, die zur Entstehung der genannten Verbindungen führen, sehr viel wahrscheinlicher sind als oxidierende Reaktionen, bei denen z.B. auf den terrestrischen Planeten CO_2 in großen Mengen entsteht. Die Reaktionen finden im allgemeinen in großer Tiefe statt, da dort die Temperaturen hoch sind. Konvektionszellen, die sich durch die Wärme im Planeteninneren ausbilden, transportieren die Substanzen dann nach oben in kühlere Schichten. Die am schwersten flüchtigen Stoffe kondensieren in den tiefen, warmen Schichten, während andere, wie z.B. Methan, nirgends in der Jupiteratmosphäre, nicht einmal an der oberen Grenze der Konvektionszellen in der Tropopause bei Temperaturen von $-160\,°C$, kondensieren. Andere Verbindungen wie NH_3, H_2O und H_2S kondensieren in der Tropopause oder etwa $100\,km$ darunter und bilden dort die Wolkenschichten, die man von „außen" sieht. Festes Ammoniak bildet bei Temperaturen um $-130\,°C$ zirrenartige weiße Wolken. H_2S sowie die Verbindung aus NH_3 und H_2S (Ammoniumhydrosulfid), die im Sonnenlicht wegen der Entstehung von polymerisiertem Schwefel braun wird, kondensieren bei $-50\,°C$, und Wasser, vor allem, wenn es Ammoniak in Lösung enthält, bildet bei $0\,°C$ Wolken. Die Vielfalt der Farbschattierungen, die dieses einfache Farbmuster ergänzen, kommt wahrscheinlich durch die Anwesenheit größerer und komplizierterer Moleküle zustande, die bei chemischem Ungleichgewicht entstehen.

Die Meteorologie des Jupiter ist nicht weniger faszinierend als sein Chemismus, und beide hängen wegen des Transports reaktiver Substanzen durch Zirkulationen, wegen der Temperaturabhängigkeit der chemischen Reaktionen und wegen der Freisetzung latenter Wärme und chemischer Energie durch thermodynamische und chemische Prozesse eng miteinander zusammen. Fotografien zeigen Strömungen und Wirbel in der aus Bändern und Zonen bestehenden Struktur, die Ausdruck einer sehr tiefen und ständig bewegten Atmosphäre sind. Einen Hauptunterschied zu irdischen Verhältnissen bildet die Tatsache, daß die Zirkulation auf dem Jupiter nicht überwiegend durch die Sonne in Gang gehalten wird. Jupiter ist so groß, daß er sich seit seiner Entstehung vor 4,6 Milliarden Jahren noch nicht völlig abgekühlt hat; aus seinem Inneren strömt ständig Wärmeenergie nach außen und heizt die Atmosphäre von unten her auf. Infrarotmessungen von der Erde und von Raumsonden haben ergeben, daß Jupiter etwa doppelt soviel Energie abstrahlt, wie er von der Sonne erhält. Auf der Erde sind diese beiden Beträge fast gleich groß.

Auf den Fotos sehen wir die Folgen: riesige Konvektionszellen, wie in einem Topf mit beinahe kochendem Wasser. In den aufsteigenden Zellen strömt feuchte, mit H_2O, H_2S und NH_3 angereicherte Warmluft durch kühlere Schichten; hier kondensieren die leicht flüchtigen Bestandteile, und die Luft sinkt dann wieder ab. Die absteigende Luft ist trocken (d.h. arm an flüchtigen Substanzen) und nimmt Wolkenteilchen in tiefere Schichten mit, wo sie verdampfen können und verschwinden.

Deshalb sind die absteigenden Teile der Konvektionszellen relativ wolkenlos, und wir sehen sie als dunkle Zonen. Dieses ganze Muster wird durch die rasche Rotation des Planeten in Bänder aufgeteilt. Da Jupiter in 10 Stunden sich einmal um seine Achse dreht, bewegen sich die obersten Wolken am Äquator mit 48 000 km pro Stunde. Die dabei auftretenden Corioliskräfte zwingen horizontale Strömungen in eine äquatorparallele Richtung und erzeugen axialsymmetrische Konvektionszellen. Die charakteristische horizontale Aufteilung in Bänder und Zonen ist die Folge der Stabilitätskriterien, die von abschätzbaren, aber nicht meßbaren Größen wie z.B. der vertikalen Tiefe der Konvektionszellen abhängen. Man hat mathematische Modelle aufgestellt, die das Aussehen des Jupiter in etwa reproduzieren, aber sie enthalten viele unbestätigte Annahmen, und es gibt erst Ansätze für ein Verständnis der allgemeinen Zirkulationsverhältnisse auf Jupiter.

Einzelheiten der meteorologischen Vorgänge auf dem Jupiter konnten mit den relativ groben Bildern der rotierenden Pioneer-Sonden noch nicht festgehalten werden. Deshalb erwartete man Fortschritte bei der Verwendung der sehr viel leistungsfähigeren Kameras der stabilisierten Voyager-Sonden, die im März und Juli 1979 an Jupiter vorbeiflogen. (Häufig bestanden Planetenforschungsmissionen aus einem Paar identischer Sonden, die etwa gleichzeitig gestartet wurden. Die beiden Voyager waren allerdings wohl die letzten, die nach dieser Strategie konzipiert wurden, da Raumsonden inzwischen immer zuverlässiger, aber auch immer teurer geworden sind.) Man wartete mit Spannung auf die Voyager-Bilder von so markanten, sehr langlebigen Einzelheiten auf dem Jupiter wie dem Großen Roten Fleck, und man wurde nicht enttäuscht. Dieser riesige Wolkenkomplex wurde zuerst im Jahre 1664 von Robert Hooke beobachtet, und seitdem ist er immer etwa an der gleichen Stelle geblieben. Über seine Entstehung und über den Mechanismus, der ihn aufrechterhält, sind lange Abhandlungen geschrieben worden. In ersten Spekulationen dachte man daran, daß der Fleck ständig über einem hohen (angenommenen) Jupitergebirge oder über einem schwimmenden Objekt, wie z.B. einem in den Jupiter gefallenen Asteroiden oder Kometen, entsteht. Heute verstehen die Theoretiker den Großen Roten Fleck als einen Sturm oder eine isolierte stationäre Welle von langer, aber endlicher Dauer. Die Beobachtungen reichen für eine sichere Bestätigung dieser Annahme aber noch nicht aus. Auf den Pioneer- und Voyager-Aufnahmen kann man deutlich Wirbel im Fleck erkennen. Seine Temperatur ist nicht hoch, tiefer noch als die der Wolken in den kühlen Zonen, die ihn umgeben. Das ist ein Anzeichen dafür, daß die obersten Schichten über die benachbarten Wolken hinausragen. Es handelt sich allerdings nicht um eine einmalige Erscheinung. Die Pioneer- und Voyager-Sonden entdeckten mehrere kleinere rote Flecke an verschiedenen Stellen des Planeten.

Andere stationäre oder halbstationäre Kennzeichen der Jupiterwolken sind kleinere rötliche und braune Flecke, weiße amboßförmige Strukturen, weiße Ovale, Äquator-Jets und der schnellere, aber weniger ausgeprägte Jet im Nördlichen Gemäßigten Band. Die Jets sind Gebiete, wo die Wolkenbänder rascher rotieren als ihre Nachbarstreifen. Man hat dieses Phänomen von der Erde aus verfolgt und dabei gefunden, daß regelmäßig Windgeschwindigkeiten von mindestens 140 m/sec auftreten und über lange Zeit stabil bleiben. Es gibt verschiedene andere, nicht so ausgeprägte Strömungen, wie Wellenbewegungen verschiedener Größenordnung, die man auf den hochaufgelösten Voyager-Bildern entdeckt hat.

Wenn man die Fluktuation der Jet-Geschwindigkeiten über längere Zeiträume verfolgt, stellt man Unterschiede bis zu 20% fest; die allgemeineren Merkmale sind jedoch ständig vorhanden. Der Mechanismus, der diese Bewegungen in Gang hält, ist noch weitgehend unbekannt. Das gilt ja auch für die Jetströme, die in der Erdatmosphäre bei gleichen Druckverhältnissen (etwa $1/10$ at) vorkommen. Eine detaillierte Auswertung der Voyager-Bilder hat gezeigt, daß im Zusammenhang mit Jets sehr häufig Wirbel auftreten, die man als ziemlich kleine Strukturen in den Wolken oder als Fluktuationen in der allgemeinen Strömung sieht. Anscheinend lösen sich Instabilitäten von den Jets ab und nehmen dabei Energie mit. Untersuchungen einzelner Wirbel haben diese Annahme bestätigt, da sie schneller rotieren als der zonale Fluß, den sie eher beschleunigen. Die Wirbel könnten so den Transport von Drehimpuls von tiefen Atmosphärenschichten nach außen übernehmen. Der Prozeß sollte in niedrigen Breiten, in den äquatorialen Jets, wo die konvektiven Geschwindigkeiten am größten sind, besonders ausgeprägt sein.

Die weißen Ovale und die roten Flecke sind ebenfalls große und langlebige Wirbel. Einige der weißen Ovale scheinen mehr als 50 Jahre zu überleben. Auf der südlichen Hemisphäre rotieren sie fast immer entgegengesetzt dem Uhrzeigersinn und auf der Nordhalbkugel im Uhrzeigersinn. Sie sind also wie die terrestrischen Antizyklone Merkmale von hohem Druck. Ihre lange Lebensdauer hängt wohl mit den wegen des kurzen Tag-Nacht-Rhythmus und wegen der infolge der großen Sonnenentfernung sehr geringen tageszeitlichen Schwankungen auf Jupiter zusammen. Die in den Raum abgestrahlte Energie sowie der verlorengegangene Drehimpuls werden außerdem ständig von kleineren Wirbeln, die mit der Konvektion von tiefen Schichten nach oben strömen, ersetzt. Viele Modelle für diese Vorgänge sind vorgeschlagen worden, aber bisher fehlten die Daten, um sich für ein bestimmtes entscheiden zu können.

Der prinzipielle Unterschied zwischen den roten und weißen Flecken ist wahrscheinlich die Tiefe, bis zu der sie hinunterreichen. Energiereichere Strömungen können die Atmosphäre in vertikaler Richtung durchmischen, so daß die chemischen Reaktionen in den Wolken niemals mit der Temperatur der Umgebung ins Gleichgewicht kommen. Damit bilden sich verschiedene Mischungen der Bestandteile, und die Farben sind entsprechend verschieden. Atomarer Phosphor, der in den tieferen warmen Schichten entsteht und weiter oben in den kalten Wolken „einfriert", bevor er sich mit Wasserstoff zu Phosphin (PH_3) verbinden kann, könnte den roten Wolken ihre Farbe geben. Natürlich gibt es viele kompliziertere Moleküle, von denen manche kräftig gefärbt sind, und einige davon könnten in der Jupiteratmosphäre vorkommen. Man sollte dies um so mehr vermuten, wenn die Konvektionszellen sehr tief sind. Dann nämlich können Reaktionen, die hohe Temperaturen sowie eine Vielzahl von Elementen und Verbindungen voraussetzen, zum Chemismus der Wolken beitragen.

Die Nachtseite des Jupiter ist immer von der Erde abgewandt, und selbst wenn Beobachter auf der Erde ausreichend empfindliche Instrumente hätten, könnten sie niemals Erscheinungen wie Nordlichter oder Blitze beobachten. Erst den Voyager-Kameras war es möglich, solche Phänomene zu entdecken. Während es nicht überraschte, daß es auf dem Jupiter so etwas gibt, waren die ersten Daten über die Stärke, die Verteilung und die Häufigkeit dieser Phänomene in der uns fremden Umgebung sehr wichtig für unser Verständnis der dortigen Verhältnisse.

Die Jupitermonde

Wie es sich für den größten Planeten des Sonnensystems ziemt, wird Jupiter von zahlreichen Monden begleitet; bis heute wurden 16 entdeckt. Außerdem besitzt Jupiter einen sehr zarten Ring, der erst auf den Fotos von den Voyager-Sonden zu sehen war. Die meisten Monde sind nur einige 10 km groß; wahrscheinlich wurden sie von Jupiter eingefangen. Wenn das richtig ist, wird ihr Studium kaum zum Verständnis des Planeten selbst beitragen können. Dagegen glaubt man, daß die vier großen

Monde, Io, Europa, Ganymed und Kallisto, im Verlauf der Prozesse, bei denen auch Jupiter entstand, aus kleineren Objekten zu ihrer heutigen Größe zusammenwuchsen und daß sie daher über die Entstehung und Entwicklung des Riesenplaneten Aufschluß geben können. Davon abgesehen ist jeder für sich ein höchst faszinierendes Objekt. Schon im Jahre 1610 wurden sie von Galilei entdeckt (man nennt sie deshalb auch „Galileische Monde"), und sie sind etwa so groß wie unser Mond und der Planet Merkur. Sie bewegen sich auf fast kreisförmigen Bahnen in der Äquatorebene des Jupiter. Im Gegensatz dazu sind die Bahnen der anderen Monde fast ausnahmslos stark gegen diese Ebene geneigt, sie sind sehr exzentrisch und verlaufen viel weiter außen. Einige Monde bewegen sich rückläufig, und diese Zufallsverteilung spricht für eine Entstehung irgendwo an einer anderen Stelle des Sonnensystems und unterstützt die Hypothese, daß sie eingefangene Asteroide sind.

Zwei kleine Monde sind von besonderem Interesse, Amalthea und der erst von Voyager entdeckte Mond mit der Bezeichnung 1979 J1. Amalthea wurde 1892 von Barnard gefunden, und ihre Bahn liegt innerhalb der des innersten Galileischen Mondes Io. Obwohl keine der Raumsonden dem kleinen Mond besonders nahe kam, sieht man auf den Bildern doch, daß es sich um ein sehr unregelmäßig geformtes Objekt von etwa $270 \times 165 \times 150$ km handelt. Seine dunkle, rötlich gefärbte Oberfläche ist von den Narben zahlreicher Meteoriteneinfälle überzogen. Einige Krater sind riesig, verglichen mit der Größe des Mondes; einer z. B. hat 90 km, ein anderer 75 km Durchmesser. Die rote Farbe kommt wahrscheinlich von einer Schicht aus Schwefelstaub, die – wie noch erläutert wird – von Io stammt. Laborversuche unterstützen diese Annahme. Wenn die Dichte von Amalthea bekannt wäre, könnte man sich für eine der beiden Hypothesen über ihre Entstehung entscheiden, nämlich ob sie an ihrem jetzigen Ort entstanden ist oder eingefangen wurde. Leider konnten die Voyager-Sonden wegen ihrer zu großen Entfernung keine Massenbestimmung durchführen.

Über den Mond 1979 J1, der nur als kleiner Lichtpunkt gesehen wurde, weiß man sehr wenig. Man schätzt seine Größe auf etwa 10 bis 15 km. Seine Bahn allerdings macht ihn zu einem interessanten Objekt. Seine Entfernung von der Obergrenze der Wolken des Jupiter ist kleiner als der Jupiterradius; er befindet sich gerade außerhalb des Jupiterrings, und er könnte die Schranke sein, die die Dimensionen des Rings nach außen hin begrenzt. Dieser Ring, der im Gegensatz zum Saturnring keine Struktur aufweist, besteht wahrscheinlich aus Staubkörnchen; sie stammen vermutlich von dem Bombardement von Mikrometeoriten, dem ein oder mehrere kleine Monde innerhalb des Rings ausgesetzt waren. Die äußere Kante des Rings ist 1,81 Jupiterradien vom Mittelpunkt des Planeten entfernt, und auf den Bildern ist auch die innere Kante, deren

Abstand vom Jupitermittelpunkt 1,72 Radien beträgt, also 6000 km weiter innen liegt, zu sehen. Von dort scheint sich eine dünne Materieschicht bis zur Jupiteratmosphäre hin zu erstrecken. Diese Schicht besteht offensichtlich aus Staub, der auf Spiralbahnen allmählich auf den Jupiter fällt. Die relativ kurze Lebensdauer des Ringmaterials bedeutet, daß es ständig nachgeliefert werden muß. Eine mögliche Quelle wäre ein kleiner Mond, vielleicht 20 km groß, den Voyager an einer Stelle erhöhter Helligkeit innerhalb des Rings entdeckt hat und der die Bezeichnung 1979 J3 trägt. Die scharfe Begrenzung des Rings nach außen kann durch die gravitative Wechselwirkung der Ringpartikel mit dem Mond 1979 J1 entstehen. Wenn sich nämlich Ringteilchen dem Mond nähern, wird ihre Bahn gestört, und sie stoßen mit anderen Teilchen zusammen. Die Bahnen der Partikel werden dadurch so justiert, daß diese nicht mehr weiter nach außen driften.

Das Hauptinteresse beanspruchen aber die vier Galileischen Monde. Zusammen mit Jupiter bilden sie ein kleines Sonnensystem für sich, eine Analogie, deren Bedeutung immer größer wird, je besser wir die Entwicklungsgeschichte des Jupiter und die Unterschiede zwischen den einzelnen Monden kennen. Aus der nachfolgenden Tabelle geht hervor, daß die Dichte der Monde mit ihrem zunehmenden Abstand von Jupiter immer geringer wird. Dasselbe beobachten wir bei der Sonne und ihren Planeten.

Die Galileischen Monde

	Radius (km)	Masse (g)	Dichte (g/cm³)	Entfernung von Jupiter (km)	Umlaufszeit (Tage)
Io	1816	$8,92 \cdot 10^{25}$	3,55	412 600	1,769
Europa	1563	$4,87 \cdot 10^{25}$	3,04	670 900	3,551
Ganymed	2638	$14,90 \cdot 10^{25}$	1,93	1 070 000	7,155
Kallisto	2410	$10,64 \cdot 10^{25}$	1,81	1 880 000	16,689

Die Umlaufs- und Rotationsperioden sind bei allen vier Monden jeweils nahezu gleich, so daß sie alle dem Jupiter ständig dieselbe Hemisphäre zuwenden. Dies war, wenn auch nicht mit dieser Genauigkeit, schon vor den Voyager-Flügen bekannt, und die Schlüsse, die man daraus über ihre Entstehung gezogen hatte, blieben auch im wesentlichen unverändert gültig.

Die beiden inneren Monde Io und Europa bestehen anscheinend weitgehend aus Gestein und enthalten kaum Eisen. Europa muß außerdem eine Beimischung von einem Material geringerer Dichte enthalten; dafür kommt in erster Linie Wassereis in Frage. Das bestätigt auch das Reflexionsvermögen von Europa. Die beiden äußeren Monde Ganymed und

Kallisto scheinen aus Gestein und Eis in etwa gleichen Mengen zu bestehen. Wahrscheinlich spiegelt der wachsende Anteil an Eis die mit zunehmendem Abstand von Jupiter abnehmende Temperatur während der Periode vor etwa 4,6 Milliarden Jahren, als die Monde sich in ihren Bahnen bildeten. Ein solcher Temperaturverlauf stimmt mit den Theorien über die frühe Geschichte des Jupitersystems überein.

Die Galileischen Monde sind so verschieden voneinander, daß eine getrennte Darstellung angezeigt ist. Mit dem am einfachsten gebauten Mond, Kallisto, wollen wir diese Diskussion beginnen und mit der bizarren Io abschließen.

Kallisto

Kallisto ist etwa ebenso groß wie Merkur und hat keine Atmosphäre. Ihre Oberflächentemperatur kommt kaum über −130 °C hinaus, und ihre Entwicklung war bereits vor Milliarden Jahren abgeschlossen. Einzelheiten lernten wir zum ersten Mal durch die Voyager-Mission im Jahre 1979 kennen, und die dabei gewonnenen Bilder sind unsere wesentliche Informationsquelle über diese entfernte Welt.

Wir haben noch keine genauen Daten über das Innere dieses Mondes, aber einige plausible Annahmen lassen sich doch machen. Ohne Zweifel hat Kallisto ihren Anteil an radioaktiven Elementen bei der Entstehung der Jupitermonde mitbekommen, und die Wärmeerzeugung durch radioaktiven Zerfall sollte genügt haben, um ihre wesentlichen Bestandteile, nämlich Silikate und Eis, voneinander zu trennen. Daher erwarten wir einen großen Kern aus Gestein mit einem Mantel aus Wasser und Eis. Die Kruste besteht offenbar nicht aus reinem Wassereis, denn sie ist dunkler als die der anderen Galileischen Monde. Wahrscheinlich enthält das Eis an der Oberfläche Beimischungen aus Gesteinsmaterial. An einigen Stellen haben Meteoriteneinfälle die Kruste durchlöchert, so daß Wasser heraufquellen konnte, das strahlenförmige Strukturen um die hellen Krater bildete. Große und kleine Einfallskrater sind die einzigen Formationen, die wir auf der Oberfläche von Kallisto sehen. Ihre Häufigkeit läßt darauf schließen, daß sie bereits aus der Frühzeit des Sonnensystems stammen und über 4 Milliarden Jahre alt sind. Sie unterscheiden sich deutlich von den Kratern auf dem Mond, auf Mars und auf Merkur, da sie viel flacher sind und in der Mitte keine Erhebung haben. Häufig wird dagegen eine zentrale Einsenkung beobachtet. Auch fehlen Formationen wie die großen Becken, obwohl Anzeichen für Ereignisse vorhanden sind, die sonst zur Entstehung von Becken führen. Man schreibt diese Unterschiede den Eigenschaften einer Eiskruste zu: Selbst bei den extrem tiefen Temperaturen haben die Krater auf Kallisto die Tendenz, allmählich zusammenzusinken und sich auszulöschen.

Auf Kallisto gibt es keine größeren ebenen Flächen; in dieser Hinsicht bildet dieser Mond einen Sonderfall unter den festen Himmelskörpern. Anscheinend hat es im Inneren nie einen Prozeß gegeben, der die Kruste aufbrechen und die Oberfläche hätte umformen können. Die auffallendsten Strukturen sind einige Systeme aus hellen, konzentrischen Ringen, wie Wellen auf einem Teich. Sie sind wahrscheinlich ein Äquivalent zu den riesigen Becken auf Mond, Mars und Merkur. Das größte Ringsystem, Walhalla, hat einen Radius von etwa 1500 km, gemessen vom Zentrum bis zum äußersten Ring. Der Einfallskrater, der zu diesem System gehört, war offenbar sehr viel kleiner, man schätzt ihn auf etwa 300 km Durchmesser. Heute ist nichts mehr davon zu sehen, man findet nur eine flachere zentrale Region mit einem überdurchschnittlich hohen Reflexionsvermögen. Solche „Geisterkrater" haben den Namen Palimpsest* erhalten.

Sie sind wahrscheinlich entstanden, als die Kruste noch relativ warm und nicht hart genug war, um erhebliche Höhenunterschiede zu bewahren. Kallisto ist für uns wegen ihres sehr einfachen Aufbaus ein wertvolles Modell, mit dem wir die anderen eisigen Objekte im entfernten Sonnensystem vergleichen können. Beginnen wir mit ihrem Nachbarn Ganymed.

Ganymed

Ganymed ist etwas größer als Kallisto und zugleich der größte Mond im Sonnensystem. Er hat ebenfalls keine Atmosphäre. Seine Zusammensetzung scheint der von Kallisto ähnlich zu sein, und man sollte meinen, daß er eine ähnliche Entwicklung durchgemacht hat. Die fotografischen Aufnahmen der Voyager-Sonden machen jedoch deutlich, daß dies nicht der Fall ist; Ganymed hat eine wesentlich komplexere Geschichte. Der innere Aufbau scheint hingegen, in groben Zügen, der gleiche zu sein: ein Kern aus festem Gestein und ein Mantel aus Wasser und Eis. Auch seine Oberfläche zeigt die Spuren zahlreicher Meteoriteneinfälle, außerdem ist sie von einem Muster aus dunklen und hellen Flecken überzogen. Die dunklen Stellen haben polygonale Umrisse und weisen eine gewisse Ähnlichkeit mit der Oberfläche von Kallisto auf. Hochaufgelöste Bilder lassen erkennen, daß sie von Kratern übersät sind und deshalb sehr alt sein müssen. Vielleicht sind sie Überreste der ursprünglichen Kruste. Obwohl sie den dunklen Maria auf dem Mond ähnlich sehen, sind sie doch keine Entsprechungen, denn die Maria sind von Lava überflutete große Becken.

---

* Als Palimpsest bezeichnet man eine Handschrift, bei der der alte Text abgeschabt wurde, um neues Schreibmaterial zu erhalten. Durch chemische und physikalische Verfahren läßt sich die alte Schrift wieder sichtbar machen.

Das Bildmaterial, das die Voyager-Sonden von Ganymed übermittelten, ist besser als das von Kallisto, und wohl deshalb ist in der Kraterlandschaft Ganymeds eine größere Skala verschiedener Eigenschaften zu beobachten. In mehreren Fällen sind gut ausgebildete Auswurfdecken zu erkennen (z.T. auch mit lappenförmigen Rändern wie auf dem Mars) und auch Krater mit scharfen Rändern, von denen Strahlen ausgehen. Sowohl Zentralberge als auch zentrale Einsenkungen sind zu finden. Durch die hohe Auflösung ist sogar die Identifizierung von Sekundärkratern in der Umgebung junger, schalenförmiger Krater möglich. Zu den älteren Strukturen gehören die Palimpseste, auf Ganymed wie auf Kallisto; allerdings erreicht keiner die Ausmaße von Walhalla.

Die dunklen Gebiete auf Ganymed weisen eine deutliche Familienähnlichkeit zur Oberfläche von Kallisto auf. Die helleren Einheiten, die mit dem dunklen Terrain scharfe Grenzen ausbilden, unterscheiden sich dagegen weitgehend. Sie bestehen aus zerfurchtem Gelände, mit einem komplizierten Mosaik aus parallelen Wällen und Gräben, und enthalten zahlreiche Einfallskrater. Diese Strukturen setzen sich zu einem komplexen Muster aus Bögen, Verästelungen und Überschneidungen zusammen. Obwohl sie sicher sehr alt sind, deuten Kraterdichte und stratigraphische Beziehungen an, daß dieses helle Terrain jünger ist als die dunklen Gebiete. Die Wälle und Gräben weisen Höhenunterschiede von einigen 100 m auf, sind bis zu 10 km breit und lassen sich bis zu 1000 km verfolgen. Die Wälle haben scharfe Grate, und die breiten flachen Böden der Gräben scheinen hügelig zu sein. An einigen Stellen sieht man deutlich Scherungen mit bis zu 100 km weiten Verschiebungen in der Kruste.

Die zerklüfteten Gebiete sind wahrscheinlich auf Kosten des alten Kratergebiets entstanden, und zwar entweder durch in-situ-Prozesse (Ablagerungen von vulkanischem Material, Erosion und vertikale Bewegungen der Kruste) oder durch der Plattentektonik auf der Erde vergleichbare Prozesse. Obwohl wir das noch nicht sicher entscheiden können, lassen die Voyager-Bilder die in-situ-Prozesse als die dominierenden erscheinen, und zwar besonders vertikale Verwerfungen und lokale Scherungen als Folgen von konvektiven Vorgängen im Mantel zu einer Zeit, als die Kruste noch dünn und weich war. Ob es auch so etwas wie Plattentektonik gab, läßt sich noch nicht sagen, da die Anzeichen für Subduktion nicht eindeutig sind. Gesichert sind dagegen die Hinweise auf lokale Verschiebungen von Krustenteilen relativ zueinander.

Die verschiedenen Entwicklungswege von Ganymed und Kallisto sind für uns wegen der gleichen Ausgangsbedingungen ein großes Rätsel. Sie sind in gewisser Weise eine Parallele zu einem anderen Planetenpaar, nämlich Venus und Erde, deren Entwicklung so ganz unterschiedlich verlief.

Europa

Dieser Mond wurde von Voyager 1 nur aus großer Entfernung als eine helle, von dunklen, unregelmäßigen Linien überzogene Scheibe gesehen, und auch nach dem näheren Vorbeiflug von Voyager 2 sind uns viele Einzelheiten noch rätselhaft. Der Mond ist etwas kleiner als seine beiden äußeren Gefährten; er hat etwa die Größe unseres Erdmonds. Die Verbesserung der Dichtebestimmung durch die Voyager-Sonden führte zu einem besseren Modell für seinen Aufbau, als es aufgrund von Teleskopbeobachtungen möglich war. Ein fester, aus Gestein bestehender Kern scheint von einer 75–100 km dicken Kruste aus Wasser und Eis umgeben zu sein.

Die vereiste Oberfläche von Europa hat keinerlei Ähnlichkeit mit der Oberfläche von Ganymed oder Kallisto. Sie sieht sehr viel ebenmäßiger und „unversehrter" aus und hat ein weit höheres Reflexionsvermögen, aus dem man auf eine Kruste aus reinem Eis schließen kann. Bis hinunter zu Größen von 5 km, dem Auflösungsvermögen der Kameras, sind keine Krater zu erkennen, und offenbar gibt es auch kaum Höhenunterschiede. Die bei schräg einfallendem Licht deutlich sichtbaren krummen Linien, die die ganze Oberfläche überziehen, deuten auf Höhenunterschiede von wenigen 100 m hin. Das Linienmuster ist allerdings in seinen Ausmaßen und seinem Wirrwarr sehr auffallend. Die einzelnen dunklen Bänder sind zwischen 20 und 40 km breit, und sie erstrecken sich über mehrere 1000 km. Sie könnten in einer Periode globaler Expansion entstanden sein, als die Kruste unter dem Druck von innen aufriß. Die Risse könnten sich mit Wasser, das dann gefror, gefüllt haben. Für diese Erklärung müßte man eine Ausdehnung um etwa 10% annehmen. Allerdings hat man bisher noch keine befriedigende Erklärung für die Ursache einer solchen Expansion, und auch die Entwicklungsgeschichte dieses Mondes läßt sich noch nicht rekonstruieren. Das Fehlen von Einfallskratern muß bedeuten, daß die Oberfläche durch Überflutung mit Wasser, das später zu Eis gefror, wieder eingeebnet wurde; aber man ist sich bisher nicht sicher, woher dieses Wasser kam.

Sicherlich gibt es im Inneren von Europa radioaktive Elemente, die Wärme erzeugen; allerdings nicht in so großer Konzentration, daß die dabei entstandene Wärme in einer relativ späten Phase der Entwicklung den Eismantel hätte schmelzen oder Wasser in vulkanischen Eruptionen hätte nach außen befördern können. Es gibt allerdings noch eine weitere Wärmequelle. Die Bahnen von Europa und auch von Io (siehe unten) sind sehr exzentrisch, was zu einer Gezeitenreibung im Inneren und damit zu einer Erwärmung führen kann, bei Europa allerdings in sehr viel geringerem Ausmaß als bei Io. Diese Wärme könnte zusammen mit der radioaktiven Aufheizung die Überflutungen auf der Oberfläche verursacht haben; aber ob das Wasser aus einem Eismantel, einem Mantel aus flüssigem Wasser oder aus dem Wassergehalt der Silikate im Inneren stammt, ist noch unbekannt.

Io

Die Erfahrungen in der Erforschung des inneren Sonnensystems bestätigten die Erwartungen, daß der Grad der geologischen Entwicklung eines planetenartigen Objektes proportional zu seiner Größe ist. Kleine Planeten wie unser Mond und Merkur haben ihre Entwicklung sehr früh abgeschlossen, da sich ihr Inneres rasch abkühlte, während größere Objekte wie die Erde und wahrscheinlich auch Venus sich auch heute noch weiterentwickeln. Auch im äußeren Sonnensystem scheint das generell zu gelten, aber hier finden sich auch Objekte von der Größe des Mondes oder des Merkur, die einen erheblichen Entwicklungsstand erreicht haben. Der Jupitermond Ganymed und der Saturnmond Titan (nächstes Kapitel) sind Beweise dafür. Io ist ein extremes Beispiel.

Schon seit Mitte 1960 hatte man Anzeichen dafür, daß Io ein ganz ungewöhnlicher Himmelskörper ist. Damals hatte man festgestellt, daß die Radioemission von Jupiter im Dekameterwellenbereich (die zehn Jahre vorher entdeckt worden war und die man eher mit seiner Magnetosphäre als mit Vorgängen auf seiner Oberfläche in Verbindung brachte) sich in ihrer Intensität in einem Rhythmus veränderte, der von der Position des Mondes Io auf seiner Bahn abhing. Daraufhin hatte man theoretische Überlegungen über die Art der Wechselwirkung zwischen den Galileischen Monden und der Jupiter-Magnetosphäre angestellt, in die die Monde eingebettet sind. (Bei der Rotation des Planeten überstreicht seine Magnetosphäre die Monde, und sie geraten in den Strom von magnetosphärischem Plasma.) Dabei stellte man fest, daß die Monde wie Stromgeneratoren wirken. Jeder Mond bildet mit der Magnetosphäre und der Ionosphäre von Jupiter einen Stromkreis. Bei Io wurde die Stromstärke auf bis zu 1 Million Ampere geschätzt. Eine andere Besonderheit waren jeweils kurze Anstiege der visuellen Helligkeit von Io kurz nach ihrer Verfinsterung, d.h. nach ihrem Austritt aus dem Schatten des Jupiter. Im Jahre 1973 führten spektroskopische Messungen mit einem Teleskop von der Erde aus zur Entdeckung eines Halo aus Natriumatomen um Io. Die Natriumwolke, die ein gelbliches Licht aussendet, bildet einen den Jupiter teilweise umgebenden Torus mit Io als Mittelpunkt. Auch Emissionen von Kalium und ionisiertem Schwefel fand man kurz darauf.

Die Messungen von etwa einem Dutzend Instrumenten der Voyager-Sonden haben zur Erklärung dieser Phänomene viel beigetragen (mit Ausnahme des Helligkeitsanstiegs von Io nach ihrer Verfinsterung), und sie haben die Existenz eines Stroms von der Größenordnung von Millionen Ampere in der Nähe von Io bestätigt. Allerdings haben wir erst durch die Bilder von Io eine außergewöhnliche Eigenschaft dieses Mondes kennengelernt: Io ist ein Himmelskörper, der von ständiger vulkanischer Aktivität geschüttelt wird. Ähnlich einer gigantischen Pizza, ist Ios Oberfläche eine endlose Vulkanebene, mit roten, braunen, gelben und weißen Farben und gesprenkelt von dunklen Calderen, Lavaschichten und Lavaseen.

Es gibt unmittelbare und unzweifelhafte Anzeichen für eine auch heute andauernde vulkanische Aktivität. Auf vielen Bildern sind tätige Vulkane zu erkennen, bis zu 280 km hohe Rauchpilze am Rand des Mondes, schirmförmige Fontänen in Schrägansicht und, von oben gesehen, diffuse Aufhellungen. Voyager 1 beobachtete acht gleichzeitige Eruptionen, und zwei Monate später konnte Voyager 2 feststellen, daß sechs davon noch andauerten. Gleichzeitige Beobachtungen mit den Voyager-Infrarot-Spektrometern identifizierten „hot spots", heiße Stellen in der Nähe der Vulkane. Man kann diese Aktivität jetzt sogar mit Fernrohren von der Erde aus überwachen.

Der Grund für diesen ganz außergewöhnlichen Vulkanismus liegt nicht so sehr in der großen Häufigkeit radioaktiver Elemente im Inneren von Io, sondern in den Bahneigenschaften der Galileischen Monde. Die Umlaufszeiten von Io, Europa und Ganymed haben sich so aufeinander eingestellt, daß Europa doppelt so lang wie Io zu einem Umlauf braucht und Ganymed doppelt so lang wie Europa. Die gravitative Wechselwirkung zwischen Io und den beiden anderen Monden, besonders zwischen Io und Europa, hat Io in eine leicht exzentrische Bahn gezwungen. Wäre sie genau kreisförmig, dann würde Io dem Jupiter immer exakt dieselbe Seite zuwenden, und die Aufwölbung, welche die starken Gezeitenkräfte des Jupiter auf ihrer Oberfläche verursachen, würde immer gleich groß bleiben. Durch die Exzentrizität der Bahn ändert sich jedoch die Höhe der Aufwölbung; im Inneren des Mondes wird Materie hin- und herbewegt, was Reibungswärme erzeugt. Man hat abgeschätzt, daß diese Wärme ausreicht, den größten Teil des Inneren zu verflüssigen. Es ist ein interessanter Zufall, daß die theoretische Analyse dieses Phänomens mit der Voraussage vulkanischer Aktivität nur wenige Tage vor dem Vorbeiflug von Voyager 1 veröffentlicht wurde. Wahrscheinlich ist diese Wärmequelle fast während der gesamten Lebenszeit von Io wirksam gewesen.

Die Eruptionen, die man auf Io beobachtet hat, scheinen aus einem ständigen explosiven Ausbruch von Gas und feinen Partikeln zu bestehen. Wegen der geringen Schwerkraft und nahezu fehlender Atmosphäre strömen sie mit sehr hohen Geschwindigkeiten aus; die Schätzungen gehen bis zu dreifacher Schallgeschwindigkeit (1 km/sec). In einem feinen Regen fallen die Teilchen wieder auf die Oberfläche, wodurch sich in 3000 Jahren eine 1 cm dicke Schicht bildet. Auch an den Flanken von

Ios größtem Vulkan *Pele* hat man Eruptionen beobachtet. Außerdem gibt es auf den Bildern zahlreiche Anzeichen für eine direkte Überflutung großer Gebiete durch Lavaströme, und dieser Vorgang trägt wesentlich stärker zu einer Erneuerung der Oberfläche bei. Ohne Zweifel ist die Oberfläche von Io sehr „frisch", und von einem ursprünglichen Zustand ist nichts mehr festzustellen. Wahrscheinlich war die gesamte Materie des Mondes im Verlauf von 4,6 Milliarden Jahren an den vulkanischen Prozessen beteiligt, d.h. alles ist irgendwann ausgeworfen worden, zurückgefallen und wieder dem Inneren einverleibt worden. Dadurch ist nicht nur die ursprüngliche Form des Mondes verlorengegangen, wenn es so etwas einmal gegeben hat, sondern auch fast alle leicht flüchtigen Substanzen sind verschwunden, die man normalerweise in planetenartigen Objekten findet (Wasser, Stickstoff, Kohlendioxid und besonders auch Neon).

Die explosiven vulkanischen Vorgänge demonstrieren, daß einige flüchtige Stoffe übriggeblieben sind, sehr wahrscheinlich Schwefel und Schwefelverbindungen. Schwefel ist im Kosmos ein überaus häufiges Element, spielt aber bei irdischem Vulkanismus kaum eine Rolle, weil – wie man annimmt – der größte Teil des Schwefels im Erdkern lagert. Es gibt mehrere starke Anzeichen dafür, daß Schwefel auf Io große Bedeutung hat: Ionisierter Schwefel und Sauerstoff wurden in dem Torus identifiziert, den Io auf seiner Umlaufbahn produziert; gasförmiges Schwefeldioxid wurde ebenfalls entdeckt, und schließlich scheint gefrorenes Schwefeldioxid auf der Oberfläche vorzukommen. Außerdem paßt die Farbskala, die die Voyagerbilder beherrscht, zu den verschiedenen Erscheinungsformen von elementarem Schwefel (die rote Farbe von Amalthea könnte auch von Schwefel, der von Io stammt, hervorgerufen sein). Deshalb zweifelt wohl niemand daran, daß Schwefel an den vulkanischen Prozessen beteiligt ist, wohl aber besteht Uneinigkeit über deren Mechanismus. Eine Vermutung ist, daß die Kruste aus festem Schwefel und Schwefeldioxid besteht, die auf einer mehrere Kilometer dicken Schicht von flüssigem Schwefel schwimmen; diese wieder soll von Silikaten unterlagert sein. In diesem Modell sind vor allem die Schwefelverbindungen am Vulkanismus beteiligt. Ein anderes Modell bezieht sowohl Silikate als auch Schwefel ein. Die Vorstellung ist, daß die Kruste aus Silikaten und Schwefel besteht; beide Substanzen sollen an der Oberfläche auch flüssig vorkommen. Ganz sicher passen die Beobachtungen von Höhenunterschieden, die stellenweise zwei Kilometer erreichen, nicht zu den mechanischen Eigenschaften einer Kruste, die aus reinem Schwefel besteht und über einem wärmeren Inneren liegt. Wahrscheinlich ist ein einfaches Modell nicht in der Lage, dieses einmalige Objekt im Sonnensystem richtig zu beschreiben.

Der Riesenplanet Jupiter, fotografiert mit dem 60-cm-Teleskop auf dem Table Mountain in Kalifornien. Abgesehen von den ziemlich unrealistischen Farben – für die Planetenbeobachtung von der Erde aus ein allgemeines Problem –, zeigt dieses Bild, wie sich Jupiter in einem Teleskop mit langer Brennweite unter idealen Bedingungen darbietet.

In diesem aus mehreren Schwarzweißfotos zusammengesetzten Bild ist die Verschmierung, die durch Turbulenzen in der Erdatmosphäre entsteht, reduziert. Solche Bilder dienten lange als Bestätigung für den bei Direktbeobachtungen entstehenden Eindruck, daß die sichtbaren Strukturen von vielen Wolkenschichten erzeugt werden. Eine Oberfläche ist nie zu sehen, und wahrscheinlich besitzt Jupiter auch keine feste Oberfläche im üblichen Sinn. Statt dessen nimmt die Dichte allmählich zu bis zu den sehr hohen Werten im Inneren.

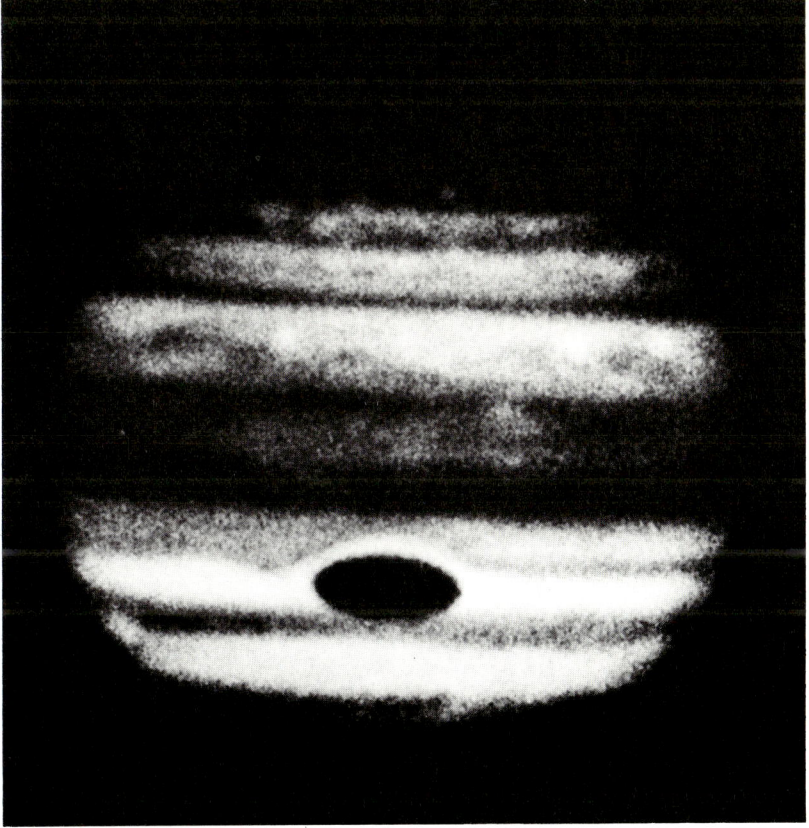

Das Jupiter-System

Ein Pioneer-10-Foto von Jupiter, aus einer Entfernung von 2 Millionen km aufgenommen. Die Farben sind teilweise synthetisch gewonnen; Pioneer fotografierte den Planeten nur in zwei Primärfarben (rot und blau). Die dritte Farbe (grün) wurde künstlich hinzugesetzt, bis die Mischung die allgemeine Färbung ergab, wie sie sich von der Erde aus darstellt. In dieser Aufnahme wanderte der Große Rote Fleck gerade auf die Nachtseite hinüber. Dieser Fleck ist neben den Bändern und Zonen die am besten bekannte beständige Struktur auf Jupiter. Man hat ihn vor 300 Jahren entdeckt, aber er kann noch sehr viel älter sein. Seine Ursache ist seit Jahrhunderten Gegenstand kontroverser Debatten.

Ein Falschfarbenbild (links), das auf Infrarotmessungen von der Erde aus basiert, in diesem Fall bei einer Wellenlänge von 5 µm (sichtbares Licht hat Wellenlängen zwischen etwa 0,4 und 0,8 µm). Wie bei den Infrarotaufnahmen von der Venus sehen wir nicht die reflektierte Sonnenstrahlung, sondern die Wärmeausstrahlung des Planeten. Stärker strahlende (d.h. heißere) Gebiete werden hier durch zunehmend hellere Farben repräsentiert (von Schwarz über Rot bis Gelb). Der Vergleich mit dem Bild daneben zeigt, daß die Helligkeitswerte gerade umgekehrt verteilt sind wie bei visuellem Licht, nämlich helle

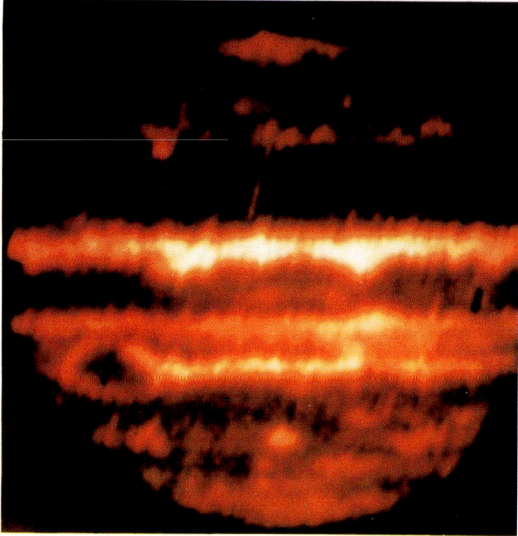

Bänder und dunkle Zonen. Der Grund dafür ist die mit der Tiefe zunehmende Temperatur der Atmosphäre. Die hohen, weißen Ammoniakwolken emittieren weniger Wärmestrahlung als die tieferen, rötlich-braunen Wolken. Jupiter zeigt bei 5 µm Wellenlänge erhebliche Kontraste, die Temperaturunterschiede von mehreren 100 °C entsprechen. Die Gase in der Jupiteratmosphäre sind nämlich bei dieser Wellenlänge extrem durchsichtig, so daß das Infrarotteleskop durch die Wolkenlücken bis tief in die Schichten schaut, wo ähnliche Temperaturen herrschen wie auf der Erde.

Als Voyager 1 sich Anfang 1979 dem Jupiter näherte, enthüllten seine Kameras bisher nie gesehene Einzelheiten. Diese Aufnahme entstand am 1. Februar aus einer Entfernung von 32 Millionen km (etwa $1/20$ der Entfernung des Jupiter von der Erde). Die Farben sind ziemlich naturgetreu, hauptsächlich weiß und lachsrot mit einigen kräftiger rot und gelb gefärbten Gebieten. Die Regionen, wo – wie man auf Infrarotaufnahmen sieht – die höheren Wolkendecken Lücken aufweisen, erscheinen grau oder bläulich. Die wahrscheinlichen Ursachen für diese Farben werden im Text diskutiert.

185

Das Jupiter-System

Das Voyager-2-Bild zeigt Einzelheiten im Inneren des Großen Roten Flecks und einige „weiße Ovale" in seiner Umgebung. Der Fleck repräsentiert wahrscheinlich einen Sturm oder eine ähnliche Störung der Atmosphäre und ist sehr langlebig. Die rote Farbe kann durch Phosphor entstehen, der durch Turbulenzen aus tieferen Schichten nach oben gewirbelt wird. Bemerkenswert sind auch die weißen Ovale und die mehrfarbigen Wolkenströme. Setzt man mehrere nacheinander aufgenommene Bilder zu einem „Film" zusammen, sieht man, daß die Spiralstruktur im Inneren des Flecks und die weißen Ovale rotieren, während die Wolken sich in Wellen fortbewegen.

Eine Region südöstlich des Großen Roten Flecks, mit erhöhtem Farbkontrast dargestellt, um Einzelheiten in der Atmosphärenstruktur sichtbar zu machen. Auffallend ist – neben dem großen Spektrum an Wolkentypen – die Tendenz einiger Strukturen, sich zu durchdringen, ohne sich dabei zu vermischen. Man hat eher den Eindruck von untereinander nicht mischbaren Flüssigkeiten als von Wolken, wie wir sie hier auf der Erde kennen.

Eine weitere Nahaufnahme der Region um den Großen Roten Fleck. In den Wolkenmustern sind Wellenbewegungen in mehreren horizontalen Bändern zu erkennen. Die kleinsten noch sichtbaren Einzelheiten sind unter 200 km groß.

Das Jupiter-System

Pioneer 10 beobachtete diesen roten Fleck auf der nördlichen Hemisphäre. Es gibt mehrere von diesen kleineren und blasseren, roten Flek- ken, die sonst aber dem Großen Roten Fleck sehr ähnlich sind; ein gemeinsamer Entstehungsmechanismus ist anzunehmen.

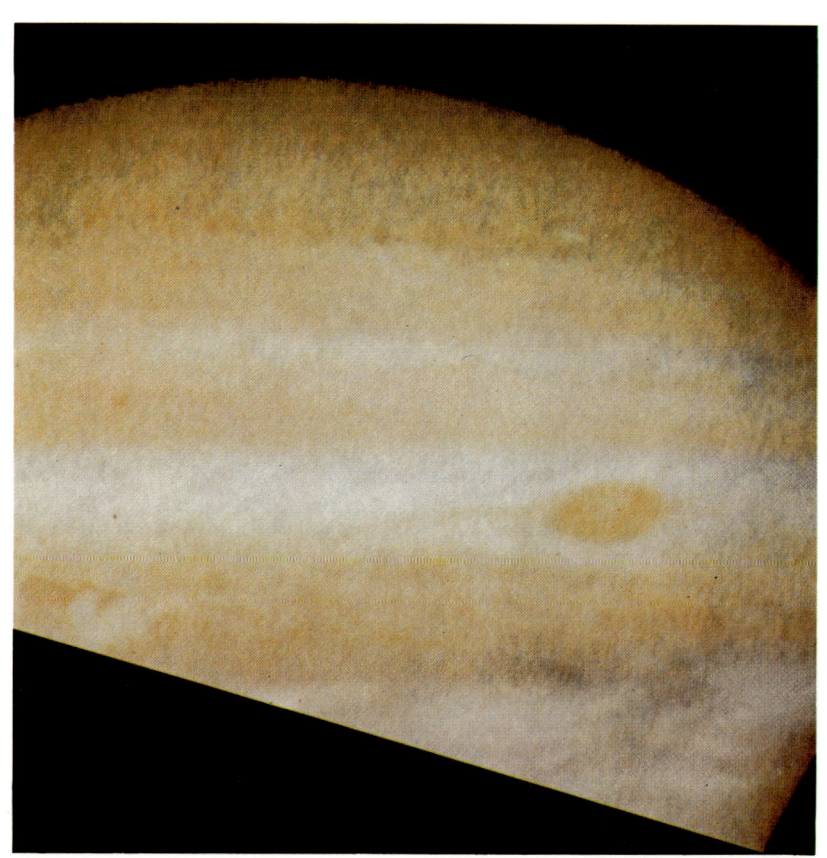

Zwei ringförmige Ausschnitte der Jupiteroberfläche, entrollt und in die Ebene projiziert (Längen- und Breitenkreise als parallele Geraden); sie zeigen Jupiter im Februar (oben) und im Juni (unten) des Jahres 1979, aufgenommen von Voyager 1 und 2. Jedes Bild ist ein Mosaik aus 5 Einzelfotos, die im Abstand von etwa 2 Stunden während der 10stündigen Rotationsperiode des Jupiter gemacht wurden. Gleiche Längen stehen jeweils übereinander, so daß man die relative Bewegung einzelner Strukturen in den verschiedenen Bändern erkennen kann.

Nacht auf dem Jupiter – mit gigantischen Versionen zweier uns von der Erde her bekannter Phänomene, nämlich Nordlicht und Blitzen. Der helle Bogen, in dessen Mitte der Nordpol liegt, gehört zu einem Nordlicht von einer bei uns unbekannten Intensität. Auch die Blitze sind viel heller.
Das fleckige Aussehen des Bildes kommt vom elektronischen „Rauschen" im Kamerasystem. Es ist auf allen Bildern vorhanden, wird aber nur sichtbar, wenn der Kontrast extrem verstärkt werden muß, um schwache Strukturen deutlich zu machen.

Der Ring des Jupiter wurde im März 1979 von Voyager 1 entdeckt. Hier sieht man ihn auf einem Voyager-2-Bild bei günstiger Beleuchtung. Vergleichbar den Saturnringen, ist dieser Ring doch sehr viel zarter; er ist etwa 6500 km breit und wahrscheinlich weniger als 10 km dick. Die Skizze unten zeigt die Größenverhältnisse und den fotografierten Teil des Ringes.

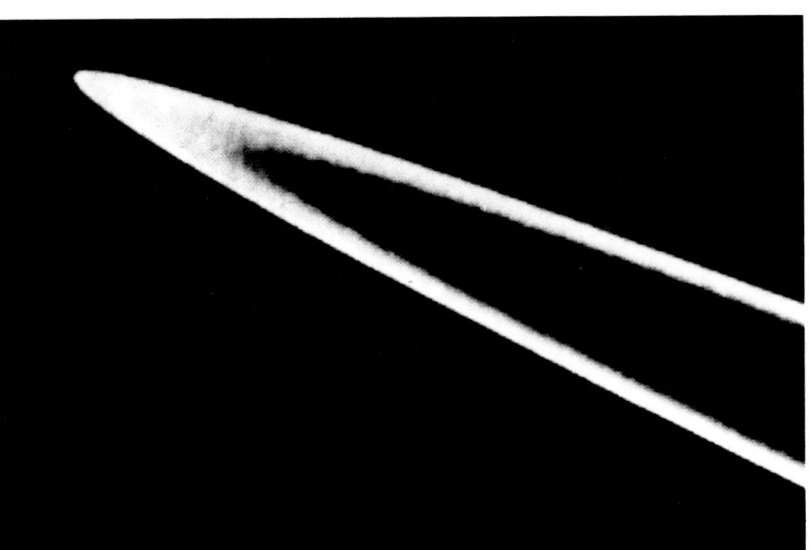

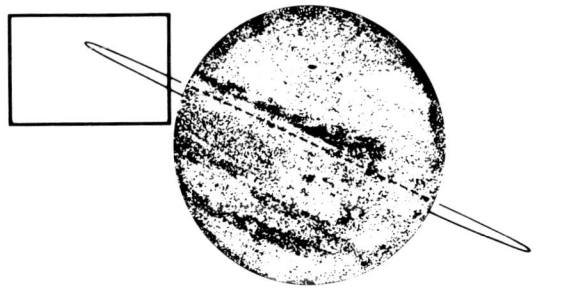

Das Jupiter-System

Vier Voyager-Bilder vom innersten Jupitermond Amalthea. Er ist der größte aus dem Schwarm kleiner, aus Gestein bestehender Satelliten, die zusammen mit den vier großen Galileischen Monden eine Familie von mindestens 14 Monden bilden. Amalthea ist etwa 280 km lang und 150 km breit. Seine große Achse bleibt während des 12stündigen Umlaufs auf Jupiter gerichtet. Die Oberfläche ist dunkel wie die der als kohlige Chondrite bezeichneten Meteoriten, hat aber eine ausgeprägte Rotfärbung, wahrscheinlich von Schwefel. Man kann Krater und Wälle erkennen sowie helle Stellen, die von einer unbekannten grünlichen Substanz herrühren.

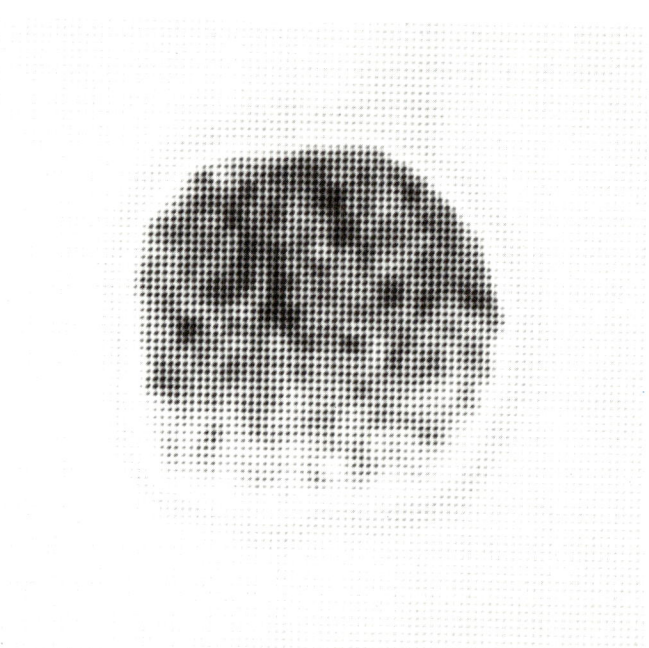

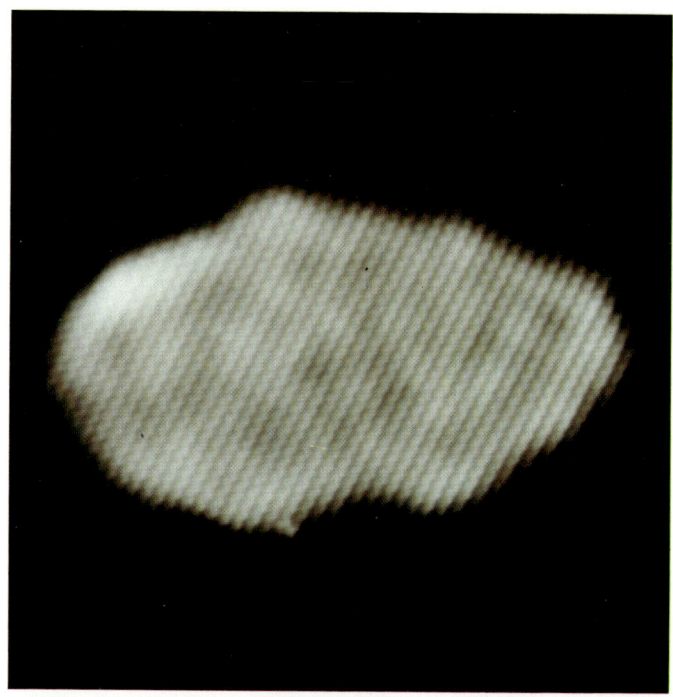

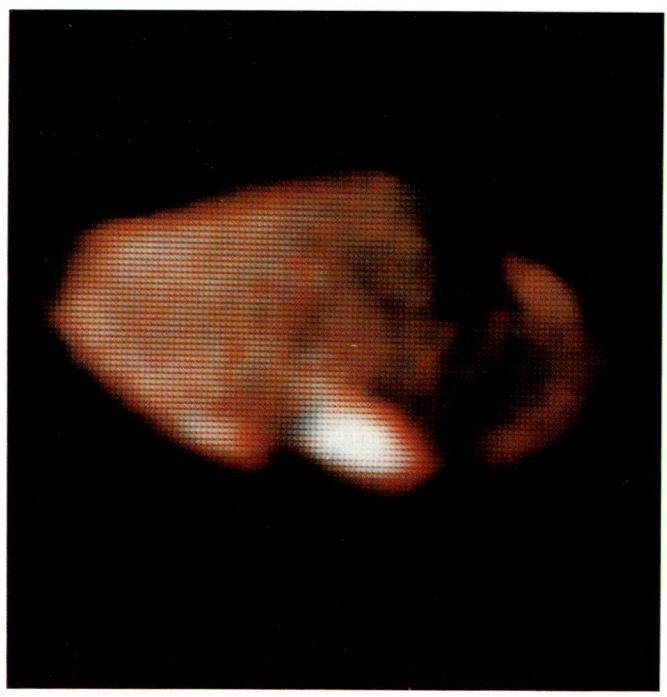

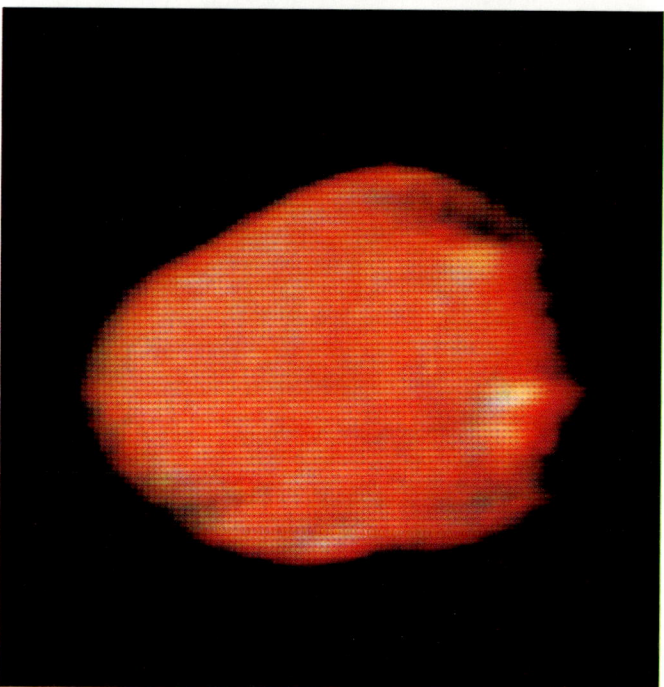

Ios Oberfläche zeigt uns braun, orange und gelb gefärbte Gebiete, die wahrscheinlich von Schwefel oder schwefelhaltigen Substanzen bedeckt sind. Die weißen Stellen können von Schnee aus Schwefeldioxid bedeckt sein, und die „Pockennarben" sind zum größten Teil vulkanische Calderen mit Durchmessern bis 200 km. In der Nähe beider Pole gibt es Gebirge, die 8 km oder noch mehr über ihre Umgebung emporragen.

Io bei einem Durch-
gang vor Jupiter.

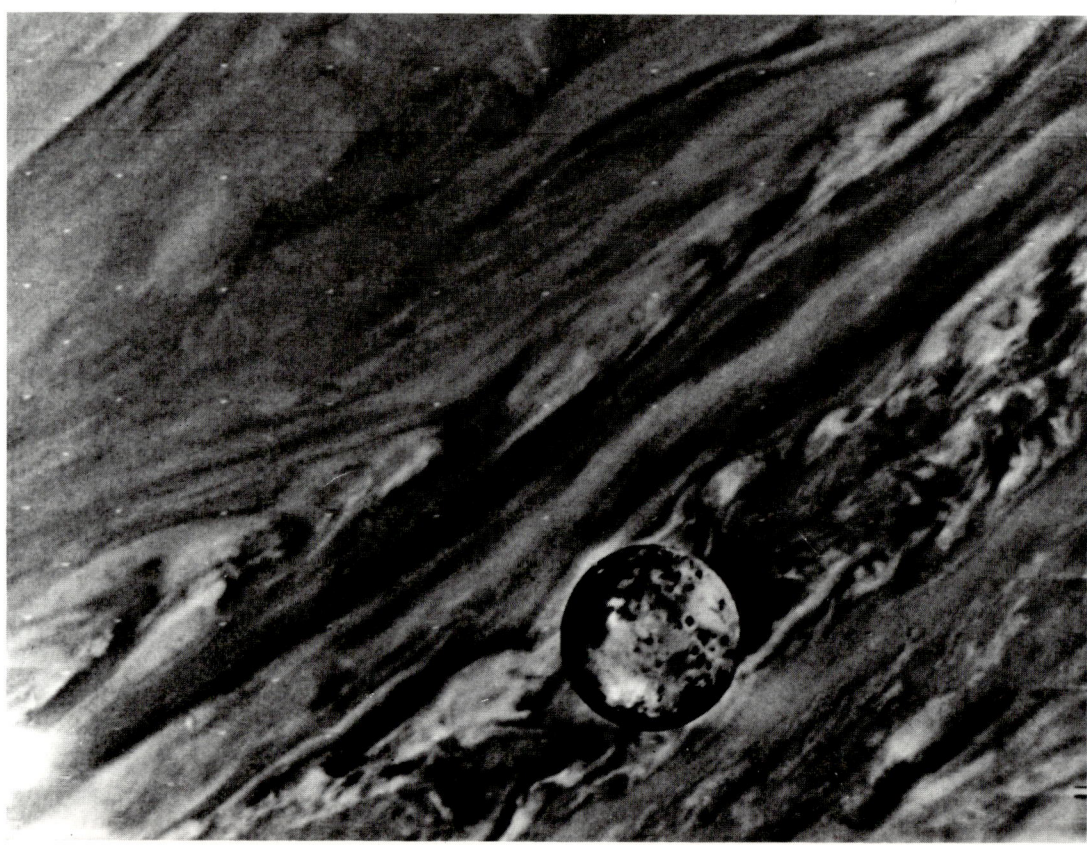

Nahaufnahmen von
Vulkankratern auf Io.
Die beiden Fotos
wurden im Abstand
von vier Monaten
aufgenommen, und
während dieser Zeit
hat sich die Umge-
bung der Calderen
ziemlich verändert.
Das beweist, wie
rasch die Oberfläche
von dem Auswurfma-
terial der Vulkane
überschüttet werden
kann, und erklärt das
Fehlen von sichtbaren
Einfallskratern.

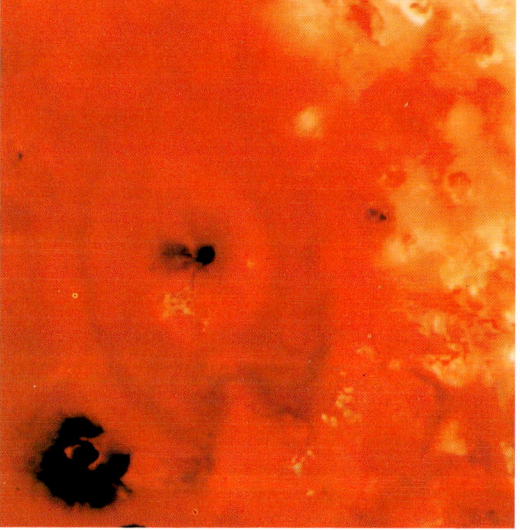
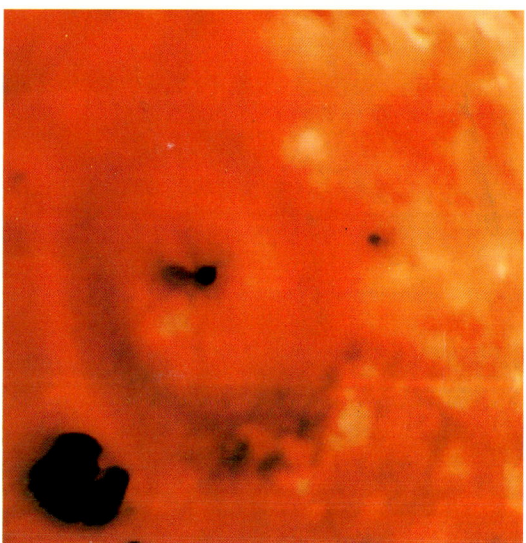

Eine vulkanische Auswurfsäule auf Io zeigt die typische Schirmform, die auf ballistische Bahnen der ausgeschleuderten Partikel hindeutet. Unter dieser Annahme und bei einer Höhe des „Schirms" von 100 km lassen sich Auswurfgeschwindigkeiten von mehr als 3200 km pro Stunde berechnen.

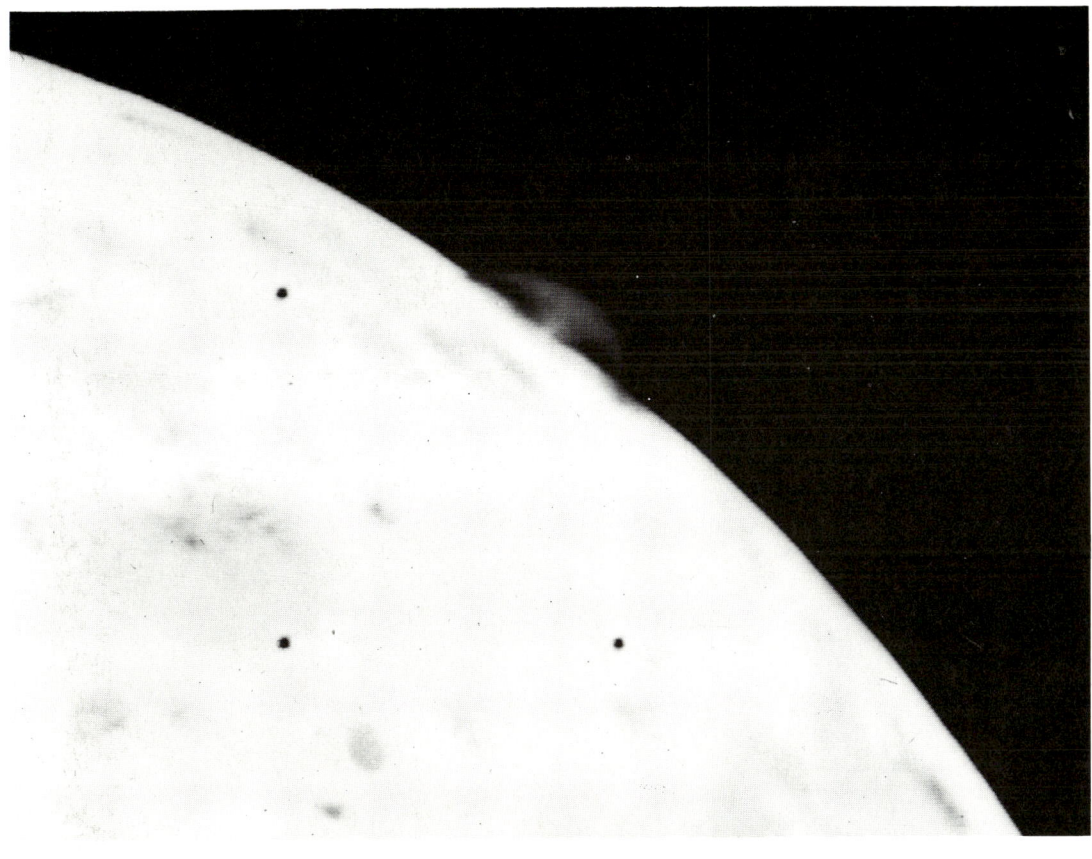

Diese Vulkane wurden sowohl von Voyager 1 als auch von Voyager 2 fotografiert, sie waren deshalb wohl mindestens über vier Monate hinweg tätig. Ein Vulkan war während des Vorbeiflugs von Voyager 1 aktiv, vier Monate später aber ruhig.

Das Bild zeigt drei der acht aktiven Vulkane, die man bisher auf Io entdeckt hat.

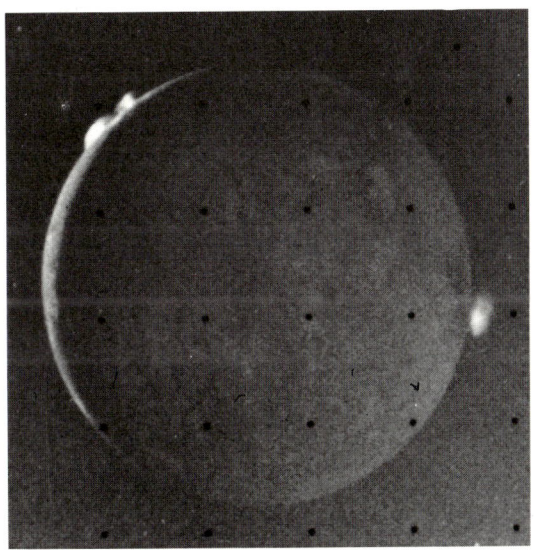

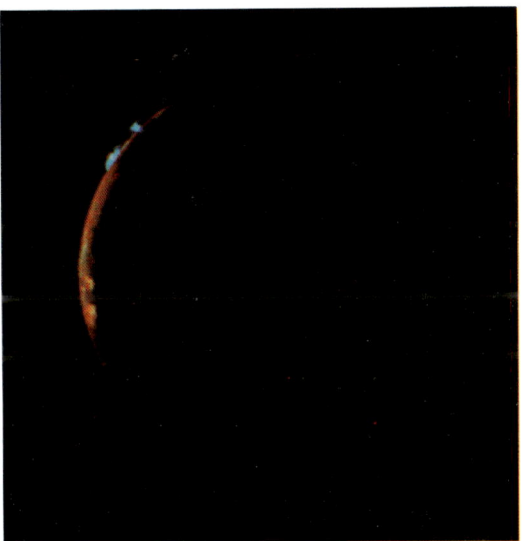

Das Jupiter-System

Auf diesem durch Computer aufbereiteten Bild von Io sind Erosionsformen zu erkennen, die Ähnlichkeit mit von strömenden Flüssigkeiten verursachten Strukturen haben. Wegen der tiefen Temperaturen (−150 bis −200 °C) und des Fehlens einer Atmosphäre sind Ströme unter der Oberfläche wahrscheinlicher als offenliegende Flüsse. Jedoch können die Verhältnisse in der Vergangenheit anders gewesen sein. Die Diagramme und Zahlen am Rand des Bildes halten fest, wie der Kontrast verstärkt wurde, um die Einzelheiten deutlicher zu zeigen. Außerdem werden Angaben über die Belichtung sowie die Koordinaten gemacht, so daß die einzelnen Strukturen identifiziert und mit anderen Bildern verglichen werden können. Zur Analyse werden meist Fotografien dieser Art benutzt.

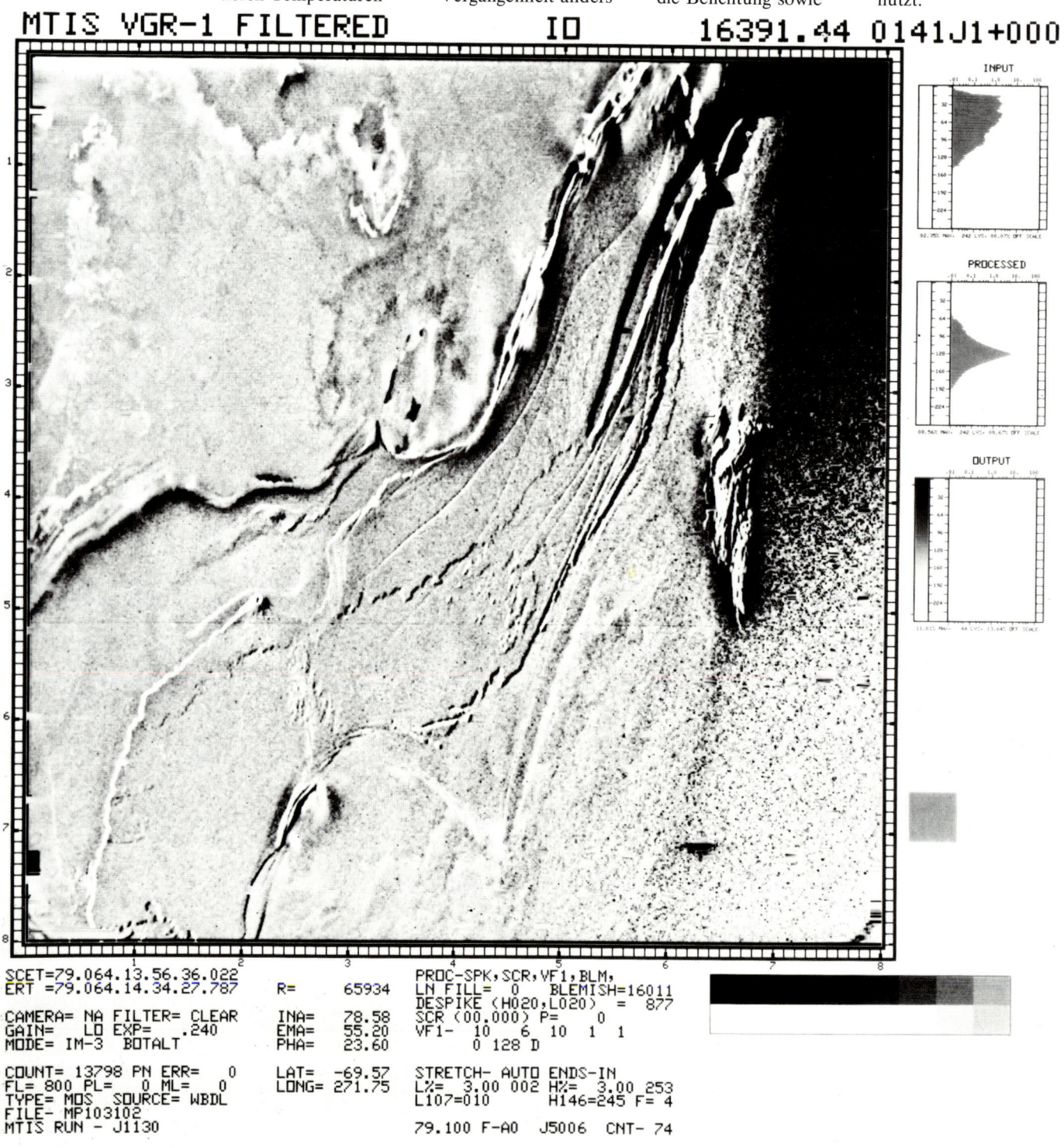

Die helle Struktur unten links ist wahrscheinlich eine Wolke aus SO_2-Kristallen, die sich über einer Vulkanöffnung gebildet hat.

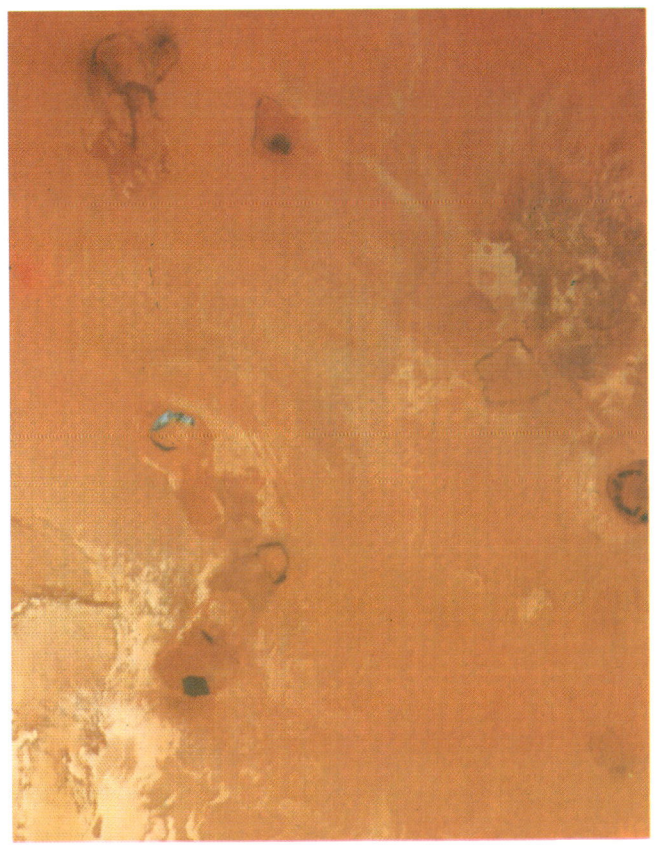

Ein Falschfarbenbild von einem Vulkanausbruch auf Io. Der gelbe Kern ist der auf „normalen" Bildern sichtbare Teil; den blauen Halo sieht man nur im Ultravioletten. Dieser hier hat 320 km Durchmesser und besteht wahrscheinlich aus sehr kleinen Partikeln, vielleicht Schwefelstaub.

Karte von Io, aus
Voyager-1- und -2-
Fotos zusammen-
gestellt. 1 Grad ent-
spricht 32 km.

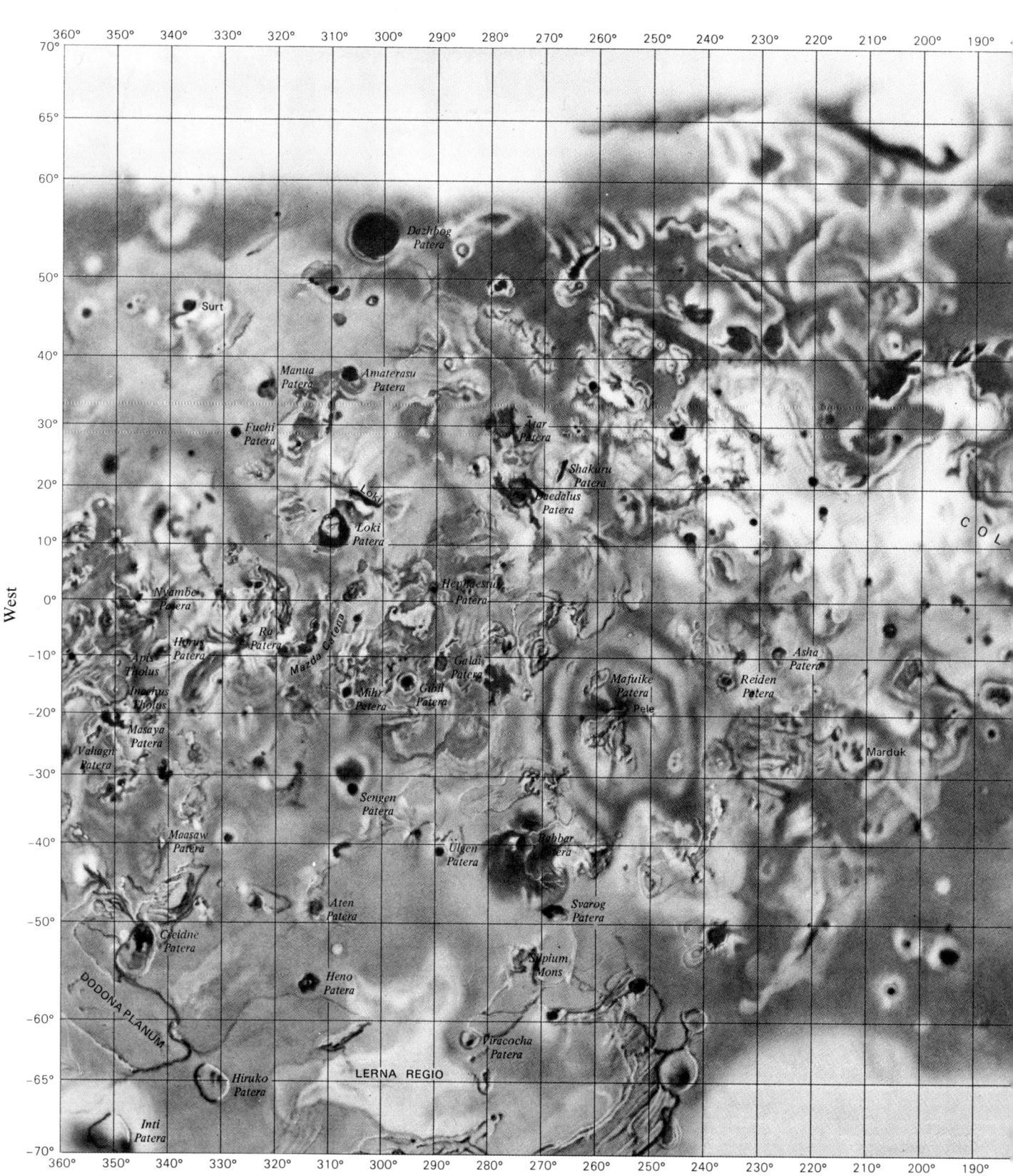

Nord

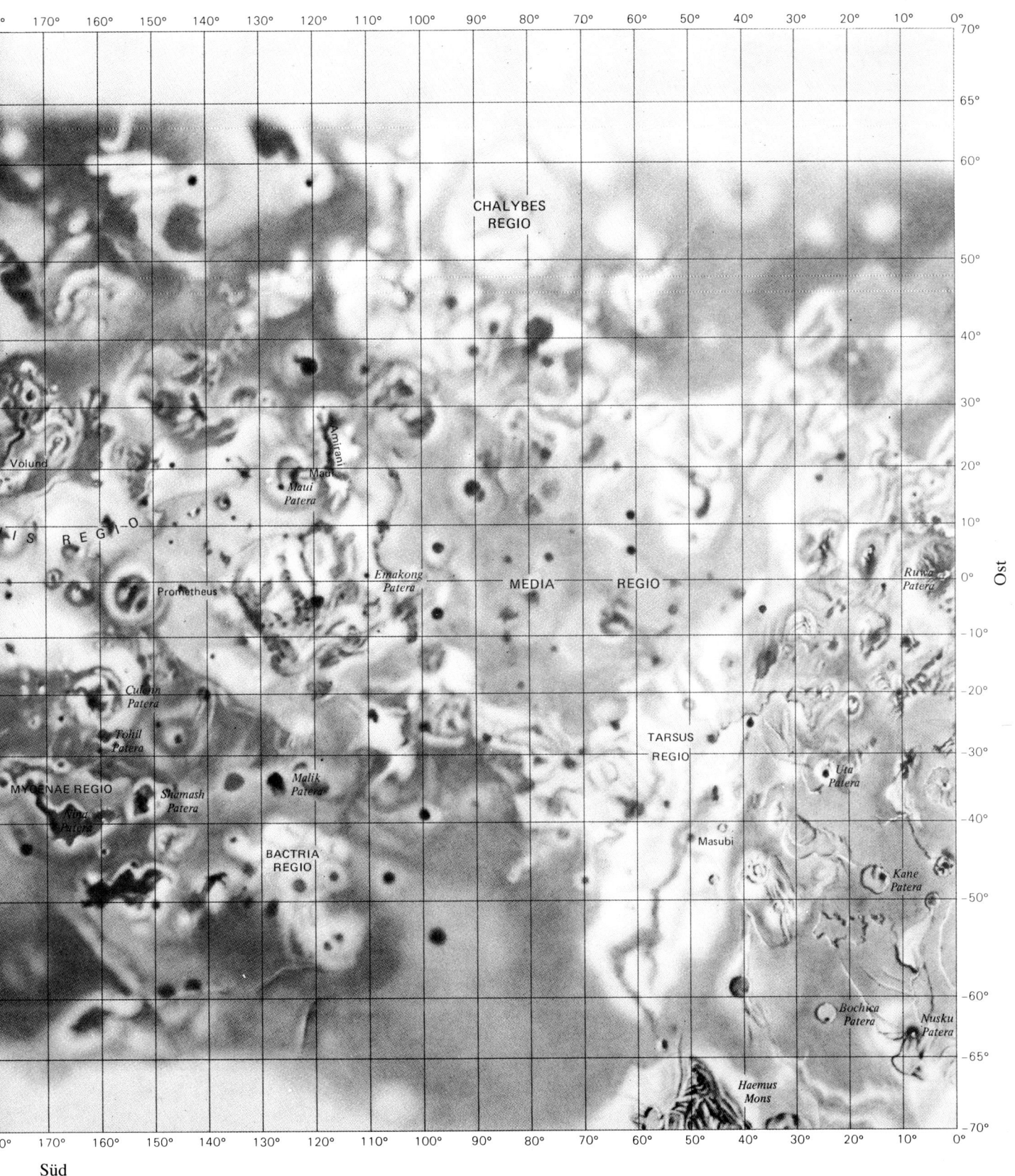

Süd

Das Jupiter-System

Diese Nahaufnahme von Io erfaßt ein Gebiet bei 72° S und 326° W, auf der Jupiter zugewandten Seite, mit einer Seitenlänge von 1760 km; Einzelheiten bis hinunter zu 5 km sind erkennbar. Man sieht viele typische Bodenformationen auf den gleichmäßigen Vulkanebenen. Dazu gehören Calderen, bizarr geformte Wälle und zerklüftete Berge. Das Reflexionsvermögen (Albedo) der einzelnen Stellen ist ohne Zweifel durch den Schwefel im Oberflächenmaterial bestimmt, den wir nur auf Io finden und der auf den starken Vulkanismus zurückzuführen ist. Nur wenige Calderen liegen in größeren Bodenerhebungen; dadurch unterscheiden sie sich von vergleichbaren Formationen auf der Erde und auf dem Mars. Daß es tatsächlich Höhenunterschiede gibt, kommt durch die von den Calderen ausgehenden Ströme zum Ausdruck.

Dieses Voyager-1-Bild vom Rand der Io gibt einen Eindruck von dem zerklüfteten Terrain, das man an einigen Stellen antrifft.

Europa reflektiert wegen ihrer aus Eiskristallen bestehenden Oberfläche sehr viel Licht. Stände sie an der Stelle unseres Mondes, wäre sie etwa zehnmal so hell wie dieser, obwohl sie etwa die gleiche Größe hat. Wegen der Eisschicht weist ihre Oberfläche kaum ein Relief auf. Sie ist wahrscheinlich das „glatteste" Objekt in unserem Sonnensystem.

Auf Europa feststellbare Strukturen gehören im wesentlichen zwei Typen an: dunklere Flecken – wahrscheinlich Gestein, das durch die relativ dünne Eisschicht scheint – und lange, schmale Risse. Die Risse hat man in ihrer globalen Verteilung und auch in ihrer physikalischen Natur mit den Marskanälen verglichen, die man im vorigen Jahrhundert zu sehen glaubte. Allerdings kommen die „Kanäle" auf Europa wohl durch Sprünge in der dünnen Eiskruste zustande.

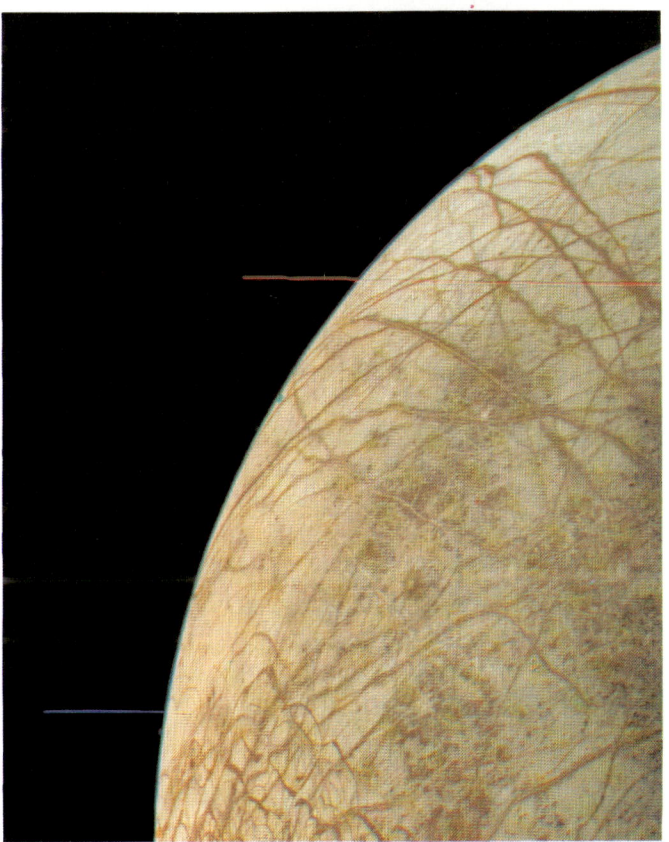

Karte von Europa,
aus Voyager-1- und
Voyager-2-Fotos zu-
sammengestellt.
1 Grad entspricht
27 km.

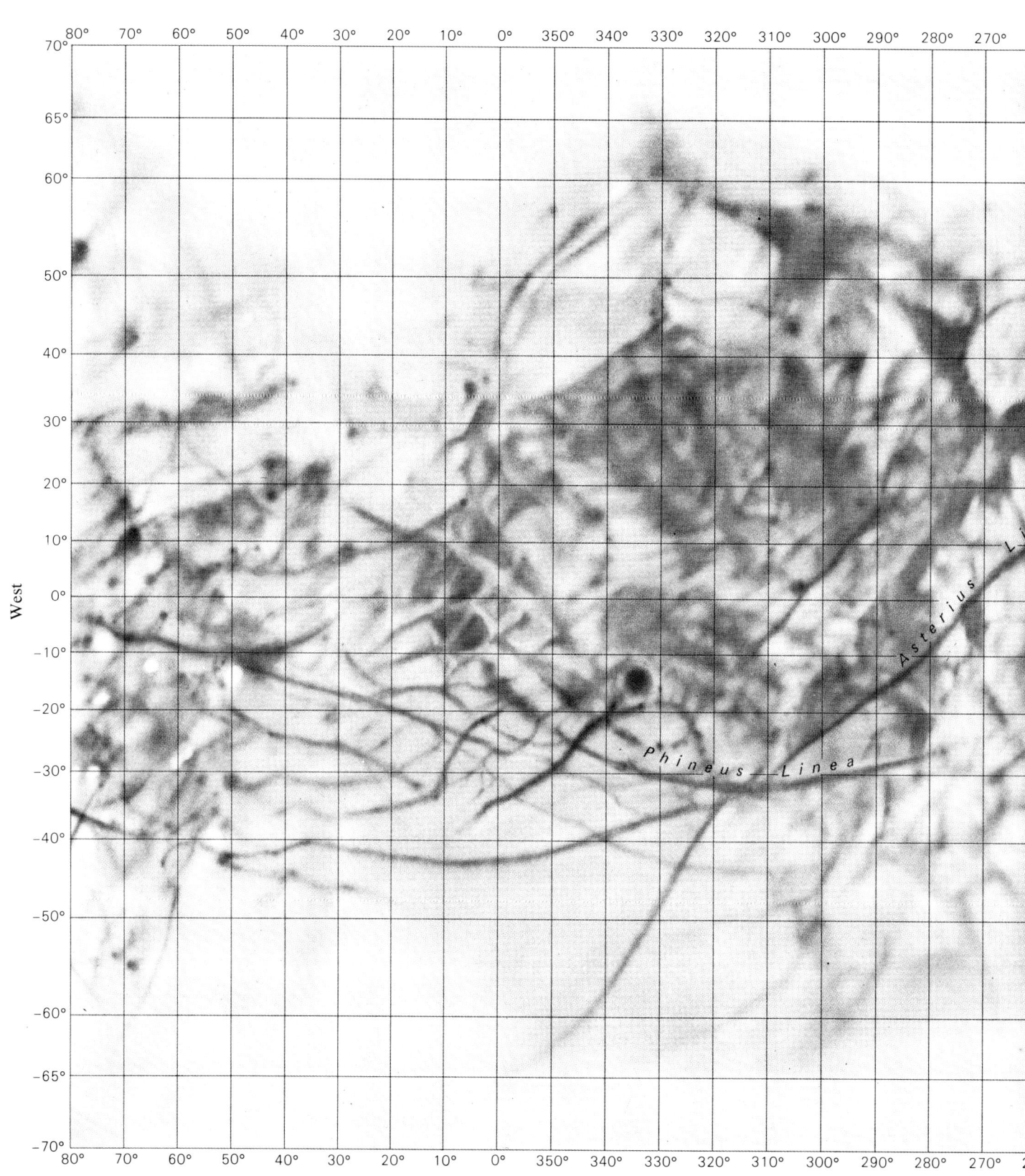

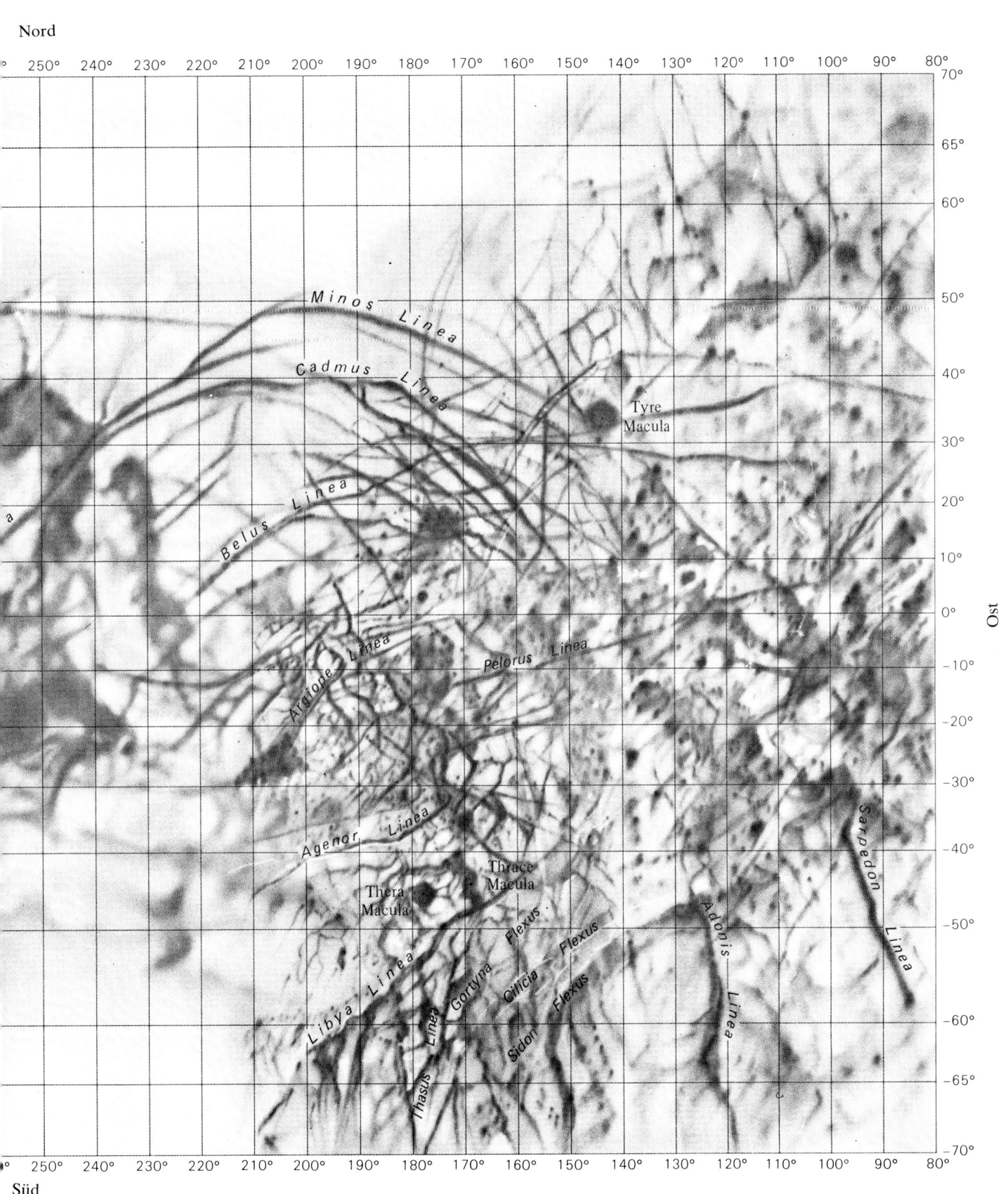

Nord

250° 240° 230° 220° 210° 200° 190° 180° 170° 160° 150° 140° 130° 120° 110° 100° 90° 80°

70°
65°
60°
50°
40°
30°
20°
10°
0° Ost
-10°
-20°
-30°
-40°
-50°
-60°
-65°
-70°

Minos Linea

Cadmus Linea

Tyre Macula

Belus Linea

Argione Linea

Pelorus Linea

Agenor Linea

Thrace Macula

Thera Macula

Sarpedon Linea

Libya Linea

Gortyna Flexus

Cilicia Flexus

Sidon Flexus

Adonis Linea

Thasus Linea

250° 240° 230° 220° 210° 200° 190° 180° 170° 160° 150° 140° 130° 120° 110° 100° 90° 80°

Süd

Diese Ansicht von
Europa zeigt einen
großen Teil ihrer
Oberfläche mit der
höchsten bisher er-
reichten Auflösung,
bei der 5 km große
Details noch erkenn-
bar sind; man kann
gut sehen, daß der
größte Teil des Ter-
rains sehr eben ist
und daß es kaum Ein-
fallskrater gibt. Bisher
hat man auf der
ganzen Oberfläche
nur drei Krater ge-
funden, die mehr als
5 km Durchmesser
haben. Das erklärt
sich aus den gletscher-
artigen Strömen in
der Eiskruste, die
über Millionen von
Jahren Höhenunter-
schiede ausgeglichen
und Krater aufgefüllt
haben.

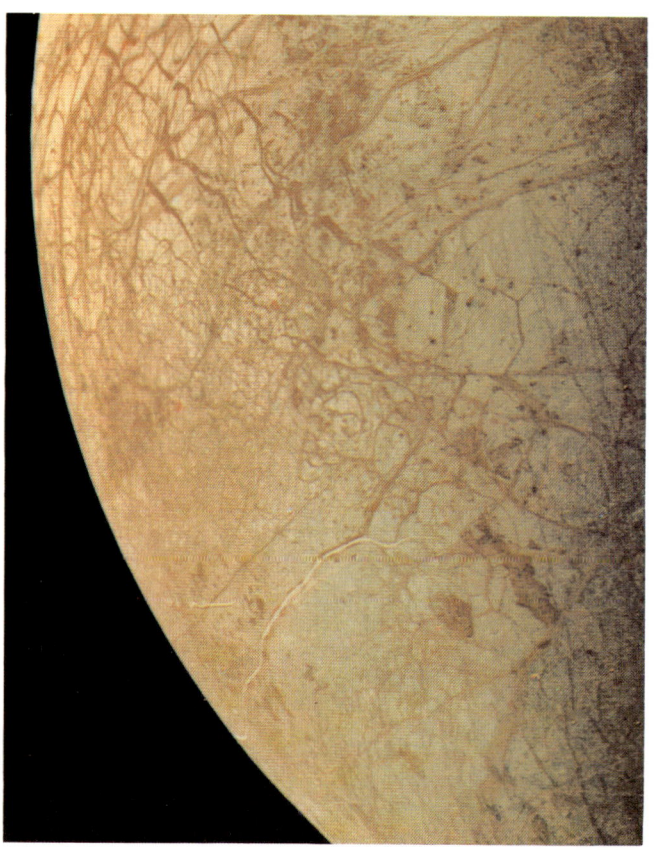

Mit Hilfe von Auf-
nahmen im Bereich
des Terminators, der
Grenzlinie zwischen
Tag und Nacht, kann
man die Höhen von
Bergen an der Schat-
tenlänge abschätzen.
Diese Wälle auf Eu-
ropa sind nur 100 m
hoch. Bemerkenswert
ist die annähernd
kreisrunde Struktur
im Zentrum des Bil-
des an der Hell-Dun-
kel-Grenze. Wahr-
scheinlich ist das der
Überrest eines der
selten zu sehenden
Einfallskrater.

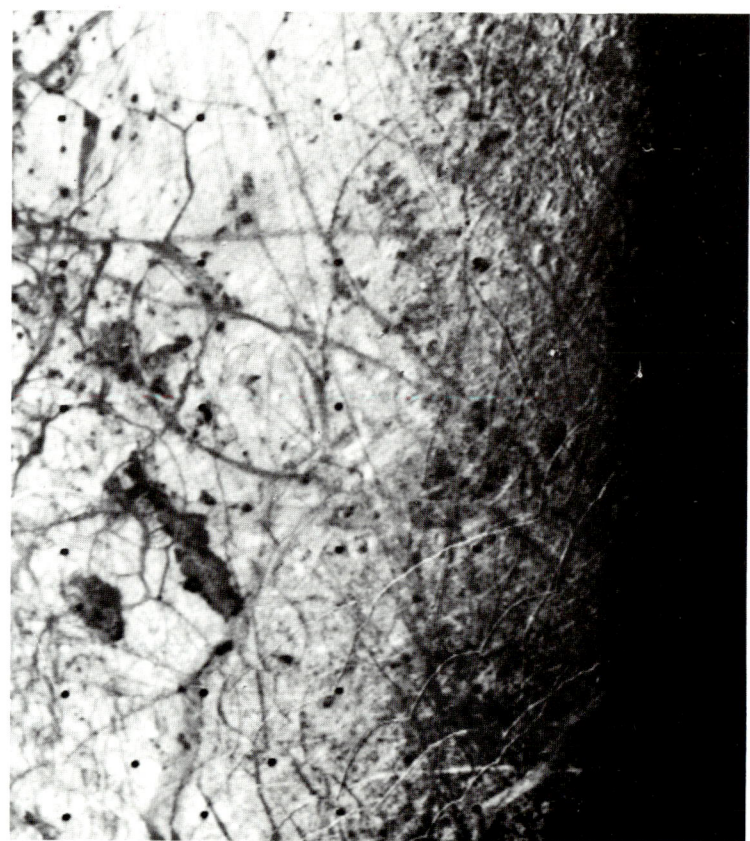

Der größte Teil der Hemisphäre Ganymeds, die von Jupiter ständig abgewandt ist. Die Oberfläche und das Innere bis zu einer Tiefe von mehreren 100 km besteht überwiegend aus Wassereis. Die dunklen Gebiete sind die ältesten; dort hat sich die ursprünglich aus Gesteinen und Eis bestehende Kruste während der langen Einwirkung der Sonnenstrahlung und durch Einflüsse aus der Umgebung am stärksten chemisch und physikalisch verändert. Die Ursache für das Überleben eines sehr dunklen und deshalb alten Gebietes auf der nördlichen Hemisphäre ist noch unbekannt.

Sehr große Krater, die durch den Einfall großer Objekte entstanden sind, erscheinen häufig bis in weite Entfernungen von einem System konzentrischer Ringe umgeben. Der hier gezeigte Ausschnitt von Ganymed mißt 1300 × 1300 km. Die Ringe entstanden als Folge des Einfalls, indem die Kruste sich wellenförmig aufwarf. Das geschah vor mehreren Milliarden Jahren, denn der Zentralkrater wurde im Laufe der Zeit von Gletscherströmen ausgelöscht. Andere Beispiele für kleinere „Geisterkrater" und junge Krater sind ebenfalls auf dem Bild zu sehen.

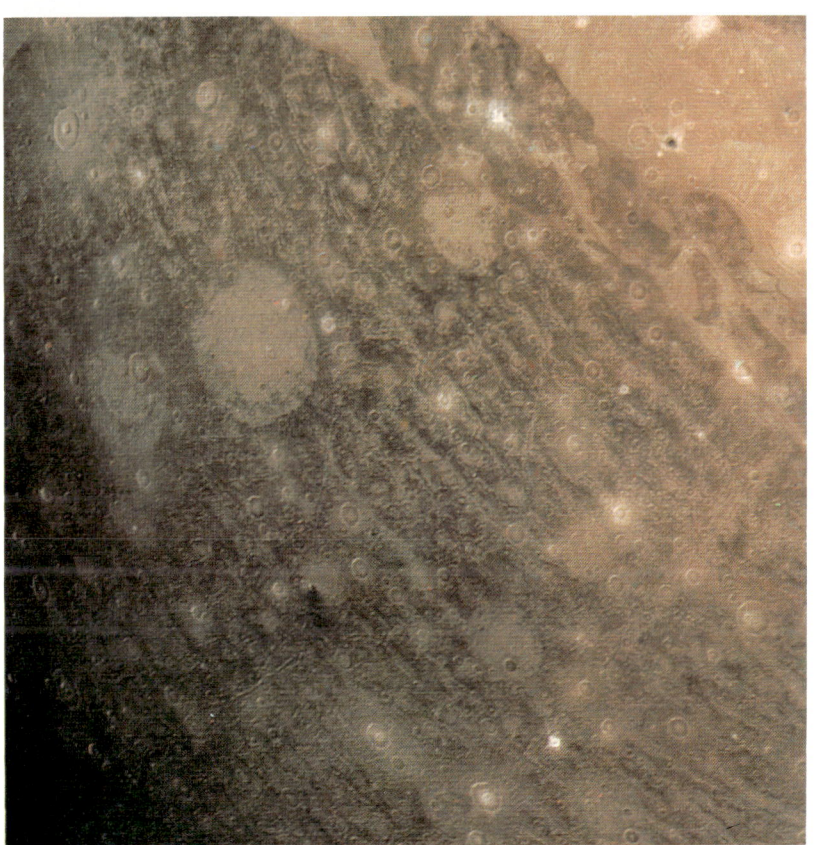

Das Jupiter-System

Karte von Ganymed, aus Voyager-1- und Voyager-2-Fotos zusammengestellt. 1 Grad entspricht 46 km.

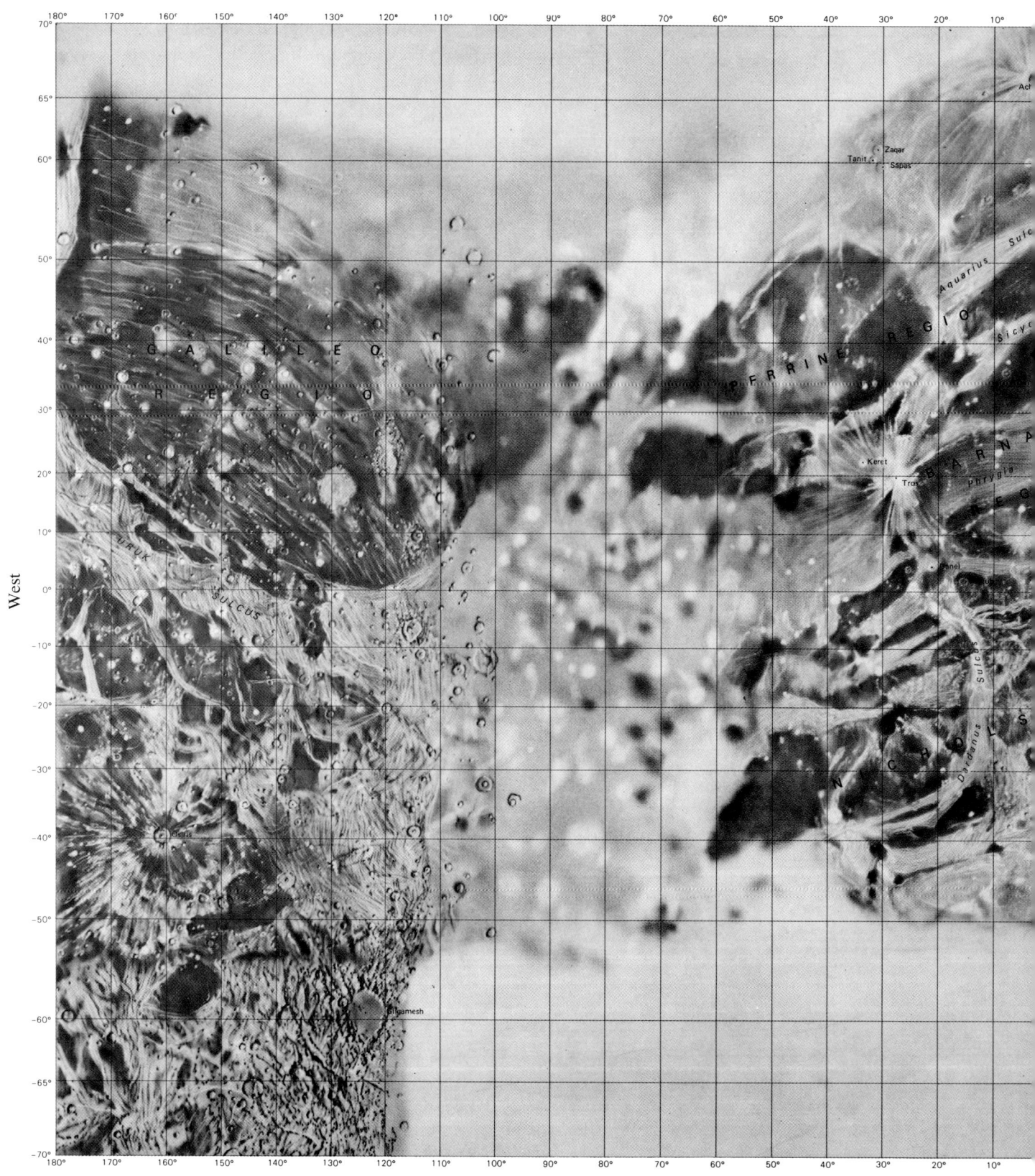

West

Nord

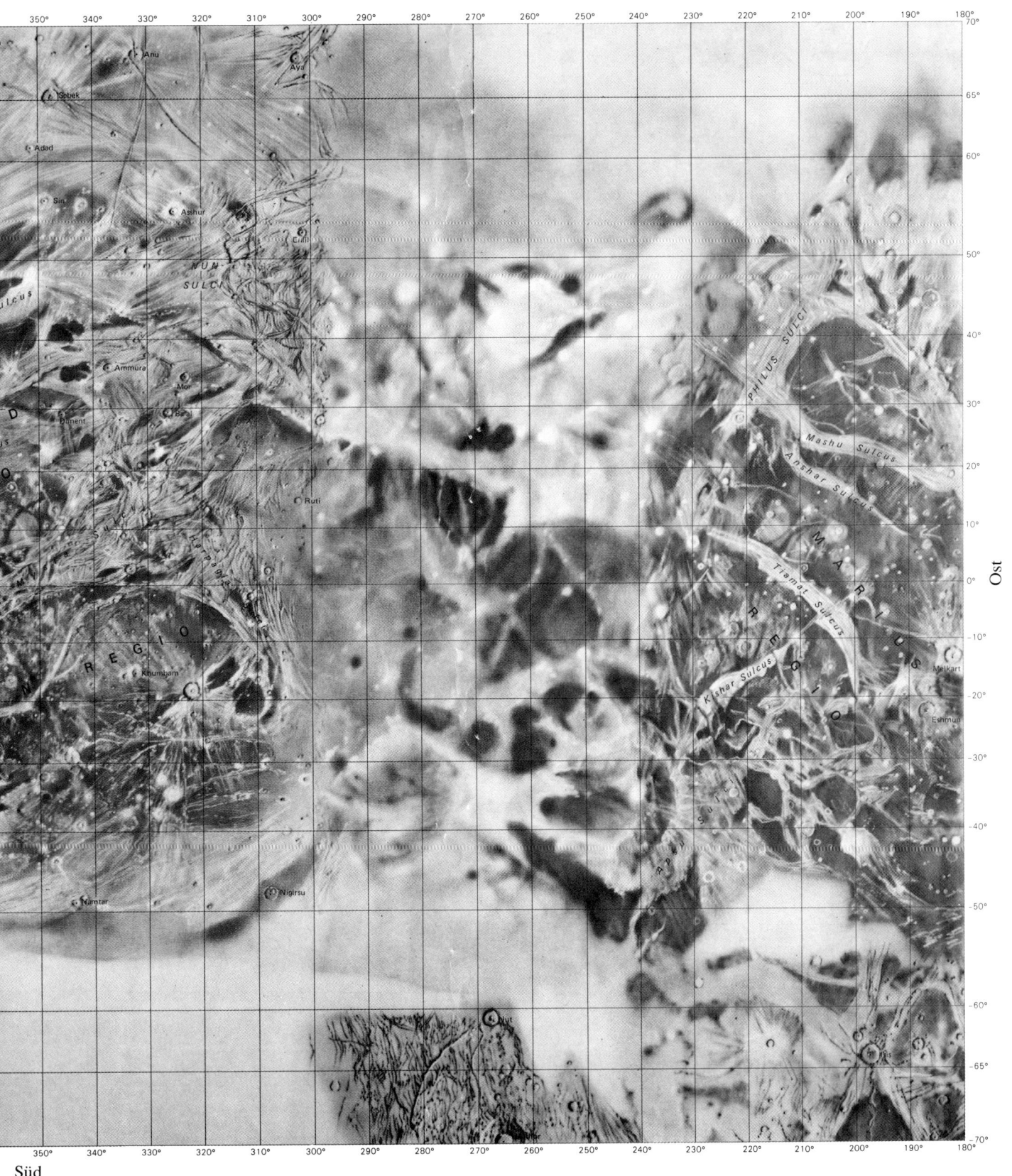

Süd

Das Jupiter-System

Wenn ein Meteorit auf die Eiskruste stürzt, entsteht ein Krater; „sauberes" Eis, das unterhalb der Oberfläche lag, wird herausgeschleudert und über die Umgebung verteilt. Außerdem entstehen Verwerfungen, und Scherungen entlang der Verwerfungen erzeugen ein System von parallelen Rillen, wie man sie in der oberen Hälfte des Bildes sieht.

Ein wirr zerfurchtes
Gebiet auf Ganymed,
beobachtet in der
Nähe des Termina-
tors. Die Kruste muß
früher einmal viel
mobiler gewesen sein
als heute, sonst hätten
solche verschlungenen
Strukturen nicht ent-
stehen können. Die
Temperaturen an der
Oberfläche liegen bei
−150 °C auf der Son-
nenseite, auf der
Nachtseite sind sie
niedriger.

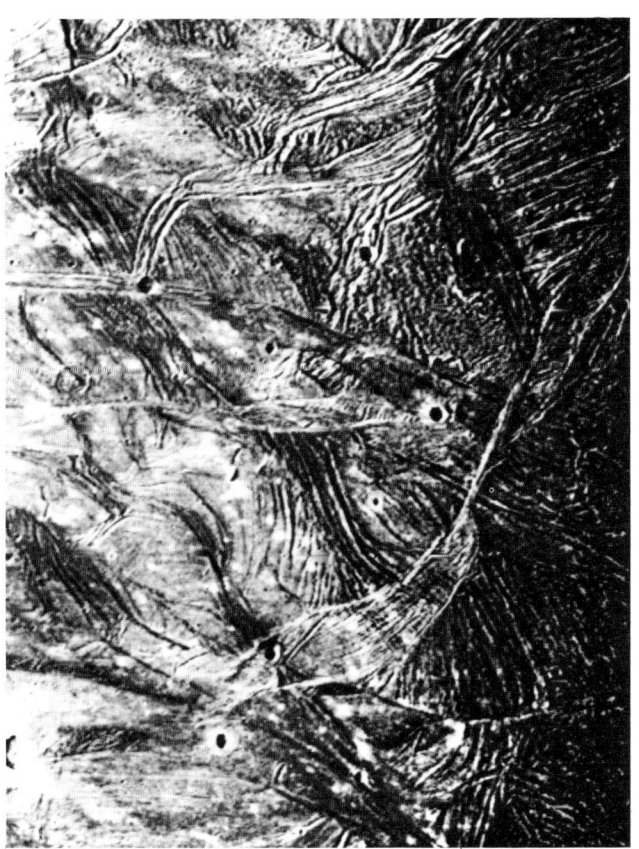

Dunkle, mehrere
100 km große „Kon-
tinente" auf Ganymed
sind durch hellere Fal-
tengebiete voneinan-
der getrennt. Eine
nähere Untersuchung
zeigt, daß Strukturen,
die früher einmal
kontinuierlich über
die Bruchlinien verlie-
fen, heute gegenein-
ander versetzt sind.
Sie müssen durch ei-
nen der irdischen
Kontinentaldrift ähn-
lichen Prozeß ver-
schoben worden sein.

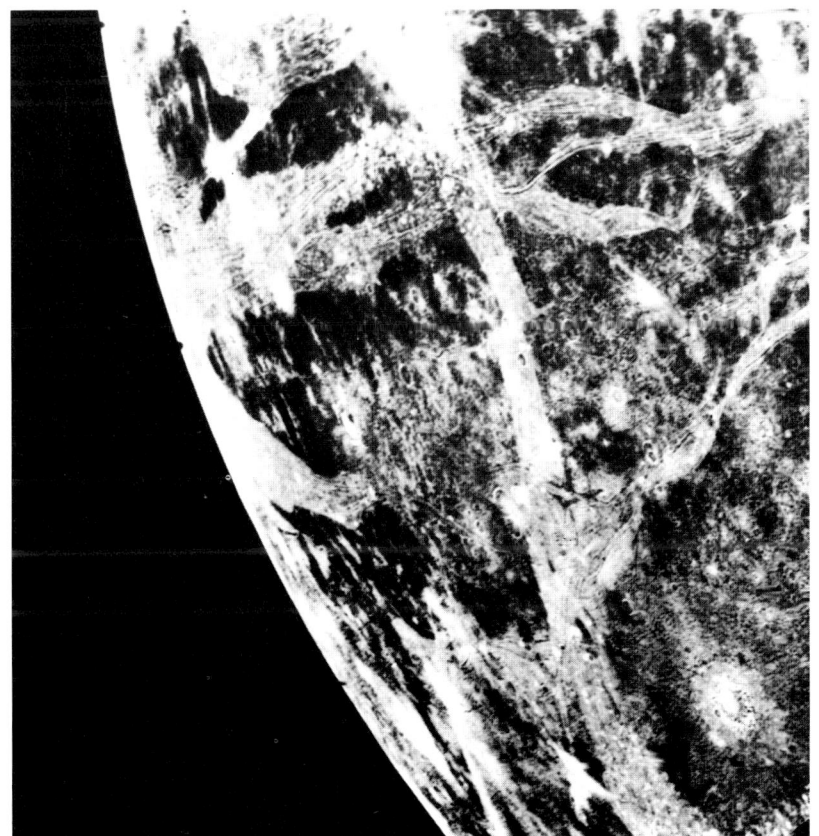

Ein mit Hilfe der Computertechnik verstärktes Mosaik aus Voyager-Fotos, das die kraterüberzogene Oberfläche von Kallisto zeigt. Die Kraterdichte ist höher als bei irgendeinem anderen Objekt im Sonnensystem. Im ganzen ist Kallisto sehr ebenmäßig, es gibt keine ausgesprochenen Gebirge oder Täler.

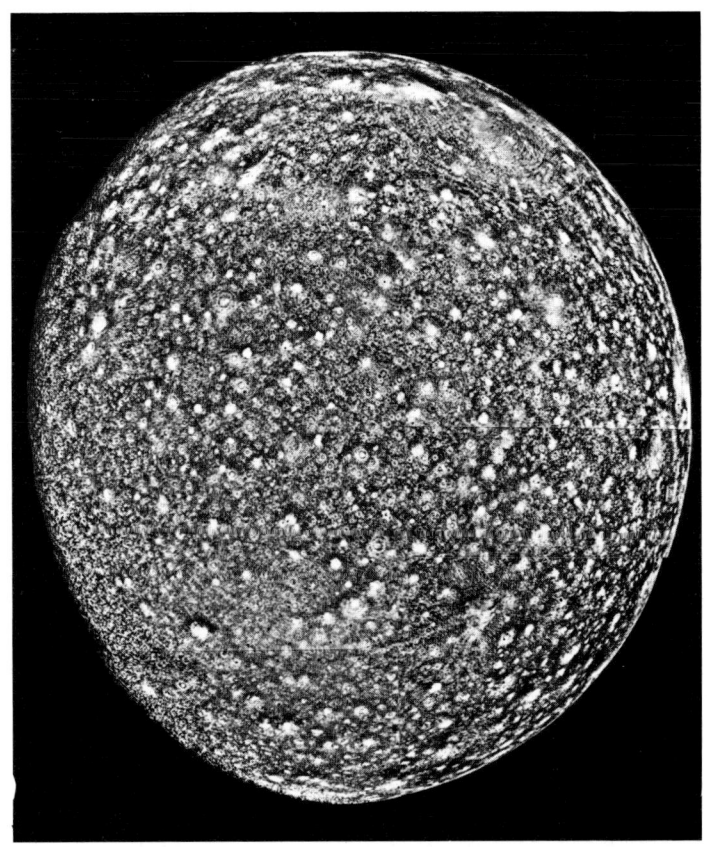

Details einer der Ringstrukturen auf dem obenstehenden Mosaik. Die Kraterdichte nimmt in Richtung zu dem Einschlagbecken links deutlich ab, ein Zeichen dafür, daß bei dem Einfall ältere Krater eingeebnet wurden. An anderen Stellen findet man auch jüngere Krater auf den Ringen. Abgesehen von diesen Einschlägen scheint die Oberfläche von Kallisto seit einer viel längeren Zeit unverändert geblieben zu sein als die der anderen drei Galileischen Monde, länger vielleicht auch als jedes andere planetenähnliche Objekt im Sonnensystem.

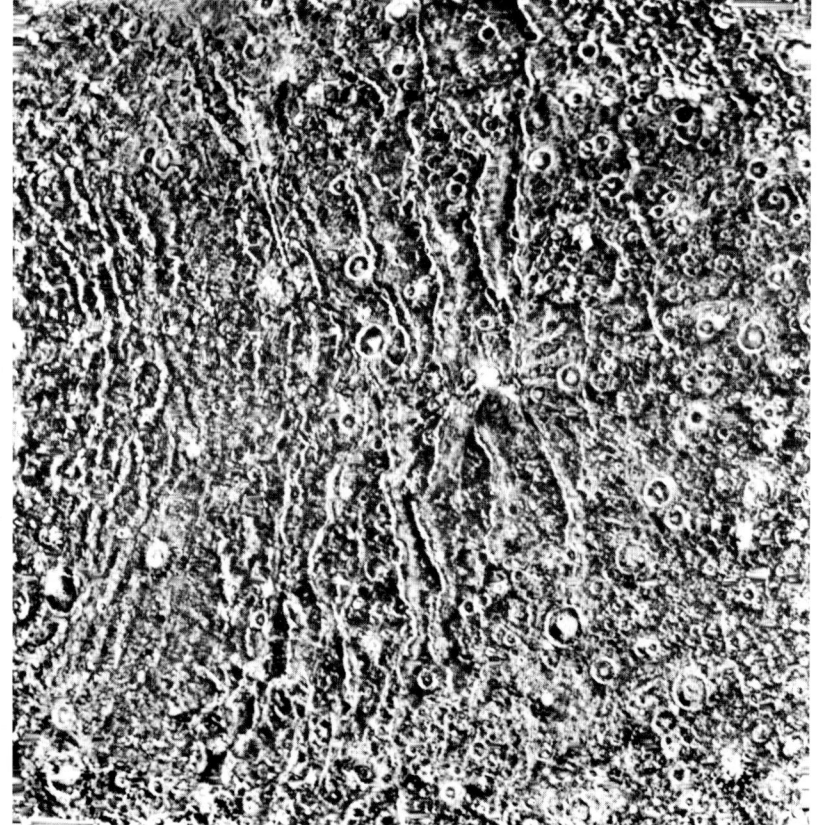

Das Bild zeigt Walhalla, einen riesigen Einfallskrater auf Kallisto. Die zentrale helle Region hat einen Durchmesser von 300 km, und die ring- förmigen Risse erstrecken sich bis zu 1500 km nach außen. Das Objekt, das hier aufgeprallt ist – ein großer Asteroid oder ein Komet – hat mög- licherweise die Eiskruste ganz durchschlagen und ist in den darunterliegenden Kern aus weichem Eis eingedrungen.

Das Jupiter-System

Karte von Kallisto,
aus Voyager-1- und
Voyager-2-Fotos zu-
sammengestellt. 1
Grad entspricht
42 km.

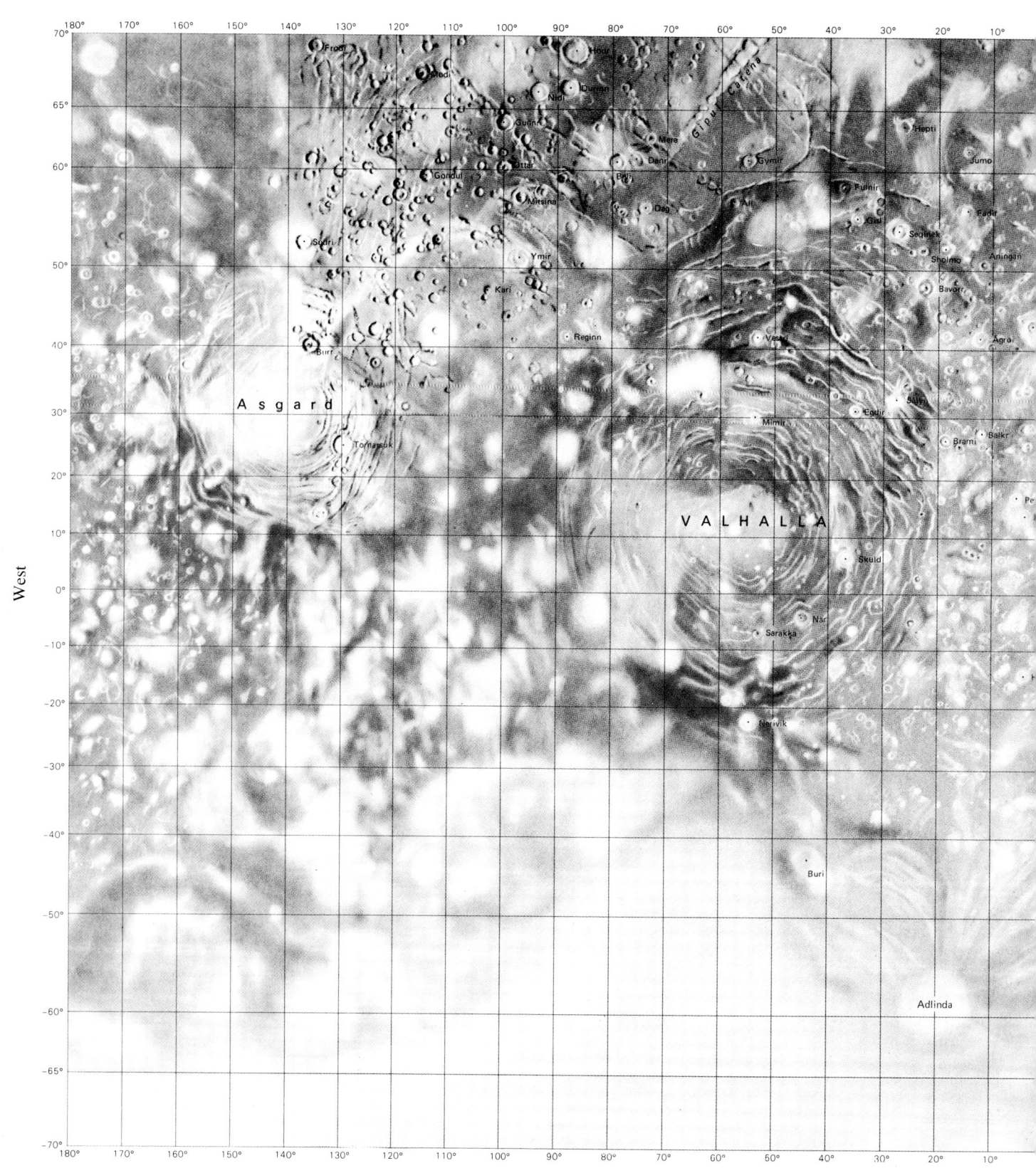

Nord

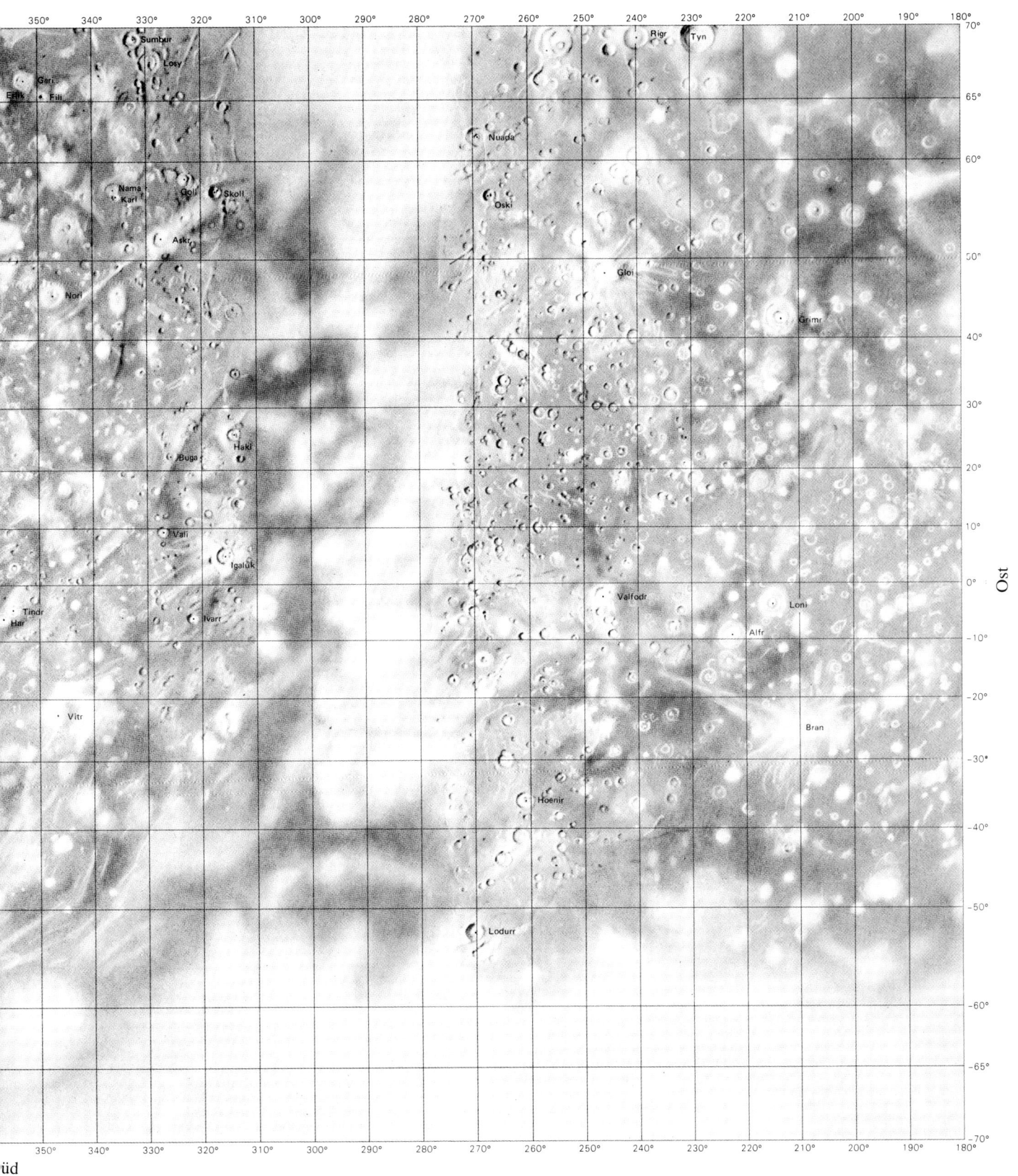

Ost

üd

Das Saturn-System

Saturn

Der Ringplanet gilt zu Recht als das schönste Objekt in dem uns bekannten Universum. Die Kombination von ästhetischer Anziehungskraft und den vielen Rätseln, die diese entfernte Welt der Wissenschaft aufgibt, ließ die beiden Voyager-Missionen in den Jahren 1980 und 1981 zu den mit der größten Spannung erwarteten Unternehmungen seit Beginn des Raumfahrtzeitalters werden. Nicht nur die Natur und die Entstehung des Ringsystems sollte erforscht werden, das bis vor kurzem das einzige in unserem Sonnensystem zu sein schien; auch die Atmosphäre des Planeten sowie seine Monde waren Ziele der Voyager-Kameras und -Instrumente.

Saturn hat in vielem Ähnlichkeit mit Jupiter. Seine Atmosphäre ist ebenfalls sehr dick und besteht hauptsächlich aus Wasserstoff; in der Häufigkeit seltener Substanzen unterscheidet sie sich allerdings von der Jupiteratmosphäre. Unterschiede werden außerdem durch die andere Entfernung von der Sonne und die im Verhältnis zur Energieeinstrahlung größere Aufheizung aus dem Inneren bei Saturn hervorgerufen. Saturn hat viele Satelliten; wie die Jupiters bestehen fast alle aus Eis, aber sie sind in anderen Regionen des präsolaren Nebels entstanden und weisen daher wahrscheinlich nicht dieselben Elementhäufigkeiten auf wie die Monde des Jupiter; ihre Umgebung ist wegen des größeren Sonnenabstands erheblich kälter. Man sollte deshalb auf hochauflösenden Bildern deutlich sichtbare Unterschiede erwarten. Im folgenden sollen die Atmosphäre, das Ringsystem und die Satelliten näher beschrieben werden. Einige Zahlenwerte für Saturn sind in der folgenden Tabelle zusammengefaßt:

Mittlere Entfernung von der Sonne 9,54 AE	Polradius 49 000 km
Umlaufzeit 29,5 Jahre	Masse $5,69 \cdot 10^{26}$ kg
Neigung des Äquators gegen die Bahnebene 29°	Mittlere Dichte 0,69 g/cm³
Äquatorradius 60 000 km	Rotationsperiode $10^h 40^m 30^s$

Die Auflösung der Bilder, die die Voyager-Sonden bei ihrer Annäherung machten, war besser als bei den schärfsten von der Erde aus fotografierten Aufnahmen, sogar schon aus einer Entfernung von 30 Millionen km. Die Kugel ist an den Polen deutlich abgeplattet, eine Folge der schnellen Rotation des Planeten. Die Streifenstruktur ist nicht so ausgeprägt wie bei Jupiter, aber sie ist doch deutlich vorhanden. In Bildern mit erhöhten Farbkontrasten sind die Bänder sehr klar zu erkennen. Die Bezeichnung der Bänder und Zonen folgt dem bei Jupiter verwendeten Prinzip.

Es ist nicht bekannt, warum die Kontraste bei Saturn nicht so stark hervortreten. Das Verhältnis zwischen Aufheizung von innen und Aufheizung durch die Sonneneinstrahlung ist bei Saturn größer als bei Jupiter (etwa 2:1 statt 1:1), wie man aus Messungen der Dichte der reflektierten und der emittierten Strahlung weiß. Deshalb sollte man eine heftigere Konvektion und besser definierte Wolkenbänder als bei Jupiter erwarten. Die Möglichkeit, daß die kontrastierenden Bereiche unter einer verschleiernden Dunstschicht liegen, muß man ausschließen, da Strukturen am Rand der Planetenscheibe ebenso „scharf" zu sehen sind wie in der Mitte. Die Lichtstrahlen am Rand der Scheibe legen einen längeren Weg in den Schichten der Atmosphäre zurück; Dunst über der Tropopause würde die Randstrukturen stärker verwischen als die Strukturen im Zentrum der Scheibe. Eine mögliche, aber unbewiesene Erklärung wäre, daß die Bänder auf Saturn wolkenreicher sind als auf Jupiter, weil sie kälter sind. Die Temperatur in der Tropopause bewegt sich bei 200 °C, deshalb setzt die Kondensation von Ammoniak schon in tieferen Schichten, etwa 100 km tiefer als bei Jupiter, unter der Obergrenze der Konvektionszellen ein. Auf dem wärmeren Planeten kondensiert Ammoniak erst wenige Kilometer unter dem Punkt, wo der Übergang zur Abwärtsbewegung einsetzt, so daß die Ammoniakwolken in den aufsteigenden Zonen nur einige Kilometer dick sind und sich in den absteigenden Bändern vollständig auflösen. Dagegen verschwinden die viel dickeren Ammoniakwolken bei Saturn in den Bändern nicht ganz, obwohl die Abwärtsbewegung rascher zu sein scheint.

Nicht nur zwischen den Bändern und Zonen ist der Kontrast geringer, auch einzelne Strukturen wie die großen, verschiedenfarbigen Ovale sind sehr viel weniger ausgeprägt als bei Jupiter. Auf Voyager-Fotos fand man mit Hilfe extremer Kontrastverstärkung allerdings einige langlebige Flecken und Wolken. Das Aussehen und die Größenverhältnisse dieser Strukturen sowie ihre Fortbewegung und Entwicklung, in Bildserien sichtbar gemacht, erlauben Schlüsse auf die Meteorologie und die Zirkulation in der Atmosphäre des Planeten. Man findet unter anderem rote und braune Flecke, ähnlich denen auf Jupiter, Konvektionswolken, deren Größenordnung erheblich unter der der Bänder-Zonen-Teilung liegt, sowie verschiedene Wellenmuster. Unerwartet hohe Geschwindigkeiten – um 1800 km/h – wurden im Äquatorband gemessen, etwa das Fünffache der bei Jupiter gemessenen Geschwindigkeiten. Es ist noch nicht klar, woher diese großen Unterschiede kommen. Auf beiden Planeten scheinen die Jets durch die Energie beschleunigt zu werden, die die aus tiefen Schichten aufsteigenden Wirbel enthalten. Auf Saturn ist die Konvektion stärker; das größere Verhältnis von innerer zu eingestrahlter Wärme führt zu höheren Geschwindigkeiten. Natürlich sind auch andere Parameter wie Temperatur, Druck, Schwerkraft auf den beiden Planeten verschieden, und vielleicht ist auch die chemische Zusammensetzung anders. Insbesondere beobachten wir auf jedem der beiden Planeten zonale

Winde nur in einer Höhe, und in dieser Situation lassen sich kaum
schlüssige Vergleiche anstellen. So können z.B. die Windströmungen
auf Jupiter in einer höheren oder tieferen Schicht erheblich schneller
sein als die auf Saturn beobachteten. Deshalb dürfen wir die Vergleiche
nicht zu weit treiben, bevor wir durch Untersuchungen mit weiteren
Raumsonden mehr über die Verhältnisse in den einzelnen Höhenschich-
ten erfahren haben. Trotzdem muß jede Theorie der Atmosphärendyna-
mik in der Lage sein, die außerordentlich starken Winde auf Saturn bei
einem Druck von etwa ½ Atmosphäre zu erklären.

Bevor die Voyager-Sonden Saturn erreichten, gehörten die *Saturnringe*
zu den größten Rätseln im Sonnensystem, und seit wir genauere Daten
besitzen, sind die Probleme eher noch gewachsen. Zunächst ist ihre Entstehung völlig unklar. Sie können in ihrer augenblicklichen Form entstanden sein, sie können aber auch aus den Trümmern eines zerbroche-
nen Satelliten bestehen. Ihre Zusammensetzung ist kaum bekannt; Infra-
rotspektren zeigen allerdings die Charakteristik von Wassereis. Die
Ringe könnten zur Hauptsache aus Eisbrocken oder Schneeklumpen von
der Größe einiger Zentimeter bis zu mehreren Metern bestehen. Ihre
sehr geringe Strahlung im Radiowellenbereich und das hohe Radar-Re-
flexionsvermögen sprechen gegen einen größeren Anteil an Silikaten.
Die beobachtete radiale Anordnung der drei großen Ringe geht jedenfalls in erster Linie auf eine gravitative Wechselwirkung mit den Satelliten zurück:

Die großen Satelliten und Ringe von Saturn

Name	Entfernung von Saturn (in Planetenradien)*	Breite oder Durchmesser (km)
C-Ring	1,37	19000
B-Ring	1,74	25200
A-Ring	2,16	15600
Mimas	3,09	390
Enceladus	3,97	500
Tethys	4,91	1050
Dione	6,29	1120
Rhea	8,78	1530
Titan	20,4	5118
Hyperion	24,7	310
Japetus	59,3	1440
Phoebe	216,0	150

* Äquatorradius von Saturn: $6 \cdot 10^4$ km

Frühere Versuche, diesen Effekt quantitativ zu bestimmen, konzentrierten sich auf Mimas, der bis vor kurzem als der den Ringen nächste Satellit galt. Man war sich darüber klar, daß Bahnen nicht stabil sind, wenn ihre Umlaufzeiten gleich der des Mimas oder ein echter Bruch davon sind. Der Grund dafür ist, daß der größere Körper den kleineren aus seiner Bahn zu ziehen versucht. Das hat keine Folgen, wenn der zeitliche Verlauf der einzelnen Störungen nicht mit bestimmten Richtungen korreliert ist. Falls die Bahnen aber in Resonanz sind, akkumulieren die Störungen. So gerät ein bestimmtes Ringteilchen auf eine immer elliptischere Bahn, bis es mit einem anderen Teilchen zusammenstößt und anschließend auf einer ganz anderen Bahn weiterläuft. Zu diesem Mechanismus paßt die Feststellung, daß die äußere und innere Begrenzung des größten Rings (des B-Rings) Entfernungen vom Saturn haben, die der Hälfte bzw. einem Drittel der Umlaufszeit von Mimas entsprechen. Allerdings wird diese schöne Übereinstimmung dadurch eingeschränkt, daß die Theorie von den Bahnresonanzen für die Cassinische Teilung eine Breite von weniger als 30 km verlangt, über hundertmal weniger als sie hat.

Das Problem verlor an Bedeutung, als die ersten Voyager-Bilder, auf denen man etwa 95 konzentrische Ringe unterscheiden konnte, den tatsächlich sehr viel komplizierteren Aufbau des Ringsystems deutlich machten. Spätere, noch höher aufgelöste Aufnahmen enthüllten Tausende von Ringen, während die Polarimetermessungen beim Vorübergang des Ringsystems vor einem Fixstern die Zahl auf Hunderttausende trieb. Die Farbe der schmalen Ringe und ihre unterschiedliche Durchlässigkeit für Radiowellen deuten darauf hin, daß sie sich nach Größe und wahrscheinlich auch nach Zusammensetzung der Teilchen unterscheiden. Obwohl bis heute 16 Satelliten des Saturn bekannt sind, muß noch bewiesen werden, ob die Theorie der Bahnresonanz zur Erklärung der komplizierten Ringstrukturen ausreicht.

Von Voyager wurden im wesentlichen folgende Eigenschaften des Ringsystems entdeckt. Außer der Vielzahl feiner Ringe im Hauptsystem hat man innerhalb der Cassinischen und der Enckeschen Teilung Material gefunden, das sich zu diskreten dünnen Ringen zusammenfügt. Bei Ansicht von unten, d.h. wenn die Ringe zwischen der Sonde und der Sonne liegen, erscheint die Cassinische Teilung heller als die angrenzenden A- und B-Ringe. Der C-Ring verhält sich ähnlich. Dieser „Schleierring", so genannt, weil er sich in irdischen Teleskopen als ein sehr zartes Gebilde darbietet, sieht von hinten heller aus als der verhältnismäßig dicke B-Ring. Der Grund dafür ist die Streuung des Lichtes an den Teilchen in den Ringen sowie die Dicke des B-Ringes.

Außer den konzentrischen Teilungen besitzen die Saturnringe auch radiale Strukturen, die von Voyager entdeckten „Speichen". Sie rotieren mit den Ringen und weichen mit der Zeit von der radialen Richtung ab, weil die einzelnen Ringteilchen entlang einer Speiche nach außen hin mit anwachsenden Perioden rotieren. Als Erklärung wurde vorgeschlagen, daß die kleinsten Teilchen sich durch eine Wechselwirkung mit dem Magnetfeld des Planeten elektrostatisch aufladen und durch die elektromagnetischen Kräfte, die größer sind als die gravitative Anziehung, gegenseitig abstoßen. Zu diesem einfachen Bild muß ein bisher unbekannter Mechanismus hinzutreten, der die örtliche und zeitliche Abhängigkeit dieser Erscheinung bestimmt. Vielleicht reagieren die Ringe auf magnetische Stürme auf Saturn.

Außerhalb des eigentlichen Ringsystems gibt es einen sehr schmalen, weniger als 150 km breiten Ring. Er wurde von Pioneer 11 entdeckt und bekam die Bezeichnung F-Ring. Auf beiden Seiten wird er von zwei kleinen Satelliten begleitet, jeder mit etwa 250 km Durchmesser. Durch ihre Gegenwart werden die Partikel des F-Rings fokussiert. Der äußere Satellit bremst die äußeren Ringpartikel ab und befördert sie damit weiter nach innen, der innere Satellit wirkt genau umgekehrt. Das erklärt anscheinend, warum der Ring so schmal ist. Was aber dadurch nicht erklärt wird, ist seine detaillierte Struktur. Er enthält mindestens fünf Komponenten, die sich auf ungeordneten, sich teilweise kreuzenden Bahnen bewegen. Die Analyse solcher Bewegungen erfordert Theorien der Dynamik von Umlaufbahnen, die erheblich komplexer sind als alle bisher vorgeschlagenen.

Die Saturnmonde

Wenden wir uns nun den Satelliten im einzelnen zu. Einige Daten sind in der folgenden Tabelle zusammengefaßt.

	Radius (km)	Masse (g)	Dichte (g/cm³)	Entfernung von Saturn (km)	Umlaufszeit (Tage)
Mimas	195	$3,76 \cdot 10^{22}$	1,2	185 000	0,942
Enceladus	250	$7,40 \cdot 10^{22}$	1,1	238 000	1,370
Tethys	525	$6,26 \cdot 10^{23}$	1,0	295 000	1,888
Dione	560	$1,05 \cdot 10^{24}$	1,4	377 000	2,737
Rhea	765	$2,28 \cdot 10^{24}$	1,3	527 000	4,518
Titan	2560	$1,36 \cdot 10^{26}$	1,9	1 222 000	15,945
Hyperion	160 × 100	$1,11 \cdot 10^{23}$	–	1 481 000	21,277
Japetus	720	$1,93 \cdot 10^{24}$	1,1	3 560 000	79,331
Phoebe	70	–	–	12 930 000	550,40

Mimas

Der innerste der neun seit langem bekannten Satelliten ist Mimas, der 1789 von Herschel entdeckt wurde. Seine Bedeutung für das Ringsystem wurde bereits diskutiert. Von Voyager 1 stammen die ersten Bilder, die Einzelheiten auf seiner Oberfläche zeigen. Man erkennt auf ihnen ein helles, eisiges Terrain mit vielen Kratern. In Anbetracht seiner geringen Dichte muß der Mond hauptsächlich aus Eis bestehen. Die im Vergleich zu Jupiter geringere Sonneneinstrahlung in Saturnentfernung hat erheblich niedrigere Temperaturen und damit eine sehr viel festere Eiskruste zur Folge. Wahrscheinlich ist das Wassereis bei den dort herrschenden Temperaturen von rund $-200\,°C$ dauerhaft genug, um Einfallskrater über die Milliarden Jahre seit der Entstehung des Mondes zu bewahren. Einer der Krater ist, verglichen mit der Größe des Satelliten, riesig. Die Existenz eines Kraters, dessen Radius ein Viertel des Satellitenradius beträgt, zieht Spekulationen darüber nach sich, wie groß ein Impakt sein darf, ohne daß das getroffene Objekt auseinanderbricht. Bruchlinien auf der gegenüberliegenden Seite bezeugen, daß dieser Einsturz die Grenze fast erreicht haben muß.

Enceladus

Enceladus bildet mit Mimas hinsichtlich der Größe fast ein Zwillingspaar, seine Oberfläche scheint jedoch ebenmäßiger und heller zu sein. Man erwartete, daß die beiden Satelliten nicht groß genug für eine Oberflächenaktivität sind, die durch Wärme im Inneren erzeugt wird. Voyager-Aufnahmen von Enceladus zeigten jedoch Risse, zerfurchte Flächen und andere Hinweise auf eine Verformung der Kruste. Man vermutet jetzt, daß das Innere durch eine Gezeitenwirkung aufgeheizt wird, ähnlich der, die bei Io den Vulkanismus hervorruft. Enceladus wird rhythmisch durch das Gravitationsfeld des Saturn verformt, da seine Bahn durch die ihm benachbarten, sehr viel größeren Monde Tethys und Dione gestört wird.

Tethys, Dione und Rhea

Tethys, Dione und Rhea sind ebenfalls vereiste Objekte. Ihre unterschiedliche Dichte kommt wahrscheinlich durch verschieden große Anteile von Gesteinen und Eis zustande. So ist der Zahlenwert $1,4 \pm 0,1\,g/cm^3$ für Dione vereinbar mit einem Gesteinskern, der etwa $1/3$ der Gesamtmasse enthält. Tethys hat dagegen eine Dichte von $1,0\,g/cm^3$ und muß fast vollständig aus Wasser bestehen. Alle drei Satelliten sind von zahlreichen Kratern bedeckt und zeigen Risse sowie interessante Albedo-Kontraste. Diese können in fast allen Fällen auf das Alter der betreffenden Gebiete zurückgeführt werden. Hellere Regionen sind mit frischerem Eis bedeckt, das bei einem Meteoriteneinfall hochgeschleudert wurde. Andere Gebiete sehen wie bogenförmige Ablagerungen von

Schnee aus, der vielleicht durch Flüssigkeiten und Dämpfe entsteht, die aus Rissen in der Kruste nach oben dringen.

Alle drei Satelliten sind im Mittel auf derjenigen Hemisphäre heller, die in Richtung der Bahnbewegung vorne liegt. Die andere Hemisphäre enthält helle und dunkle Markierungen, die auf der „führenden" Seite offenbar im Laufe der Zeit verschwunden sind. Man nimmt an, daß von außen einfallende Trümmer die Vorderseite umgepflügt haben, während die rückwärtige Seite geschützt war.

Titan

Titan ist der größte Saturnmond. Er ist nur wenig kleiner als Ganymed, und mit seiner dichten Atmosphäre ähnelt er den terrestrischen Planeten weit mehr als die anderen, kleineren vereisten Saturnmonde. Seine geringe Dichte schließt allerdings aus, daß er ein Gesteinsplanet ist wie etwa Mars. Vielleicht hat er einen Silikatkern, der etwa das halbe Volumen der sichtbaren Kugel einnimmt. Über dem Kern liegt eine dicke, wasserhaltige Kruste und darüber eine dichte Atmosphäre. Radioaktive Erwärmung des Inneren oder Gezeitenerwärmung fehlen bei Titan, und Berechnungen haben ergeben, daß er seine bei der Entstehung durch Akkretion erworbene Wärme inzwischen längst aufgebraucht hat und jetzt völlig ausgekühlt sein muß. Der wasserhaltige Mantel ist deshalb wahrscheinlich längst gefroren und besteht aus festem Eis. Atmosphärenmodelle, die durch Radiobeobachtungen von Sternbedeckungen unterstützt werden, führen auf eine Dicke von etwa 200 km von der Oberfläche bis zum sichtbaren Rand der Atmosphäre sowie auf einen Druck von 1,5 Erdatmosphären an der Oberfläche. UV- und Infrarotspektroskopie weisen auf einen Anteil von 85% Stickstoff hin, der wahrscheinlich durch Fotodissoziation von Ammoniak entsteht. Der ebenfalls bei diesem Prozeß erzeugte Wasserstoff entweicht in den Raum. Die restlichen 15% sind hauptsächlich Argon und etwa 1% Methan; letzteres wurde als erstes Gas schon 1943 von Kuiper in einem Spektrum von Titan identifiziert, womit man eine Atmosphäre bei Titan entdeckt hatte. Wahrscheinlich entsteht sie aus Methan durch die Einstrahlung von solarem UV-Licht und durch eine Wechselwirkung mit den elektrisch geladenen Teilchen aus den Strahlengürteln des Saturn, die das Methan dissoziieren und zur Bildung von Tröpfchen aus komplizierteren Kohlenwasserstoffen führen. Es wäre auch möglich, daß der Dunstschleier ganz oder teilweise aus Staub oder einem anderen Material besteht. In jedem Fall sind fotochemische Prozesse in der oberen Atmosphäre des Titan wichtig, denn Äthan, Äthylen, Acetylen und Cyanwasserstoff sind in Spektren identifiziert worden, letzteres allerdings nur in einer Konzentration von 3 ppm (parts per million). Polymerisierte Cyanide sind orangefarben; das wäre eine Erklärung für die Färbung der Wolken. Auch Polyacetylen käme in Betracht. Die Bildung von Aerosol hängt wahrscheinlich stark von der Intensität der Sonneneinstrahlung ab, woraus sich die beobachteten Unterschiede in der Helligkeit zwischen der nördlichen Winter- und der helleren südlichen Sommerhemisphäre erklären würden. Die Wolkenschichten sind insgesamt etwa 200 km dick. Man vermutet, daß die Tröpfchen so lange anwachsen, bis sie groß genug sind, um auf die Oberfläche herunterzuregnen. Auf diese Weise würde nach und nach das Methan aus der Atmosphäre verschwinden, es sei denn, es wird von irgendwo nachgeliefert. Mehrere Möglichkeiten sind denkbar. Bei einer Temperatur von etwa −180 °C ist die Oberfläche von Titan kalt genug für die Existenz von Seen aus flüssigem Methan, und auch Methantröpfchen in der Troposphäre sind möglich. Festes Methan- und Ammoniakeis können sich mit Wassereis an der Oberfläche vermischen, und Ammoniak wäre eine Quelle, die den Verlust von Stickstoff, der an der Grenze der Atmosphäre durch Zusammenstöße mit energiereichen Ionen der Strahlungsgürtel von Saturn eintritt, ständig ersetzen könnte. Der Dampfdruck von Wasser ist bei −180 °C so niedrig, daß kaum Wasser in die Atmosphäre verdampft, obwohl die unteren Luftschichten sehr engen Kontakt mit riesigen Mengen Wassereis haben.

Hyperion
Dieser Mond ist ein kleines, pockennarbiges Objekt von unregelmäßiger Gestalt. Besonders merkwürdig ist seine Orientierung im Raum, denn seine größte Achse ist, wie auf Voyager-2-Bildern zu sehen, um 45° gegen seine Bahnebene geneigt. Eine solche Lage ist nicht stabil, und es könnte sein, daß Hyperion in seiner Bahn eine Taumelbewegung ausführt. In diesem Fall müßte man annehmen, daß er erst vor verhältnismäßig kurzer Zeit eingefangen wurde oder daß er vor kurzem eine erhebliche Kollision mit einem anderen Objekt durchgemacht hat.

Japetus
Das auffallendste Merkmal dieses Mondes ist der große Helligkeitsunterschied der beiden Hemisphären. Anders als bei Tethys, Dione und Rhea ist hier die vorangehende Seite dunkel und leicht rötlich gefärbt. Bei einer Albedo von nur 4 % (verglichen mit 50 % auf der anderen Hemisphäre) muß die Oberfläche von einer Substanz bedeckt sein, die fast das niedrigste bekannte Reflexionsvermögen besitzt, wie etwa Ruß, oder von einer dunklen, porösen Substanz ähnlich der, aus der die kohligen Chondrite bestehen. Eine Theorie geht dahin, daß die Kruste von Japetus einen ungewöhnlich hohen Anteil an Methaneis enthält, das sich teilweise irgendwie in Kohle verwandelt hat. Eine andere Theorie nimmt an, daß Japetus einem sehr intensiven Strom von meteoritischem Staub ausgesetzt gewesen ist.

Der Planet Saturn, fotografiert am 4. August 1981 von Voyager 2 aus einer Entfernung von 21 Millionen km. Man kann die durch die rasche Rotation des Planeten verursachte starke Abplattung der Kugel (Rotationszeit etwa 10 Stunden) gut erkennen. Ebenso wird deutlich, daß Saturn kein fester Körper ist, sondern bis in große Tiefen aus Gasen besteht. Die feinen parallelen Streifen auf der Planetenscheibe rühren von Wolkenbändern her, ähnlich wie bei Jupiter, aber sie sind nicht so deutlich ausgeprägt, weil die Wolken in der kälteren Saturnatmosphäre in tieferen Schichten kondensieren. Ganz außen liegt der klassische A-Ring, der hier als Doppelring erscheint, mit der Enckeschen Teilung nahe bei der äußeren Kante. Die Cassinische Teilung trennt den A-Ring vom B-Ring, dem breitesten und dichtesten. Innerhalb des B-Rings liegt der sehr feine C-Ring, der Mitte des 19. Jahrhunderts entdeckt wurde. Man bezeichnet ihn gelegentlich als „Schleierring". Drei Saturnmonde (Tethys, Dione und Rhea) sind am linken Bildrand sichtbar, und der dunkle Punkt auf der Südhalbkugel ist der Schatten von Tethys.

Bei den Bildern auf dieser Seite wurden die Farbkontraste durch ein Computerverfahren verstärkt, um Einzelheiten in der Bandstruktur deutlicher zu machen. Das Vorherrschen blauer Farbtöne im Süden kommt durch die verstärkte Rayleigh-Streuung bei dem schrägen Blickwinkel zustande. Die Farbkontraste im Norden gehen auf Unterschiede in der Struktur und auch in der Zusammensetzung der Wolken zurück. Ihre Hauptbestandteile sind wahrscheinlich Ammoniakkristalle mit unbekannten Verunreinigungen, darunter wohl verschiedene Schwefel- und Phosphorverbindungen, die die gelblich-braune Farbe des Saturn erklären könnten (Foto auf der vorhergehenden Seite). Die beiden Aufnahmen liegen 9 Monate auseinander und wurden von Voyager 1 und 2 gemacht. Der größte Unterschied besteht in der Ringhelligkeit. Zum späteren Zeitpunkt war das Ringsystem stärker zur Sonne geneigt. Außerdem sind kleine Unterschiede in den Bändern zu erkennen.

Das Bild zeigt einige Wolkendetails, die denen auf Jupiter ähnlich sind, darunter zwei braune Ovale. Die unterschiedlichen Schattierungen werden wahrscheinlich durch Variationen in der Dicke und Teilchengröße der Wolkenschichten hervorgerufen sowie durch unterschiedliche Anteile von Verunreinigungen durch Schwefel- und Phosphorverbindungen (oder auch elementaren Schwefel und Phosphor in sehr geringen Mengen).

Wolkenbänder auf der nördlichen Hemisphäre mit verstärkten Farbkontrasten. Interessant ist das Wellenband, das in eine hellere Zone eingebettet ist und sich gegenüber den darunterliegenden dunklen (in Wirklichkeit braunen) Ovalen mit einer Geschwindigkeit von 150 m/sec ostwärts bewegt. Die Konvektionswolken unterhalb des Ovals wandern mit 20 m/sec nach Westen. Rotierende Wirbel wie dieses Oval transportieren Energie zu den Jet-Winden in der Nähe des Äquators. Zwei kleinere Wirbel, in Wirklichkeit weiß, erscheinen rechts unterhalb des großen Ovals.

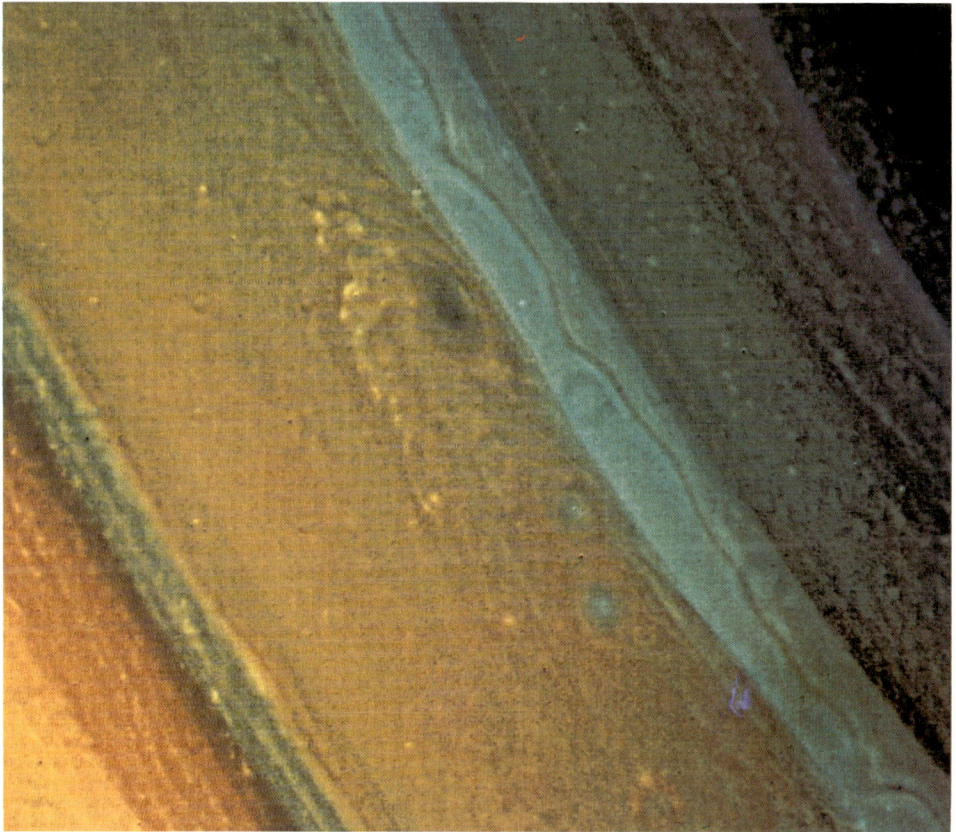

Auch auf diesem Bild ist die Wechselwirkung zwischen einem großen Wirbel und einem starken, nach Osten ziehenden Jetstrom deutlich zu erkennen. Die Wellenstruktur markiert eine Instabilität im Kern des Jets.

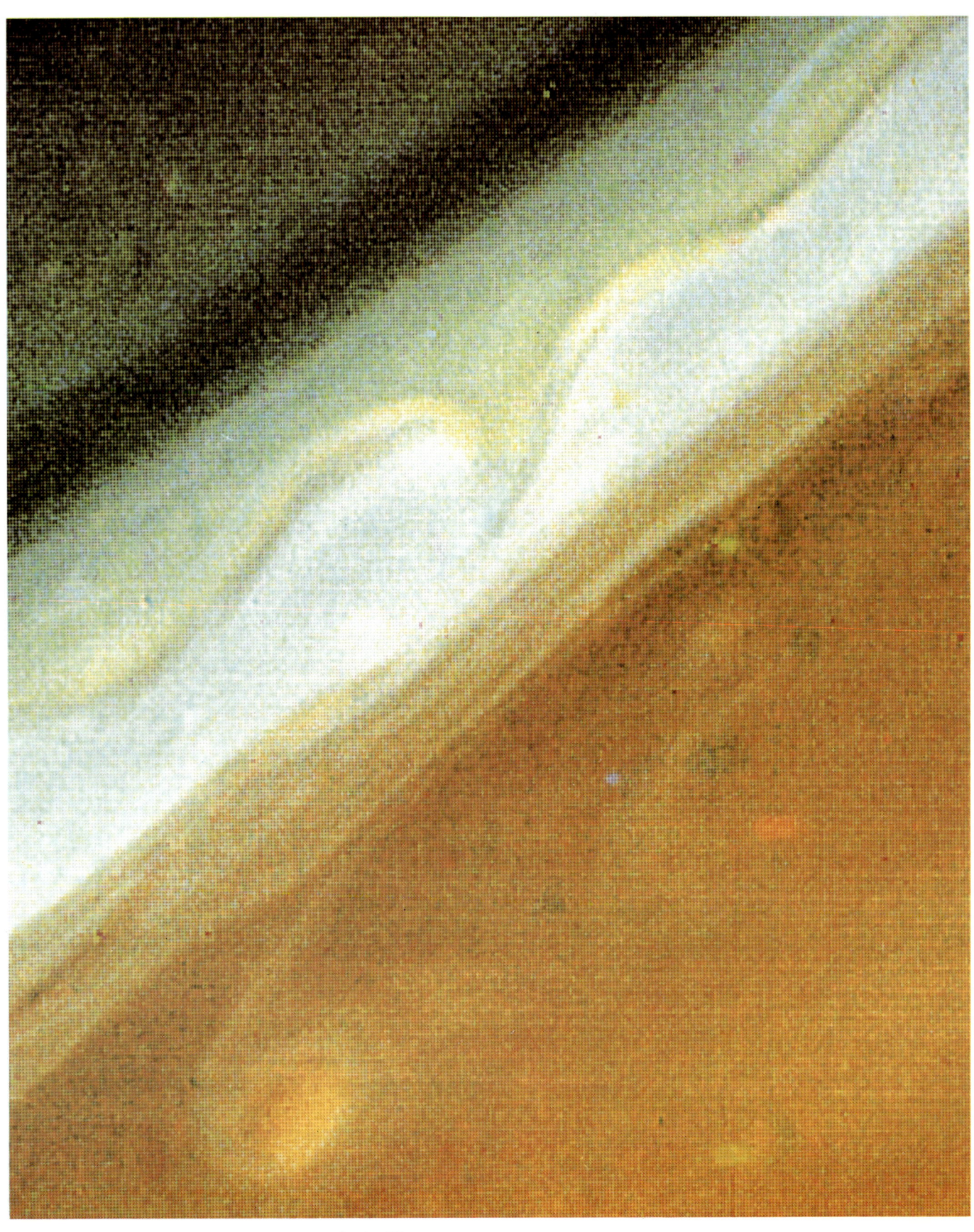

Die helle, ovale Struktur nahe der Mitte dieser beiden Bilder ist ein riesiger Wirbel (etwa 2500 km Durchmesser), der im Abstand von fast einem Jahr von Voyager 1 und 2 fotografiert wurde. Weiße Ovale haben auf dem Jupiter eine Lebensdauer bis zu 50 Jahren und mehr; das mag ähnlich auch für Saturn gelten. Im Gegensatz dazu verändern sich die wenigen ausgeprägten konvektiven Störungen im Norden im Verlauf von Tagen vollständig.

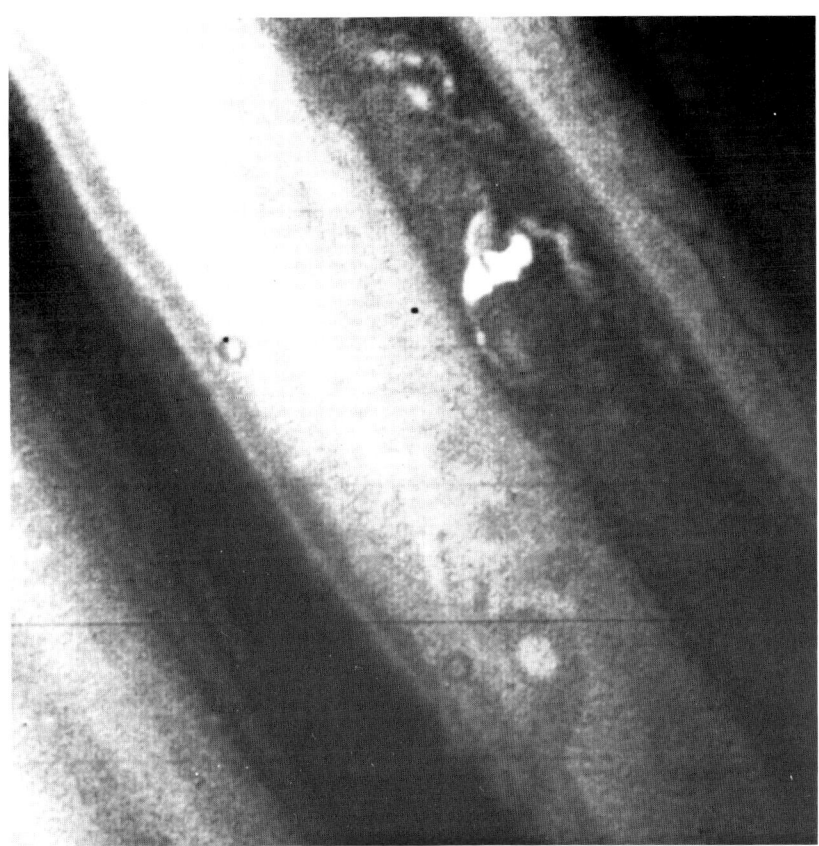

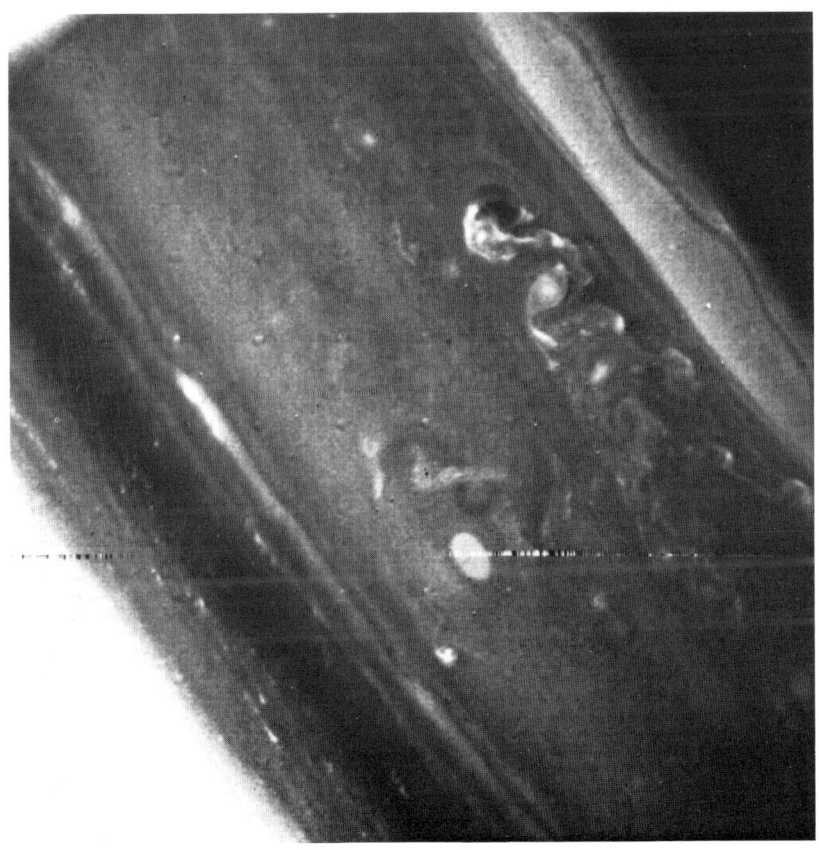

Auf diesem Bild von der Südpolregion des Saturn sieht man, wie sich die relativ gleichmäßigen Bänder in kleinere Strukturen auflösen. Anscheinend sind die Bänder in höheren Breiten nicht stabil, und die Atmosphäre wird turbulent. Oben links ist eine gut definierte Wellenströmung zu erkennen.

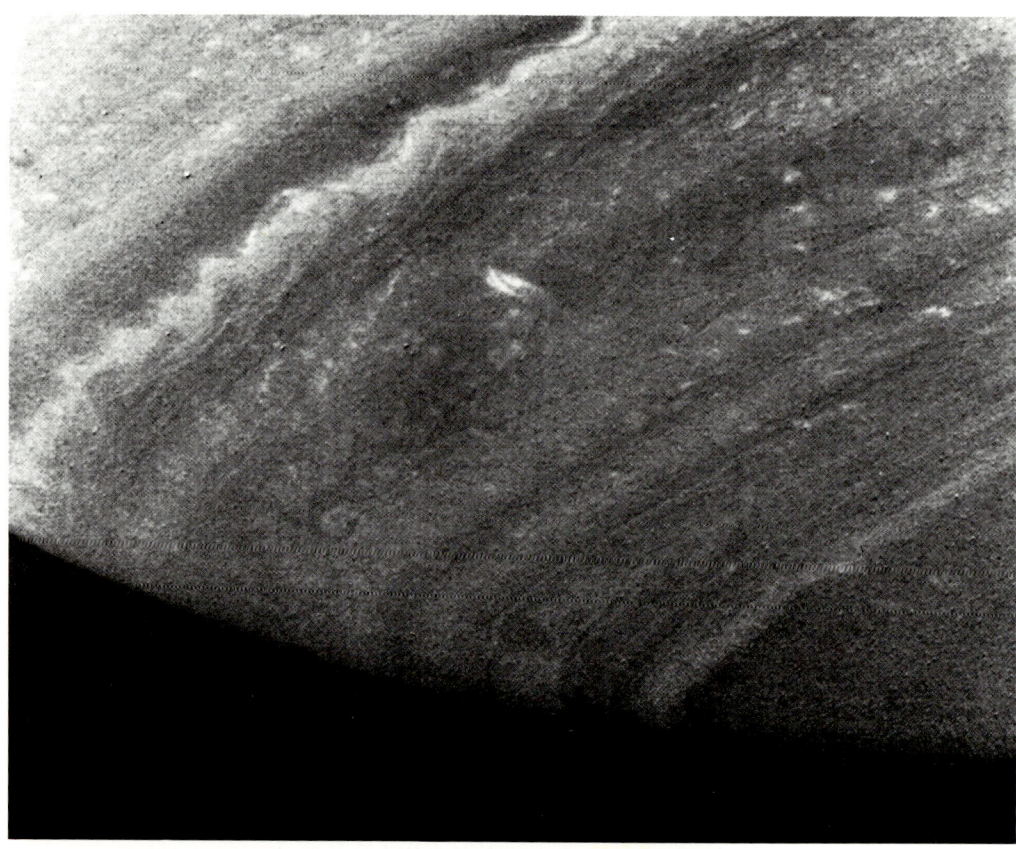

Diese Voyager-2-Aufnahme des Nordpolgebiets von Saturn zeigt dünne Wolkenschichten und drei sich im Uhrzeigersinn drehende Wirbel von je 250 km Durchmesser. Die beiden Wirbel in der Bildmitte befinden sich bei 72° N, der dritte am unteren Bildrand bei 55° N.

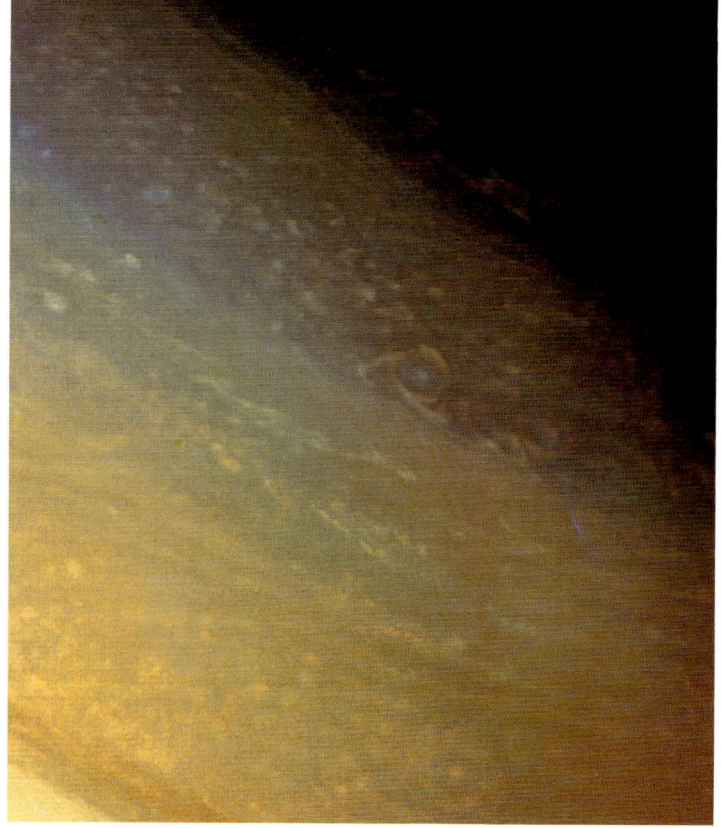

Die drei Hauptringe und die Schatten, die sie auf die Planetenscheibe werfen, sind auf dieser aus 13 Millionen km Entfernung gemachten Aufnahme gut zu unterscheiden. Die helle Planetenscheibe schimmert durch den inneren dünnen Ring und durch die Enckesche und Cassinische Teilung. Die beiden hellen Objekte rechts im Bild sind die Monde Tethys und Dione.

Das Saturn-System

Voyager-Bilder wie die folgenden enthüllen die ganze Komplexität des Ringsystems. Sie berichtigen die alte Ansicht von der Existenz dreier getrennter Ringe. Auf diesem Bild sind etwa 95 Ringe zu zählen. Der schmale, gut von den anderen abgesetzte äußerste Ring ist der F-Ring, innerhalb dessen ein etwa 250 km großer, noch namenloser Mond erscheint, S 14.

Diese Voyager-2-Nahaufnahme des B-Rings läßt erkennen, daß die einzelnen Ringe des Bildes auf S. 228 wieder aus kleineren, etwa 15 km breiten Ringen bestehen. Bei der höchsten bisher erreichten Auflösung (etwa 1 km, mit dem Voyager-2-Photopolarimeter während einer Sternbedeckung) hat sich herausgestellt, daß auch diese schmalen Ringe weiter unterteilt sind. Saturn hat demnach mindestens 100 000 einzelne Ringe, wahrscheinlich sogar noch viel mehr.

Diese Aufnahme gibt Einzelheiten der Cassinischen Teilung wieder. Während man früher glaubte, daß es sich um einen leeren, etwa 5000 km breiten Zwischenraum handelt, weiß man heute, daß sich auch dort Materie in Form mehrerer feiner Ringe angesammelt hat. Die dunkle Linie nahe der äußeren Begrenzung des Rings (oben links) ist die Enckesche Teilung.

Das Saturn-System

Ein Blick auf die unbeleuchtete Seite des Ringsystems, wie man ihn von der Erde aus nicht haben kann. Hier erscheint der dickste Teil, der klassische B-Ring rechts auf dem Bild, am dunkelsten, weil er nur wenig Sonnenlicht durchläßt. Der A-Ring ist dünner und deshalb heller, die Cassinische Teilung erscheint am hellsten. Die Teilchen in dieser Lücke sind wahrscheinlich nicht sehr zahlreich und streuen das Sonnenlicht stark. Vielleicht sind es „Schneeflocken" oder irdischem Hagel vergleichbare Körner aus gefrorenem Wasser. Der feine F-Ring sieht aus dieser Richtung ebenfalls hell aus.

Die Struktur des durchsichtigen C-Rings sieht man ebenfalls am deutlichsten im durchscheinenden Licht. Diese Fotografie der „dunklen" Ringseite zeigt in diesem zartesten der drei Hauptringe viele Unterteilungen und Einzelringe. Wie im vorhergehenden Bild erscheint der B-Ring sehr dunkel und der etwas dünnere A-Ring entsprechend heller. Die Cassinische Teilung ist fast so hell wie der C-Ring, und gerade noch ist der äußerste F-Ring zu sehen. Bei dieser Aufnahme war Voyager etwa 1 Million km von Saturn entfernt.

Obwohl der B-Ring mehr Material enthält als die anderen Teile des Ringsystems, ist er doch auch noch recht durchsichtig, man kann die Planetenscheibe dahinter gut erkennen. Der C-Ring deckt die Planetenoberfläche nur unvollkommen ab. Bemerkenswert ist noch der Schatten der Ringe auf dem Planeten sowie die Aufhellung seiner Nachtseite durch das Licht, das von den Ringen reflektiert wird.

Die Bildverarbeitung durch den Computer übertreibt die Farbunterschiede in den Ringen. Man nimmt an, daß sie durch Unterschiede in der chemischen Zusammensetzung zustande kommen; möglicherweise sind auch unterschiedliche Mikrostrukturen verantwortlich zu machen.

Das Saturn-System

Auf diesem Voyager-2-Bild sieht man die dunklen „Speichen" in den Ringen, die vielleicht durch eine Wechselwirkung der kleinsten Ringteilchen mit den Inhomogenitäten im Magnetfeld erzeugt werden. Die Strukturen bilden sich außerordentlich rasch aus und haben zunächst sehr scharfe Konturen, die durch die differentielle (d.h. von innen nach außen langsamer werdende) Rotation allmählich verwischt werden.

Eine Nahaufnahme des F-Rings läßt helle Filamente erkennen, die nicht breiter sind als 15 km. Zwei kleine Satelliten, S 13 und S 14, kreisen gerade innerhalb und außerhalb des Rings und begrenzen ihn durch „gravitative Fokussierung". Man sieht, daß die Ringkomponenten unregelmäßig sind und sich verzweigen.

Mit diesem Voyager-2-Foto erwischte man die beiden kleinen „Wachhund-Satelliten", als sie nur 1800 km voneinander entfernt waren. Der innere Satellit überholt den äußeren alle 25 Tage, so auch etwa 2 Stunden nach dieser Aufnahme.

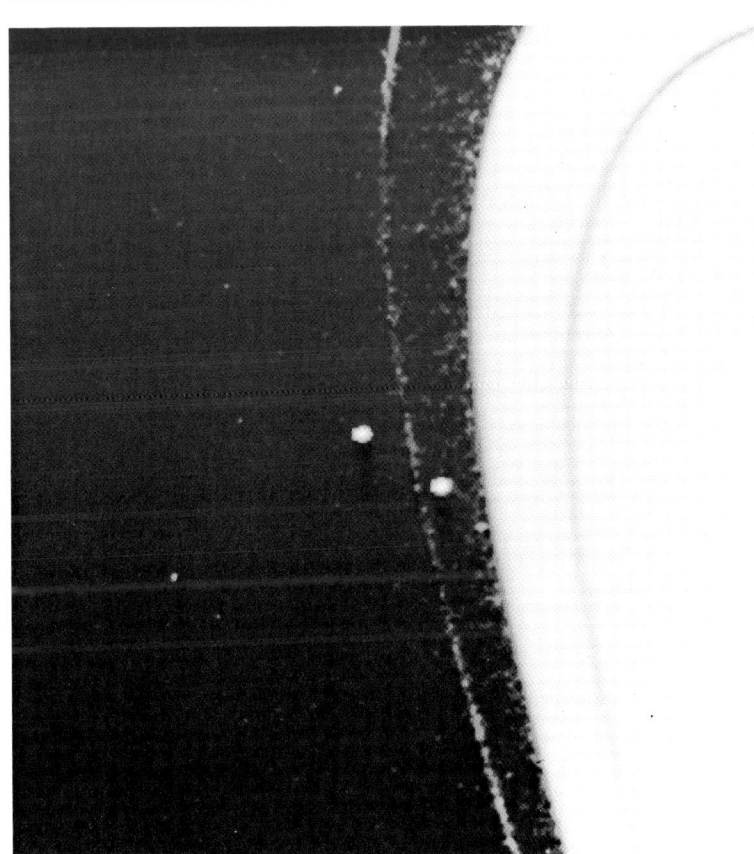

Das Saturn-System

Karte von Mimas, zu-
sammengestellt aus
Voyager-1- und -2-
Fotos. 1 Grad ent-
spricht 3,4 km.

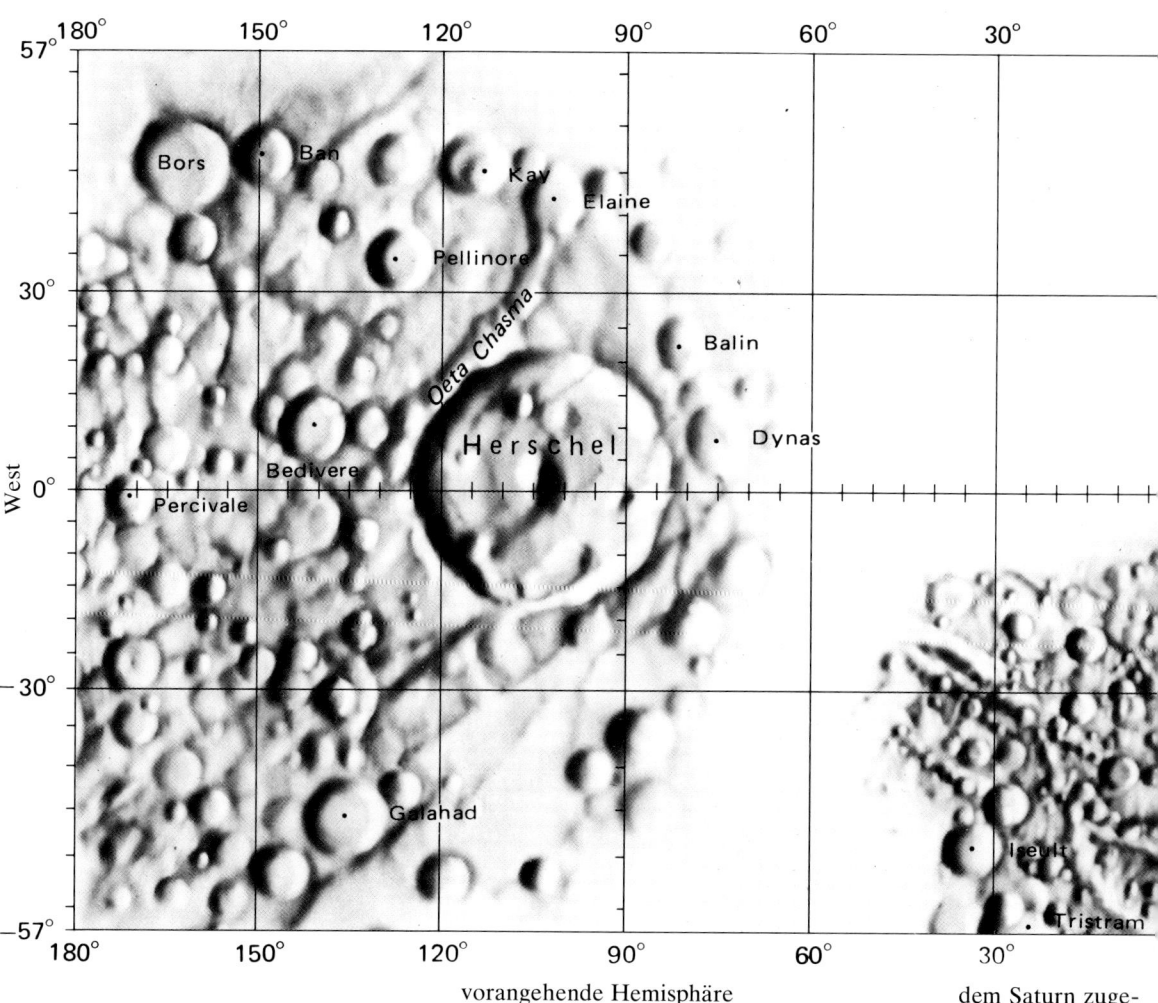

vorangehende Hemisphäre   dem Saturn zuge-

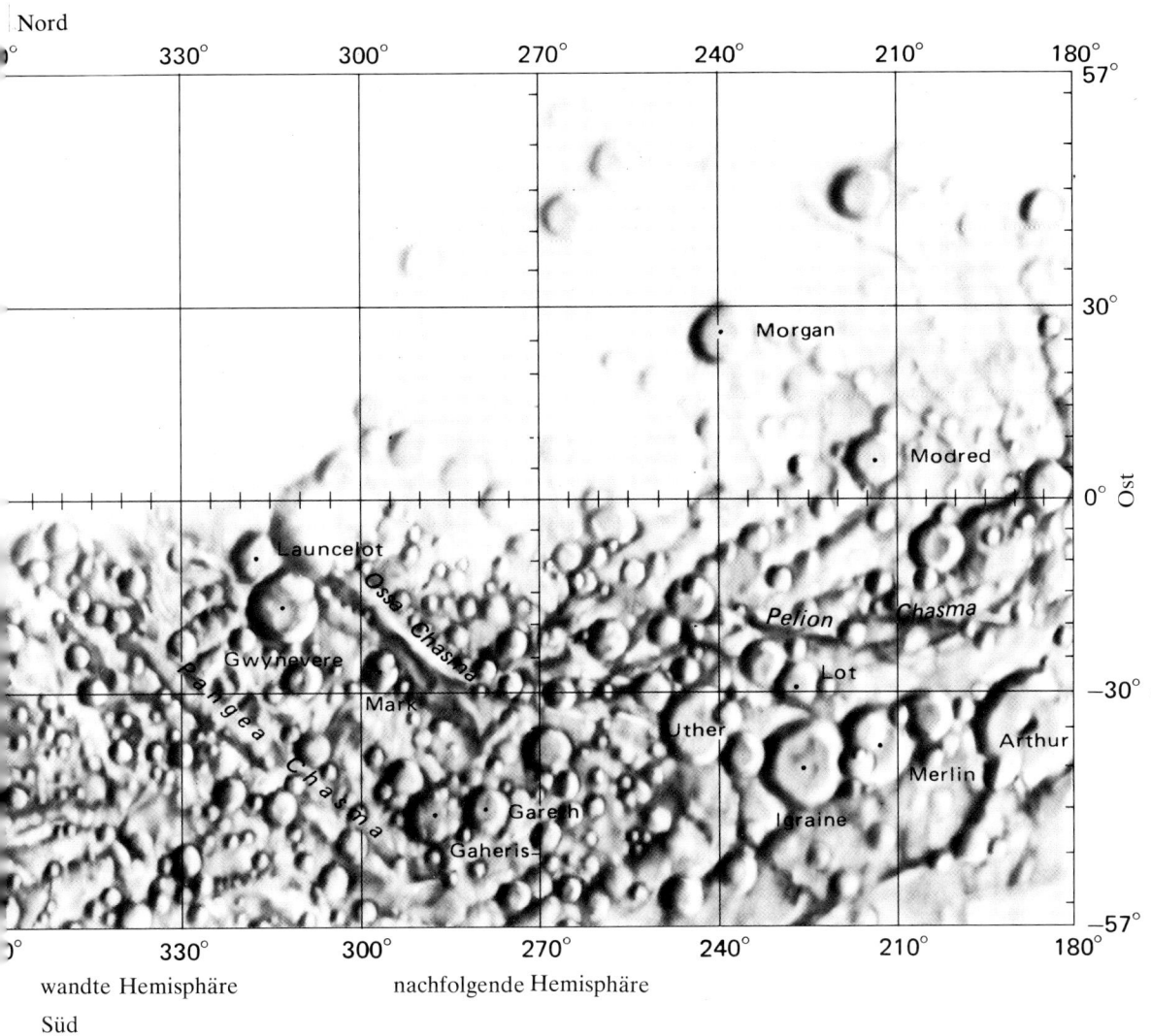

Nord

| 330° | 300° | 270° | 240° | 210° | 180° |

57°

30°

Morgan

Modred

0° Ost

Launcelot

Ossa Chasma

Pelion

Chasma

Gwynevere

Lot

Mark

−30°

Uther

Arthur

Merlin

Gareth

Igraine

Gaheris

Pangea Chasma

| 330° | 300° | 270° | 240° | 210° | 180° |

−57°

wandte Hemisphäre   nachfolgende Hemisphäre

Süd

Mimas ist der innerste der größeren Saturnmonde und hat einen Durchmesser von 390 km. Der große Krater ist von Wällen umgeben, die etwa 10 km hoch sind, und besitzt einen Zentralberg. Dieser Krater ist bei der größten im Planetsystem bekannten Kollision mit einem anderen Objekt vor rund 4 Milliarden Jahren entstanden, die den Satelliten fast zerrissen hätte. Vielleicht ist der Saturnring ein Überrest eines auf diese Weise zerstörten Satelliten, der noch weiter innen kreiste.

Die ganz aus Eis bestehende Oberfläche von Mimas überziehen dicht an dicht Krater. Die kleinsten auf diesem Bild noch erkennbaren haben einen Durchmesser von rund 2 km. Die linienförmigen Strukturen sind wahrscheinlich Risse, die bei dem großen Aufprall auf der gegenüberliegenden Seite entstanden sind (Bild oben). Ihr Vorhandensein stützt die Annahme, daß Mimas bei diesem Ereignis beinahe zerstört worden wäre.

Tethys ist mit einem Durchmesser von 1050 km der fünftgrößte Saturnmond. Besonders bemerkenswert auf diesem Bild ist der starke Albedokontrast; die linke Seite ist sehr viel dunkler als die rechte. Dadurch erscheint der Mond wie in einer ³/₄-Phase, in Wirklichkeit aber wird er auf dieser Aufnahme fast gleichmäßig von der Sonne beleuchtet. Die Tagundnachtgrenze liegt ganz rechts. Es ist zur Zeit noch völlig rätselhaft, was dieses auch bei anderen Satelliten beobachtete Phänomen verursacht. Auch die Struktur etwa in der Mitte der Scheibe ist interessant. Sie hat einen Durchmesser von etwa 150 km, weist aber kaum ein Relief auf. Vielleicht ist es die Narbe eines sehr frühen Einschlags, als Tethys noch einen flüssigen Kern hatte, dessen Material den Krater ausfüllte. Heute besteht Tethys wohl fast ganz aus festem Eis mit einem kleinen Kern aus Gestein.

Voyager 2 flog sehr viel dichter an Tethys vorbei als Voyager 1 und konnte diese Aufnahme mit einer Auflösung bis hinunter zu 5 km machen. Auffallend ist der Unterschied zwischen dem stark verkraterten Terrain in der oberen Hälfte und dem viel ebenmäßigeren Gelände unten rechts. Das kann ein Hinweis auf innere Aktivitäten sein, die das jüngere Terrain umgebildet haben.

Dieses Bild zeigt einen riesigen, 65 km breiten Graben, der sich weit über die Oberfläche zieht. Das kann ein Bruch sein, der mit dem Einfallskrater auf der anderen Seite zusammenhängt. Weniger wahrscheinlich ist er durch Bewegungen im Inneren oder durch eine Ausdehnung in tieferen Bereichen der Kruste entstanden.

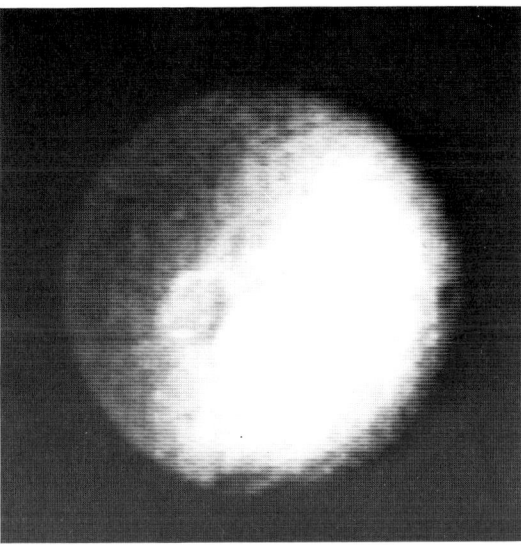

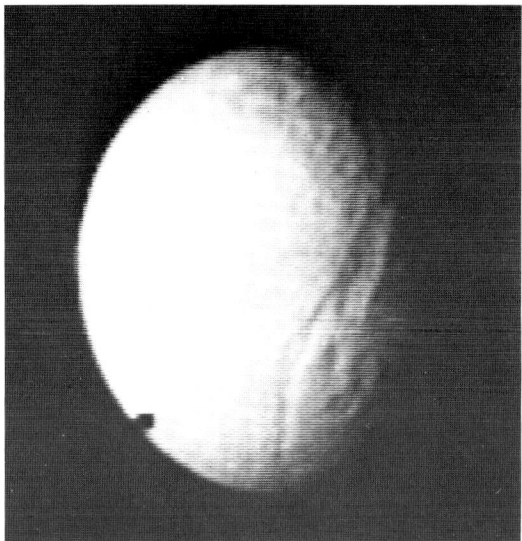

Karte von Tethys, zu-
sammengestellt aus
Voyager-1- und -2-
Fotos. 1 Grad ent-
spricht 9,2 km.

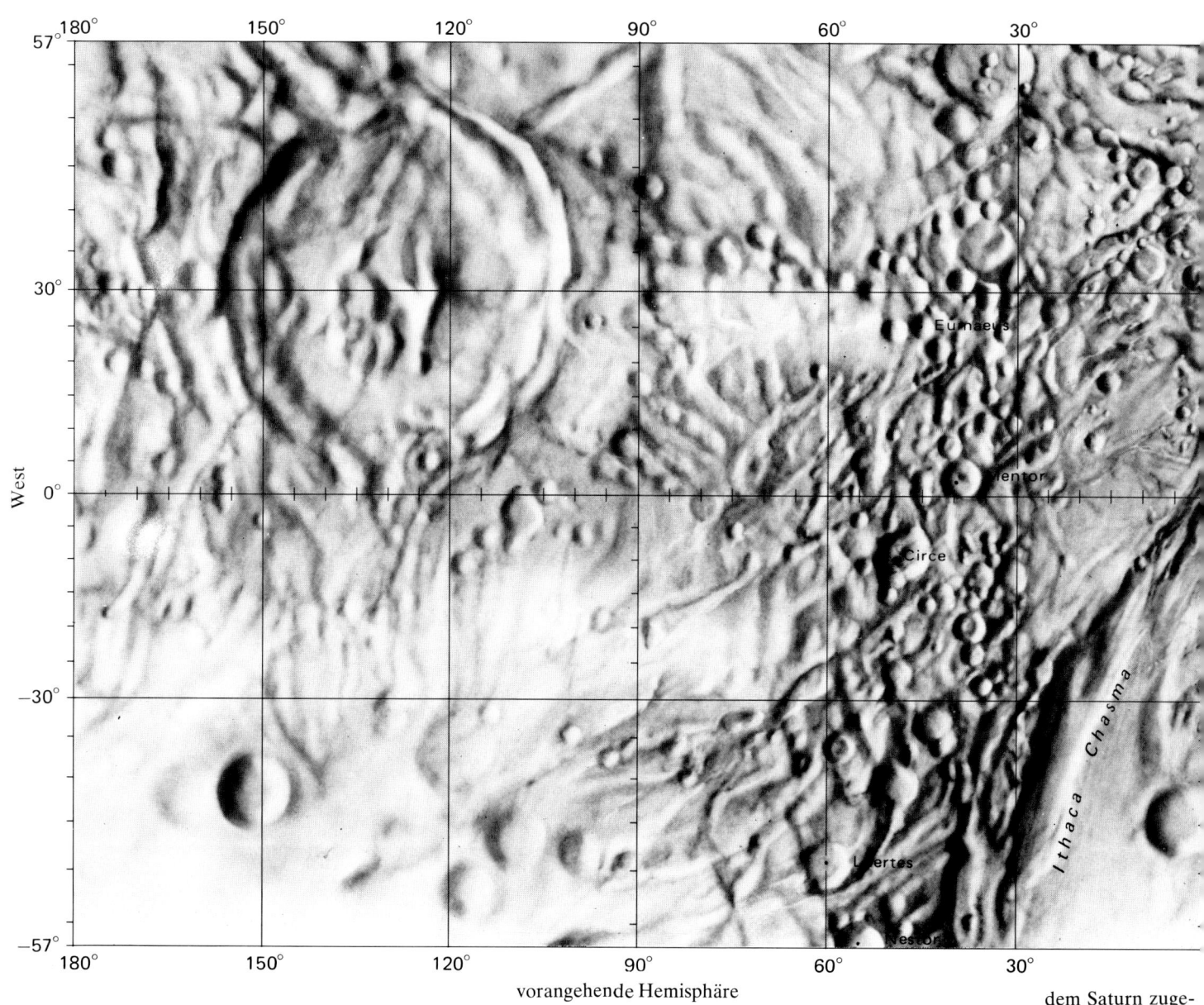

vorangehende Hemisphäre

dem Saturn zuge-

Nord

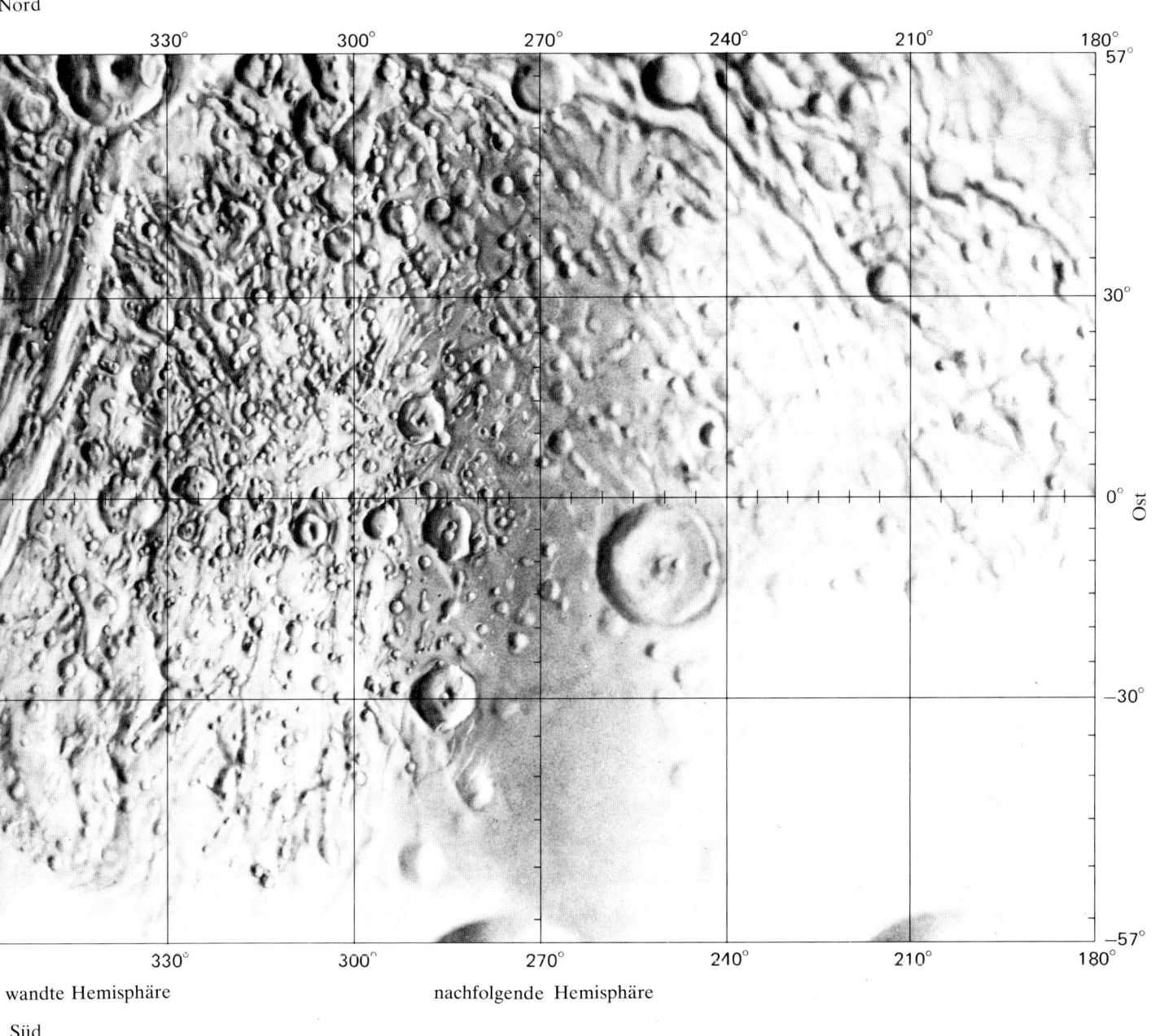

330° 300° 270° 240° 210° 180°
57°

30°

0° Ost

−30°

−57°
330° 300° 270° 240° 210° 180°

wandte Hemisphäre   nachfolgende Hemisphäre

Süd

Dione ist etwa so groß wie Tethys (1120 km Durchmesser), und ihre nachfolgende Hemisphäre ist ebenfalls dunkler. Auch dieser Mond ist eine riesige Kuppel aus Wassereis, das mit verschiedenen flüchtigen Substanzen und Staub vermischt ist, und hat einen Gesteinskern von etwa 200 km Durchmesser. Die vereiste Oberfläche ist mit Einfallskratern übersät, und auch hier sind Risse in der Kruste zu erkennen.

Der Farbkontrast dieser Aufnahme von Rhea, aus größerer Entfernung gemacht, wurde überhöht, um die Einzelheiten der Oberfläche deutlicher zu machen. Das Bild zeigt die in Richtung der Bahnbewegung hinten liegende Hemisphäre, sie ist im Mittel dunkler als die Stirnseite. Die dunkleren Teile sind wahrscheinlich von einer Staubschicht bedeckt, die hellen Streifen sind vermutlich frisches Eis, das bei Meteoriteneinfällen über die Staubschicht geschleudert wurde. Allerdings fehlen hier die strahlenförmigen Strukturen, die in solchen Fällen gewöhnlich zu sehen sind. Es könnte daher sein, daß hier statt dessen in einer Art von Vulkanismus flüchtige Substanzen aus dem Inneren ausgeströmt sind.

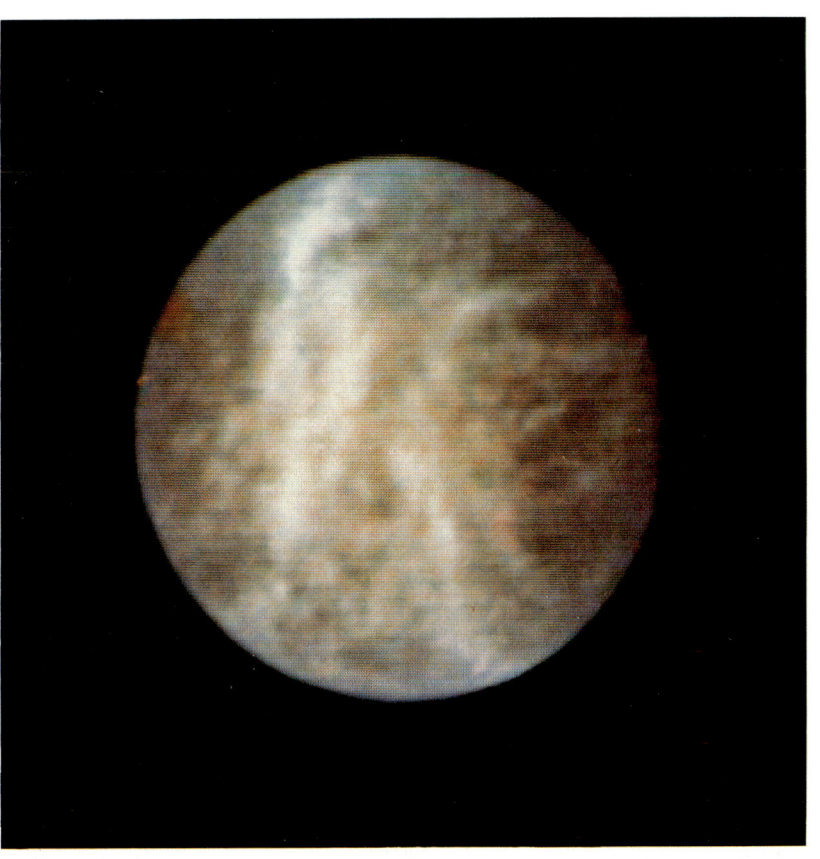

Diese Nahaufnahme der verkraterten Oberfläche von Rhea zeigt helle Wälle am Rande einiger großer Krater. An den fast senkrechten Abhängen lagert sich der Staub vielleicht weniger leicht ab, und sie erscheinen deshalb heller.

Karte von Dione, zu-
sammengestellt aus
Voyager-1- und -2-
Fotos. 1 Grad ent-
spricht 9,8 km.

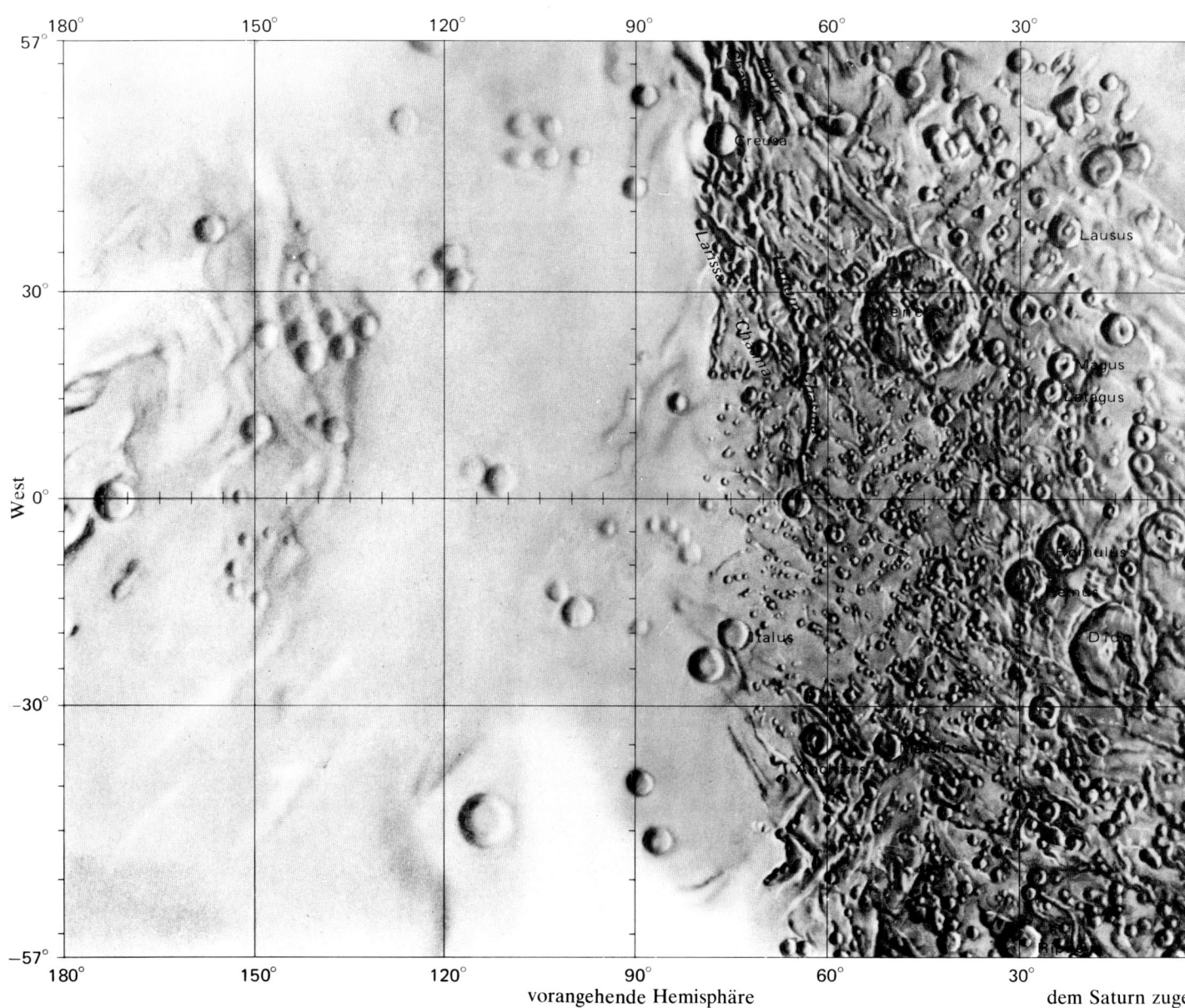

180° 150° 120° 90° 60° 30°

57°

30°

West 0°

-30°

-57°

180° 150° 120° 90° 60° 30°

vorangehende Hemisphäre   dem Saturn zuge

Nord

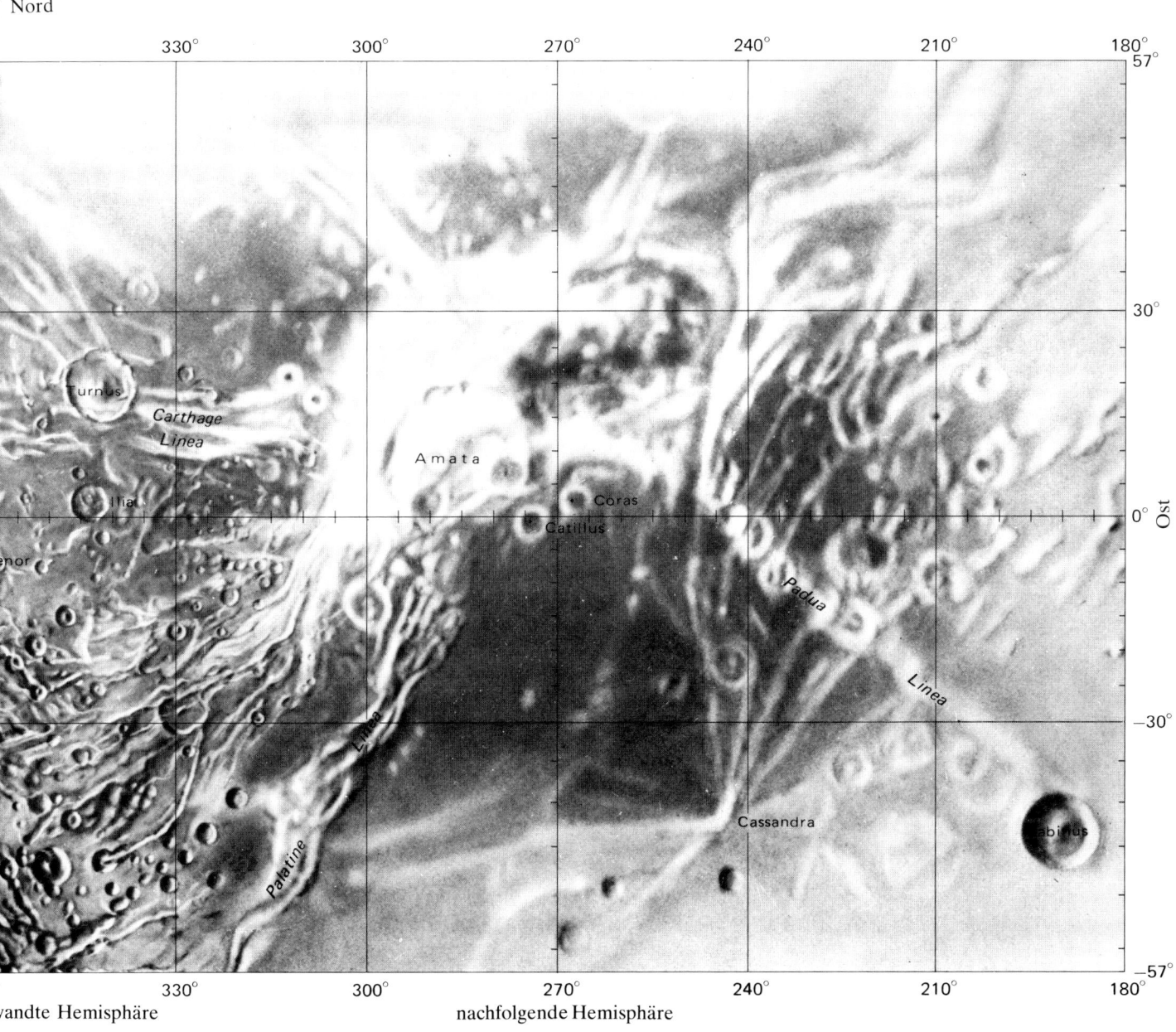

Karte von Rhea, zu-
sammengestellt aus
Voyager-1- und -2-
Fotos. 1 Grad ent-
spricht 13,4 km.

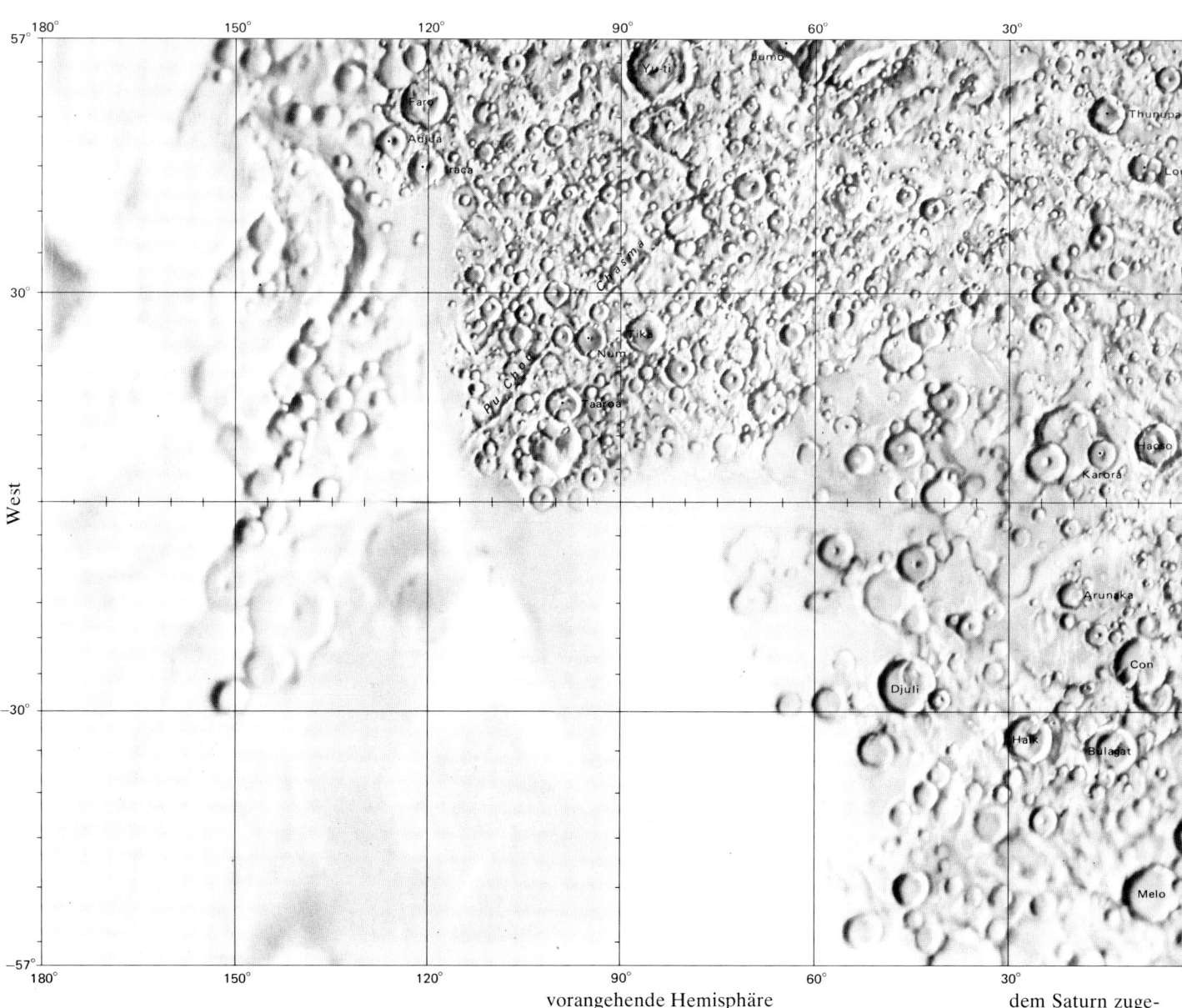

vorangehende Hemisphäre   dem Saturn zuge-

Nord

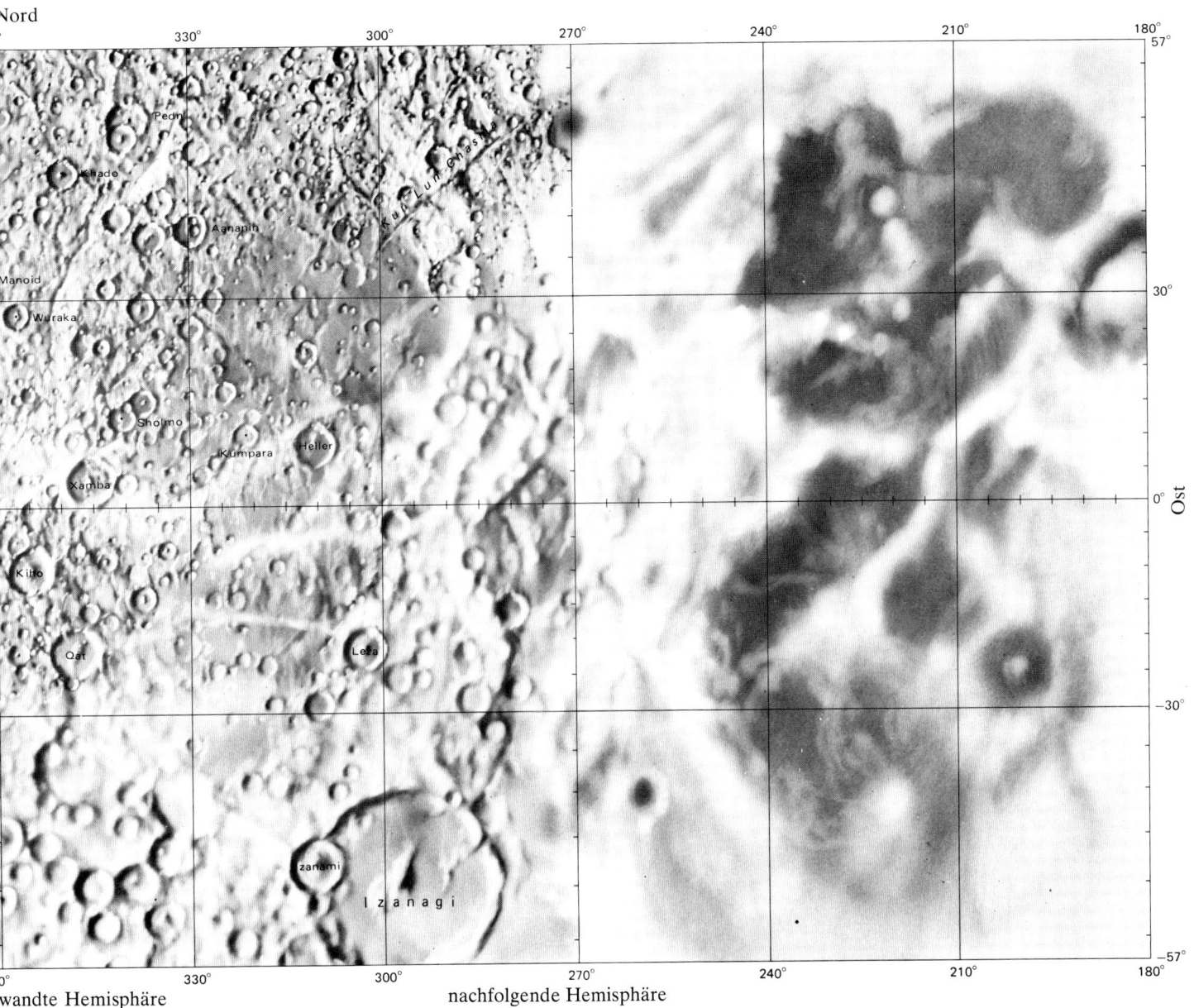

Die Oberfläche von Rhea ist lückenlos mit Kratern bedeckt, so daß weitere Einfälle, so sicher wie sie neue Krater erzeugen, alte zerstören. Das in diesem Mosaik gezeigte Gebiet liegt in der Nähe des Nordpols von Rhea. Der Mond hat einen Durchmesser von 1530 km, und seine größten Krater sind rund 300 km groß.

Japetus ist der rätselhafteste Saturnmond. Auf diesem Bild ist der größte Teil der vereisten Oberfläche seiner hellen, nachfolgenden Seite zu sehen sowie ein Teil der sehr viel dunkleren vorangehenden Hemisphäre (unten rechts). Die Meinungen über die Ursachen sind geteilt. Entweder sammelt der Mond dunklen Staub aus dem Raum auf, oder die dunkle Schicht ist aus dem Inneren hochgequollen. Im ersten Fall sollte es sich dann um meteoritisches Material von kohligen Chondriten handeln, im zweiten Fall könnte es Kohlenstoff sein, der durch die Oxidation von Methaneis in der Kruste entsteht.

Das Saturn-System

Karte von Japetus,
aus Voyager-1- und
Voyager-2-Fotos zu-
sammengestellt.
1 Grad entspricht
12,6 km.

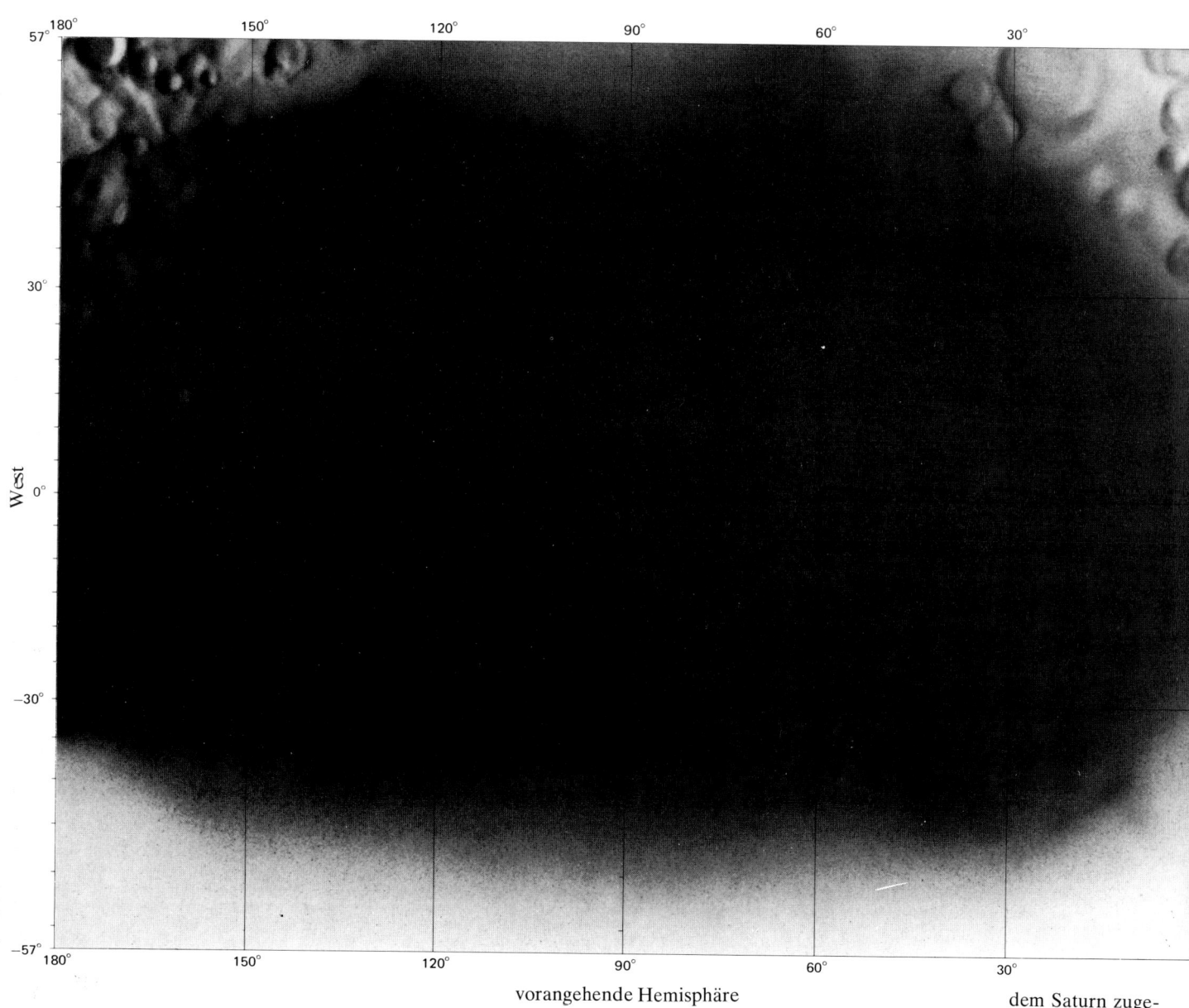

vorangehende Hemisphäre

dem Saturn zuge-

Nord

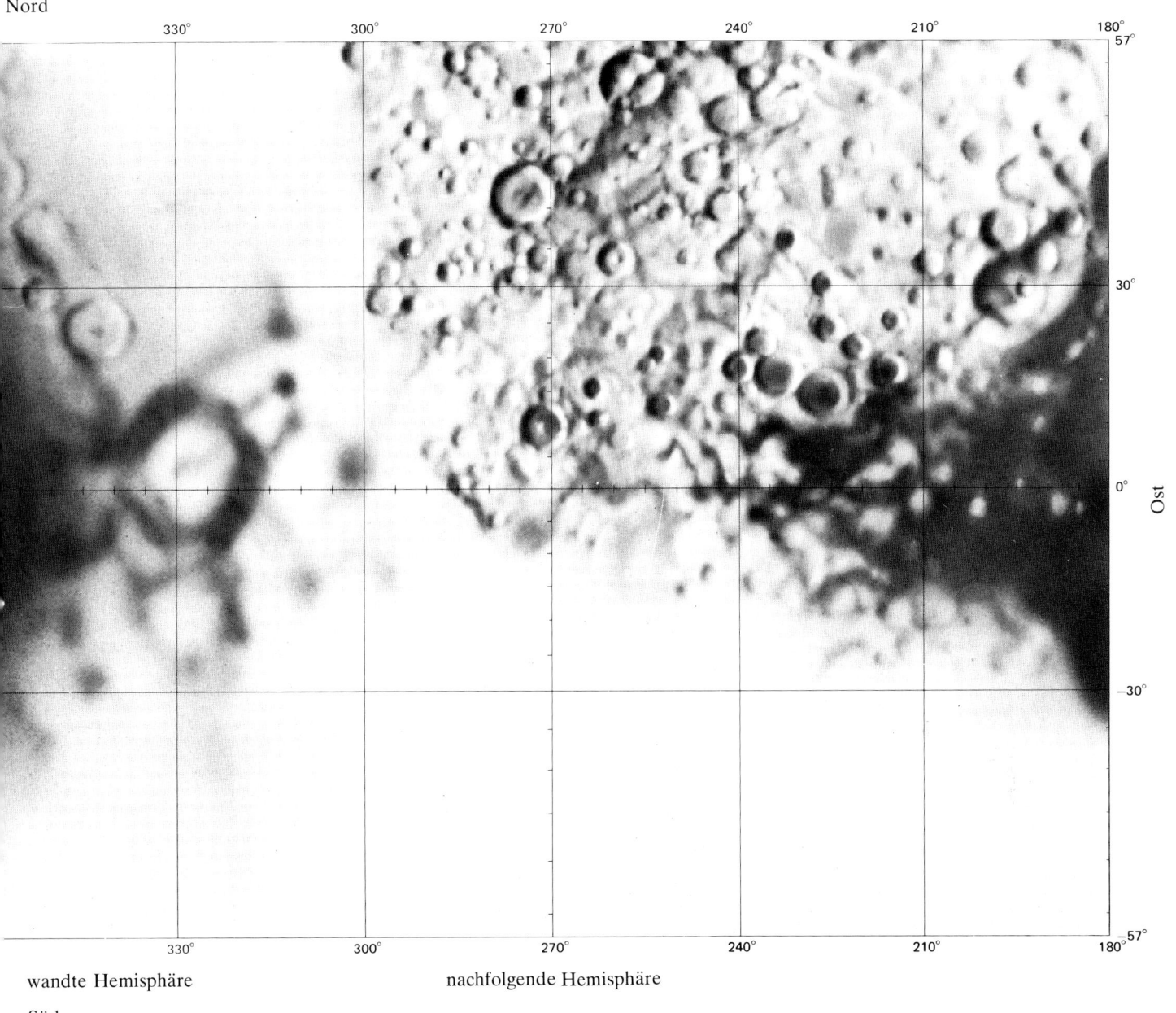

wandte Hemisphäre   nachfolgende Hemisphäre

Süd

Das Saturn-System

Dieses Bild von Voyager 2 zeigt die Nachtseite von Titan. Nur bei Objekten mit einer Atmosphäre kann man einen solchen hellen Ring sehen, der durch Streuung des Sonnenlichts in den Wolken entsteht.

Titan ist mit 5118 km Durchmesser ein ganzes Stück größer als der Erdmond und erreicht fast die Größe des Jupitermondes Ganymed. Seine dicke wolkenreiche Atmosphäre – eine einmalige Erscheinung unter den näher erforschten Satelliten – entzieht seine Oberfläche unseren Blicken. Wahrscheinlich erzeugen komplizierte Kohlenwasserstoffe, die bei der Photolyse von Methan in der oberen Atmosphäre entstehen, die gelbliche Farbe. Die nördliche Hälfte erscheint dunkler als die südliche, und man erkennt einen dunklen Ring um den Nordpol. Das könnte ein jahreszeitliches Verhalten der Atmosphäre andeuten.

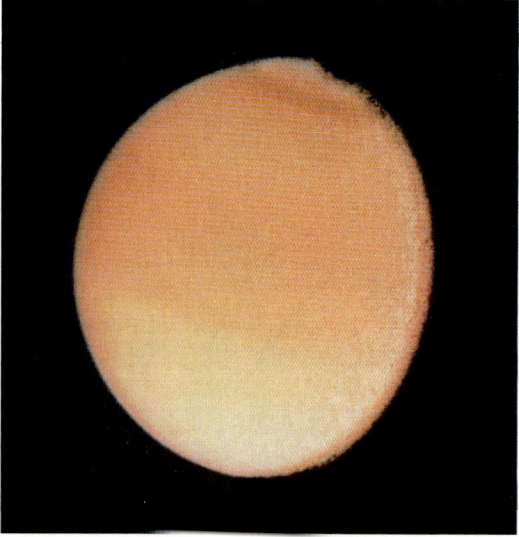

Durch Farbüberhöhung werden Einzelheiten der Dunstschicht in Titans oberer Atmosphäre sichtbar. Die höchsten hier noch erkennbaren Schichten liegen etwa 500 km über der Oberfläche des Mondes. Der Dunst besteht wahrscheinlich aus organischen Molekülen, die durch photochemische Prozesse aus Methan entstehen. Spektroskopische Untersuchungen haben ergeben, daß Methan auf Titan reichlich vorhanden ist.

Der Saturnmond Enceladus ist nur 500 km groß, aber er weist viele Anzeichen einer noch nicht lange zurückliegenden inneren Aktivität auf. Einige Regionen sind verkratert, andere wurden überflutet, und in der Mitte der Scheibe sind teilweise überflutete Krater zu erkennen. Enceladus hat die hellste und „weißeste" Oberfläche von allen Satelliten des Saturn, ein weiterer Hinweis auf eine relativ junge Neubildung der oberen Schichten. Das Innere kann ähnlich wie bei Io durch Gezeitenkräfte erwärmt worden sein, wodurch Vulkanismus ausgelöst wurde.

Diese Serie von Aufnahmen von Hyperion aus verschiedenen Entfernungen und Richtungen zeigt die unregelmäßige Form und die zerfurchte Oberfläche des Satelliten. Seine Orientierung in der Umlaufbahn ist nicht stabil, was vielleicht auf einen vor kurzem erfolgten Zusammenstoß mit einem größeren Objekt zurückzuführen ist. Entweder taumelt dieser Satellit auf seiner Bahn, oder er dreht sich um 45° in eine stabile Lage.

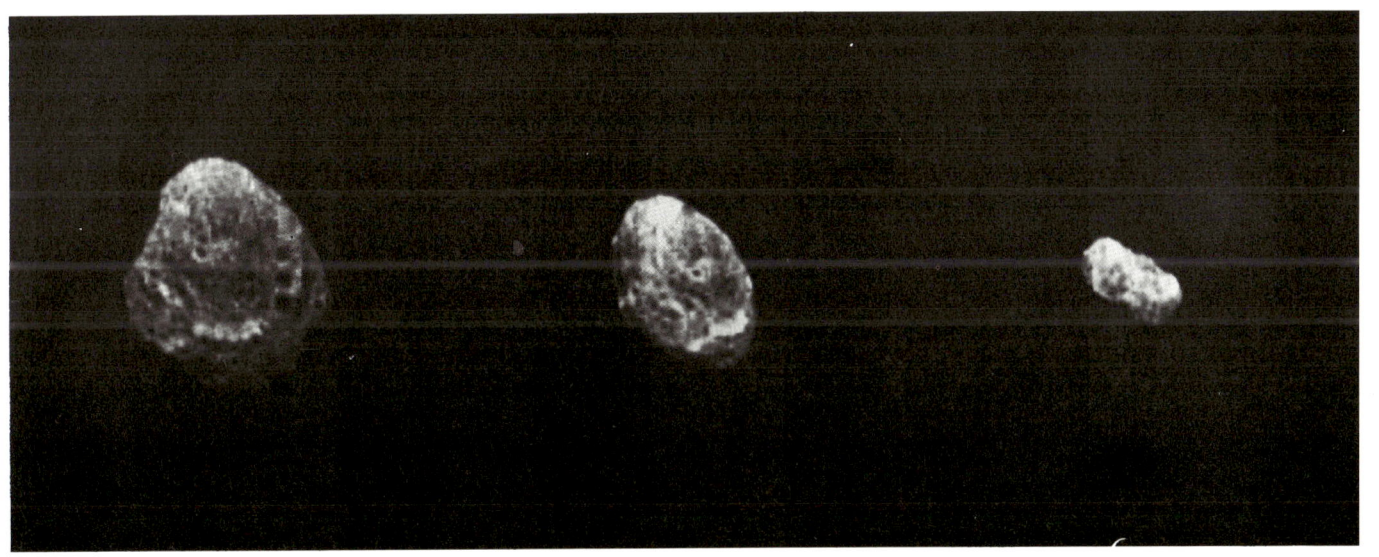

Karte von Hyperion,
zusammengestellt aus
Voyager-1- und -2-
Fotos. 1 Grad ent-
spricht 4,4 km.

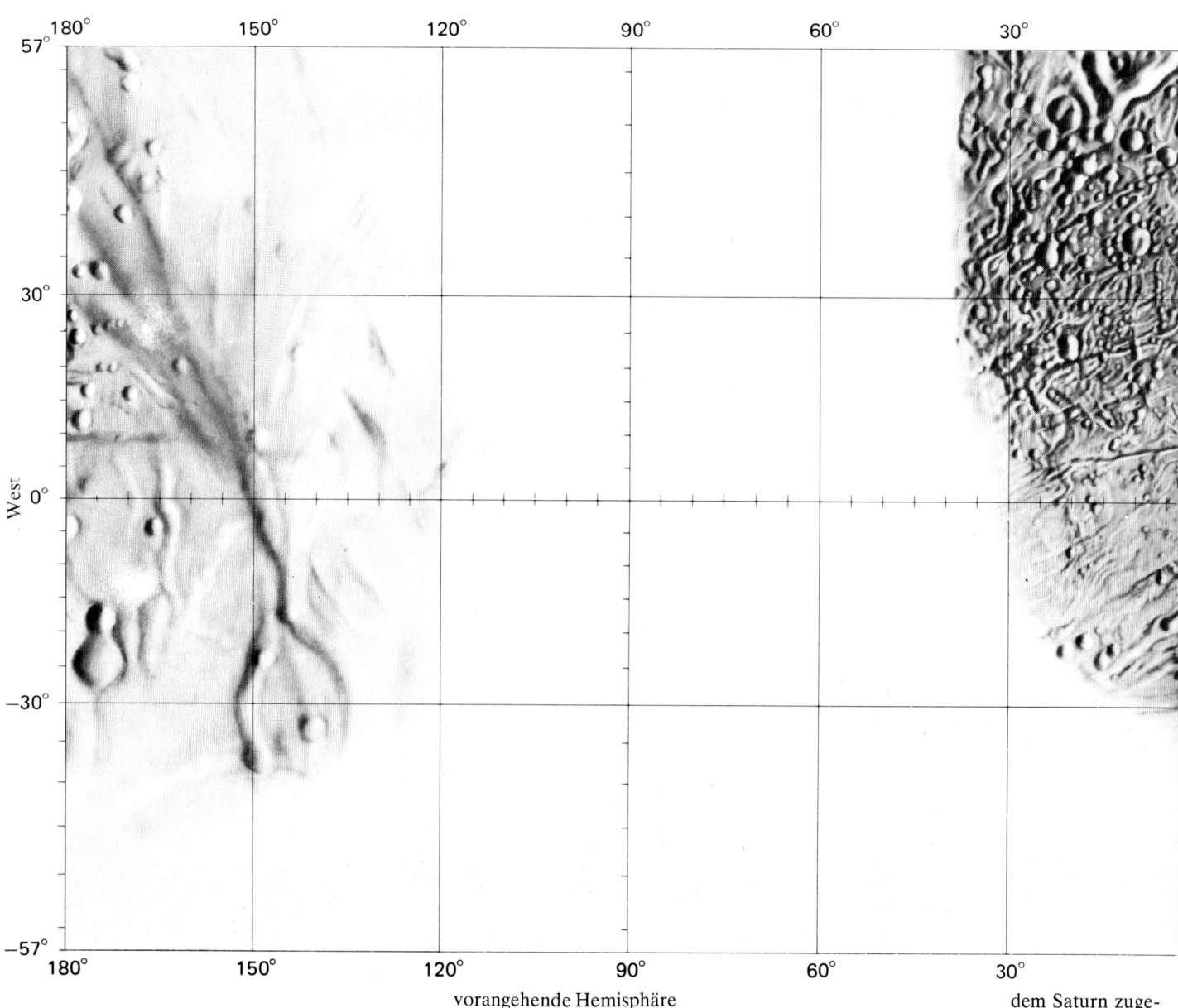

West

57°
180°   150°   120°   90°   60°   30°
30°
0°
−30°
−57°
180°   150°   120°   90°   60°   30°

vorangehende Hemisphäre   dem Saturn zuge-

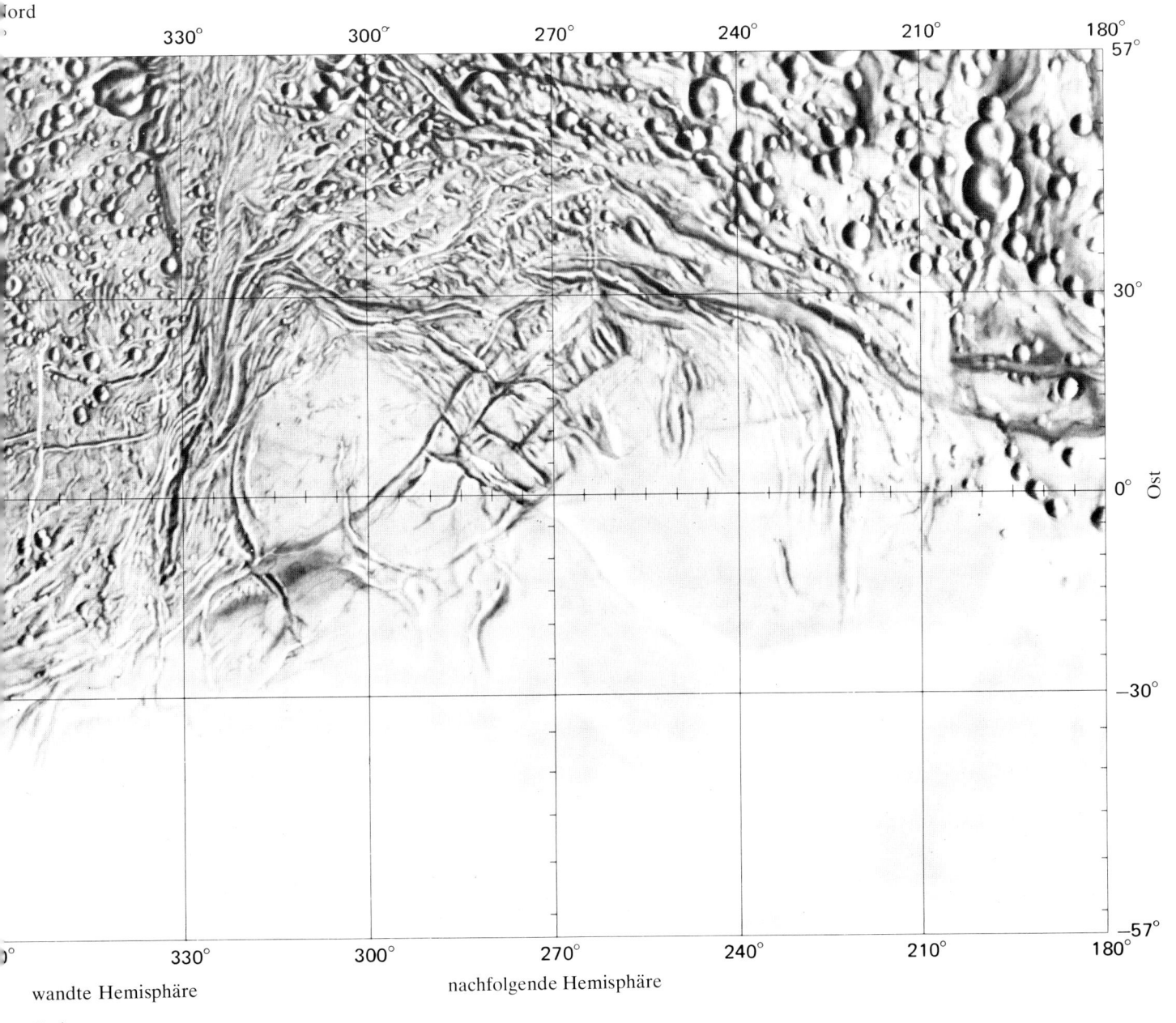

330° 300° 270° 240° 210° 180°

57°

30°

0° Ost

−30°

−57°

330° 300° 270° 240° 210° 180°

wandte Hemisphäre   nachfolgende Hemisphäre

Süd

Das Saturn-System

Von der Erde aus ist eine solche Aufnahme von Saturn nicht möglich, da unser Heimatplanet der Sonne so nahe ist, daß wir immer nur die von der Sonne beleuchtete Hälfte der äußeren Planeten sehen. Dieses Bild machte Voyager 1 im November 1980, als er bereits an Saturn vorbeigeflogen war und sich in Richtung Ophiuchus aus dem Sonnensystem entfernte.

Ausblick

Die Vorbeiflüge der beiden Voyager-Sonden an Saturn haben die erste
fotografische Erkundung der schon seit der Antike bekannten Planeten
abgeschlossen. Der Punkt außerhalb der Saturnbahn, von dem aus der
Planet fotografiert werden konnte, wird bis 1986 der von der Erde am
weitesten entfernte Kamerastandort für eine Planetenansicht bleiben;
in diesem Jahr soll Voyager 2 nach dem Flugplan Uranus erreichen. Etwas später soll die Galileo-Raumsonde (Start 1984 geplant) in ihre Umlaufbahn um Jupiter einschwenken und uns neue, bisher nicht mögliche
Bilder von seinen großen Satelliten übermitteln.
Im Jahr 1989 wird Voyager 2 dann an Neptun vorbeifliegen. Obwohl
die Instrumente für die weiter als Saturn entfernten Planeten nicht optimal konstruiert sind, erwarten wir doch eindrucksvolle Bilder und genauere Daten über ihre Atmosphären, ihre Satelliten und ihre Ringe.
Schon von der Erde aus kann man das feine Ringsystem sehen, das Uranus umgibt. Die Ringe sind nicht so massiv wie die Saturnringe, massiver
jedoch als der zarte Jupiterring. Die Rotationsachse von Uranus liegt
fast in der Ebene seiner Umlaufbahn, so daß jeder Pol einmal in dem
1008 Monate dauernden Uranusjahr direkt zur Sonne weist. Mit Spannung erwartet man den ersten Blick auf die Wolkenbänder, falls solche
vorhanden sind, und hofft, ihre Art und Orientierung zu erkennen. Auch
die Untersuchung zweier weiterer Systeme von vereisten Satelliten, die
in anderen Regionen des Sonnensystems entstanden sind und auf denen
Temperaturen bis hinab zu $-230\,°C$ (Neptun) herrschen, ist ein sehr in-
teressantes Vorhaben. So wie wir uns bemühen, über den Saturnmond
Titan Genaueres zu erfahren, können wir uns überlegen, wie Triton, der
riesige, von einer Atmosphäre verhüllte Neptunmond, aussehen mag.
Wenn auch Triton von Wolken bedeckt sein sollte, kann man ihn eines
Tages mit Radar untersuchen, und zwar mit Techniken, wie sie heute
für die Erforschung der Venus entwickelt werden. Aber auch wenn dieser Tag gekommen ist, können wir sicher sein, daß die Erkundung des
Sonnensystems mit automatisch arbeitenden Kameras und Instrumenten
weiterhin eine Zukunft hat, solange wissenschaftliche Forschung und
menschliche Neugier ihren Platz auf unserem Planeten behalten.